—————— · 書系緣起 · ——————

早在二千多年前，中國的道家大師莊子已看穿知識的奧祕。
莊子在《齊物論》中道出態度的大道理：莫若以明。

**莫若以明是對知識的態度，而小小的態度往往成就天淵之別
的結果。**

「樞始得其環中，以應無窮。是亦一無窮，非亦一無窮也。
故曰：莫若以明。」

是誰或是什麼誤導我們中國人的教育傳統成為閉塞一族。答
案已不重要，現在，大家只需著眼未來。

共勉之。

矽谷創投
啟示錄

一場由離經叛道的金融家所發起的瘋狂投資遊戲，
如何徹底顛覆你我的生活、工作與娛樂方式

The Power Law
Venture Capital and the Making of the New Future

塞巴斯蒂安·馬拉比 SEBASTIAN MALLABY ———— 著

林怡婷、曹嬿恆 ———— 譯

作者賽巴斯蒂安・馬拉比（Sebastian Mallaby）的其他著作

The Man Who Knew

More Money Than God

The World's Banker

After Apartheid

獻給贊妮（Zanny）

目錄

推薦序

新創、創投、企業打造創新創業生態圈

曾正忠
（台大創創中心執行長／台大農藝系兼任教授）

創投的演進史與乘冪定律

　　創投一向在新創生態圈中扮演極重要的角色。近年來，全球的創投市場持續強勁，以創投活動最興盛的美國為例，根據知名數據分析服務提供商Pitchbook與美國創投協會（National Venture Capital Association，NVCA）的調查，2021年美國創投完成730支的創投基金募集，雖較2020年略為減少0.41%，不過募資金額為1,283億美元，則大幅成長47.52%，創歷史新高。美國創投投資件數15,500件，投資金額則為3,299億美元，較2020年分別成長27.33%及98.01%，皆創歷史新高，為新創公司提供越來越多的資金，從而不斷產生改變世界的顛覆性創新。

　　過去的著作一般講述矽谷生態圈，多半以新創公司的故事與創新為中心，較少以創投的角度出發。本書作者賽巴斯蒂安‧馬拉比以引人入勝的故事敘述矽谷創投的演進，娓娓道來紅杉資本、凱鵬華盈、Accel、Y Combinator等知名創投的故事，探討創投家與新創的互動，帶領讀者一窺矽谷創投市場建立的來龍去脈，進而帶動矽谷創新生態圈的創新，逐漸形成

擁有排名世界最佳新創生態圈的城市。建議台灣的新創生態圈中的重要利益關係人，如新創公司、創投、政府、中大型企業，可以透過本書很清楚地了解創投的參與對於新創及新創生態圈的影響。特別重要的是，一個好的創投如何有別於其他類型的金融業者，在新創企業的成長過程中遇到各種策略、市場、組織、財務及公司治理問題時給予協助，甚至是重新塑造新創企業。

乘冪定律（The Power Law）是串起全書的中心主旨，也是矽谷創投界投資新創普遍的定律。相對於常見到的常態分配現象，創新的結果往往是前1%的公司取得市場大部分的利潤，後面99%的公司只能分食少數的利潤或甚至虧損。不同於分散風險的投資思維，這些創投家對風險低的商業機會沒有興趣，而是尋找可能帶來顛覆性改變、破壞式創新的創業點子及團隊，投入心力協助新創不斷地解決成長所遇到的各種問題，變成一隻隻的獨角獸，打出滿貫砲。

企業也應該追求符合乘冪定律的創新

除了創投、新創追求乘冪定律外，其實中大型企業追求永續經營，成長策略應該涵蓋貢獻公司的短、中、長期營收來源，其中企業長期的營收來源也應該多一些符合乘冪定律的顛覆性創新產品或服務。根據筆者過去擔任跨國公司策略長的經驗及觀察，許多成功的百年企業不會只滿足於漸進式的創新，而是投入許多資源，採用系統性的方法，透過內部研發、外部合作或併購，去找尋符合乘冪定律的成長動能。

台灣產業以ODM及OEM為主，企業專注的是成熟事業如何做的更大、更好，較注重良率的提升及生產成本的降低，在顛覆性創新投入的資源較少。受到產業特性的影響，台灣中大型企業多半在做一壘打、二壘打式的漸進式創新，而較少進行全壘打甚至是滿貫砲式的破壞式創新。台積電成功地

在1980年代帶來顛覆性創新的晶圓代工商業模式，打破當時所有半導體公司所採取的垂直整合製造（Integrated device Manufacturer, IDM）模式，因而享有超額利潤，成為全世界市值排名領先地位的半導體公司，也協助形成全世界IC設計、製造、測試的垂直分工產業鏈，是少數能符合乘冪定律、改變產業遊戲規則的台灣企業。

透過外部創新，尋找符合乘冪定律的顛覆性創新

因為風險及不可預期性過高，台灣中大型企業沒有投注足夠的資源在顛覆性創新。然而近年來面對變動快速的科技、消費者行為與日益激烈的市場競爭，企業除了持續漸進式的創新外，需要靠顛覆式創新的新技術與商業模式來獲取成長動能，才能持續擁有獨特競爭力，爭取及保持在產業中的領先地位。

為了降低風險及因應快速變化的環境，企業不需要所有的創新都是由內部從零開始研發產品，也應該使用外部創新的工具，如本書所介紹的創投、企業創投，或是企業垂直加速器與外部的新創合作或投資／併購新創以獲得顛覆性創新。台大創創中心近幾年致力於透過企業垂直加速器計畫，將中大型企業納入台灣的創新創業生態圈，幫助中大型企業與新創合作驗證技術與創新商業模式的可行性，找到未來的成長動能。目前台大創創中心已經提供多家台灣中大型企業外部創新策略顧問服務與企業垂直加速器服務，希望透過幫助中大型企業不斷地創新成長轉型，也可以協助台灣新創團隊連結企業及創投資源，以持續強化台灣的創新創業生態圈。

推薦序

矽谷最偉大的發明

詹益鑑

（Taiwan Global Angels 創辦人／「矽谷為什麼」Podcast 主持人）

2年半前來到矽谷，我其實帶著一探究竟的心情，原本打算帶著家人進行1年的實驗與冒險，卻因新冠疫情留了下來。疫情其實只是理由之一，對於身在創投領域的我來說，沒有什麼比矽谷充滿更多的機會，但在這裡生活與工作的挑戰也同樣巨大。在帶著全家旅居之前，我造訪矽谷超過10次，拜訪過各大科技公司、新創企業與加速器，也跟不少本地創投交流過，心中的巨大疑惑卻始終沒有答案。到底是創投成就了矽谷，還是矽谷造就了創投？

這個問題當然不是只有我有興趣。全美國各大都市、全世界想仿照矽谷的城市都想問這個問題。為了探究是什麼造就了矽谷，還有台灣與矽谷在過往數十年的各種連結，過去2年我主持了「矽谷為什麼」的節目，邀請50多位創業者與經理人對話，也閱讀十幾本講述科技創業者與矽谷創投的書籍，並在矽谷為台灣科技公司開拓市場、尋找資金與潛在投資機會。

若要談創業心法，彼得・提爾的《從0到1》很值得一讀；若要談創投的商業模式與投資結構，《創業投資聖經》則是矽谷人手一本的工具書。但若要講述矽谷為什麼是矽谷，創投如何在半導體產業發跡的階段，主導一系

列指數型成長與破壞式創新的領域，成為橫跨60年不墜的創新生態系，沒有一本比這本書來的更深入、更完整、更值得閱讀。

如果說半導體、網際網路與行動裝置是三個科技世代最重要的發明，也影響了人類社會與科技文明的進步，讓過去50年的人類生活進步幅度與資訊流通廣度，遠遠超越之前的由印刷術普及造就的文藝復興、蒸汽機發明引發的工業革命，以及鋼鐵、橡膠與石油打造的鐵路與公路交通，那麼貫穿20世紀至今的科技發展，其實創業投資的制度與蓬勃才是矽谷最偉大的發明。

熟悉半導體業歷史的讀者都知道，在蕭克利因為母親住在史丹佛附近而選擇將公司設立在矽谷之前，沒有人會相信有一天這個果園谷地，會變成蘋果與Google的車庫創業起點與總部所在地。但就因為矽谷遠離了相對保守封閉、由企業家與金融家所把持的波士頓與紐約，八叛徒與後來的快捷半導體、英特爾及凱鵬華盈的故事，才有了序曲。

不過矽谷與創投的故事，在半導體業才開始第一篇章。紅杉資本看重市場與商業模式的投資策略，相較於凱鵬華盈看重巨大的技術創新，各有擅場並且在網路通訊業多有斬獲。陸續於1980與1990年代創立的Accel及標竿創投，以及挾帶龐大資本、不遵守矽谷規則的軟體銀行，則在蘋果、Google、臉書的募資故事中，都扮演了不同角色。

千禧年的達康股災、中國網路產業與創投的風起雲湧，以及雲端科技與行動產業的崛起，又串起了前面五大創投的興衰，以及Y Combinator與a16z等新一代加速器與創投的創立。有些創投堅持主導新創公司決策、嚴重時動用表決權甚至會換掉執行長；但也有創投堅持由創業者主導一切，並設計出超級表決權與優厚創業者的投資模型。

故事的最末篇章，也提到了幾宗經典負面案例，包括Theranos與WeWork兩隻涉及造假詐騙或財務操作的獨角獸，還有Uber執行長的行事風格與企業

文化，對矽谷與創投界的影響。但即便有這麼多的陰霾，還有歷經疫情造成的產業衝擊與經濟衰退的前景，矽谷依然屹立不搖，引領全球的創業者與投資人持續保持正面的態度，打破舒適圈、挑戰不可能。

最讓我佩服的是，擁有研究能力又有敘事風格的作者，不僅旁徵博引、條理清晰，在結語也提出許多重要的問題。包括歐洲跟中國如何有機會仿效矽谷，以及小國家有哪些策略可以採用。適合閱讀這本書的讀者範圍，不僅是科技業或創投業的從業人士，也包跨政策制定者、企業經理人，以及所有生活與工作領域都被矽谷科技公司，還有他們背後的創投所影響的每一位現代人。

我自己在讀完之後，有四個理解，包括：理解顛覆世界的科技、創業與投資的關聯，理解矽谷與波士頓、華爾街、中國的情仇，理解八大創投公司與科技巨頭的創業故事，理解前兩次達康股災與金融風暴後的矽谷。也透過這些理解，我們得以稍微窺探接下來的全球局勢、科技產業與投資機會。

也如同結語所述，要建立一個能顛覆傳統、鼓勵創新、支持創業的生態系，不僅是蓋園區、給補助。矽谷創投制度的獨特之處，在於權責區分的有限合夥制度、給予新創公司足夠的員工選擇權，從學校、企業到創投都具備的系統性人才養成，還有全球化的視野與思維。

回到書名。乘冪法則的本質是贏者全拿，也就是非線性成長將可造就巨大的機會，但也會嚴重的毀壞原有的平衡。如何在動態世界中實踐下一個摩爾定律與梅特卡夫定律，將是我們這個世代最大的機會與挑戰。矽谷難以模仿與無法複製，與其說它是一個地方，更可說是一種文化。但願本書能帶給您無窮的啟發。

創投大事紀

1946年　● 洛克斐勒與惠特尼家族實驗性地開始嘗試資助剛起步的企業。

　　　　● 喬治・多里奧執掌美國研究與發展公司,是以公共服務為出發點的創業投資先驅。

1957年　● 里德・丹尼斯建立以舊金山投資經紀人為成員的「飆團」,透過在午餐餐會的訪談決定資助的科技創業家。

　　　　● 亞瑟・洛克資助「八叛徒」成立快捷半導體,啟動了美國西岸的晶片產業。

1958年　● 美國聯邦政府透過「小型企業投資公司」的形式來補貼創業者。

1961年　● 亞瑟・洛克辭去在紐約的工作,成立第一家以股權形式籌措資金的有限合夥投資公司。

1962年　● 亞瑟・洛克在舊金山的演說中,表示風險投資需要「滿貫全壘打」來抵銷其他的那些失誤。

1968年　● 戴維斯及洛克以超過22倍的報酬率回報其合夥人,超過了華倫・巴菲特和避險基金的先驅艾佛列德・溫斯洛・瓊斯。

　　　　● 亞瑟・洛克資助英特爾,協助八叛徒中的其中2位再次重蹈了1957年叛逃的覆轍。

1972年　● 美國研究與發展公司停止營運,表彰了亞瑟・洛克西岸模式的勝利。

　　　　● 出身於快捷半導體的唐・瓦倫丁創立紅杉資本。

　　　　● 八叛徒之一的尤金・克萊納,說服原本服務於惠普的湯姆・柏金斯成立凱鵬華盈。

1973年　● 蘇特山創投替電子菊輪列印機公司Qume安插外部執行長,首創「Qume模式」。

1974年　唐・瓦倫丁回歸雅達利，露了一手創投家如何將原本一團糟的公司轉危為安的把戲。

凱鵬華盈先在內部「孵化」天騰電腦，然後再以新創公司的姿態登上舞台。

1976年　凱鵬華盈透過階段性投資的方式支持基因泰克。

1977年　在經歷一番波折後，蘋果公司最後募資成功，證明了創投界網絡的力量勝過於單打獨鬥。

迪克・克拉姆里奇與兩位東岸的合夥人創立了恩頤投資。

1980年　蘋果公司與基因泰克成功地公開發行，預告了隨後的科技投資風潮。

1981年　鮑伯・梅特卡夫在美國東岸努力募集資金，不過最終仍是得到了西岸的支持，證明了矽谷創投家的實力。

1983年　亞瑟・派特森和吉姆・史瓦茲創立 Accel，是第一家專注於特定行業的創投公司。

在稅務優惠和監管制度改革之後，美國創投基金管理的資產為120億美元，是6年前的4倍。

1987年　紅杉資本投資思科，並對其管理階層進行全面改革，最終使合作夥伴關係從單筆投資中獲得了1億美元的收益。

1993年　即使在約翰・杜爾的個人魅力號召下，GO仍失敗了，但並沒有抑制他「不成功，變成仁」的信念。

以色列政府成立優茲瑪集團，是一個成功促進創投發展的政府計畫。

Accel、恩頤與門洛創投投資UUNET，將原本屬於公部門的網際網路轉為給一般大眾使用。

1994年　凱鵬華盈投資網景公司，大幅改變網路的瀏覽體驗。

1995年　紅杉資本的麥可・莫里茲支持雅虎，使其成為雅虎與創投產業的領導者。

1996年　軟銀的孫正義投資雅虎1億美元，預告「成長型投資」的出現，並
　　　　與莫里茲針鋒相對。

　　　　約翰・杜爾投資亞馬遜，標誌出他網路創投家的地位。

1997年　鮑伯・凱格爾投資eBay，最終收穫50億美元的報酬，顯示出標竿創
　　　　投小巧創業投資風格的威力。

1998年　謝爾蓋・布林和賴利・佩吉未曾與任何創投公司接觸，便募集到了
　　　　100萬美元，揭示了天使投資的出現。

1999年　Google率先向凱鵬華盈與紅杉資本訂下投資條款，顯示創辦人的影
　　　　響力正在提升。

　　　　林夏如與高盛資助阿里巴巴，並為其引進認股選擇權，成為阿里巴
　　　　巴崛起的動力。

2000年　美國的創投資金總額達到最高峰1,040億美元。

　　　　孫正義跟著高盛投資阿里巴巴，最終彌補了他在科技泡沫破滅時的
　　　　巨大損失。

2003年　老虎環球成為首家投資私人科技公司的避險基金。

2004年　Google採用雙重股權結構公開上市，保留了創辦人的控制權，並為
　　　　往後削減股東權力的公開上市開了先例。

　　　　凱鵬華盈開始了在潔淨科技領域的實驗性投資。

2005年　彼得・提爾成立創辦人基金，尊重創辦人的作法，使其異於傳統的
　　　　創投家。

　　　　保羅・葛拉罕與潔西卡・李文斯頓開始運作Y Combinator，開創了
　　　　創業孵化器的全新模式。

　　　　徐新創立今日資本，是第一家以西方模式在中國成功經營的創投公司。

　　　　Accel投資臉書，驗證了創投合夥人間網絡的力量。

　　　　紅杉資本延攬沈南鵬，並開展中國業務。

2009年　● 尤里・米爾納對臉書進行成長投資，使科技公司得以延後公開上市的時程。

　　　　● 馬克・安德森聯手班・霍洛維茲，迅速成為創投業的佼佼者。

2010年　● 紅杉資本投資美團，隨後取代Google成為紅杉有史以來最成功的一筆投資。

　　　　● 維諾德・柯斯拉資助不可能食品，預告新一波潔淨科技的投資浪潮。

2012年　● 鮑康如控告凱鵬華盈性別歧視。

2013年　● 李艾琳將那些保持私有化的科技巨擘稱為「獨角獸」。

2017年　● 孫正義推出高達990億美元的願景基金。

　　　　● 莫里茲將孫正義之舉比喻為北韓的獨裁者，紅杉資本募集了80億美元作為回應。

　　　　● 中國的創投報酬超越美國。

　　　　● 在帕蘭泰爾和SpaceX的成功基礎上，創辦人基金打造第三家國防新創公司Anduril。

2018年　● 標竿創投將Uber的創辦人特拉維斯・卡拉尼克踢出公司，宣告對創辦人的友善態度也是有其限度。

2019年　● WeWork失敗的公開上市，彰顯出外行創投者忽視公司治理的危險性

2020年　● 新冠肺炎疫情使許多創投資助的公司價值飆升。

2021年　● 中國政府打壓科技業。

序章
不理性的人們

　　矽谷的創業投資產業總部多聚集於帕羅奧圖（Palo Alto）的沙丘路
（Sand Hill Road）周邊，不遠處，派翠克・布朗（Patrick Brown）大步踏進
他位於史丹佛大學（Stanford University）校園裡的庭院。布朗是一位大學教
授，54歲，留著一頭亂髮，穿著T恤，他在自家後頭的小山丘上跪趴下來，
透過圓框眼鏡仔細端詳著作物。布朗彷彿一位偵探，正在採集藏有重要線索
的樣本，他小心翼翼地挖出幾株三葉草植物的根部[1]。假如知道這些草根即
將帶來300萬元（譯註：全書金額未另外標註貨幣者皆為美元）的收益，尋
常的園丁可能會大吃一驚。

　　布朗是世界頂尖的遺傳學家。1995年，他的實驗室針對DNA微陣列發
表開創性研究，能協助區別正常組織或癌組織。他入選美國國家科學院及美
國國家醫學院，曾獲霍華休斯獎（Howard Hughes award），這個獎項提供不設
條件的研究資金。不過那天他在山丘上的任務和遺傳學無關，那一年是2010
年，布朗利用自己的研究休假來謀劃推翻肉品工業複合體。

　　是友人不經意的一句評論促使他展開這項計畫。布朗具有高度環保意
識，他知道畜牧業用掉全世界三分之一的土地，產生大量溫室氣體、造成水

質汙染、降低生物多樣性，這一直是他憂心的議題。為了餵飽21世紀不斷增長的人口，地球顯然需要更有效率的食物來源。布朗的朋友提到，如果可以製作出比牛肉漢堡更美味的素食漢堡，那麼自由市場就能神奇地自動解決這個問題。一開始，具有冒險精神的餐廳會供應這些漢堡，之後麥當勞也會跟上，不久之後就能把肉類排除在糧食體系之外[2]。

布朗越想越生氣，如果可以做出更美味的素食漢堡？你當然可以做出更美味的素食漢堡！為什麼大家都把它當作無解的問題？布朗怒道：「大家都知道這個體系造成很大的傷害，而且不易根除，不過他們只是兩手一攤說：『真糟糕，這也是沒辦法的事。』」

在世界上多數地方及人類歷史中的多數時刻，布朗的頓悟對於解決問題無濟於事，不過他後來回想到，自己「非常幸運身處創業投資產業的中心」[3]。由於史丹佛大學坐落於矽谷中心地帶，該校的高爾夫球場正沿著沙丘路兩旁鋪展，因此當布朗在院子裡挖土時，他心裡已有明確目標。這些三葉草的根部含有血基質，也就是血紅素中的含鐵分子，血液之所以呈現紅色，正是因為含有血基質。如果布朗能夠證明這種植物分子可以模仿肉類肉汁的特性，那他就很有機會說服創業投資人出資成立一間植物漢堡公司。

布朗用刮鬍刀片切開三葉草根，攪打成汁，萃取並培養其汁液。不久之後，他就取得製作素食漢堡所需的材料。這種漢堡排的香氣、滋滋作響的聲音、肉汁淌流的模樣和觸感，都與100%特等牛肉無異。「那時候，雖然我還沒有太多數據，但已經足以和創業投資公司洽談，跟他們要一些錢，而且矽谷的創投公司滿街都是。」

一位科學家朋友向他提到維諾德・柯斯拉（Vinod Khosla）這位創業投資人，他經營同名的柯斯拉創投（Khosla Ventures）公司，而且對環保「潔淨科技」很有興趣。友人沒提到的是，柯斯拉本人也是矽谷樂觀信念的擁護者，

他相信只要投資人具備足夠野心，科技可以改善多數的社會問題。柯斯拉主張「所有進步都有賴那些不理性的人」、所謂「創造性適應不良的人」，靈活引用蕭伯納和馬丁‧路德‧金恩的語句[4]。「多數人以為天馬行空的想法不重要，」柯斯拉補充道：「但唯一重要的就是這些天馬行空的想法。」如果要向柯斯拉推銷發明提案，最好不要是「少用一張衛生紙」[5]這種簡單的主意，他想要的是激進的夢想，越大膽、越天馬行空越好。

布朗騎自行車來到柯斯拉的辦公室，這棟建築的主要素材是玻璃與木頭，設計相當時髦。布朗準備了一份投影片簡報，不過他事後承認這「回想起來很可笑」[6]。第一張投影片就開宗明義地說明他的目標：把肉品業變得落伍。布朗的圓框眼鏡有種約翰‧藍儂（John Lennon）、史帝夫‧賈伯斯（Steve Jobs）的感覺，很有遠見，挺適合他。

柯斯拉有著一雙大眼，五官線條剛硬，茂密的灰髮理成平頭。他一臉饒富興味地瞧著眼前的訪客。

他開心地說道：「哪有可能！」同時默默心想：「假如有百分之一的成功機會，那就值得去做[7]。」

布朗說明他打算如何將牛肉踢出牛肉產業。他計畫將這項挑戰拆分成幾個部分：如何複製真正牛肉漢堡的氣味、質地、口味與外觀。分別擊破之後，這個看似不可能的野心就變成可以解決的問題。比方說，三葉草根的汁液會如血水一般滴落到燒熱的煤炭上，在烤肉架上加熱時也會由紅色轉為褐色。有如法蘭科斯坦博士（Dr. Frankenstein，製造出科學怪人的科學家）遇上了雷‧克洛克（Ray Kroc，曾任麥當勞執行長，推動麥當勞成為全球知名速食品牌）。再也沒有人會吃牛絞肉了。

柯斯拉對所有資金申請人進行一項測試，布朗不必證明他的想法絕對可行，只要柯斯拉想不出一個明顯不可行的理由就算過關。柯斯拉越聽越確定

自己撿到寶了。

接著,柯斯拉估量布朗這個人,他很喜歡宣稱自己採取尤達大師的投資策略:發掘能感受到原力的人,助他們一臂之力,放手讓他們發揮潛力[8]。從布朗的遺傳學家資歷可以看出,這個人顯然很有才華。他正闖進新領域,這代表他不受成見拖累,不會先入為主地認定某些事情可能或不可能。此外,布朗不僅聰穎過人,意志也很堅定:他已經做好離開學術界的準備,不惜放棄史丹佛大學聲望崇高的教授職位與霍華休斯基金會的支票。總而言之,布朗符合柯斯拉心目中理想創業家的典型形象。他擁有過人才智、甘冒風險,還有美妙的自大與天真[9]。

柯斯拉還有最後一道檢驗標準。假如布朗確實製造出美味的植物漢堡,利潤也能一樣多汁嗎?柯斯拉經常投資失敗率十之八九的登月計畫,由於成功登陸的機率低,得要有高額報酬才能彌補。假如新創公司發展興旺,柯斯拉希望獲得投資金額10倍以上的利潤,最好是遠超過10倍。假如成功的獎賞不夠豐厚,那根本沒必要去賭。

這時布朗來到最後一張投影片,他把所有科學家不感興趣的瑣碎市場資料都塞在這一頁,就事論事地提到「畜牧業的全球市場產值約1.5兆元」[10]。

此時柯斯拉的興趣被勾了起來,假如植物肉餅能模仿出消費者預期牛肉肉排所帶來的相同體驗——包括口味、質地、肉餅煎熟時的焦褐色、在烤架上翻面時滲出的肉汁,那麼其中的商業潛力無窮。

布朗直直盯著柯斯拉的雙眼,他說:「只要你給我這筆錢,我保證讓你變得比現在更富有[11]。」

於是,柯斯拉押上300萬元投資不可能食品(Impossible Foods)公司,布朗為這家公司取了一個很相襯的名字[12]。2018年講述這段歷程時,柯斯拉開心地提到不可能食品自2010年來的進展:該公司年收益很快就超過1億元。

不過柯斯拉想要強調的重點不在於金錢，他說：「你們可以想像，如果派翠克失敗了，人們會嘲笑他誇下海口要消滅畜牧業。」不過柯斯拉認為這樣的嘲弄並不恰當。嘗試但失敗，或是根本不敢嘗試，哪一種比較值得鼓勵？[13]理性的人、適應良好的人、不自大也不天真的人，他們根本沒有跨出嘗試的那一步，因此在人生的重要關卡中屢屢失敗。就柯斯拉看來，不論公司營運如何，布朗值得受到英雄般的頌讚。救世主般的發明家最初設想重大改變時，常人一定覺得駭人聽聞。成功機率高的計畫沒有光榮可言，因為這根本上便無法改變人類困境。

　　柯斯拉自己就是不理性、適應不良的人。小時候，在母國印度，他反抗父母的宗教，拒絕跟隨父親的腳步從軍，也不願相親結婚。在他婚禮當天，他用手錶設定鬧鐘，宣布典禮的宗教部分不能超過30分鐘。取得工程學位後，他前往美國，進入卡內基美隆大學（Carnegie Mellon University）深造。之後，他把目標放在史丹佛商學研究所（Stanford Business School），得知入學需要2年工作經驗後，他同時兼兩份工作，1年後宣稱自己已符合入學資格。1982年，取得商學學位後，柯斯拉與3位電腦科學家合作成立昇陽電腦（Sun Microsystems），該公司威力強大的工作站在計算發展史上寫下一筆。柯斯拉狂妄自負又惹人厭的個性害他很快被開除。後來，他成為了創業投資人。

　　加入著名的創投合夥公司凱鵬華盈（Kleiner Perkins）後，柯斯拉發現自己真正的天賦。他的耐心奇差，堅持凡事皆有可能，而且萬事皆須按自己的方法進行，可說是兼具專制與遠見。中年之後，他買下加州海邊一座村莊，其中有47棟小屋，後來因試圖禁止公眾進入這片海灘而打了一連串落敗的官司，雖然他自己從來沒時間到那裡度過一晚。他鄙視傳統思維，以此策略進行一連串投資，經常虧損，不過偶爾也能大賺一票。到他認識派翠克‧布朗時，柯斯拉的所有特質——他的冒險心、對於自大的賞識、對天馬行空想

法的追求，使他成為乘冪定律（power law）的代表人物，這則定律是創業投資界最普遍的法則[14]。

　　生活中許多現象都符合常態分布（normal distribution），也就是資料裡大部分觀測結果都會集中在平均值附近。舉例來說，美國男性平均身高是178公分，而將近三分之二的美國男性身高落在平均數正負8公分間。假如以身高為x軸，y軸則為特定身高的機率，依此作圖，曲線會呈現鐘形，代表擁有平均身高的機率最高，而由中央往兩旁延伸，機率就隨之下降。要遇到一位身高與平均值差上25公分的人，也就是不到152公分或超過203公分，其機率微乎其微。離平均值越遠，鐘形曲線的兩端就越趨近於零。

　　但並非所有現象都符合這樣的分布。如果圖表顯示的是美國人的財富，而不是身高，那麼圖形就會非常不同。財富超過中位數者可能極為富有，而且人數眾多，因此財富曲線的右端呈現「肥尾」（fat tail，或稱厚尾），也

常態分布

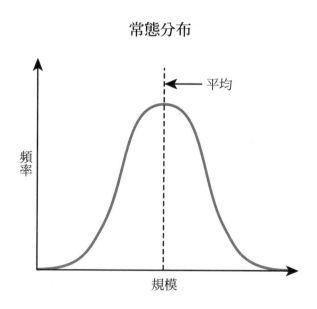

就是曲線並未緊貼著x軸。由於巨富者人數夠多，財富規模也足以影響全國人民的平均，因此平均數會被拉向右方、高於中位數，這點與常態分布不同。此外，在常態分布中，移除樣本中最大的離群值不太會影響平均。舉例來說，假如一位210公分高的NBA球星走出電影院，剩下99位觀眾的平均身高也只是從178公分略降至177公分。另一方面，在非常態的偏斜分布中，離群值可能對平均造成顯著影響。假如傑夫・貝佐斯（Jeff Bezos）走出電影院，剩餘觀眾的平均財富將會驟降。

　　這種偏斜分布有時也稱為80/20法則，例如80%的財富集中在20%人口手中、80%的人口集中在20%的都市土地、20%的科學論文獲得80%的引用。實際上，數字80和20並沒有什麼神奇之處，我們也可以說10%的人口握有80%或90%的財富，意思都是一樣的。不論精確的數據為何，這些分布都是乘冪定律的例子，這些例子描繪的共通現象是，領先者能如指數般加速

乘冪定律分布

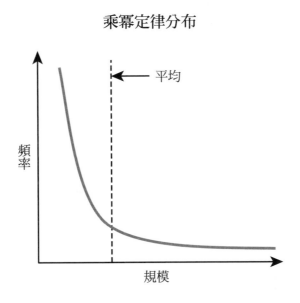

平均

頻率

規模

超越常人，向上竄升的速度比線性進展快得多。一旦傑夫‧貝佐斯獲得巨富，他累積額外財富的機率就大幅提升；一份科學論文獲得越多引用，知名度就越高，就越容易吸引更多人引用。一旦離群值獲得錦上添花的成就，就會遠離常態分布，進入乘冪定律的領域，從原本相差無幾轉變為極端對比。一旦跨入這個危險境地，我們最好盡早改變思維。

改變思維的必要性在金融界尤其明顯。專注於貨幣、債券和股票市場的投資人通常認定價格變化屬於常態分布，也就是說，資產價值會稍微上下起伏，但極端的變動很少見。當然極端的變動不是不可能發生，比方說金融崩潰，不過在1985至2015年間，標普500（S&P 500）股票指數在總共7,817個交易日中，有7,663天的波動幅度不到3%；換言之，在98%的交易日中，市場都相當穩定[15]。由於在交易量大的市場中，價格變動趨近於常態分布，投機者主要透過多數日子中的細微波動獲利[16]，就像電影院中210公分高的NBA球星，意料之外的價格劇變相當罕見，而且幅度也相對緩和，因此不會影響平均。

現在來談談創業投資的報酬。Horsley Bridge是一間投資公司，其創投基金於1985至2014年間資助7,000家新創公司。同時期，其中一小部分投資案（只佔總資金5%）卻為整間公司帶來60%的報酬[17]。與一般投資相比，2018年，標普500績效前5%的企業只佔了指數總績效的9%[18]。其他創投公司的報酬甚至更為偏斜，舉例來說，Y Combinator主要投資剛起步的科技新創公司，資助公司多達280間，而2021年Y Combinator四分之三的獲利來自其中區區2間公司[19]。創業投資人彼得‧提爾（Peter Thiel）寫道：「創業投資業最大的秘密是，績效最優秀的一筆投資就等於或超越其餘投資案的總和[20]。」標竿創投（Benchmark Capital）的比爾‧葛雷（Bill Gurley）曾這麼說：「在創業投資界，打出全壘打還不夠，你得要揮出滿貫砲[21]。」

也就是說，創業投資人必須野心勃勃。著名的避險基金選股專家朱利安・羅伯遜（Julian Robertson）曾說，他專門尋找可能在3年內翻倍的股票，他認為這樣的成果就叫做「棒極了」[22]。但如果創業投資人也秉持同樣原則，那幾乎必定失敗，因為根據乘冪定律，價值翻倍的新創公司數量相對較少，多數一敗塗地、資產價值歸零，這對股票投資人來說是無法想像的大災難。不過每年也會出現幾個打出滿貫砲的離群值，而創投唯一的成功關鍵，就是慧眼識出其中幾間[23]。

今日的創業投資人投資飛天汽車、太空旅遊或能寫出電影劇本的人工智慧系統時，他們就是依循這種乘冪定律思維。他們的任務是遙望地平線，尋找多數人認為癡人說夢的高風險、高報酬商機。彼得・提爾興奮地說道：「我們可以治癒癌症、失智症和所有老化、代謝衰退相關疾病。」對於漸進主義充滿不屑，「我們可以發明更快從地表一處移動至另一處的方法；我們甚至可以完全逃離地球，定居在新的世界[24]。」當然，投資絕對不可行的計畫等於把錢丟進水中，不過一般人更常犯的錯誤是過於謹慎。如果投資顯而易見的想法，那麼其他人也很容易複製，這樣的計畫難以獲利。

回到維諾德・柯斯拉，開設自己的創投公司之前，他在凱鵬華盈待了大約20年，在這期間，他學會不要擔心血本無歸的賭注，因為最多也只是虧掉當初投入的金錢[25]。他在乎的是成功的賭注，而在1990年代中期，他把目光焦點放在當時特別大膽且具爭議的概念：隨著網路的出現，消費者不會滿足於傳統電話線的2倍或3倍容量，他們會吵著要求大幅提升頻寬，這會需要能夠處理數千倍資料流量的路由器。當時的大型電信業者譏笑這種天方夜

譚，但柯斯拉決心推動能夠促成這種躍進的公司。

柯斯拉所資助的新創公司多半已被人遺忘：Juniper、Siara、Cerent。不過這些公司展現創業投資人最擅長的事情：累積財富的同時推動進步。當時的電信公司規劃漸進升級，不過柯斯拉為大幅躍進押上賭注。雖然他還不清楚人們可以拿這些額外的頻寬來做些什麼，那時還沒有人預料到社群媒體或YouTube的出現，數位攝影的概念也才剛成形。不過柯斯拉見證過其他突破性科技的發展：半導體發明或是串連個人電腦的乙太網路線出現後，一開始用量漸進增長，接著呈指數型激增；在創業投資組合中所觀察到的金融乘冪定律，其背後的創新科技也遵循同樣的法則。因此柯斯拉敢打賭，網路也會依循同樣的模式：在1990年代前半穩定增加，接著暴增，有如乘冪定律那般幾乎垂直的曲線。

結果是，柯斯拉投資的部分公司大獲成功。透過研發新一代提升頻寬的軟硬體，這些公司吃下大半快速增長的市場。柯斯拉看中的第一個寶是專門製作網路路由器的瞻博網路（Juniper Networks）公司。他投資500萬元，結果為凱鵬華盈賺進令人瞠目結舌的70億元，投資報酬率高達1,400倍，這是當時有史以來最大筆的創業投資獲利[26]。之後柯斯拉又向網路設備公司Siara Systems投資數百萬元，獲利達15億元[27]。最後在Cerent的案例中，柯斯拉邀請路由器巨擘思科（Cisco）共同投資，他認為Cerent將能改善語音資料處理，不過思科認為Cerent的成功機率不高，因此婉拒投資。柯斯拉仍一往直前，投資800萬元，招募第一批工程師，親自擔任執行長[28]，最後嚐到甜美的復仇。Cerent的技術證實可行後，思科兩次出價欲收購該公司：1998年12月出價3億元，隔年4月又提高至7億元。不過柯斯拉深信乘冪定律，他知道贏家通常能夠乘勝追擊，於是冒險婉拒思科，接著坐看Cerent獲利一飛衝天。4個月後，1999年8月，柯斯拉聽聞思科準備再次出價，這次金額來到

70億元。當時他正在馬丘比丘度假，身處祕魯安地斯山脈2,500公尺高的山中。接到消息後，柯斯拉立刻登上直升機再轉搭飛機，隔天一早便於加州聖荷西（San Jose）就著早餐敲定交易。

　　根據某些計算方式，柯斯拉是矽谷的頂尖創業投資人，他也毫不排斥巨大財富[29]。他自世界各地網羅建築師來打造位於史丹佛附近的自宅，栽植周圍葡萄園的花費也毫不手軟[30]。不過柯斯拉真正的精力來自他從年輕起展現的反叛精神：為什麼爸媽要去廟裡拜拜？為什麼他不能選擇自己的工作和戀愛對象？為什麼事情不能有不一樣的作法？就像派翠克・布朗的目標是消滅整個肉品業，毫不退讓，柯斯拉也針對自己的工作發出豪語。創業投資不只是一門行業，更是一種心態、哲學、進步理論。他常說，70億人羨慕7億人所享受的生活型態。更大膽的創業投資人驅策大膽的發明家，這是滿足人類願望最可靠的辦法[31]。

　　創業投資人通常未能達到上述高標準，這點我們稍後將會談到。我們不必贊同柯斯拉所有的高談闊論也能瞭解其中的重點。創業投資高風險、高報酬的策略，的確是解決世界問題的一種獨特方法，矽谷以外的我們也能從中學習。舉例來說，政府、金融機構和企業主要根據過去的模型進行數據分析，投注大量心力預測未來，在沒有明確預測結果的情況下貿然投入資源似乎是不負責任的莽撞作法。不過從創業投資人的角度來看，傳統社會科學家有紀律的調校並不是望遠鏡，反而是眼罩。根據過去資料來推測未來只適用於沒有發生意外的情況，但如果明天只是今天的延伸，那又何必預測？真正重要的改革——為發明家創造財富、使勞工感到焦慮，或是擾亂地緣政治平

衡、改變人類關係的變革徹底顛覆我們的想像，無法單憑過去資料來推測。我們無法預測在培育實驗家、程式設計師和自大夢想家的沃土中，會出現什麼複雜力量來推動這些變革，我們只知道，未來10年的世界將會新奇而有趣，而且與現在非常不同。成熟而自在的社會由分析所有可能性、管理每一種風險的人們主導，但這樣的社會也應該要能接受無法預料的明天。透過創投資助的重複實驗，我們可以發現未來[32]，但未來無法預測。

　　什麼類型的實驗比較容易獲得成果？關於這個問題，創新中心的圈外人也能以柯斯拉為借鏡。多數人可能以為各領域的專家最能發掘該領域的新知，不過從柯斯拉把賭注押在派翠克・布朗身上可以看出，我們一般人的想法過於理性。漸進的進展最常來自該領域的專家，而激進的顛覆性思考往往出自外人。柯斯拉說：「如果我要成立醫療保健公司，我不會找醫療保健業的圈內人來當執行長；如果我要成立製造公司，我也不要製造業的執行長。我想要的聰明人才要能重新設想一切基本假設。」他補充道，畢竟零售業的創新並非來自沃爾瑪（Walmart），而是亞馬遜（Amazon）；媒體創新並非來自《時代》（Times）雜誌或CBS，而是來自YouTube、推特（Twitter）和臉書（Facebook）；航空創新並非來自波音（Boeing）和洛克希德（Lockheed，美國航空、軍武、資安公司），而是伊隆・馬斯克（Elon Musk）的SpaceX；下一代的汽車並非由通用（GM）或福斯（Volkswagen）生產，而是來自馬斯克的另一間公司特斯拉（Tesla）。柯斯拉驚嘆道：「我想不出這30、40年來有任何重大創新是來自領域內的專家。你想想看，這不是很驚人嗎？」

　　如果未來是透過特立獨行又野心勃勃的計畫來開創，那麼以下觀察也成立。由於諾貝爾獎得主雷諾・寇斯（Ronald Coase）的貢獻，經濟學長久以來相當重視現代資本主義的兩大機制──市場與企業，前者透過價格訊號和常規合約協調交易活動，後者組織大型團隊並由經理人自上而下進行管理。不

過經濟學家較少關注柯斯拉所處的中間地帶：位於市場與企業之間的創業投資網絡。不過創業投資人的網絡值得我們進一步審視。透過柯斯拉這類特立獨行的實驗，這門行業為應用科學帶來龐大進展，遠超越其他行為者，超越集中管理的企業研發部門、在車庫裡單打獨鬥敲敲打打的個人，也超越試圖篩選出技術贏家的政府。由於創投資助的新創公司影響力深遠，他們改變了人們工作、社交、購物、娛樂的方式，也改變了人們瀏覽、操縱資訊並獲得啟發的方式 —— 我們的思考模式。

創業投資人能締造如此不成比例的影響，是因為他們結合企業與市場的優勢。他們為前景看好的新創公司導入資本、才華洋溢的員工以及大量客戶，複製大企業的團隊組成、資源與策略願景[33]；不過同時，由於其網絡具流動性、沒有固定型態，因此他們也擁有市場的彈性。沙丘路呼風喚雨的資本家能夠力挺擁有新鮮商業想法或志在科學突破的新創公司，他們可以形塑、擴展、左右公司決策。當一輪創業資金耗盡後，新創公司就得面對市場測試。如果沒有積極的買家準備為新創公司注入下一輪資本，價格信號就會發揮作用：創業投資人停止金援，至此成功機率渺茫，因此不再支持投機性的研發計畫，以免浪費資源。由於創業投資人也會定期以價格信號原則來檢視投資案，他們擅於察覺失敗，當發現成功的早期跡象時，也會毫不猶豫加碼下注。他們結合企業策略，同時尊重市場，形成現代資本主義中的第三大機制（另外兩者就是寇斯所強調的企業與市場）。

不過創業投資網絡的重要性受到低估，隨著創投產業三方面的擴張，這種盲點自過去幾年來越來越明顯。首先，創投產業已自歷史根據地矽谷擴展到其他地區，陸續在亞洲、以色列、歐洲和美國其他大城市建立興旺的據點[34]。其次，隨著創投資助的技術越來越廣泛，創投產業也開始跨足其他行業板塊，從汽車到飯店業無所不包。第三，由於矽谷紛紛出現多間價值數

十億元但延後公開募股的企業，創業投資現在不止於參與公司的新創時期。1997年當時，亞馬遜成立3年便上市，當時市值僅4.38億元；到了寫作本書的2020年，有超過480家「獨角獸」企業的市值上看10億元，且似乎仍不急於上市[35]。許多世上最具活力、顛覆性的公司，皆由創業投資人或其他私人技術投資者所擁有與經營（或不當經營）。

　　本書有兩大廣泛目標。首先是解釋創業投資業的心態。目前著重於矽谷發明家與創業者的紀錄不下數十則，不過針對背後出資、形塑這些公司的人們卻少有著墨。透過謹慎重塑蘋果（Apple）、思科、WhatsApp、Uber等著名投資過程的始末，我們看到創業投資人與新創公司的互動，也看出創投何以迥異於其他類型的金融業。多數金融家根據定量分析來決定有限資金的分配；而創業投資人與人們會面、施展魅力，卻鮮少費心閱讀試算表[36]。多數金融家透過預測企業的現金流來估價；創業投資人卻常在新創公司尚未有任何現金流能加以分析之前就決定出資金援。其他金融家一眨眼的功夫就完成上百萬的證券交易；創業投資人擁有相對較少的上市公司股票並長期持有。最根本的差別是，其他金融家根據歷史來推測趨勢，忽略極端「尾部」事件的風險；創業投資人看重的卻是大幅偏離歷史的機遇，他們一心追求尾部事件。

　　本書的第二個目標是評估創業投資產業的社會影響。創投經常聲稱自己致力於「把世界變得更美好」，在部分情況下的確是這樣，不可能食品公司就是一個例子。不過另一方面，電玩遊戲和社群媒體的優點雖然有娛樂、傳遞資訊，讓祖母能隨時觀看遠方孫子、孫女的照片，但同時也加劇了螢幕成癮和假新聞的氾濫。創投的高談闊論和實際行為之間的差異經常受到嘲諷。2020年4月，Covid-19疫情的高峰期，創業投資人馬克‧安德森（Marc Andreessen）高呼：「建設的時候到了。」他大聲疾呼：「高速火車在哪裡？

奔騰的單軌、超迴路列車和飛天汽車又在哪裡？[37]」隔月，安德森的合夥公司投資Clubhouse，這是一款邀請制的社群媒體應用程式。此外，創投產業冠冕堂皇的聲明也和業界狹隘的單一文化呈現明顯對比。女性代表性極為不足：至2020年，投資合夥人中只有16%為女性；種族多元性更是低落：創投公司的合夥人中只有約3%黑人[38]。正是因為創業投資產業形塑社會的影響力龐大，創投企業聘雇的投資人以及他們資助的新創公司都必須更為多元。最後也最真切的一點是，創業投資人必須承認自己擔任科技公司管理人的成績不佳，畢竟投資才是創投的核心業務。他們在扶植剛起步的新創公司方面寫下傲人紀錄，不過若要經營市值數十億元的獨角獸企業，表現卻遜色得多，辦公室租賃公司WeWork和叫車巨擘Uber的經歷都是明證。

簡言之，創業投資人絕非完人。雖然公眾情緒逐漸開始反對巨型的科技工業複合體，不過創業投資的正面案例卻越來越具吸引力。一直以來，經濟學家仍從各國差異的角度來解釋某些地理區更為富有的原因，他們相信蓬勃發展的國家受益於可靠的法治、穩定的物價、高教育水準的人民等因素。不過最近，更急迫的問題是，為什麼同一國家中某些地區能把其他地區遠遠拋在後頭，成為創新中心、創造繁榮？區域發展不均的現象長期以來極為明顯，矽谷就是明證之一，不過終極問題是：為什麼會這樣？[39]要正確回答這個問題，我們必須更新寇斯提出的架構：研究市場與企業的同時，我們也該深入瞭解創業投資網絡。在地理經濟競爭越加激烈的世界中，一國若能擁有最具創造力的創新中心，國家整體也往往最為繁榮、強大（而在收入不平等加劇的世界裡，創新中心的地區分布越平均，社會也會更加安樂而穩定）。即便政府試圖規管大型科技公司，同時他們也該盡力培育科技新創公司，稍後我們將進一步討論這項政策挑戰。

就目前為止，我們可以這麼說。不論創業投資人有何缺點，他們的確是

多元新創公司群落的必要成分。矽谷每天總有上百家創投公司追在穿著 T 恤的年輕人後頭，他們與人攀談、建立人脈；為新創公司做擔保來招募工程師，安撫新進員工心中的疑慮；向抱持懷疑態度的客戶保證，某間新創公司的產品絕對可靠。本書主張，這類狂熱的投資活動能夠說明地區之間的創新落差：創業投資人串起創業者、想法、客戶和資本，他們以個別的聰明人才為紗線，織出一張創新網絡。經濟成長的傳統理論必須將此現象納入考量，這也說明了中國何以成為頂尖科技強國。在今日的科技競逐中，假如中國可能超前美國，正是因為矽谷發源的創業投資已經發動中國的數位經濟。此外，比起美國，中國的創投產業還有一項優勢，那就是他們對女性更為開放。

　　不過現在談這些還太早，若要瞭解創業資本家，掌握他們的思維及重要性，我們就必須從頭說起。要是沒有這群離經叛道的金融家，聖塔克拉拉（Santa Clara）谷地的果園也許永遠不會發展成為矽谷，也無法創造令人咋舌的巨大財富。

第一章
亞瑟・洛克與自由資本

　　成功有很多原因，矽谷的成功也不例外。尋思此地何以擁有奇蹟般的創新能力時，有些人把目光放在1951年，當時史丹佛大學的工程學院長佛列德・特曼（Fred Terman）在校內成立著名的研究園區。也有些人想到5年後，半導體之父威廉・蕭克利（William Shockley）離開東岸，來到特曼的園區成立公司，首次將「矽」帶進加州谷地。不過最引人入勝的起源故事把焦點放在別處，也正彰顯了矽谷的獨特性質。故事要從1957年夏天說起，當時蕭克利8名年輕的博士研究生起而反叛，自立門戶。蕭克利的資歷、名氣，就連他的諾貝爾獎都無法阻止這場造反，這「八叛徒」受夠了蕭克利的高壓領導作風，決心另尋棲木。傳統規範人們服從階級、權威，保持職場忠誠，持續數十載，才有可能戴著金錶安然退休，叛逃的行動打破這種觀念，也造就了矽谷的神奇文化。

　　1957年的叛逃之所以可能發生，是拜一種新的金融型態之賜，這種金融活動起初稱作冒險投資（adventure capital），其概念是資助一貧如洗又風險過高而無法向傳統銀行借貸的科技人才；同時，偏愛大膽發明的投資人也有機會獲得豐厚報酬。資助八叛徒及其公司快捷半導體（Fairchild Semiconductor）

可說是西岸最早的冒險投資案，這也改變了當地的發展。快捷半導體募得140萬元後，大家發現，矽谷任何團隊只要擁有宏大的想法和野心，都能起家立業、延長存續時間，發展出最適合自己的組織型態。工程師、發明家、騙子和藝術夢想家可以在此會面、結合、分開、競爭、合作，全拜這種新的金融型態之賜。冒險資本有時是叛逃資本，也可以用於建立團隊或進行實驗[1]。不過不論從什麼角度來看，可以確定的是，才華獲得自由，革命正在醞釀。

　　新型態自由資本的出現能解釋眾多現象，影響力超乎多數人的想像。許多理論試圖解釋矽谷何以取得卓越地位——這裡是史丹佛大學的所在地、受益於軍事合約、具有西岸特有的非主流文化反叛精神——其實都不太有說服力。畢竟史丹佛大學也沒有比麻省理工（Massachusetts Institute of Technology，MIT）更突出，後者離哈佛大學（Harvard University）不遠，這兩所學校所形成的研究圈影響力龐大，是矽谷初期所無法企及的[2]。同樣的，史丹佛大學的確受益於軍事研究經費：U-2偵察機所拍攝的影片底片便是在附近的NASA艾姆斯研究中心（Ames Research Center）沖洗完成；洛克希德導彈暨太空部門在矽谷的史丹佛校區建造由潛水艇發射的武器[3]。不過1950年代著名的軍事工業複合體其實主要集中於東岸，位於五角大廈（美國國防部總部大樓）和麻薩諸塞州劍橋（Cambridge）一帶。其代表人物萬尼瓦爾‧布希（Vannevar Bush）是麻省理工工程學院院長，身兼國防工業承包商雷神公司（Raytheon，總部位於劍橋）創辦人，同時更是二戰時期小羅斯福（Franklin Roosevelt）總統的首席科學管理人員。數百萬聯邦政府資金流向波士頓一帶由國防部資助的研究中心，至1960年代末，這些研究實驗室衍生出上百間科技新創公司[4]。假如軍事背景能決定應用科學的中心位置，那麼劍橋應該成為宇宙中心[5]。

如果造就矽谷卓越地位的不是史丹佛大學，也不是國防合約，那麼刺激當地人們發想尚未誕生的科技，進而賦予該區耀眼光環的會不會是西岸的非主流文化？帕羅奧圖人類智識增益研究中心（Augmented Human Intellect Research Center）的道格‧恩格巴特（Doug Engelbart）構想出早期的電腦滑鼠及圖形使用者介面，他曾參與迷幻藥實驗，更取得國防部經費，用於研究個人成長培訓法「est」。年輕的史帝夫‧賈伯斯同樣深受東方神祕主義吸引，他常光腳走來走去，用公司馬桶沖腳，堅稱水果飲食法讓自己不必定期洗澡。搖滾樂手波諾（Bono）是賈伯斯的好友，他觀察道：「創造21世紀生活的人們是西岸那些吸大麻、穿著涼鞋走來走去的嬉皮，史帝夫也是其中之一，他們的觀點與眾不同。」矽谷普遍接受這類故事，因為當地居民有錢有權的同時也希望自己新潮酷炫。類似的論述還包括，由於嬉皮具有反企業精神，因此樂於分享點子，而不是急於註冊專利。他們主張人人平等，因此願意接納新秀，只要他們能看出、察覺某些可能改變一切的契機，那麼再怎麼不修邊幅都沒關係。

矽谷仍保有一絲非主流文化特質：例如人們腳上的涼鞋，雖然材質已由磨損皮革轉變成新潮的尼龍；左派自由主義、甚至是放任主義的政治觀；還有微量攝取迷幻藥能提升生產效率的想法。不過從文化角度來解釋西岸例外論的問題在於，世界其他地方並不如矽谷推崇者想像的那麼西裝筆挺。秉持共有主義的科技迷著迷於程式碼，拒絕以此營利，他們所擁護的駭客倫理其實發源於麻省理工。一群麻省理工大學生著迷於模型火車背後的技術，因而成立科技模型鐵路俱樂部（Tech Model Railroad Club），之後部分學生將注意力轉移到TX-0電腦[6]（學生深受TX-0電腦吸引，麻省理工校方甚至考慮把電腦處理掉。曾有人表示：「他們不再洗澡、吃飯，暫停社交生活，當然也置學業於不顧[7]。」）。同樣的，長居於日內瓦的英裔學者提姆‧伯納斯—李

（Tim Berners-Lee）發明全球資訊網，他兼具創意想像力與反物質主義，鄙視商業手段。他公開宣告：「如果你有意使用程式碼，就寫信給我。」拒絕透過自己的發明營利。芬蘭（波諾可沒有常常在這種地方表演）的萊納斯‧托瓦茲（Linus Torvalds）創造出 Linux 作業系統的梗概，同時免費開放大家使用。簡而言之，矽谷之外不乏新意，更不缺反商業的非主流文化態度。

　　事實上，矽谷之所以得天獨厚，並不是因為當地的發明能力特別突出，也不是反主流文化或其他原因[8]。第一顆電晶體發明於 1947 年，不是矽谷製造出來的，而是紐澤西州的貝爾實驗室（Bell Labs）；第一台個人電腦是 Altair，製造於新墨西哥州；網路管理軟體 Gopher 是全球網路的前身，來自明尼蘇達州；第一個瀏覽器由伊利諾大學的馬克‧安德森開發；第一個搜尋引擎 Archie 是由加拿大蒙特利爾麥基爾大學（McGill University）的艾倫‧艾姆塔吉（Alan Emtage）發明；第一個網路社交網站 SixDegrees.com 是由紐約市的安德魯‧溫雷克（Andrew Weinreich）首先推出；第一台智慧型手機叫做賽門個人通訊器（Simon Personal Communicator），由佛羅里達州波卡拉頓（Boca Raton）IBM 實驗室的法蘭克‧卡諾瓦（Frank Canova）開發[9]。發明並沒有集中於任何一地，當然也不是由矽谷所獨佔。不過這些突破性的產品都有一個共通點，如果要將創意化作熱銷產品，那麼矽谷就是奇蹟發生的地方。

　　要怎麼解釋這些奇蹟？1995 年一篇《時代》雜誌文章的標題呼應了波諾的評論：「全拜嬉皮之賜」[10]。不過矽谷的絕妙之處在於，反主流文化的表面下流動著對於財富毫不掩飾的渴望。波諾口中吸大麻、穿涼鞋的發明家從不以賺取巨富為恥。在矽谷，不只有自由灑脫的嬉皮，成就卓越者更是唾棄職涯階梯，他們認為這種晉升方式慢得可憐。賈伯斯正體現了這兩種相互矛盾的文化：他秉持謙遜的平等理念，因此不願要求公司停車場規劃老闆的專屬車位；但又相當傲慢，自以為有權使用殘障車位[11]。他是秉持共有主義的

合作者，願意免費與表面上的競爭對手分享智慧財產；同時也是資本主義競爭者，偏執多疑又充滿控制欲。隨興散漫的創造力結合強烈的商業野心，這才是矽谷真正的特質，使新穎的想像力化為一門影響社會及文化的生意。

我們很難精準找出這種矛盾的文化確切起源於何處。有些人指向19世紀舊金山淘金熱潮所帶來的瘋狂物質主義先驅，舊有階級之外追求功利的個人主義者搭上這波熱潮而致富，新企業也如雨後春筍般出現，第一條 Levi Strauss 牛仔褲也誕生於此時期。也有些理論強調加州的教育及繁榮，認為這兩項因素培養出進步、開明的觀點和狂熱的工作態度。不過自由資本提供另一個解釋，只不過目前為止尚未受到應有的重視。這種獨特的金融型態讓人才能自由將想法轉化為產品，結合非傳統實驗與實際的商業目標，促成了矽谷肥沃富饒的商業文化。早期，JP摩根（J. P. Morgan）的金融型態使美國商業界形成強而有力的寡頭生態；1980年代，麥可‧米爾肯（Michael Milken）的垃圾債券激起一波企業收購和為節省成本的裁員潮。同樣的，創業投資也促成獨特的產業文化，使矽谷成為有史以來生產力最驚人的應用科學大熔爐，而且歷久不衰。多虧了創業投資，八叛徒得以拋棄威廉‧蕭克利成立快捷半導體，正式開創奇蹟。至2014年，矽谷70%上市科技公司的族譜可上溯至快捷半導體[12]。

在求助於自由資本的前一年，蕭克利半導體實驗室的年輕研究員開始發現他們的老闆既是科學天才，同時也是瘋狂的暴君。當蕭克利招募他們時，他們都備感受寵若驚，接到這位偉大科學家的來電「就像接起電話和上帝通話[13]」。瀟灑、戴著眼鏡，擁有教授招牌的後退髮際線，蕭克利不僅是半導

體之父,更是厲害的表演家:課程開始前,他承諾大家待會會談到火熱主
題,接著他翻開書本,書頁中便冒出煙霧[14]。不過這些年輕員工進入他的領
地後,他的缺點變得無法忽略。蕭克利會公開開除員工;將他們的薪資貼在
公司布告欄上,嘲笑某位接受過低薪水的科學家[15]。他雇用自己所能找到最
聰明的研究員,不過經常貶低他們,有時甚至出言譏諷:「你確定有博士學
位嗎?」幾位團隊成員表示希望發表學術論文時,蕭克利以不屑和自大來回
應,他在自己的理論上隨手寫下幾句註記,然後說:「給你,充實內容然後
拿去發表[16]。」

其中一位年輕研究員事後表示:「『暴君』不足以形容蕭克利的言
行[17]。」

1957年5月,蕭克利半導體實驗室成立15個月後,他的金主前來造訪。
前一年,蕭克利尋求財源時,創業投資幾乎還不存在,因此他求助於南加
州貝克曼儀器(Beckman Instruments)公司的創辦人阿諾·貝克曼(Arnold
Beckman)[18]。貝克曼在自己公司內部為蕭克利開設一個部門,期望快速獲得
有利可圖的進展。現在金主前來要求更多商業成果並減少管理失調的狀況。

蕭克利回以反抗的姿態,疾聲抱怨:「如果你不欣賞我們的工作,我可
以帶著團隊另謀高就[19]。」接著便氣沖沖地離開房間。

看到蕭克利對貝克曼發火,他的年輕研究員發現自己面臨抉擇。那時
是1950年代,大企業、大工會、白領階級分明的年代;1956年暢銷書的標題
《組織人》(The Organization Man)指的就是這個時代組織中溫順的美國人。
《組織人》的其中一章甚至宣揚「科學家的官僚化」,即便要以遲滯的研究
和發展為代價[20]。蕭克利門下的工程師可以順服時代精神,在令人窒息的管
理下徒勞地苦撐,或是把握這次蕭克利情緒失控帶來的機會。看到老闆與金
主的衝突,這些工程師於午餐時共商對策,他們決定向貝克曼訴苦,請求

他壓制蕭克曼的氣焰。其中一位叛徒說：「老天哪，你看！我們要不做些什麼，要不從此閉口不談[21]。」

高登‧摩爾（Gordon Moore）後來成為快捷半導體的研發主管，他被推選為團隊發言人。摩爾前額漸禿但眉毛茂密，戴著1950年代的新潮眼鏡，他低調文靜又堅定自信。在開完午餐會議後，他借同事家的電話撥給貝克曼[22]。

摩爾告訴貝克曼：「蕭克利只是虛張聲勢，現階段團隊不會隨他而去。」

「你們那裡工作進展不順利，對吧？」貝克曼緊張地問道。

「非常不順[23]。」

貝克曼同意和摩爾及其他同事見面，經過幾次討論後，他承諾想辦法處理蕭克利。儘管具備科學天賦，但蕭克利正阻礙進步，有時資本主義需要撤換主管才能伸張。貝克曼向叛徒們保證他會漸漸卸除蕭克利的管理職責，將他在公司中的職位限縮為顧問性質。

不過幾天之後，貝克曼退縮了。他經營自己的公司，可以憑自己的意思決策，不像現代的創業投資人，他不需向投資人負責，沒有資本報酬的壓力[24]，因此他可以任意逃避自己不自在的決策，而東岸一位資深科學家來電表示降職將會毀掉蕭克利的職涯，這通電話可能就足以改變他的心意。蕭克利的確可能是暴君，但至少他是曾獲得諾貝爾獎的暴君，貝克曼這麼說服自己。他把自己的決定告訴那群年輕叛徒，請他們與老闆和平共處。

由於無法自內部改變公司，這幾位叛徒開始思考還有什麼其他選項。他們都非常稱職，可以輕易在別處找到工作，不過他們也知道，如果想要獲得什麼成就，團結在一起的成功機率最高。不過，如果為了維持團隊而必須在蕭克利的統治下苦撐，這也不是令人愉快的前景。最近，這位暴君甚至要求員工接受測謊[25]。

　　某天傍晚思索自己的窘境時，其中一位叛徒提出一個可能的解決方法。尤金・克萊納（Eugene Kleiner）是團隊中唯一超過30歲的成員，他的父親在紐約一家投資公司有人脈。他寫信給父親的財務經紀人請求協助，他在信中說明，蕭克利的工程師團隊有意離開公司，也許一間人脈廣的金融機構能找到願意聘雇整個團隊的雇主？

　　目前沒有人有成立新公司的想法，這在當時根本不是選項之一。從來沒有人聽過創業投資，誰會願意金援一群年輕又沒沒無聞的科學家？此外，這與戰後的理財精神相悖。1929年金融崩潰及隨後的經濟大蕭條，使一整代的投資人對於冒險興趣缺缺，比起冒險投資，富達（Fidelity）、保德信（Prudential）等大型理財機構更樂於緊抱資金。如果金融家想要購買任何公司證券，他們偏好安全穩健的公司，最好是持有足夠營運資金的公司，這樣即便倒閉，股東仍然可以獲利。傳奇投資人班傑明・格拉漢（Benjamin Graham）在年輕員工華倫・巴菲特（Warren Buffett）的協助下，揀選出股票交易價格比該公司持有現金、存貨及應收款項價值低至少三分之一的公司，這樣公司遭清算時仍可獲利。巴菲特曾買進大量麻薩諸塞州新貝德福聯合街鐵路（Union Street Railway of New Bedford, Massachusetts）公司的股票，當時賣價為45元，不過該公司銀行中存有的現金約有每股120元的價值[26]。既然有安全邊際這麼高的划算交易，高風險的科技創業可說是聲名狼藉。1952年，《財星》（Fortune）雜誌指出：「約翰・漢考克（John Hancock）人壽保單的持有人如果發現自己的錢被用來資助……科學玩意兒，很可能會大感詫異[27]。」

　　當然，在這股戒慎恐懼的氣氛下仍有例外，不過極為稀落難尋。1949年，一位浪漫派的前馬克思主義者艾佛列德・溫斯洛・瓊斯（Alfred Winslow Jones）成立第一家「避險基金」，不過在1960年代一群留有鬢角的神槍手開始模仿他的手法以前，瓊斯的營運相當低調。瓊斯成立避險基金的3年前，

惠特尼（Whitney）和洛克斐勒（Rockefeller）兩大富有東岸家族開始涉獵高
風險投資，資助剛起步的企業，不過他們主要是基於愛國與慈善目的而提供
資金，而非純為獲利。至於西岸，一群舊金山投資經紀人開始邀請創業者在
非正式的午餐會議中提出新創公司案，不過當蕭克利的門徒研擬叛逃時，這
還只是草創階段。真正可以視為現代創業投資先驅的是美國研究與發展公司
（American Research and Development，簡稱ARD），他們是早期認真嘗試創業投
資的公司，不過主要以波士頓地區為基地，因此蕭克利叛徒未曾耳聞。和惠
特尼及洛克斐勒一樣，ARD一樣以公共服務為出發點。我們稍後將會看到，
之後的創業投資人並未沿用這間公司的模式。

　　約翰‧海‧惠特尼（John Hay Whitney）是早期冒險金融實驗的典範之
一[28]。1951年的《紐約客》（New Yorker）傳略提到，由於二戰經驗，他具備
「鮮明的社會良心」[29]。他曾遭德軍俘虜，他告訴德軍自己是為自由而戰，
當敵軍反駁美國並沒有比希特勒統治的德國更自由時，他看到有些被俘虜
的美國士兵贊同地點頭，惠特尼對此驚駭不已。戰後歸國，他自《社會名
人錄》（Social Register，編錄美國上流社會成員的刊物）上刪除自己的名字，
並創立基金會來處理社會問題。他撥出500萬元基金用於維護自由企業精
神，向創業者提供投資資本[30]。不過基金成立5年後，J. H.惠特尼公司（J. H.
Whitney & Company）只資助了18家公司，成功案例包括一間早期的珍珠岩建
材製造商和真空食品公司（Vacuum Foods），也就是美粒果（Minute Maid）柳
橙汁的製造商。此外，基金成立的最初5年，其投資績效僅以些微差距勝過
更為安全的投資標的標普500[31]。因此，若以金融界所用的風險調整評估指
標來看，這間基金的表現並不稱職（風險高但獲利並沒有更優秀）[32]。

　　評論者將惠特尼與尋常銀行家相提並論時，其自尊與「鮮明的良知」使
他不禁動怒。《紐約時報》（New York Times）以一間「紐約投資放款公司」來

指稱他的基金，有一天，這位惱怒的愛國人士要求同事想出一個更恰當的稱呼。

某個人回應道：「我覺得我們的公司名稱應該讓人聯想到風險。」

另一人表示：「我覺得我們的業務中最有趣的一點就是冒險的面向。」

「私人創業（venture）資本投資公司如何？」第三人提議，簡化某些圈子已開始使用的「冒險（adventure）資本」一詞[33]。

「就是這個！」惠特尼贊同道。《紐約時報》編輯得知這位慈善家偏好的稱呼，至1947年，該報已開始偶爾提到創業投資（venture capital）[34]。不過雖然惠特尼主張使用這個詞彙，他的創新用語並未廣泛流行起來。至1962年，技術投資先驅以創業投資人自稱時，聽話者仍常是一臉茫然[35]。

1946年4月，洛克斐勒家族採取和惠特尼家族類似的舉措，企圖解決新企業缺乏資金這個廣為人知的問題。主要推動者勞倫斯·洛克斐勒（Laurance Rockefeller）聲明：「我們不希望和舊體制一樣，我們不要等到某個領域或想法獲證實完全安全可行之後才投注資金。……我們預計投資許多低度開發的地區[36]。」其基金的資助對象包括一間非洲棉花廠、一間南太平洋漁業公司、賓州直升機公司和長島一項電影計畫。洛克斐勒神采飛揚地說道：「資本不再只是用於追求利潤，而是傾注到能創造最多效益之處[37]。」也許正因如此，洛克斐勒基金的獲利表現平平。1961年，據《巴倫周刊》（*Barron's*）報導，洛克斐勒兄弟基金（Rockefeller Brothers）營運的15年間所投入的900萬元共獲得4,000萬元的報酬[38]，不及同一時期飆漲600%的標普500指數[39]。

早期的西岸創投新手至少能夠獲得可觀報酬。里德·丹尼斯（Reid Dennis）是參與舊金山午餐投資會的5、6位金融家之一，早期靠著投資錄音機製造商Ampex致富。Ampex吸引歌手賓·克勞斯比（Bing Crosby）的注

意，因為他喜歡在週日下午打高爾夫球，而不是為無線電節目進行現場表演。丹尼斯後來承認道：「我對錄音機一竅不通，但我認為這項技術會很實用，用途比錄下賓・克勞斯比的演唱更廣[40]。」於是在1952年，剛自商學院畢業的丹尼斯押上自己全副身家，共拿出1.5萬元投資Ampex。他告訴太太：「既然你能贏得我的心，假如發生什麼事，你應該也能迷倒任何人來養你一輩子[41]。」Ampex後來大獲成功，於1958年上市，而丹尼斯賺到100萬元的報酬，投報率為67倍——倍數，這才是創業投資人計算獲利的單位[42]。丹尼斯開心地想著：「我發現這是不錯的謀生之道，因此我開始搜尋附近其他高科技公司[43]。」

　　Ampex的獲利為丹尼斯在舊金山投資經紀人之間打響名號，他們一票人進而成立非正式的午餐會俱樂部，以「飆團」（the Group）自稱。自1957年起，5、6位固定成員會在金融區的山姆或傑克餐館聚會，「只要鰈魚穩定好吃，天然酵母麵包新鮮美味」的餐廳都行[44]。山姆餐館設有木板隔間的小包廂，能營造隱密的假象（雖然木板約只有0.3公分厚），尤其受他們一行人歡迎[45]。會議中，創業者講述自己的故事，飆團成員啃著天然酵母麵包聆聽，之後請資金申請人站到餐廳外的人行道上等候判決。如果一切順利，他們會握握手，承諾提供8到10萬元，也許還能從飆團的親朋好友手中募得額外資金[46]。丹尼斯回想道：「我們基本上是做這一行長大的，然後突然有人把這門行業改名叫做創業投資[47]。」不過雖然舊金山午餐會俱樂部獲得些許成功，在1950年代晚期至1960年代初期之間，他們約只資助20幾個投資案。要待之後該團體正式成立創業投資人西方協會（Western Association of Venture Capitalists），其重要性才會完整浮現[48]。

　　在所有早期創投實驗中，波士頓在戰後幾年居於領先地位，這樣的結果也不令人意外。由於麻省理工位處軍事工業複合體的核心，透過投資當地實

驗室研發的技術，自然而然能加速該區經濟發展。由麻省理工校長及波士頓
聯邦準備銀行（Boston Federal Reserve Bank）總裁等人組成的新英格蘭菁英團
隊是其中的領導力量，他們尋求喬治・多里奧（Georges Doriot）的協助。多
里奧是一位衣著考究的法國移民，上唇留有鬍鬚，擁有軍人的儀態，任教於
哈佛商學院。受到這群波士頓愛國人士的推舉，多里奧於1946年開始執掌
ARD。

多里奧是軍事工業複合體的終極化身，二戰時期，他為五角大廈的陸軍
軍需部隊監督科技採購，他利用這個職位來推動科技創新，例如防寒鞋、防
潑水材質及輕量塑膠防彈衣多倫（Doron，以多里奧為名）。因此說到投資波士
頓地區由國防部資助實驗室轉型的高科技公司，多里奧是完美人選[49]。他經常
叮嚀投資團隊定期拜訪實驗室，有時甚至會把地鐵代幣放在他們桌子上，
告誡安穩坐在桌旁的年輕人：「麻省理工不遠，一個代幣就到了[50]。」多
里奧早期的一次勝利包括成功扶植高電壓工程公司（High Voltage Engineering
Corporation），該公司同樣衍生自麻省理工實驗室，專門製造發電機和核能
粒子加速器，挑戰業界龍頭奇異電子（General Electric）的地位[51]。

1957年，飆團開始午餐會議的那年，同樣也是蕭克利弟子叛變的那年，
多里奧下了一個賭注，改變ARD的命運。他資助由兩位麻省理工教授成立
的數位設備公司（Digital Equipment Corporation），這兩位教授曾於國防部資助
的林肯實驗室（Lincoln Laboratory）協助開發TX-0電腦。TX-0的成就在於證
明採用電晶體製造的軍事設備性能優於真空管，數位設備公司的願景則是利
用電晶體革新民用電腦。對現代的創業投資人來說，這個提案極具吸引力：
創辦者來自頂尖的研究實驗室，而他們打算將已獲證實的技術進行商業化。
不過對1950年代的投資環境來說，即便是最具說服力的科學家也很難募得資
金，而多里奧充分利用這一點，向數位設備公司的創辦人提出極不對等的條

件，以現在的標準來看簡直可以說是侮辱。多里奧的ARD願提供7萬元資金
及3萬元貸款，換取公司的七成所有權，沒有討價還價的空間。由於麻省理
工教授沒有其他選擇，只好接受這個條件，之後多里奧得寸進尺地要求將所
有權提高到77%，教授們也並未表示異議[52]。由於多里奧握有超過半數的公
司所有權，當教授研發成功後，多里奧的獲利驚人。至ARD於1972年停止
營運時，數位設備公司已為其帶來3.8億元的利潤，以今日幣值來看相當於
23億元[53]，這佔了ARD經營25年來收益的80%[54]，這是乘冪定律早期的一個
例子。

　　有人將多里奧視為創業投資之父，傳記作家史賓賽・安提（Spencer
Ante）提出充分論證[55]。如同約翰・海・惠特尼，多里奧也試圖突顯自己與
其他一般金融家的區別，不過差別是，由於身為商學院教授，多里奧對於
創業投資的宗旨更具洞察及說服力。在法國口音濃厚的課堂上，多里奧主
張最豐厚的獎賞來自最具野心、最意想不到的計畫，投資人必須耐心等待
報酬的果實成熟。前景最看好的計畫常與先進科技相關，而不是柳橙汁或
亞洲漁業[56]。就和之後的創業投資人一樣，他知道自己的角色不僅在於提供
資金，更在於管理建議、聘雇輔導，以及從行銷到財務的一切訣竅。他策劃
科技展來宣傳投資公司的產品，建議數位設備公司將電路板樣品放在紫色天
鵝絨毯上展示，營造珠寶商展示胸針的高級感。將自己的門徒安插進ARD
體系也是他的服務之一。ARD的年度會議出席者眾，創業家在此與投資人寒
暄交談，一位創辦人指出：「你的公司正在公開展出，這時建立的人脈和引
薦都很重要。在你毫無理由自信滿滿的時候，任何能幫你維持自信的事物都
非常可貴[57]。」

　　多里奧談論自己與公司創辦人合作關係的口吻離奇地現代。這些創辦人
年輕、任性又勇敢，而創業投資人的職責在於傳授智慧與經驗。創辦人聰

穎、行事飄忽不定，有時情緒相當敏感，「創業投資人必須隨時待命，提供建議、勸導、勸阻和鼓勵，隨時協助建設公司[58]。」和之後的創業投資人一樣，多里奧堅信創辦人是創業舞台上的主角。他提出忠告，「尋找擁有完成任務願景的創意人才」、「對想法及發想者，也就是創意人才展現忠誠」[59]。值得一提的是，儘管多里奧對「擁有願景的創意人才」懷抱傾慕與敬重，他仍然毫不遲疑將他們77%的成果據為己有。在這方面，多里奧也預示了未來創投產業偶爾出現的偽善。

與其說多里奧是創投產業的奠基者，從某方面來說，他更像是失敗的先驅：踏入錯誤疆土的開拓者，引導追隨者偏離正軌。ARD是第一間向機構投資人籌募資金的創投公司，不過多里奧並沒有將ARD組織成合夥企業（即未來創業投資人的常見作法），而是公開上市，這項決策使他被重重規範綁手綁腳[60]。ARD向員工提供認股選擇權須遵循一定規範，無法自由針對旗下公司投入新資金，計算投資價值的方式也受到限制[61]。1964年，美國證券交易委員會突襲ARD辦公室，未經事先通知就直接來到波士頓的約翰漢考克大樓。多里奧怒道：「他們一心以為我們接下來2天除了接待他們以外沒別的事要做嗎？[62]」突襲搜索之後，證交會宣判數位設備公司的估價（購入成本的100倍）需要重編。「估價太高嗎？還是太低？到底有什麼問題？」多里奧怒氣沖沖地問道[63]。「在業界打滾20年，我最討厭的就是兩個人來到這裡，翻翻找找2天之後指責我們不知道自己在幹嘛。」多里奧把他寫給監管機關的信歸檔保留起來，其中一個檔案夾的標籤是「未寄出——遵循律師建議」。

除了法律結構的選擇不佳外，多里奧對於財務誘因的鄙視更削減了ARD這個早期典範的吸引力。他一直保留ARD最初的區域發展公共服務色彩，他清高地主張：「資本利得是獎賞，但不是目標[64]。」他拒絕發給年輕下屬

優渥的薪資,他說這份事業的目的不是賺錢,而是報效國家[65]。同樣的,他也承諾絕不拋下表現不佳的旗下公司,即便這些公司佔據了在別處能發揮更高效益的資金,彷彿停止資助旗下門徒便等於在戰場上拋棄受傷的同袍。由於多里奧拒絕以金錢來獎勵成果,面對虧損也不願停止金援來止血,他的員工及投資人逐漸對他感到不滿:心靈方面的成就感很棒,但他們也想要實質的財務獎賞。查爾斯‧韋特(Charles P. Waite)是一位ARD員工,辛勤工作協助旗下一間公司公開上市,他回想道:「我對那家公司貢獻良多,他們執行長的淨值從0上漲到1,000萬元,而我只得到2,000元的加薪[66]。」在華爾街投資人眼中,ARD就像一家古怪的慈善企業,因此其股價經常是旗下公司市值打折扣之後的價格[67]。

ARD無法令華爾街刮目相看,也無法催生效仿者,這其實令人惋惜又相當諷刺。不論多里奧犯下什麼錯誤,從業25年來,他為成長驚人的公司聚集資金。多虧了數位設備公司和乘冪定律,多里奧使初始投資人的資金翻了超過30幾倍,大幅超越標普500指數[68]。不過ARD本身的股價自始至終都受到低估,成了格拉漢和巴菲特最愛的划算穩健公司。由於受到華爾街唾棄,對ARD的擁有者來說,清算或併入其他公司會更為有利,因此ARD於1972年與其他公司合併。

1957年6月,當蕭克利的年輕研究員謀劃策反時,當時的投資環境極為不利:ARD尚未資助數位設備公司;舊金山午餐俱樂部才剛起步;兩位慈善富豪資助的計畫限於東岸或海外的奇特專案。可以想見,蕭克利的叛徒根本沒想過籌募資金來自行創立公司。尤金‧克萊納寫給父親財務經紀人的信件提出不同的路線:對蕭克利懷抱不滿的科學家團隊希望有一家「管理完善的公司」能聘用他們[69]。克萊納的太太羅絲(Rose Kleiner)幫忙繕打信件,日期是1957年6月14日,接著寄給紐約的海登史東(Hayden, Stone)公司。

替克萊納父親服務的經紀人正準備退休，於是將這封信件轉交給年輕商管碩士亞瑟・洛克（Arthur Rock）[70]。纖弱、寡言，雙眼隱藏在大大的鏡框之後，洛克不像是任何事物的奠基者，更別說是必須面對大風大浪的全新金融型態了。不同於惠特尼和洛克斐勒家族，洛克成長於紐約羅徹斯特（Rochester），是貧苦的意第緒猶太人移民之子，曾於父親的小型雜貨店擔任汽水服務生。與多里奧不同，洛克沒有軍事科技的相關經驗，連從軍經驗也不多，在悲慘的陸軍義務兵役期間，他對於向「不太靈光」的上級報告相當惱火。也許因為童年過得辛苦（罹患小兒麻痺、體育表現不佳、被歧視猶太人的同學欺負），洛克拘謹到了敏感易怒的程度[71]。靠著成交討生活的金融家應該要圓滑世故，不過洛克對於蠢蛋極度缺乏耐心，而且絕對會表現出來。

不過洛克碰巧是處理克萊納來信的最佳人選。2年前，他為通用電晶體（General Transistor）公司擬定一套資助計畫，這是第一間鍺半導體的獨立製造商，其半導體零件專門用於製造助聽器。洛克對此新興產業有親身涉獵，他瞭解蕭克利在科學界的無上地位：這位大師能夠延請到各方人才，因此克萊納及其同仁必定也是領域中的佼佼者。同時，這群人正準備叛變，這說明了另一點：這幾位科學家不僅擁有資歷，也顯現出堅決果敢的人格特質[72]。菁英團隊加上可能出現突破的技術，便等於顯而易見、不容錯過的商機，這個團隊的前景和多里奧同年夏天稍晚所資助的數位設備公司有相似之處。

1957年6月20日，洛克撥打長途電話給克萊納，說明自己的投資興趣。隔天他寫信給克萊納，提醒他在面對面商談之前務必維持團隊的團結一致[73]。隔週，洛克和表面友好的海登合夥人艾佛列德・「巴德」・柯爾（Alfred "Bud" Coyle）飛往舊金山。

洛克和柯爾與克萊納的團隊在舊金山一家餐廳就著晚餐商談。華爾街的

來訪者瞭解叛徒希望維持團隊，但不要有蕭克利令人窒息的監督。此外，他們也得知這些工程師希望留在聖塔克拉拉谷地，畢竟他們都已在此購屋成家。針對這些願望，他們提出一個新穎的解決辦法——叛徒們壓根兒沒想過的方法。

洛克直接指出：「要達成這些願望，方法就是成立自己的公司[74]。」只要自行創業，這些科學家就能在自己選擇的地點獨立運作。此外，他們還會是公司創辦人，享有自己創意奇想的成果。洛克身為來自圈外、白手起家的獨行者，他很堅持最後這一點，某方面來說也算是伸張了正義[75]。

洛克的提案使科學家們陷入沉吟。一位名叫傑‧拉斯特（Jay Last）的研究員事後回想道：「我們大為震驚，亞瑟點出我們其實可以創立自己的公司，這是我們全然陌生的想法[76]。」

高登‧摩爾是當初向阿諾‧貝克曼提案無果的工程師，他記憶中眾人的反應也相當類似。多年後，當他功成名就，成為2間著名矽谷公司的共同創辦人之後，摩爾仍謙稱自己只是「誤打誤撞的創業家」。他回想道：「我不是那種能夠信口說出『我要開公司』的人，我這樣誤打誤撞的創業家必須剛好碰上這樣的機會，或是被逼著做出這個決定[77]。」1957年6月底，在舊金山一家餐廳中，洛克正是堅定催逼大家下定決心的那個人。

洛克本人還想起其他細節。回想那頓晚餐時，他憶起自己提到公司擁有權時，這幾位研究員的神色出現變化，洛克表示：「他們似乎精神一振[78]。」不受累於多里奧的愛國任務，也不為富豪鮮明的良知煩心，洛克暗自欣喜，他很高興這幾位科學家對於財務誘因表現出正面反應[79]。

接著他們開始討論實際問題。研究員表示他們開公司立業需要75萬元，洛克和柯爾則認為至少需要100萬。這兩位華爾街人士的信心其實站不太住腳，要籌到100多萬元來成立一間未經測試的新公司不是件容易的

事[80]，不過他們虛張的聲勢成功說服懷疑者。洛克承諾提供七位數的資助計畫，於是研究員的猶疑也開始慢慢消解。

接下來的問題是，該推派誰來擔任這群叛徒的領袖？克萊納在寫給海登史東公司的信中表明，在這群叛徒之中（此時有7名成員），「沒有人對於擔任高階經理人具有野心」。如果是要由另一家公司管理團隊，這當然沒問題，但新計畫是獨立創業，那麼這群科學家就必須推舉一位能夠凝聚團隊的領袖，畢竟說服投資人資助沒有可信領導者的一盤散沙將會難如登天。

在蕭克利實驗室的年輕工程師中，羅伯‧諾伊斯（Robert Noyce），是顯而易見的領袖人選。他迷人、愛開玩笑、體態優雅，當初就是他把蕭克利的招募來電比作神諭。不過諾伊斯對於是否加入叛變感到痛苦徬徨，目前尚未參與任何會議。他來自愛荷華州一個小鎮，父親及祖父都擔任公理教會牧師，因此諾伊斯對於背叛蕭克利是否合乎倫理感到良心不安。其他叛徒透露，當時諾伊斯自問：「上帝會怎麼想？[81]」

洛克和柯爾說服其他七人勸諾伊斯加入。金融家已經擘劃出自由的願景，這群研究員必須招募一位領袖來報答恩惠。

謀反者指派其中一位成員薛爾頓‧羅伯茲（Sheldon Roberts）打電話給諾伊斯。他們一路談到深夜，諾伊斯在熱切與謹慎之間擺盪。最後，面對100多萬元的資助計畫誘因，諾伊斯同意加入，與洛克及柯爾會面[82]。

隔天，羅伯茲開著自家的休旅車去載諾伊斯，他們沿路停靠其他同事位於洛沙托斯（Los Altos）、帕羅奧圖和山景城（Mountain View）的家，其他謀反者也一一上車。他們前往舊金山市區的克里夫特飯店（Clift hotel），走進裝飾藝術風格的宏偉紅杉酒吧，洛克和柯爾已經在此等候多時。

隨著會議進行，洛克發現團隊已經補起原本的弱點，新加入的諾伊斯是天生的領袖。他的眼睛閃爍著耀眼光芒[83]，其他同仁樂於由他代表團隊發言[84]。

現在已經沒有止步不前的理由。柯爾抽出10張直挺簇新的1元美金紙鈔，提議在場所有人各在其中1張鈔票上簽名。柯爾說，這些紙鈔是他們「彼此的合約」[85]。這預示後來「以信任為基礎的合約」，看起來不太正式，不過名副其實是建立於金錢之上，這將成為矽谷多年以後的標誌。

　　不像多里奧的ARD，海登史東公司的經紀人手邊並沒有資助新創公司的現成資金。他們的作法是，根據個別案例召集有意願的投資人來資助公司，而海登史東合夥人的資金只佔整體的一小部分。現在洛克要籌措他答應八叛徒的100多萬元，他匆匆寫下大約35個潛在資助者的名字，ARD和洛克斐勒兄弟都在名單上[86]，還有幾間可能對投資半導體有興趣的科技公司。

　　洛克很快就發現自己的願景有多激進。ARD和洛克斐勒等投資機構想出各種藉口：這些叛徒沒有管理經驗，想到要開出那麼大張的支票令他們感到頭暈目眩。同時，洛克聯絡的科技公司則提出不同的反對理由：他們會考慮提供資金成立新的子公司，就像貝克曼資助蕭克利一樣，不過他們不願意資助8位科學家卻沒有任何掌控權[87]。此外，資助蕭克利的叛逃者並讓他們擁有新公司的股份，豈不是設下危險的前例，可能引發動亂：要是資助人自己的員工也要求公司股票，那該怎麼辦？[88]洛克認為讓年輕科學家擁有自己企業的成果是落實正義，但其他人只看到了麻煩。「組織人」的重點就在於不假思索的服從，在1950年代的職場文化中，老闆可以免費獲得員工的忠誠，那何必再用認股選擇權來收買？

　　洛克接洽了35位潛在投資者，卻連一毛錢都籌不到。當時，柯爾建議他去找薛曼‧費爾柴爾德（Sherman Fairchild），一位自栩為「興趣玩家」的

紈褲子弟，同時也是科學愛好者[89]。就像惠特尼和洛克斐勒家族，費爾柴爾德已經坐擁大筆財富，不太在乎積攢更多金錢；不過不同點在於，他對於半導體新創公司甚感興趣。

1957年8月底，羅伯‧諾伊斯和尤金‧克萊納飛抵紐約。他們前往費爾柴爾德位於曼哈頓的連排別墅住家，房子配備玻璃牆和電動開關的高科技百葉窗[90]。一陣寒暄之後，諾伊斯發動洛克慧眼識出的魅力攻勢，用他炙熱的雙眼直直盯著費爾柴爾德，說明未來將奠基於以矽和電線製成的裝置，這些礦石和金屬原料的成本相當低廉，以這些基本元素製作電晶體的公司將坐收豐厚利潤，而費爾柴爾德將會是資助勝者的遠見家[91]。這是一種「響應偉大號召」的說詞，往後矽谷充滿個人魅力的創業家將一再搬出這套言論。費爾柴爾德被說服了。

現在只剩下敲定協議的細節。洛克答應叛逃者能擁有自己的公司，他也盡力達成承諾。他請這8位創辦人各出資500元，換取新創公司100股的股份，他們勉強湊出資金，過程並不容易。500元相當於2至3週的薪水，而諾伊斯還得打電話給父母詢問祖母是否願意借他一些錢[92]。海登史東公司以同樣單價購入225股，另外撥出300多股用來招募資深經理人，儘管諾伊斯深具魅力，費爾柴爾德認為他只是暫時的頭頭。因此每位創辦人各只擁有不到10%的公司股份，新經理出現後，他們的股份更是降到7.5%。另一方面，費爾柴爾德的公司——費爾柴爾德攝影暨儀器公司（Fairchild Camera and Instrument）掏出140萬元，幾乎是全部的初始資金，使科學家及海登合出的5,125元相形見絀。不過由於費爾柴爾德是以借貸（而非股權）的形式出資，因此創辦人的公司擁有權並未被稀釋[93]。

表面上來看，這8位科學家談成一筆有利交易。不過就和往後的創業投資一樣晦澀難懂，這些數字也不如表面上那麼淺顯明白。畢竟薛曼‧費爾

柴爾德的談判者握有有利籌碼：前面已經有35位投資人直截了當地拒絕洛克。假如多里奧的ARD可以光靠10萬元取得數位設備公司77%的股份，費爾柴爾德的手下要是投資140萬元卻沒換到什麼好處就太蠢了。因此根據協議，8位科學家獲得表面上的自主，但實質不然。費爾柴爾德的借貸其實也並非真正的借貸，附加條件是費爾柴爾德可以用300萬元認購新公司所有的股份[94]。另一方面，蕭克利叛徒所獲得的擁有權也並非真正的擁有權，因為費爾柴爾德攝影暨儀器公司可以透過股權信託控制公司的營運。洛克已經盡力達成承諾，不過他也無法端出奇蹟。

　　洛克原先的目的是解放高壓管理之下的人才，不過成果比他原先的設想更為響亮、輝煌。最初幾個月，這8位科學家在車庫中工作，之後搬進一棟半完工、尚無電力的建築。這群自由之人並不灰心，他們將電線連接至附近的電線桿，湊合做出電鋸。當時是冬天，你可以看到瘦高的捲髮實驗家維克多・格里尼克（Victor Grinich）配戴手套、帽子、圍巾和菸斗，在戶外對抗嚴寒的天氣，身旁延長線插著一台暖氣[95]。他們在閒聊之中討論出快捷半導體的公司策略；銷售會議上供應布朗尼蛋糕和威士忌；碩士剛畢業的新員工就有權做出重大採購決定。隨著天氣回暖，團體的代理領導人諾伊斯會穿著短褲來到公司上班[96]。

　　公司成立6個月後，洛克來到加州查看進展。他此行有幾個目的，假如先不管費爾柴爾德的附加條件，海登史東公司仍持有這間新創公司約五分之一的股份，此外，洛克正在尋覓更多西岸的科技公司商機。另一方面，洛克和這8位科學家私交甚篤，31歲的洛克和他們算是同輩，他和其中幾位單身人士的交情尤深，經常於週末相約登山[97]。儘管童年因小兒麻痺遭霸凌的經驗留下精神創傷，但洛克成年後相當擅長滑雪和登山，內華達山脈是他來到西岸的另一個理由。

　　1958年3月26日，洛克和諾伊斯共進晚餐。隔天他捎給柯爾一則令人興奮的訊息：「我得到很多內線消息，顯然進展比他們所透露給外人的還要順利。」快捷半導體已拿到第一筆訂單，向IBM售出100個電晶體，每個售價150元。每個電晶體裝置的原料成本約只要2、3美分，勞力成本約再加上10美分，因此營運利潤相當驚人。在此同時，諾伊斯和同事的研究進展正以蕭克利不可能達到的速度前進。團隊測試以不同的金屬組合製作半導體，諾伊斯還提出了發明創新開關及革新掃描器的點子。此外，他們都有自覺地思考商業用途。諾伊斯事後回想到，在快捷半導體創立之前，他們這些研究員都穿著白色工作服，在實驗室中埋首工作；不過在新公司裡，他們經常外出拜訪顧客，早在開發出第一個電晶體之前，他們就已經與軍事航空電子領域的潛在買家會面，知道市場需要什麼類型的裝置。其他企業的研究團隊，例如貝爾實驗室、德州儀器（Texas Instruments）在科學方面不輸快捷半導體；不過快捷半導體的創辦人更重視市場，他們想要知道哪些產品具有實用價值，尋思怎麼做能提升手中股份的價值[98]。

　　快捷半導體初步的進展相當順利，在晚餐中，諾伊斯相當健談。洛克在寫給柯爾的訊息結尾打趣地提到：「你應該很高興得知，我的手臂因為去撿滿地的支票而痠痛不已[99]。」

　　到了快捷半導體成立的第二年，公司營運更加蒸蒸日上。諾伊斯和同事提出革命性的新製程，能夠在一小片積體電路上結合多個電晶體。1959年，快捷半導體訂單總價約650萬元，是前一年的13倍。這間年輕公司的稅後利潤已將近200萬元，且由於營運利潤極高，當銷售量增加，總利潤更是驚人[100]。這樣的消息令人欣喜，因此費爾柴爾德攝影暨儀器公司決定行使其認股權，付出當初協議的300萬元，購入快捷半導體的所有股份[101]。

　　對諾伊斯和其他共同創辦人來說，這樣的結果在歡笑中帶有苦澀。八叛

徒每人各得到30萬元，是他們2年前投入資金的整整600倍，這一筆財富相
當於30年的薪水。不過另一方面，費爾柴爾德的報酬更加驚人：他以本益
比1.5倍的價格購入一間成長可觀的公司。與其他公司相比，1959年IBM的
股價為其利潤的34至51倍（本益比34-51）[102]。有鑑於快捷半導體正值非凡
擴張的時期（1959至1960年初，其員工數由180人飆升至1,400人），該公司
合理的本益比約等於IBM本益比範圍的最大值50。這個粗略的本益比數字顯
示，假如該公司利潤以200萬元來計算，在公開市場的交易中，快捷半導體
市價可能上看1億元。換言之，投入140萬元的初始資金，費爾柴爾德收獲
的報酬名垂青史。諾伊斯和其他共同創辦人辛勤工作共賺進240萬元，但金
融家卻能坐收這個數字40倍以上的報酬[103]。

　　對亞瑟‧洛克來說，該是採取下一步的時候了。其公司和八叛徒一樣
賺進600倍報酬，相當於將近70萬元的可觀利潤。不過洛克認為還有進步空
間，他談成交易，不過也讓費爾柴爾德坐收絕大多數的利潤。他盡力為8名
科學家爭取好處，但只獲得部份成功。不過他的努力顯示，自由資本的目的
遠不僅在於維持團結的團隊並讓成員留在起家厝，自由資本的重點是解放人
才、擦亮誘因，鑄造新型態的應用科學和全新商業文化。

第二章

拋開所有金融準則的金融業

　　如果說自由資本是八叛徒和快捷半導體的基石，那麼接下來的10年還會出現兩項造就現代創投業的進展。首先，技術投資人採用首重股權的限期基金，排斥其他投資方式；其次，技術投資人根據創業投資組合的特性，設計出新的風險管理型態。不像其他投資人，創業投資人無法透過分別購入股票、債券和房地產來分散風險，他們只能把大筆賭注集中押在少數幾間科技新創公司之上。1960年代，金融學教授奠定分散投資的地位，使之成為現代投資組合理論的基石，不過諷刺的是，同一時期，亞瑟・洛克及效仿者提出一種全然不同的風險管理方法，發明所謂拋開所有金融準則的金融業。

　　第一種創新是一種新型態的戰備資金，多年來是政策思想家的關注焦點。有當代最重要商業思想家之稱的管理大師彼得・杜拉克（Peter Drucker）於1955年指出20世紀中期資本主義的矛盾之處。快速發展的退休基金管理的是「小人物」的金錢，逐漸湧入股票市場中，購買大型上市公司的股權，這些小人物的資金反而沒有灌注到小型公司上。換句話說，資本的來源變得普及，不過取得資金的管道仍然集中，由於服務小人物的大型退休基金沒有發掘新創公司的實際管道，因此創業者仍苦於尋找資金。他們最容易取得的

資金管道來自大型企業的保留盈餘，就像貝克曼儀器公司資助蕭克利、費爾柴爾德攝影暨儀器公司資助八叛徒，不過這種型態的資助存在著偏見。杜拉克哀嘆，由於大型企業「自然而然投資自己熟悉的領域」，因此「前景更看好的經濟企業可能苦無資金」。杜拉克總結指出，有「明顯跡象」顯示經濟體「缺乏創業資金，營養不足」[1]。

　　杜拉克已看出問題，但他和其他政策思想家都想不出解決辦法。他認為喬治·多里奧的ARD是一個深具潛力的範例。他指出：「最終可能會出現幾間發展公司，有些位於某一地區，有些專注於某一產業。」不過我們已經看到，ARD公開發行公司的體制引來沉重的法規負擔，而且屬於開放式企業，而非設有期限的基金，因此缺乏急迫性。多里奧自滿於重新投入利潤並順其自然，沒有向其他投資人募集額外資金來加速成功新創公司的成長。多虧了杜拉克的背書，ARD吸引到一些效仿者，不過即便如此，還沒有人能交出漂亮的成績單。

　　其他改革人士贊同杜拉克的診斷，不過偏好不同的解決方法。1958年，蘇聯成功發射第一顆人造衛星史普尼克（Sputnik），美國聯邦政府受此驅策，承諾提供補助，建立一種新的創業機制——小型企業投資公司（Small Business Investment Company，簡稱SBIC）。其補助相當大方，主打低利率借貸和稅收減免。不過就與後來世界各國政府所提供的多數創業獎勵相同，其補貼設有條件限制。如要獲得最高補助，SBIC基金不得超過45萬元，因此SBIC難以達到留住稱職專業人士的足夠規模。此外，SBIC的投資員工也不能以認股選擇權的形式領取薪酬，也不能向投資組合中的單一公司投資超過6萬元，因此難以為新創公司提供充足的資金[2]。就連SBIC計畫的主管都開始感到氣惱，他抱怨道：「這些規定拘泥法律條文，沒有意識到商業效果[3]。」

　　不過有志的投資人並未因此裹足不前。1962年，兩位曾修習多里奧管

理課程的哈佛商學院畢業生比爾‧德雷普（Bill Draper）和皮徹‧強森（Pitch Johnson）成立美國第十二家SBIC，於帕羅奧圖開業。這兩人外型天差地遠，但個性一拍即合。德雷普又高又瘦，眉毛如毛毛蟲般濃密；強森則身材精壯，大學曾是田徑明星。不過兩人都有富裕家庭的優勢，輕易湊出15萬元，因此得以向SBIC計畫以低利率貸款30萬元，共籌得45萬元的基金，也正好是法規上限。兩位夥伴租了兩台龐帝克轎車，往聖塔克拉拉谷地的李子和杏桃果園馳騁而去[4]。

　　他們的投資方法沒什麼精妙之處。他們主要在商業路和工業路這兩條大路上來回搜尋[5]，只要看到公司招牌寫著「電子XX」或「XX電子」，就會駛進那間公司未鋪柏油的停車場，推開大門，與櫃檯小姐打招呼，詢問：「總裁在嗎？」

　　櫃檯小姐會說：「我來看看他在不在，您說您是從事什麼業務，創業投資？[6]」

　　德雷普和強森工作勤奮，後來也都成為成功的創業投資人，不過他們SBIC形式的早期嘗試不算特別順利。由於法規限制，這兩位夥伴四處尋找機會，以法規允許的投資上限6萬元盡可能購入更多公司股份：他們第一筆交易購得生產線磅秤製造商照明電子系統公司（Illumitronic Systems）的25%股權。不過願意接受這種條件的創業家不多。德雷普述及照明電子公司時寫道：「這間公司沒什麼前途，創業家可以養家糊口，可是對創業投資人來說不是有利的投資[7]。」德雷普與強森投資的另一間新創公司名叫電子玻璃公司（Electroglas），更加突顯出了SBIC結構的缺陷。當電子玻璃陷入經營困境時，德雷普與強森希望以新策略和新資金來調整公司營運。不過法規設定的投資上限使他們無法針對策略施加太多影響力，也不允許兩人投注額外資金[8]。尋找發財機會3年之後，德雷普與強森解除合夥關係，出售手中持股，僅獲

得還算可以的利潤[9]。

不過多數SBIC的境遇要糟得多。除了投資限制外，SBIC更致命的缺點來自其看似優渥的借貸條件。政府提供的大筆貸款看似極具吸引力，不過這筆貸款必須支付利息，就算經補貼後利率只有5%，仍造成嚴重後果，這使得SBIC偏好投資能支付股利的新創公司，違背技術投資的理念。因為新創公司在開始銷售產品之前，一般至少需要1年的研發時間，之後假如產品成功，公司通常會希望將每1元利潤都重新投入公司營運，搶在對手複製其技術之前擴大銷售規模。SBIC應資助以成長為優先目標的企業，實際運作卻有收取股利的需求，與其出發點背道而馳。結論就是，政府為了推展創新所提出的投資機制並不適合新創公司的特性[10]。

由於這項設計瑕疵，多數SBIC都放棄投資科技新創公司。至1966年，SBIC的投資組合中只有3.5%與應用科學相關，與SBIC計畫的初衷相去甚遠[11]。SBIC計畫不僅沒有達到公共政策的目標，商業成果也乏善可陳。由於SBIC不敢投資具有潛力但風險高的科技新創公司，因此投資績效積弱不振，很快就難以籌措更多資金[12]。1960年代初的巔峰時期，SBIC佔了創業投資總額的四分之三；不過到了1968年，私人有限合夥企業崛起，搶下SBIC的份額，這是一種政府或彼得・杜拉克都沒設想到的新企業型態[13]。

新型態的崛起始於1961年，當時亞瑟・洛克辭去紐約的經紀業務。他厭倦交易公開發行公司的股票，尤其因為1950年代晚期股市整體上揚，很難再找到價格划算的成長股。因此洛克決定前往加州，在可能還有便宜可撿的地方開創事業，他打算在此尋找「更投機、毫無經驗的公司」[14]。來到舊金山

後，他與湯米・戴維斯（Tommy Davis）合作，戴維斯是一位瀟灑的南方人暨戰爭英雄，同樣對科技懷抱熱忱。戴維斯評道：「過去的財富來自串連全國的鐵路，我相信我這一代的財富會來自人類的聰明才智[15]。」

　　戴維斯和洛克決心改變資助科技的方式。1961年以前，戴維斯任職於加州中央谷地從事石油、牛隻、房地產業務的克恩郡土地公司（Kern County Land Company），代其公司嘗試技術投資[16]。這符合彼得・杜拉克的觀察：創新資金的主要來源為大型公司的保留盈餘；不幸的是，一如杜拉克的預測，克恩郡土地公司不久之後就命令戴維斯遠離該公司舒適圈之外的投機電子產業[17]。同樣的，亞瑟・洛克也在海登史東公司遭遇類似困境。該公司的採購流程是先談成投資協議，然後再亂槍打鳥四處打電話、尋找資金來源。由於資助新創公司的專用資金幾乎不存在，在資源稀少的情況下，投資人握有多數談判籌碼。正如杜拉克的預料，創新者深受其害。

　　為了彌補資金市場的缺口，戴維斯和洛克成立有限合夥企業，經營時間不長的德雷普、蓋瑟暨安德森（Draper, Gaither & Anderson）公司也採用同樣的法律架構[18]。一改先尋找新創公司再尋覓企業投資人的方式，他們先籌措基金，因此不再需要企業投資人。身為積極的「普通」合夥人，戴維斯和洛克各為基金提供10萬元的種子資金。接著，他們不採用時興SBIC體制提供的輕鬆貸款，而是自30幾位「有限」合夥人（擔任被動投資人的有錢人）募得將近340萬元[19]。這種規模及結構的優勢是，戴維斯和洛克的合夥公司手邊的戰備資金金額已是SBIC的7.5倍，擁有充分資金來協助企業快速成長。此外，將被動投資人的人數壓在100人的法規門檻以下，就能躲避規管的雷達，避免重蹈SBIC和多里奧ARD受法規綁手綁腳的覆轍[20]。此外，戴維斯和洛克一開始就承諾於7年後清算基金，這個作法也迴避其他機制的另一項弱點。普通合夥人自己也在基金中投入資金，因此投資時能保持合理

謹慎的心態；另一方面，他們只能在有限時間內運用外部合夥人的資金，因此能在謹慎的同時維持一定的進取心。

　　的確，基金設計的各個層面都有利營造出聰明而強勁的成長心態。不像SBIC，戴維斯和洛克純粹以股權（而非債務）的形式來籌措資金。資金提供者（也就是外部有限合夥人）不會預期獲得股利，因此戴維斯和洛克得以自由投資具有雄心壯志的新創公司，把每一分資金都用於擴展業務[21]。身為普通合夥人，戴維斯和洛克也有切身動機將擴張視為優先目標，基金資本升值的20%即為他們的薪酬。同時，洛克也盡力將此「股權心態」擴展到旗下公司的員工。他見識過員工擁有股份對於快捷半導體初期文化的影響，因此他相信，以股票及認股選擇權來獎勵經理、科學家及銷售員能帶來成效。總而言之，戴維斯及洛克合夥企業的所有重要關係人都以股權的形式領取薪酬，包括有限合夥人、普通合夥人、創業家和重要員工。這種模式與ARD大相逕庭，旗下公司擴張時，ARD的投資專業人員幾乎享受不到財務上的利益。

　　雖然戴維斯和洛克建立積極進取的股權文化，他們同時也推廣新的戰利品分配方式，建立一種新秩序。ARD的多里奧以10萬元資金就換得數位設備公司77%的股份，公司創辦人只分得微薄的23%。不過在戴維斯和洛克設想的新秩序中，分配方式大為不同。各公司間難免稍有差異，不過新創公司創辦人一般可以預期分得45%股份，員工約分配10%，而創業投資合夥企業滿足於剩下的45%[22]，這45%又分別分配給有限合夥人及普通合夥人。被動投資人可分得創投基金收益的五分之四，相當於投資組合公司36%的資本利得（45%×80%＝36%），戴維斯和洛克則分享剩餘的9%（45%×20%＝9%），也就是說，兩位普通合夥人的收益相當於創辦人的五分之一。簡言之，資金提供者能獲得不錯的利潤，但不至於到過分的地步。洛克後來表示：「我從來不想成為墓園裡最有錢的骷髏[23]。」

　　1961年10月10日，戴維斯和洛克將其合夥證明歸檔。該公司的外部投資人包括快捷半導體8位創辦人中的6人，其中幾位是洛克這些年來滑雪、登山的好夥伴[24]。前東家海登史東也挹注資金，另外包括幾位受惠於洛克技術投資訣竅的海登史東客戶。這兩位普通合夥人一位害羞而少言，另一位外向而健談，他們在舊金山蒙哥馬利街上宏偉磚造牆面的拉斯大廈（Russ Building）16樓租了一間辦公室。長長走廊盡頭的門邊貼著一張小小的標示，上頭只有「1635」這幾個數字。資助低調的新創公司是一種低調的業務。

　　洛克和合夥人提出的風險管理方法被未來的創業投資人所沿用。成為金融學說主流的現代投資組合理論強調分散投資：透過持有各具風險且彼此不相牽連的多種資產，投資人可降低持有資產的整體波動，改善風險報酬率。戴維斯和洛克不在乎這則教條，他們決心把賭注集中押在10幾間公司上。雖然這種作法的風險明顯可見，不過都還可以忍受，原因有二。首先，購入某間公司近半數股權後，戴維斯和洛克的合夥企業能獲得董事會席位，進而影響公司策略。在未能分散投資的情況下，創業投資人可透過對其資產行使一定程度的控制來管理風險。其次，戴維斯和洛克堅持只投資野心勃勃的高成長公司，這些公司的市值有機會在5至7年內翻至少10倍。有人批評這樣的條件過於嚴苛，戴維斯反駁道：「接受更寬鬆的條件並不明智。」他說明，創業投資必然屬於投機事業，多數新創公司都會倒閉，因此倖存公司的獲利要夠豐厚，整體投資組合才會賺錢[25]。戴維斯堅信：「我認為投資小公司時打保守牌反而會弄巧成拙[26]。」雖然戴維斯和洛克並沒有直接使用這個詞彙，但他們的確意識到乘冪定律的道理。管理風險最好的方法就是無懼風險。

　　1960年代初，兩位合夥人擘劃願景時，學術界正將金融轉化為一門量化科學。不過就戴維斯和洛克看來，創業投資的竅門必然是主觀的。洛克在寫給戴維斯的信中曾提及，判斷一家科技新創公司憑藉的不是「自己的經驗和判斷」，就是「直覺」[27]。本益比等量化投資指標派不上用場，因為最具潛力的新創公司尋找資金時很可能還沒有任何收益。同樣的，他們也沒有任何成熟公司構成「帳面價值」的實體資產，例如建築物、機械、庫存和車輛，因此公開市場所用的這項標準指標也不具意義。總而言之，創業投資人不能憑藉其他金融家所用的衡量標準來投資新創公司，他們從事的金融業必須拋開所有的金融準則。

　　拋下傳統的投資指標後，這兩位合夥人需要某種判斷依據，而他們的依據就是「人」。雖然這可能聽起來像是某種沒有根據的指標，不過戴維斯曾大膽宣稱，創投業的中心原則可用一句話來涵括：「投資對的人[28]。」以洛克來說，他習慣略過商業企劃書中的財務預測，直接翻到最後條列公司創辦者學經歷的那一頁[29]。1962年，洛克曾向哈佛商學院舊金山俱樂部說明：「長期來說，影響公司營運最重要的單一因素就是管理，我認為在應用科學產業尤其如此。」科技新創公司唯一的資產就是人才，這也是投資科技新創公司的唯一理由，洛克稱之為「智識的帳面價值」。洛克說明道：「如果你投資的是智識帳面價值，那最好把重點放在你期望能夠兌現這些智識的人才身上[30]。」

　　後來的創業投資人多數都有工程背景，不過戴維斯和洛克未受過必要培訓，無法自行評估新創公司創辦人的技術想法是否可行[31]。為了彌補這項不足，他們會諮詢基金的有限合夥人，其中有幾位也是科學新創公司的經營者。此外，情商也是他們判斷的重要指標。洛克尤其相信他投資的優勢來自於自己判斷人才的直覺。他身為旁觀者的內向性情使他成為專業的聆聽者，

發掘具有潛力的公司後，他會與創辦者會面好幾次，最後才決定是否資助這間公司。他的判斷方法包括詢問開放式問題：他們仰慕的對象？他們曾自什麼樣的錯誤中學到經驗？然後耐心地等待創業家開口[32]。自我矛盾、一廂情願、為奉承而犧牲誠實——這些是洛克婉拒投資的線索；一貫的聰明、實事求是的堅毅態度、激昂的決心——這些是要他把握機會的徵兆[33]。洛克經常自問：「他們是否能看出事物目前真正的情況，而非理想中的樣子？[34]」「如果對業務有幫助，他們是否願意立刻放下手邊的事情，還是會繼續享用晚餐？[35]」洛克回想道：「當我和創業家談話時，我不僅評估他們的動機，也會考量他們的人格和品行[36]。我深信扮演關鍵角色的是人才，因此，和他們談話比鉅細靡遺地瞭解他們的工作內容重要得多。」

重視個別人才，並相對把產品及市場放在次要地位，從戴維斯及洛克早期所投資的一間公司可以明顯看出這一項特點。開業之前，兩位合夥人同意避開電腦相關的新創公司，因為IBM已經稱霸這個產業，其他公司根本沒有生存機會。不過戴維斯搬進哥德復興式拉斯大廈辦公室的那一天，他接到過去任職於克恩郡土地公司一位顧問友人的電話。

對方聽起來相當激動，他大力稱讚一位名叫麥克斯・帕萊夫斯基（Max Palevsky）的數學家，吹捧他的新創公司會是「你所見過最令人興奮的提案」。

戴維斯坐在他還沒有任何傢俱的辦公室地板上聽著電話，他迫不及待想要相信對方。他離開克恩郡土地公司正是為了這種令人興奮的來電，而就在搬入新辦公室的第一天，就接到夢想中的提案。他的心情很快也激動了起來，戴維斯事後回想到，「我的聲音變得高亢。」

然後他想到要問一個問題：「等等，這傢伙打算做什麼？」

顧問回答，製造電腦。

多年後回想這段對話，戴維斯說他當時大感失望，這位創業家聽起來非

常完美，不過要挑戰IBM的地位簡直是以卵擊石[37]。

看在顧問友人的面子上，戴維斯同意見見這位數學家。他一見到對方就知道，麥克斯・帕萊夫斯基非同小可。帕萊夫斯基的父親是俄羅斯的意第緒猶太人，職業是油漆工，一家生活在芝加哥的貧窮區域，之後進入當地的著名大學修習邏輯，接著轉攻電腦並進入業界取得佳績。打滾幾年後，30歲後半的帕萊夫斯基仍然充滿精力，宣揚著電腦市場的新穎願景。由於半導體的出現，電腦不再需要笨重而昂貴的真空管，因此帕萊夫斯基可以打造出效能勝過IBM的電腦。不過撇開他的學經歷和市場願景，帕萊夫斯基最打動人的特質其實是他的熱情與活力。戴維斯事後表示，當他加入賭局時，他喜歡押注一心求勝的馬匹。帕萊夫斯基對於自己的公司提案懷抱無比熱忱，因此儘管害怕搭飛機，仍然在全美各地飛來飛去、尋求資金，靠著糖果和腎上腺素撐過航程[38]。

戴維斯打給洛克，這時洛克還沒收拾紐約的家當前往加州。戴維斯上氣不接下氣地說自己找到了美妙的投資機會，他們一定要一起資助這間新創公司，這間全新的電腦公司準備迎戰IBM。

電話的另一頭陷入沉默。最後，洛克表示：「老天，我和一個白癡開了合夥公司[39]。」

不過當洛克見到帕萊夫斯基後，他也被迷倒了。特別打動洛克的是帕萊夫斯基的溫暖與親切感[40]，他能開玩笑、討好、勸誘，激發別人身上最棒的特質，根本是蕭克利的相反。洛克事後表示，擁有管理魔力的創業家立於不敗之地，「就算他們的策略無法奏效，還是可以想出別的辦法[41]。」

戴維斯和洛克投資25.7萬元協助帕萊夫斯基成立新公司——科學資料系統（Scientific Data Systems，簡稱SDS）公司。這項賭注的成果超乎他們的預期：SDS成為1960年代成長最快速的電腦製造商。到戴維斯和洛克於1968年

解散合夥企業時，他們的SDS股份價值6,000萬元，再次證明一筆大膽賭注就能決定整個投資組合的成敗[42]。

由於戴維斯和洛克非常注重創辦人的品格，投資之後，他們也謹慎行使自己的權力，運用自己的董事會席位來保護基金免於承受愚蠢錯誤的風險。不讓創辦人浪費資金，堅持果斷迅速的經營風格，也會出手遏止考慮不周的提案，直問：「這有什麼好處？[43]」以SDS來說，洛克擔任董事會主席並盡己所能協助公司營運，親自審核多數求職者，確保公司的帳簿反映業務的真實狀態[44]。帕萊夫斯基感謝洛克的貢獻，形容他是「穩定可靠的舵手」。他們兩人曾至俄羅斯出差，帕萊夫斯基身為俄羅斯意第緒猶太人的美國後代，來到祖先的土地，卻討厭這趟旅程的每分每刻（洛克事後回想：「在俄羅斯最棒的一件事就是離開當地[45]。」）。1969年，全錄（Xerox）出價收購SDS，帕萊夫斯基肯定洛克對於財務細節的優越理解能力，因此請他出面交涉。洛克談成10年來最為轟動的企業出售案，以略低於10億元的價格賣給全錄[46]。

1968年6月30日，戴維斯和洛克解散合夥企業。多虧了SDS和國防承包商特勵達（Teledyne），兩人340萬元的初始基金已成長到將近7,700萬，報酬為驚人的22.6倍。這樣的績效輕鬆擊敗同時期的華倫・巴菲特和「避險基金」發明者艾佛列德・溫斯洛・瓊斯。計入基金的增值以及個人投入的10萬元收益，每位合夥人各賺進近1,000萬元，相當於今日的7,400萬元。有限合夥人的感謝信如雪花般飛來，其中一位寫到：「親愛的湯米和亞瑟，你們擔任戴維斯和洛克合夥公司投資經理這7年來締造了非凡的紀錄，我這位合夥人的感激之情難以言喻[47]。」

2年前的1966年，《財星》雜誌一篇文章曾報導艾佛列德・溫斯洛・瓊斯令人欣羨的投資報酬，宣示全新避險基金產業的興起。現在戴維斯和洛

克的合夥企業也吸引類似關注，對於創業投資業也帶來同樣的效果。《洛杉磯時報》（*Los Angeles Times*）一篇人物側寫中放上兩位合夥人身著西裝、打上領帶的照片，戴維斯西裝的前胸口袋露出時髦的手巾[48]。此外，《富比世》（*Forbes*）雜誌提出許多讀者心中的存在主義問題：「如何成為亞瑟・洛克？[49]」回答這個問題時，洛克說明他首重人才的投資法，更提到他現正尋找一位較年輕的夥伴來成立一家新的基金公司。來自全國各地的求職信如潮水般紛湧而來，其中包括一位波士頓年輕人迪克・克拉姆里奇（Dick Kramlich）的來信，洛克最後雇用了他。另一方面，戴維斯也自行成立新的合夥公司，名為梅菲爾德基金（Mayfield Fund），競爭對手也如雨後春筍般出現。兩位新加入戰局的年輕人比爾・漢布萊特（Bill Hambrecht）和喬治・奎斯特（George Quist）成立同名創投基金兼技術投資銀行，之後將在矽谷扮演核心角色。德州工程師伯特・麥克默里（Burt McMurtry）離開電子業，投身創投產業小試身手，之後成立的合夥企業所資助的對象包括昇陽電腦和微軟（Microsoft）。紐約的洛克斐勒家族也正式投入創投業，仿效戴維斯及洛克合夥企業的形式，成立文洛克創投（Venrock）；華爾街大銀行也紛紛加入戰局，雇用商管碩士來管理自家的創投部門。舊金山名為「飆團」的非正式投資俱樂部正式組成創業投資人西方協會。1969年這欣欣向榮的一年，1.71億元的私人資金湧入創投產業，金額相當於50家戴維斯及洛克合夥企業[50]。

　　其他創投結構的失敗，更加突顯了戴維斯和洛克模式的成功。在波士頓，喬治・多里奧的副手比爾・艾弗斯（Bill Elfers）不滿於ARD公開發行公司的結構，於是退出ARD，自行成立仿效戴維斯及洛克形式的合夥公司，名為格雷洛克（Greylock）。1972年，ARD被收購。資金不再流向SBIC，就連其中表現相對較佳的蘇特山（Sutter Hill，買下德雷普和強森的投資組合）創投機構也償還政府貸款，開始招募私人有限合夥人，採納戴維斯及洛克的股

權文化。另一方面，快捷半導體的命運也昭示了彼得・杜拉克對於企業投資新創公司所觀察到的缺點，彷彿命運之神特別偏愛這種回歸原點的結局。

———◆———

故事大師湯姆・伍爾夫（Tom Wolfe）刊登於《君子雜誌》（*Esquire*）的一篇著名文章將羅伯・諾伊斯——快捷半導體八叛徒之首——稱作矽谷之父[51]。諾伊斯來自美國中西部愛荷華州格林內爾（Grinnell）的公理教會牧師家庭，當地的地形和社會結構一樣平坦。諾伊斯前往加州時，他仍帶著格林內爾的風氣，「彷彿縫在他的外套內襯裡」。他本能想要以不區分老闆和員工的方式來經營快捷半導體：沒有經理專屬車位、沒有豪華的主管用餐室，會議中也不會限制任何人發言。他想要塑造公平的競爭場所、積極進取的職場倫理，且深信所有員工都應擁有公司股份。

在伍爾夫角度的故事中，快捷半導體頂頭有一群來自東岸的老闆，問題就在於他們不能理解這種平等文化。東岸老闆以封建觀點來建構企業組織：有些人是國王和領主，有些人擔任臣子和士兵，並透過章程和額外津貼來區分界線。諾伊斯的西岸半導體工程師對於自命不凡嗤之以鼻，不過東岸的經理人擁有豪華轎車和穿著制服衣帽的司機。半導體工程師在注重實用功能的小隔間中工作，伍爾夫形容其裝飾風格如「榮耀的倉庫」；東岸經理人則「以雕花鑲板、裝飾壁爐、寫字桌、扶手沙發、皮封精裝書和更衣室」來裝飾他們富麗堂皇的辦公室。在時尚風格的碰撞之外，還有更實際的衝突。西岸工程師相信打下基業的人們應該獲得股票的獎勵，不過東岸老闆過於貪婪、短視，不願分享獲利。

儘管伍爾夫說故事的功力高超，不過比諾伊斯更早敏銳地看出雙方衝突

的其實是亞瑟・洛克，也是他確保西岸的平等主義獲得勝利。自第一次與八叛徒會面起，洛克就瞭解到擁有自家公司股票是鼓舞這群科學家的強烈動機，他也據此組織快捷半導體的公司結構，好讓他們所有人都能分得股份。快捷半導體的東岸老闆行使認股權，取得完整的所有權後，諾伊斯仍衷心地為東岸老闆效力，不過洛克很快就察覺到，這間公司的獨特魔力已逐漸消失。他最喜愛的登山夥伴是八叛徒中的2名成員——傑・拉斯特和金・赫爾尼（Jean Hoerni），他們向洛克抱怨快捷半導體的改變，對於不再持有股份表示不滿。傑・拉斯特說他感覺自己「只是一名普通的員工，在研究實驗室為別人賣力工作」[52]。

洛克聆聽朋友的牢騷並力勸他們掌握自己的命運。再等下去沒有意義，他們理應享有研究成果的財務報酬。洛克解放過他們一次，他可以輕易再次為他們帶來自由。他建議拉斯特和赫爾尼與特勵達公司洽談，這間公司後來成為戴維斯及洛克合夥企業第二成功的投資。

一陣子過去了，兩人沒有任何動靜，拉斯特和赫爾尼似乎過於膽怯而不敢採取行動。因此洛克親自與特勵達公司的老闆亨利・辛格頓（Henry Singleton）洽談，推銷兩位登山好友，說明他們將會是公司的珍貴資產。接著洛克打給快捷半導體的傑・拉斯特，當時他正在公司的交換禮物活動中扮演聖誕老公公。洛克使出之後獵頭常用的激將法，催促這位猶豫不決的聖誕老人：現在就是你該把握的機會，亨利・辛格頓就坐在電話旁邊等你的電話[53]。

於是拉斯特撥給辛格頓，同意和他在特勵達公司西洛杉磯的總部會面[54]，也答應帶赫爾尼一同前往。

赫爾尼討厭坐飛機，因此這兩位研究員穿上他們所謂的「談判西裝」，驅車南下。協商幾個小時之後，拉斯特和赫爾尼幾乎敲定協議，確定他們能拿到豐厚的股票[55]。興高采烈的兩人回到車上，開進莫哈韋沙漠（Mojave

Desert）東部的老婦山（Old Woman Mountains），他們從後車箱中拿出幾個喇叭和派對吹笛。兩位穿著西裝的科學家坐在沙漠中央，歡慶新年和全新的展望──由亞瑟・洛克促成的新局[56]。

現在洛克已經證明，科學家可以一再逃脫高壓企業老闆的掌控，快捷半導體的命運塵埃落定了。拉斯特和赫爾尼很快就說服八叛徒的另2名成員──薛爾頓・羅伯茲和尤金・克萊納跟隨他們的腳步，跳槽到特勵達，他們兩人也獲得相應的股票獎勵[57]。隨後有更多叛逃者紛紛加入，1965年底，一位情緒特別高昂的工程師在快捷半導體長達6頁的離職問卷上用粗體字潦草寫著「我想變有錢」[58]；1967年春天，諾伊斯的得力左右手也離職了，帶著35位快捷半導體員工加入主要競爭對手國家半導體（National Semiconductor）[59]。快捷半導體洩氣的殘存員工每週在沃克的馬車車輪酒吧（Walker's Wagon Wheel）聚會，開場白總是：「又是星期五了，國家半導體這禮拜又把誰挖走？可惡！[60]」

到了1967年底，快捷半導體的東岸大老闆終於從沉睡中甦醒過來。多虧洛克帶動的文化變遷，他們拒絕以股票獎勵能幹研究員的措施已經難以繼續堅持，不過即便快捷半導體現在同意向員工提供認股選擇權，也是少得可憐，而且為時已晚，人才嚴重流失、公司持續虧損。為東岸大老闆效力9年後，就連諾伊斯也看得出來大勢已去。1968年4月，除了諾伊斯以外，八叛徒中只剩2人留在快捷半導體，他向其中之一的高登・摩爾表示：「我正在考慮離開公司[61]。」

當諾伊斯與蕭克利分道揚鑣時，那是背水一戰的決定，當時他壓根兒沒想過創立新公司的可能性。不過10年後的現在，西岸已發生劇變。他不需要溫順地加入其他公司，甚至不需要請求企業大老闆投資。多虧了戴維斯及洛克合夥企業的成功前例，新創公司只要懷有天分及抱負就能獲得資金，不

必擁有資產或證明利潤。彼得・杜拉克之前所說的資金市場缺口已經填補起來了。

諾伊斯打電話給亞瑟・洛克。諾伊斯現在有很多創業投資人可選，不過當初是洛克率先資助快捷半導體，洛克也因SDS和特勵達聲名大噪。

諾伊斯向他提到自己準備離開快捷半導體並計畫成立新公司。

洛克只回了一句：「你怎麼等那麼久？[62]」

諾伊斯表示他評估需要250萬元，比當初成立快捷半導體或SDS的資金高出不少。

洛克一口答應：「沒問題[63]。」

兩人通話之後幾週，諾伊斯和高登・摩爾離開快捷半導體。創業資本再次解放了他們。

之後的發展延續先前的變革：人才獲得獎賞，而資本確立一席之地。為了籌措諾伊斯及摩爾的新公司英特爾（Intel），洛克設計的商業企劃書和當初快捷半導體的模式大相逕庭。這次他們不再給予投資人特別權利（舉例來說，快捷半導體給予投資人買下整間公司的選擇權），英特爾的財務設計偏厚創業家。諾伊斯和摩爾各出資24.5萬元，各得24.5萬股，洛克也以同樣單價買入1萬股。每位外部投資人可出資250萬元，不過他們認股的單價不同——不是每股1元，而是5元。也就是說，投資人掏出5倍金額，不過股數和公司創辦人一樣多。同樣的，他們另外撥出一些股份用於獎勵員工，這個作法已成為亞瑟・洛克投資案的標準條款，不過這次他更進一步。在洛克投資組合的其他公司中，只有重要工程師、經理人和銷售人員能獲得股票和認

股選擇權，不過英特爾的所有員工都能享有同樣的福利。

　　1968年10月16日，洛克開始開始募集外部資金。由於前不久剛解散戴維斯及洛克合夥基金，他目前缺乏自行提供資金的投資機制，但他輕鬆找到了眾多渴望加入的資助者。洛克投資候選人名單中的32位投資者，只有1位婉拒參與，其他都認為自己相當幸運能接到洛克的來電。麥克斯・帕萊夫斯基也是投資人之一，還有洛克斐勒家族的創投機構，後者即將彌補初入業界出師不利的頹勢。八叛徒的其他6名成員也購入股份，羅伯・諾伊斯也確保他的母校格林內爾學院獲邀參與投資[64]。另一方面，經過審慎考慮，薛曼・費爾柴爾德被排除在投資名單之外，另有一大群被擋在門外的投資人爭相要求分一杯羹，其中有一位異常執著的海軍將軍一再打給摩爾的太太懇求加入[65]。現在不是由資本家來挑選投資哪家公司，而是企業家選擇夠格的投資人。戴維斯及洛克合夥公司所開創的新局至此圓滿實現。

　　洛克本人對於這些發展的實際貢獻多寡當然可受公評，不過他絕對應該獲得更多肯定。關於矽谷文化的主流論述把焦點放在公司創辦人身上，湯姆・伍爾夫一流的說故事功力將諾伊斯的愛荷華小鎮背景捧為西岸平等主義、人人有股票的商業文化起源[66]。不過如我們所見，是洛克促成快捷半導體的成立，也是他打開創辦人的眼界，讓他們知道可以享有自己的研究成果。是洛克證明有限合夥企業的潛力，培養出矽谷的股權文化，並透過說服金・赫爾尼和傑・拉斯特另尋高就，催化快捷半導體企業創投模式的敗亡。至於英特爾員工的認股計畫，很可能是洛克提出讓所有員工認購股票，也確實是他負責研擬計畫的細節[67]。洛克在1968年8月的一封信中說明自己的想法，解釋如何在投資人與員工的利益之間取得平衡：英特爾應避免向短期員工提供股權獎勵，不過所有長期投入的職員都應該享有這項福利。他敏銳地觀察到：「有太多百萬富翁早早就走人，對公司無所貢獻[68]。」要是沒有洛

克明智的建議，英特爾的員工認股計畫就無法長期持續，也不會成為矽谷的楷模。

　　正如湯姆‧伍爾夫所一再強調的，諾伊斯的確是公理教會牧師之子孫，不過洛克對階級的厭惡不會比他少。他身為猶太人和小鎮中體型瘦小的男孩子，曾遭受霸凌，年輕時鄙視軍隊中僵化的階級，一有機會就逃脫東岸的企業體制。洛克話少、實事求是、有話直說，他和諾伊斯一樣討厭裝模作樣。假如湯姆‧伍爾夫史詩般人物側寫的主角是洛克而不是諾伊斯，那麼矽谷的平等主義文化就可能歸功於金融家，而不是創業家，不過這樣的成果無疑是由雙方所共同打造而成的。

第三章
紅杉資本、凱鵬華盈與行動派資本

　　1972年夏天，3位西岸工程師發明全世界第一款電玩遊戲——《乓》（Pong）。任何理智清楚的人都不會覺得《乓》是什麼精妙的遊戲，玩家只要上下移動虛擬球拍，試圖打回虛擬小球，當球撞擊到球拍，遊戲會發出引發爬蟲腦快感的輕快聲音：咚！玩家需要熟練的規則只有一條：「避免漏球，贏得高分[1]。」就連醉茫茫的人也能玩，於是灣區酒吧在短時間內紛紛裝設《乓》遊戲機，每週可從顧客手中賺進1,000元的硬幣。

　　設計《乓》的團隊在幾年內吸引到創業投資人的注意。那時全國各地的酒吧中都有雅達利（Atari，推出《乓》的遊戲公司）遊戲機的身影[2]。公司將溜冰場改造為工廠，並聘雇穿著喇叭褲的工程師團隊來為顧客設計新穎遊戲。不過投資雅達利需要新類型的創業投資人，因為雅達利是一種新的科技公司。當亞瑟·洛克資助快捷半導體、SDS、特勵達或英特爾時，賭注在於技術本身：技術的研發能否製造出實用產品？不過雅達利的技術相對簡單：第一款《乓》遊戲是由加州大學（University of California）柏克萊分校一位才華洋溢的大學畢業生胡亂設計出來的。相較於技術風險，投資雅達利所涉及的其實是商業風險、行銷風險和所謂的狂人風險，不適合膽小的投資者。

諾蘭・布希內爾（Nolan Bushnell）是雅達利的創辦人，年方20幾歲，無心顧及基本商業原則。布希內爾身高193公分，頂著一頭亂髮，掌管公司的方式彷彿高科技業的休・海夫納（Hugh Hefner，《花花公子》（Playboy）創刊者）[3]。他的辦公室外頭設有橡木製的啤酒龍頭，不管是在家中或雅達利的工程大樓，他總喜歡在熱水浴池裡召開業務會議[4]。熱水浴池會議和派對（有時很難區分兩者）是雅達利職場文化的一部份，此外公司還會雇用最美艷的女性秘書，首要目的就是讓男性遊戲設計師保持心情愉悅[5]。布希內爾的公司經營策略大抵就是把靈感潦草記在口袋隨手掏出的小紙片上；員工可以預先請領出差旅支，有人就這麼捲款而逃，再也不見人影；顧客訂單經常沒有白紙黑字記下來，因此常出現害公司損失金錢的糾紛。雖然《乓》的利潤可觀，但公司金流相當拮据，發薪日的公司停車場經常空蕩蕩，因為員工爭相趕在雅達利帳戶被領乾之前兌現薪資支票[6]。假如1950年代起的美國職場主流是所謂的組織人，那麼諾蘭・布希內爾就是「組織不善」的代表人物：凌亂、半醉半醒、富有創意、令人著迷。

碰巧的是，1970年代出現一種新的創業投資人，他們具備新工具，因此原先難以籌措資金的雅達利類型新創公司也不再是異想天開的賭注。早期洛克等資本家負責慧眼識出創業家並扮演監督角色，新的創業投資人還會積極改造他們：指使公司創辦人雇用哪些員工，指導銷售方式、研究方法。為確保公司落實自己的指示，新一代的創業投資人還發明第二項創新機制：與其籌措一次性的大型基金，他們改為分批發放資金，達到協議的進度後才審慎提供後續資助。1950年代展現自由資本的力量，1960年代出現首重股權的限期創投基金，而1970年代的進展分為兩個層面：親力親為的行動主義與階段性投資。

　　新型態創業投資的主要先驅為唐・瓦倫丁（Don Valentine）和湯姆・
柏金斯（Tom Perkins），他們分別是矽谷兩大競爭對手紅杉資本（Sequoia
Capital）和凱鵬華盈（Kleiner Perkins Caufield & Byers）的創辦人。他們兩人同
樣強勢，都有著鬥志旺盛的行動主義性格。據說瓦倫丁曾表示，表現不佳的
公司創辦人應該「和查爾斯・曼森（Charlie Manson，連續殺人犯）一起關進
牢房裡」，更曾經嚴厲訓斥一位下屬，害對方當場昏倒[7]。另一方面，柏金
斯喜歡駕駛法拉利和遊艇，自認衣著講究，公然對謙遜有禮表示蔑視。晚年
他斥資1,800萬元購買舊金山一間豪華公寓，並叛逆地宣示：「人們說我是矽
谷之王，買間頂樓公寓錯了嗎？[8]」

　　瓦倫丁的好鬥性格部分來自年輕時的經驗。他的父親是紐約州楊克斯
（Yonkers）的卡車司機，擔任卡車司機工會的小職員。父親沒念完高中，家
裡沒有人擁有銀行帳戶。瓦倫丁高中就讀於嚴格的天主教學院，那裡的修女
常毒打學生，左撇子的瓦倫丁尤其常遭受處罰。亞瑟・洛克艱苦的童年，加
上小兒麻痺症導致他身體瘦弱，這樣的經驗使他冷漠而內向；瓦倫丁艱苦的
成長過程加上職業拳擊手的體格令他衝動易怒，動不動就與人起衝突。

　　瓦倫丁就讀於耶穌會的福丹大學（Fordham University），他相當討厭那裡
的教授。接著是兵役，軍隊中的嚴格管理也令他大為光火，並發覺自己「不
服從、不太有禮貌」[9]。幸好瓦倫丁體格不錯，因此獲指派前往南加州的海
軍基地擔任水球選手。他愛上當地的氣候，退伍後瓦倫丁加入半導體產業，
決心留在西岸。他在快捷半導體公司一步步往上爬，後來跳槽至競爭公司國
家半導體，同時發展副業，運用自己的資金進行投資，包括洛克—帕萊夫
斯基的SDS公司。至1972年，瓦倫丁已小有名氣，洛杉磯一間著名投資公司

——資本研究暨管理（Capital Research and Management）正準備進軍創投業，
邀請他領導公司的新部門[10]。資本研究公司的職場文化偏保守，但瓦倫丁偏
好的技術投資一點也不保守，不過他還是同意前往新公司報到。他的新主管
鮑伯・柯比（Bob Kirby）很快就幫他取了「火箭人」的綽號[11]。

　　瓦倫丁的第一項挑戰是為他的新基金籌措資金[12]。身為激進自由派小說
家艾茵・蘭德（Ayn Rand）的信徒，瓦倫丁不打算成立SBIC並申請政府貸
款[13]。他也瞭解對成長導向的新創公司來說，債務將會是負擔，而且他從小
就被灌輸不要負債：「我父親討厭負債，所以我們買不起就用租的，債務邪
惡、侷限、有害的觀念深入我的腦子[14]。」瓦倫丁也不能使用退休基金，因
為勞工部的「謹慎人規則」（prudent-man rule）禁止退休基金用於創業投資等
高風險用途。尋覓不受政府限制的金源時，瓦倫丁考慮依循戴維斯及洛克的
模式，向有錢人籌措資金。不過一位朋友點出，個人可能死亡或離婚，因此
會有分配財產的需求，也就是說到時候必須為這些資產定價。因此，假如創
投基金向個人籌措資金，投資組合中新創公司的估價可能產生無數紛爭[15]。
就瓦倫丁看來，比起與政府糾纏不清，更令人頭痛的就是和律師打交道。

　　瓦倫丁也考慮過向華爾街籌措資金，不過他欠缺紐約富家子弟所期望的
優雅和訓練。他沒上過常春藤大學或精英商學院，更討厭自以為是的萬事
通，他的傑出左右手後來寫道，「名字裡有連字號或姓氏後加上幾世幾世、
搭乘五月花號來到美國的移民直系後代、喜愛東岸生活、繫著愛馬仕領
帶、穿著吊帶褲、戴袖扣和圖章戒指、在襯衫上繡上姓名縮寫的人」都包
括在內[16]。

　　曾有一次，瓦倫丁試圖向紐約投資銀行所羅門兄弟（Salomon Brothers）
募資，對方問他：「你上哪一所商學院？」

　　瓦倫丁咆嘯道：「我上的是快捷半導體商學院。」瓦倫丁事後回想時，

明顯帶有得意的神色：「他們看我的樣子不只是把我當成稍微瘋瘋癲癲，而是徹頭徹尾的瘋子[17]。」

瓦倫丁花了1年半為自己第一筆基金籌到500萬元[18]，不過他成功開發具有慈善性質的資本：大學基金及捐款不僅不受法規限制，還能免除資本利得稅。福特基金會（Ford Foundation）首先加入，之後還有耶魯（Yale）、范德比（Vanderbilt）及哈佛大學基金；諷刺的是，比起眾多校友，這些常春籐盟校的投資主管對瓦倫丁這位福丹大學畢業生展現更開明的心胸。這麼一來，這些捐款基金啟動了美國體制中的良性循環：創業投資人資助知識密集的新創公司，而其中部分利潤又會流向創造更多知識的研究機構[19]。直至今日，瓦倫丁前公司的會議室仍以基金的幾個主要有限合夥單位命名：哈佛、麻省理工、史丹佛等[20]。

1974年夏天，瓦倫丁募得500萬元的資金後不久，他出現在雅達利以溜冰場改造的臨時工廠中。瓦倫丁40歲出頭，身體健壯，不過參觀工廠時卻感到不適。他大力咳嗽，接著深吸一口氣然後屏住呼吸。事後他描述那裡的環境，整間建築瀰漫著大麻煙霧，濃度足以「令人跪倒」[21]。

諾蘭・布希內爾問道：「你怎麼了？」

瓦倫丁回答：「我不知道這些人在抽什麼，不過不是我習慣的牌子[22]。」

之前也曾有其他創業投資人造訪雅達利，不過都迅速打退堂鼓。伯特・麥克默里是其中一位跟著洛克的成功腳步進入創投業界的新人，他把雅達利貶為「開放迴路」，這是工程界人士用來表示「一團混亂」的俚語[23]。不過瓦倫丁的好強性格讓他以不同的角度看待這間公司。他不擔心未來必須對難以管教的創辦人怒吼，只要他們能端出有利可圖的產品，他不介意資助這些狂人。此外，資助雅達利這樣的公司正合他的胃口。東岸血統尊貴的投資人一定對雅達利敬而遠之，這也正是瓦倫丁樂於接納這間公司的原因。多年

後，瓦倫丁愉快地講述他們在雅達利熱水浴池中的一場會議。他們應布希內爾的邀請參與會議，瓦倫丁自信地脫掉衣服、踏進浴池中。另一位來自波士頓的投資人則是穿著白襯衫和領帶坐在角落，臉上表情相當不自在[24]。

假如雅達利的鬆散文化沒把瓦倫丁嚇跑，現在重要的問題是，公司能否延續《乓》早期的熱度。幸運的是，這些挑戰正好是瓦倫丁的強項。不同於亞瑟・洛克的是，瓦倫丁具備實際的業務背景，擔任半導體銷售員的那些年，他學到如何將產品轉化為利潤。你必須選擇能帶來最大利潤的產品版本，此外還要開拓銷售管道，盡可能觸及更多顧客。以雅達利來說，這代表實現布希內爾其中一個半成形的靈感：假如《乓》可以銷售給家庭，而不只是酒吧，那麼市場就能大幅擴張[25]。而為了角逐家庭市場，瓦倫丁知道他們必須達成以下兩個目標：首先，工程師必須將遊戲做個人化的調整；另外，雅達利必須與客群更廣的零售商合作，讓《乓》深植每一位美國消費者的心中。

1974年底，瓦倫丁拜訪雅達利工廠的幾週後，他做出決定：他還不打算投資，雅達利目前過於混亂。但他也不打算就這麼放棄，因為該公司潛力驚人。所以他決定謹慎、逐步地參與，首先他要挽起袖子，親自為雅達利撰寫一份商業企劃書。假如一切順利，假如布希內爾採納他的策略，且企劃引發其他創業投資人的興趣，到時他才會出手投資。換言之，他要去除雅達利的部分風險後才願意押上自己的資金。行動主義加上漸進主義，熱水浴池的職場文化也能吸引資金。

當時的市場環境允許瓦倫丁的漸進策略。1960年代國防及民用預算擴張

的時代已經過去了，迎來的是較為蕭條的時期：國防支出縮減，上千份工作流失；此外，1973年阿拉伯石油禁運更加確立低成長、高通膨抑鬱時代的來臨。初次公開發行的公司數量由1969年超過1,000家驟降至1974年的15家，同一時期的標普500指數幾乎沒有成長[26]。新興的避險基金業幾乎沒能撐過這次經濟蕭條，同樣的，《富比世》標題問道：「熊市是否扼殺創業投資業？[27]」1969年新成立的基金吸引1.71億元，到了1974年，創業投資人只籌到5,700萬元，1975年更是只有1,000萬元[28]。《紐約客》雜誌一幅卡通中的兩個人物嘻笑道：「創業投資！你還記得創業投資是什麼嗎？[29]」

不過逆境也帶來一些優勢。瓦倫丁可以耐心地監督雅達利，不必擔心對手突襲他的目標。瓦倫丁著手為公司擬定策略，著重於家用版《乓》的開發；他也不打算把這項任務交給公司領導者，因為他們連基本的記帳都不會。1975年初起，在瓦倫丁的催逼、敦促之下，雅達利推出家用版本，並以公司一位女士的名字「達琳」為代號[30]。接下來，只要雅達利找到有力的經銷商，就能滿足瓦倫丁設定的兩項投資條件。

雅達利前幾次尋覓經銷合作夥伴的嘗試都遭遇挫敗，他們的團隊帶著家用版《乓》的原型參加紐約玩具展，不過鎩羽而歸；與玩具反斗城及電子產品零售商RadioShack洽談也遭到拒絕[31]。於是瓦倫丁再次親自出馬，他和母公司資本研究暨管理的一位投資組合經理商量，對方持有西爾斯（Sears）百貨大量部位，而西爾斯正好是美國國內規模數一數二的零售業者[32]。瓦倫丁請對方安排西爾斯企業邀請布希內爾前往位於芝加哥的西爾斯大廈（Sears Tower）商討合作。

引薦成功後，瓦倫丁派布希內爾與西爾斯會面，還指示他不要穿「搞笑的衣服」，也避免過於「幽默」[33]，布希內爾乖乖照辦。會面結束後，西爾斯的買家很快就安排回訪[34]。到了3月中，西爾斯向雅達利下訂單，購買7.5

萬台家用版《乓》主機[35]。至此，雅達利成功達成瓦倫丁要求的條件：開發潛力無窮的新產品並找到有力的經銷商。

1975年6月初，瓦倫丁適時地投入資金。他以62,500元的價格買入62,500股，進行現今所謂的「種子投資」[36]。不過這只是開端，等到與西爾斯的合作步上軌道，進一步降低雅達利的風險，就可以展開另一輪金額更高的資助。如果要擴大家用版《乓》的生產規模，雅達利需要的資金遠不只62,500元。

當年夏天，瓦倫丁見證雅達利—西爾斯的合作順利發展。西爾斯團隊調派製造專家來協助雅達利，雙方都盡力彌補彼此之間的文化鴻溝。有一天，十幾位身著三件式西裝的西爾斯經理前來視察雅達利工廠，不料眼前是一群披頭散髮、穿著T恤和牛仔褲的20來歲工程師。布希內爾靈機一動，把好幾個大紙箱放上輸送帶，並請西爾斯人員坐進紙箱中，於是一夥人開心地開始工廠視察之旅，布希內爾成功化解緊張氣氛。當天晚餐時，雅達利員工為表歉意，紛紛換上西裝領帶，另一邊，西爾斯團隊則穿上T恤[37]。

1975年8月底，瓦倫丁認為進行下一輪投資的時機已經成熟，也就是現代所謂的「A輪」投資。他組成聯盟，提供略高於100萬元的資金，這是一筆可觀的數字，畢竟當年全美整個創業投資業也才募得區區1,000萬元。雅達利運用這筆資金大量生產家用版《乓》，而產品一進到西爾斯通路就迅速銷售一空。行動主義與耐心的階段性投資收穫甜美的回報。

12個月後，1976年夏天，瓦倫丁面臨另一項挑戰。雅達利穿著喇叭褲的工程師提出一個新鮮想法：製造一款不只可以遊玩《乓》，還能讓玩家自選眾多遊戲的主機。如要實現這個突破性點子，雅達利需要更大筆的資金挹注，可能高達5,000萬元。當年的創業投資人不可能調動這麼高額的資金，股票市場也了無生氣，1976年只有34家公司上市[38]。雅達利如要開發這款可

以遊玩多種遊戲的主機，瓦倫丁勢必得想出其他籌措資金的方法。

　　瓦倫丁相信布希內爾應該把公司出售給財力雄厚的母公司，不過他得先排除布希內爾的強力反對，這個方法才有討論餘地。瓦倫丁事後回想道：「這是他的第一間公司，像親生孩子一樣，他不想放手[39]。」

　　憑藉自己強勢的個性，瓦倫丁告訴布希內爾，他的孩子需要新的家長。他提議由娛樂公司華納通訊（Warner Communications）接手，再次尋求資本研究暨管理公司友人的協助，安排第二次引介[40]。不久之後，華納創辦人暨主席史帝夫・羅斯（Steve Ross）邀請布希內爾前來紐約協商。瓦倫丁確保自己也獲邀參加。

　　1976年底，華納公司派遣噴射客機到加州接布希內爾和瓦倫丁。在飛機上，克林・伊斯威特（Clint Eastwood）和演員女友桑德拉・洛克（Sondra Locke）迎接他們，伊斯威特更親手為布希內爾做了一份三明治[41]。當飛機抵達泰特伯勒機場（Teterboro Airport），豪華轎車接送雅達利人員入住華爾道夫大廈（Waldorf Towers）酒店的套房。當晚一行人在史帝夫・羅斯的豪華公寓中用晚餐，一起看了一部尚未上映的伊斯威特電影。當天結束之前，受寵若驚的布希內爾同意以2,800萬元出售雅達利。

　　對瓦倫丁和他初試啼聲的基金來說，這是令人滿意的退場。紅杉基金獲得3倍報酬，證明新投資工具的價值。多虧了瓦倫丁強硬的行動主義和階段性策略，一間原本難以籌措資金的公司也搖身一變成為贏家。瓦倫丁靠著同樣的方法屢締佳績。至1980年，瓦倫丁的第一筆基金取得將近60%的年度報酬率，趕上戴維斯及洛克的水準，大幅超越標普500指數的9%[42]。

瓦倫丁的行動派投資風格在1970年代引發迴響。1973年，比爾·德雷普的蘇特山創投與電子菊輪列印機的發明商Qume達成指標性的協議。協議的特別之處在於，蘇特山要求一個條件：Qume的創始工程師必須解雇公司辦事不力的執行長，並讓創投公司在這個職位安插哈佛商學院的明星畢業生。Qume業務起飛後，執行長的認股選擇權帶來豐厚津貼，而他其他哈佛商學院的同學只在財星美國500強企業領取還過得去的薪資。蘇特山一再重複Qume的成功公式，解放大公司中的管理人員新星，使西岸的創投資本與溫和的東岸策略做出區別。假如新創公司欠缺可靠的執行長，波士頓的創投公司往往畏縮不前，不敢投資。不過西岸創投公司積極自行招募執行長，藉此控管風險，因此敢於採取更大膽的行動[43]。

其中最大膽的要屬湯姆·柏金斯，他和唐·瓦倫丁同為亞瑟·洛克之後創業投資人世代的代表人物。柏金斯成長於大蕭條的年代，童年糧食不外乎「午餐肉、人造奶油、神奇麵包（Wonder Bread，一種大賣場常見的吐司品牌）、檸檬味果凍」，不過他對電子產品的著迷豐富了童年的精神生活，這讓愛好運動的父親相當失望[44]。青少年時期，他立志成為電視修理員，不過他的物理老師建議他進入麻省理工，柏金斯在此攻讀電子工程學，並加入游泳隊及兄弟會。他在回憶錄中寫到，他「從一群運動員同學中的書呆子變成書呆子同學中的運動員」[45]。自麻省理工畢業後，柏金斯在一家軍事承包商待了一陣子，接著進入哈佛商學院，也曾修習喬治·多里奧的課程。幾年後，1969年，多里奧試圖說服柏金斯辭去惠普（Hewlett-Packard）的工作，前來接掌ARD，不過柏金斯婉拒了，因為薪酬沒有吸引力[46]。

1972年夏天某個週五早晨，柏金斯現身於帕羅奧圖的瑞奇凱悅酒店（Rickey's Hyatt House），當年八叛徒正是在此慶祝蕭克利獲得獲得諾貝爾獎，之後也在同樣的地方為自由乾杯。這次早餐的目的是和尤金·克萊納會

面，克萊納正是當初寫信給海登史東公司，要求自由資本的八叛徒之一[47]。協助催生創業投資業的克萊納現正考慮更直接投入這個領域，他的目標是成立創投基金，他也和多里奧一樣希望招募柏金斯。柏金斯在西岸已是小有名氣的人物，他擔任惠普電腦部門的總經理，自己也成立一家新創公司，專門研發新的雷射技術。

克萊納和柏金斯的早餐會談一直持續到將近中午，11點45分時，瑞奇餐廳的員工開始趕人，以便接待午餐時段的客人，於是兩人前往柏金斯家中繼續商談[48]。柏金斯舌粲蓮花，點子接連不斷，克萊納以濃厚的維也納口音平靜地回應，這令柏金斯想像到佛洛伊德為患者提供諮商的場景[49]。

隔天是週六，兩人開始研擬創投基金的機制。他們決議把自己的名字放上招牌，將公司命名為「凱鵬華盈」（Kleiner Perkins），畢竟如果他們相信自己的智慧結晶，就不該羞於掛上自己的名字[50]。他們也同意採用限期基金並分別投入自己的資金，在這方面，兩人依循戴維斯及洛克的前例，克萊納熟悉相關細節，因為他是洛克基金的有限合夥人。最重要的是，克萊納和柏金斯都同意採取積極的行動派策略。兩人都曾在著名的西岸公司擔任經理，也都成立了自己的公司。柏金斯後來回憶道：「我們打從一開始就與其他人做出區別：我們不是投資人，不是華爾街銀行家、選股專家或投資人士。我們自己就是創業家，我們要用創業家的方式與創業家合作……我們會挽起袖子，親力親為[51]。」

勞動節後不久，克萊納和柏金斯開始籌措資金。柏金斯堅持由他來開車，因為克萊納太投入對話時容易駛離路面[52]。他們第一站拜訪亨利・希爾曼（Henry Hillman），希爾曼是匹茲堡商業巨頭，對於戴維斯及洛克的成功經驗深感著迷，力邀湯米・戴維斯替他管理財務卻遭到婉拒。希爾曼在克萊納及柏金斯身上看到利用西岸策略獲利的機會，他承諾投資500萬元，前

提是這兩位合夥人能夠從其他人手中募得相同的數目。接著克萊納和柏金斯
又向洛克斐勒大學募得100萬元，兩間保險公司共投資約100萬，幾位有錢
人及信託基金也投入100多萬元。至1972年12月第一週，兩人已籌得840萬
元，比唐‧瓦倫丁當時募得的資金多上不少。

　　克萊納和柏金斯在沙丘路3000號低窪地帶的新興辦公園區成立辦公室，
成為後來創投產業中心的第一家合夥企業[53]。不過他們開業的時機不佳：此
時正是第一次石油危機前夕，而他們最早幾筆投資的績效也和經濟一樣慘
淡。他們資助一間看似有潛力的半導體新創公司，不過被欠缺經驗的經理搞
垮。之後又傾心於一家名稱不吉利的機械公司「雪地工作」（Snow-Job，另
有花言巧語的意思），業務是將摩托車改造為雪地摩托車，柏金斯原本還滿
懷希望地想像地獄天使（Hells Angels，機車幫派組織）和他們的騎士女友在
雪地上奔馳。不幸的是，為回應石油危機，政府宣布禁止向運動休閒用途的
車輛販售汽油，雪地工作公司因而宣告破產[54]。至1974年，凱鵬華盈已掏出
250萬元進行9項投資。雖然其中4個投資案最終報酬不錯，挽救整個投資組
合的績效，不過當時毫無樂觀的餘地。克萊納和柏金斯相當沮喪，開始重新
思考策略。

　　凱鵬華盈的新措施是加倍積極的行動主義，與其資助外部創業家，兩位
合夥人決定於內部自行培育新創公司，與初階助理互相激盪想法。他們已經
雇用預備創辦人吉米‧崔畢格（Jimmy Treybig），一位帶著南部口音的德州
人，留著一頭令人印象深刻的捲髮，他也曾是惠普經理，當時擔任柏金斯的
下屬，衣著風格不修邊幅。曾有一次，同事提醒他忘了繫皮帶，於是他好好
打理自己一番，慎重其事地繫上兩條皮帶[55]。不過他鄉下土包子的表象之下
其實充滿好強心，崔畢格加入凱鵬華盈時就明白公司準備資助他創業[56]，以
後來的行話來說，崔畢格的角色是「駐點創業家」（entrepreneur in residence）。

1974年，崔畢格加入凱鵬華盈約1年後，他想到一個創業點子。借用飛機設計的概念，他想要製作配備備用處理器的電腦系統，這樣一來，就算其中一個引擎故障，飛機也不會因此墜毀。崔畢格任職於惠普時常與銀行及股市客戶往來，他知道這樣的系統有多實用，因為假如電腦當機導致資料損毀，會使業務被迫中斷，代價高昂。只要能製造出防故障的電腦系統，他不擔心賣不出去。這和雅達利的情況相反，這個情況中最具挑戰性的是技術風險，市場風險幾乎不存在。

儘管如此，柏金斯仍然採用瓦倫丁的策略來測試崔畢格的點子。首先，他親自花費整個下午與崔畢格腦力激盪，爭辯這種作業系統的可行性，討論當主要處理器故障時，如何從原本的處理器切換到備用處理器。柏金斯事後回想：「我和吉米繪製示意圖來呈現作業系統運作的邏輯，我們找不到不可行的理由[57]。」解決這個難題後，柏金斯投資5萬元進行這項計畫。這只是象徵性的資金，約略等於瓦倫丁投資雅達利的種子資金。假如計畫宣告失敗，凱鵬華盈也只損失不到1%的總資本。

柏金斯打算將這5萬元種子資金用於聘請顧問，引導他們內部的腦力激盪成果邁入下一個階段。他動用人脈，以最低價格聘請矽谷最優秀的專家。他延攬在惠普認識的一位電腦科學家為防故障電腦系統繪製可行架構[58]，接著勸說另一位惠普前同事處理硬體，再一位負責開發軟體[59]，同時盡可能節省其他支出。崔畢格仍在凱鵬華盈的辦公室工作，不會多花公司一毛錢。假如計畫需要財務建議，則是由另一位內部同仁傑克‧盧斯塔努（Jack Loustaunou）免費提供。幾年後以年輕合夥人的身分加入凱鵬華盈的布魯克‧拜爾斯（Brook Byers）回想公司從這項計畫學到的經驗，那就是全心專注於創業計畫中的「炙熱」風險，想辦法在盡量壓低虧損資金的同時瞭解計畫是否可行[60]。

　　1974年11月，外部顧問已設法解決炙熱風險，取得勝利。電子計算史上首次，他們解決了「競爭」難題，也就是同一系統內的兩個處理器同時要求存取通信電路所導致的問題[61]。現在，柏金斯終於肯放手崔畢格成立自己的新公司，他取名為天騰電腦（Tandem Computers）。傑克・盧斯塔努加入新公司，擔任財務主管；湯姆・柏金斯擔任董事會主席，天騰電腦的5位創辦人之中，有3位來自凱鵬華盈（崔畢格、盧斯塔努和柏金斯），另2位就是柏金斯先前聘請的軟硬體顧問。柏金斯將1970年代的行動派策略發揮到極致。

　　下一步就是為天騰電腦安排A輪投資。柏金斯指導崔畢格如何報告提案。到頭來，創業投資人想知道一件事：「這個產品何以擁有廣大市場？你要如何為商品打造強勢定位？[62]」柏金斯帶崔畢格到布克兄弟（Brooks Brothers）打點行頭，替他買了鞋襪、襯衫、領帶、西裝外套和長褲。柏金斯事後寫道：「店員大概以為他是我男朋友。」

　　著裝妥當後，兩人啟程飛往紐約。柏金斯打算向曾資助英特爾的洛克斐勒家族創投公司文洛克募資。崔畢格頂著一頭捲髮，步入文洛克會議室，開場白向大家問道：「我看起來怎麼樣？這是湯姆幫我搭配的[63]。」

　　儘管崔畢格討人喜歡，天騰電腦並未募得資金。文洛克、亞瑟・洛克等創投合夥企業接連婉拒。這樣的結果毫無道理，也顯示拒絕入股的創業投資人眼光不夠好，畢竟柏金斯已經去除大部分技術風險，只剩下些微商業風險。不過當時的創投合夥企業幾乎募不到資金，柏金斯提案募資的時機慘淡。《商業周刊》（*Business Week*）也老調重彈，宣稱沒有新創公司能挑戰IBM的地位。1970年代中期瀰漫著悲觀心態[64]。

　　至此，柏金斯可以選擇收手。他目前只投入小額的種子資金，可以輕易抽手走人。不過由於他從頭建立起天騰電腦，他知道洛克、文洛克和《商業周刊》都錯了，天騰的技術獨一無二，他們也已經為這項突破申請專利；天

騰電腦具備真正的創新，足以與IBM抗衡。其他創業投資人，尤其是缺乏工程學背景的那些人都未能賞識天騰電腦的技術優勢。柏金斯嗤之以鼻說道：「他們只是金融家[65]。」

因此，柏金斯決心自行資助天騰電腦的A輪募資，不再尋求與其他合夥企業分攤風險[66]。他把籌碼全押了下去，1975年初向天騰電腦投資100萬元，取得40%的股權，這是凱鵬華盈1970年代最大一筆賭注。柏金斯自己也坦承，假如天騰電腦以失敗告終，那凱鵬華盈大概也沒辦法募集第二筆基金了[67]。

幸好，天騰電腦成功了。1975年，該公司將基礎設計化為具備完整規格的藍圖，至當年12月已取得足夠進展，能夠進行B輪募資。凱鵬華盈再投入45萬元，這時其他投資人也躍躍欲試，於是天騰電腦共募得200萬元。幾個月後，天騰電腦談成第一筆銷售，之後收益開始攀升，1977至1980年間翻了14倍[68]。天騰電腦很快就成為所謂柏金斯定律的明證「市場風險與技術風險成反比」，因為你所解決的技術問題越困難，之後要面對的市場競爭就越小[69]。由於進入障礙高聳，天騰電腦的銷售量飆高之後，利潤率仍然豐厚。至1984年，凱鵬華盈向天騰電腦投資的145萬元收獲略高於100倍的報酬，這將近1.5億元的報酬使凱鵬華盈最早9筆投資共1,000萬元的總獲益相形失色。

不過天騰電腦起飛的同時，柏金斯已開始著手進行另一項更為驚人的投資計畫。

為填補吉米・崔畢格在凱鵬華盈中的位置，公司雇用一位名叫鮑伯・史旺森（Bob Swanson）的初階助理，史旺森的臉龐如嬰兒般圓潤，年方26

歲，畢業於麻省理工，多花了幾年取得化學學士及商業碩士雙學位，同時避開兵役，態度如小狗般具有親和力[70]。史旺森戴著高級毛氈帽，公事包上以華麗的字體鐫刻著自己的名字，服裝整潔而略帶老氣[71]。加入凱鵬華盈之前，他曾任職於花旗集團（Citicorp）的創業投資團隊，該公司訓練出當代數名成功的創業投資人。不過史旺森未能使克萊納及柏金斯留下深刻印象，不久之後就遭到解雇[72]。

這迫使史旺森重新思考自己的方向。他求職於矽谷大型電子公司，不過由於欠缺營運及工程經驗，並未受到青睞[73]。不過他有一個點子。在凱鵬華盈擔任助理時，他曾參與一場午餐座談，當時有人提到一種叫做「DNA重組」的技術。對方只是稍微提及這項技術，其他人也沒有太放在心上，不過待業中的史旺森決定進一步瞭解這個主題[74]。

一連幾週，史旺森讀遍他所能找到關於這個生物學新領域的所有資料。克萊納和柏金斯允許他繼續進辦公室，只是不再付他薪水，有一天，史旺森碰到柏金斯，他向柏金斯提到自己的的新嗜好。透過切開、拼接DNA片段再重新組合，科學家就能製造人工遺傳物質，從藥物到橡膠，自然界所有物質都能複製出來。「這個主意棒極了！這是革命性的發展！這項技術會改變世界！這是我所聽過最重要的發明！」史旺森對柏金斯這麼說[75]。

不過柏金斯仍然半信半疑，史旺森整理了一份專精這項技術的科學家名單，他打電話給名單上所有人。每一通電話，他都一再聽到相同的訊息：重組DNA絕對具有商業潛力，不過要到很久以後，也許好幾十年後才會實現。接著史旺森打給加州大學舊金山分校的赫伯特・博耶（Herbert Boyer），當時他還不知道博耶就是這種DNA技術的共同發明者。史旺森展開他一慣的推銷：重組DNA富有潛力，很有機會在近期未來取得商業成果！令他驚訝的是，博耶表示他說的沒錯[76]。

史旺森立刻詢問能否前去拜訪，他想要與博耶當面談談這項技術的可能性。不過博耶表示他很忙。

史旺森堅持道：「我一定要和你談一談！」

博耶表示他可以在週五下午抽出10分鐘，不能再多了[77]。

1976年1月16日大約下午5點，史旺森開車來到加州大學舊金山分校，前往博耶的辦公室，他的西裝外套口袋露出一小塊手帕。

博耶招呼迎接他，穿著相較之下休閒得多。博耶神態不疾不徐，一頭蓬亂的捲髮、濃厚的鬍子，體格如高中橄欖球員般壯碩。

史旺森並不知道博耶患病的兒子可能會需要一種稀有的生長激素，所以他已經開始思索重組DNA的商業應用好幾個月[78]。令史旺森喜出望外的是，博耶再次表示商業應用很可能在這幾年內出現，不必等到幾十年後。儀容一絲不苟的1950年代小狗和不拘小節的1970年代沉著老貓，兩人在實驗室中討論起來，史旺森對於重組DNA改變世界潛力的熱情很快就在兩人之間激起意料之外的火花。博耶帶史旺森來到酒吧繼續聊了3個小時，到最後他們同意彼此應該合作[79]。博耶懂科學，而史旺森瞭解商業。博耶心知學術實驗室的研究無法求快，而史旺森則希望加足馬力。

博耶解釋道：「你得申請研究補助、取得資金。」

史旺森回道：「如果你已經有這筆錢呢？如果你不必申請任何研究補助，直接就有這筆錢呢？[80]」

博耶很快就開始思考另闢蹊徑的可能性。獲得創業資本的解放，DNA重組技術商業化的速度能比他原先的想像加快許多[81]。經費可以讓科學家自由從事之前從未嘗試過的方法，這是自由資本的另一種應用。

博耶和史旺森成立合夥企業，每人投入500元用以支付成立公司的行政規費[82]。他們撰寫了6頁的投資提案，接著準備會面湯姆・柏金斯。

1976年4月1日，史旺森帶著博耶出現在凱鵬華盈的會議室中[83]，由史旺森概述他們的商業企劃。他們的公司名為基因泰克（Genentech），需要6個月來協商取得基因拼接技術的使用授權，授權單位是加州大學和史丹佛大學，之後他們將招聘一位微生物學家及兩位有機化學家來展開研究。史旺森評估在生產第一項產品之前，他們約需要18個月的時間和50萬元。經費將用於租借場地、購買設備、聘雇科學家並進行實驗。而且他們已經大幅縮短時程，生物學界根本不相信能在這個時限內端出成果，當然他們也無法保證實驗能夠成功。

柏金斯對這項技術深感著迷，創造所謂的「微生物科學怪人」危險地近乎扮演上帝[84]。但他也相當佩服博耶，不論實驗能否成功，最起碼這位捲髮大鬍子的傢伙知道如何進行實驗[85]，倘若真的成功了，那麼可能性將無窮無盡。基因泰克預計要製造的第一項產品是胰島素，其市場相當龐大且持續成長。當時生產胰島素的方式令人聯想到中世紀巫術：每一滴激素都是由豬和牛隻的胰腺壓榨出來。柏金斯心裡評估基因泰克製造出可行產品的機率大概不到50%[86]，不過正因技術難度令人望而生畏，進入這一行的門檻也極高無比，因此假如能夠成功，基因泰克將能收穫豐厚利潤，這是柏金斯定律的另一個例子。

隔天，柏金斯再次與史旺森會面並提出建議。這項技術的科學面向相當吸引人，不過由於不確定性太高，他們實在很難只為測試技術是否可行就投入50萬元的資金。因此柏金斯提議複製天騰電腦的模式：先找出炙熱風險，然後思考如何以最便宜的方式解決難題。他建議史旺森不要雇用科學家，也不要設立實驗室[87]，而是委託現有的實驗室進行初期實驗工作，藉此降低成本。

柏金斯的建議其實就是成立虛擬公司。美國的戰後經濟由大企業和強勢

工會主導，基因泰克標誌的是一種新產業形態的興起，更加注重網絡也更靈活[88]。未來，創投資助的新創公司將取代產業巨頭的中央研究部門，前者能應公司需求靈活提供知識。柏金斯先前從惠普招募短期顧問，藉此成立天騰電腦，他現在建議基因泰克在更複雜的生物科技領域採取同樣作法。

史旺森及博耶接受這項提議。他們的最初預算將用於委託加州大學舊金山分校（博耶的基因拼接專業團隊所在處）、研究型醫院希望之城（City of Hope）（提供基因合成專家）和具備高品質測試設施的加州理工學院（Caltech）。這樣一來，他們將能受惠於領域中最優秀的團隊，同時大幅削減成本。基因泰克仍可能以失敗作收，但至少代價不會那麼高昂。

採納建議後，史旺森重新計算所需資金——10萬元，柏金斯一口答應，這比當初雇用天騰電腦初期顧問的費用高不了多少，作為他微薄投資的交換（只佔凱鵬華盈基金的1%），柏金斯取得基因泰克四分之一的股份。但這不算不公平的交易，因為史旺森已經到處推銷投資提案但苦無成果[89]。以如此便宜的價格購入基因泰克四分之一的股權，柏金斯穩佔有利地位，可望收獲驚人報酬。假如柏金斯期望史旺森原先要求的50萬元投資能收獲20倍報酬，那麼現在將投資金額壓低到10萬元，報酬倍數將升高到100倍。由於報酬可能上看百倍，那麼只要基因泰克成功端出產品的機率超過1%，柏金斯就算是談到一筆划算的交易。柏金斯私自評估基因泰克成功的機率比1%高得多，大約有50%。透過擬定策略，將炙熱風險獨立出來並設法消除，柏金斯將令人卻步的創投賭注變成難以抗拒的划算交易。

1976年5月，加州證券監管機關致信給凱鵬華盈，表達對於基因泰克投資風險的憂慮。

克萊納平靜地回覆道：「凱鵬華盈明白基因泰克的投資具高度投機性質，不過我們從事的就是高度投機性質的投資業務[90]。」

＊

　　後來，基因泰克製造第一項產品所花費的時間和資金都超出史旺森的預期。為了維持公司運行，柏金斯分別於1977年2月和1978年3月再度安排新一輪的投資，承諾能夠達到下一個研究里程碑，藉此成功向外部投資人募得資金。至此，階段性募資的優點越發明顯。由於接連消除風險，每一輪募資時，基因泰克的估值都比前一輪更高，因此公司創辦人可以用較少的股權換取更多資金。1976年，基因泰克以10萬元出售25%股權，隔年以26%股份募得85萬元；1978年，8.9%股份就籌得95萬元[91]。假如史旺森和博耶堅持在一開始風險最高的時候籌募全部所需資金，那他們勢必得交出更多股權，持有的公司股份就會比現在少得多。

　　除了減緩創辦人股權被稀釋的情形之外，階段性募資也能增強DNA技術研究人員的工作動力。科學家們知道，他們必須在基因泰克的經費用盡之前達到承諾的里程碑，才能繼續進行實驗[92]。此外，當他們達到預定目標時，也能親身享受到公司估價上漲帶來的好處。如同亞瑟・洛克的英特爾模式，柏金斯堅持向基因泰克員工和主要承包商提供認股選擇權[93]。一開始，並非所有科學家都在意或瞭解認股選擇權的意義。一位研究人員表示：「我的馬尾留到背部一半的長度，而且每天吸大麻，我才不在意金錢或股票。」不過隨著基因泰克的估值在頭2年內翻了26倍，股權文化也開始紮根[94]，包含清潔工在內的所有員工都一心希望公司營運順利。當他的股票價值超過100萬元時，就連那位留著長馬尾的科學家都開始改觀[95]。

　　柏金斯也對基因泰克的文化做出無形貢獻。他是第一個以創業投資推廣者和核心人物角色大肆享受生活的人，藉此向科學家宣示他們已經遠離學術界，加入一個令人嚮往的圈子。他會駕駛紅色法拉利呼嘯抵達辦公室，宣布

命令及期限，向研究員灌輸他們正從事特別任務的觀念[96]。1978年7月一個和煦的晚上，柏金斯邀請史旺森和兩位重要科學家及其妻子共進晚餐。柏金斯的宅邸坐落於俯瞰舊金山及金門大橋的山丘上，他帶領賓客參觀自己令人目瞪口呆的花園、掛毯和古董跑車收藏，穿著制服的管家服伺賓客享用晚餐。站在宅邸外，史旺森興奮地向研究員揮手並大聲宣告：「這就是我們努力的目標！」其中一位客人事後回想道：「他邀請兩位基層科學家來自家作客，這很有激勵人心的作用[97]。」

幾天後，這份誘因就發揮效果了。柏金斯派遣其中一位晚餐賓客——名叫戴維・戈德爾（Dave Goeddel）的年輕博士前去希望之城實驗室鞭策約聘研究員完成胰島素計畫的最後一個階段。柏金斯發揮他鍍金的個人魅力下達指令：「胰島素沒做出來前不要回來。」戈德爾立正接令，他對於獲選執行任務備感榮幸，也很開心柏金斯直接向他下令[98]。他立刻在大風雪中搭上飛往舊金山的紅眼班機。1978年9月，在電視台眩目的採訪燈下，記者會向全國震驚的民眾宣布人工胰島素的誕生。

兩年後的1980年，基因泰克初登股票市場，預示1990年代的股市景況。以傳統標準來看，這間公司要發行股票還言之過早，他們在研究上花了太多錢，目前還幾乎無利可圖。不過柏金斯承襲悠久的創投傳統：如果要說服投資人把賭注押在未來的科技上，就得先擺脫過去的金融指標。在創業投資業早期，亞瑟・洛克開創「智識帳面價值」的概念，成功說服投資人資助不符合一般價值投資標準的公司。20年後，柏金斯更進一步推展這個觀念：尚無收益的公司不僅能吸引創投資助，還可以公開上市。為了協助華爾街跨過這個分水嶺，柏金斯派博耶巡迴展演科學原理，令潛在投資人目不暇給。這位教授揮舞著色彩鮮艷的DNA模型，解釋如何將一種有機體的DNA嵌入另一種有機體，令台下觀眾驚嘆連連。為了替基因泰克的股票發行背書，凱

鵬華盈聘請亞瑟‧洛克在海登史東公司的前老闆巴德‧柯爾，勸已經退休的他重出江湖。由於發掘半導體產業，柯爾在華爾街享有盛名，所有投資人都還記得半導體產業的利潤有多可觀。

1980 年 10 月 14 日，基因泰克於納斯達克證券交易所上市。開市鐘響還不到 1 分鐘，股價已從 35 元的發行價格躍升至驚人的 80 元，不到 20 分鐘又上漲至 89 元，寫下華爾街史上發行首日股價上升速度最快的紀錄。為了股票發行來到紐約的柏金斯打電話給加州仍在酣睡之中的史旺森，他對自己曾經開除的助理大喊：「鮑伯，你變成我所認識最有錢的人了[99]。」

對凱鵬華盈來說，回報也同樣可觀。交易首日收盤時，基因泰克每股價格來到 71 元，當初凱鵬華盈以平均每股 1.85 元的價格購入股票[100]。隨著股價持續上漲，報酬倍數甚至超過 200 倍[101]。天騰電腦和基因泰克使凱鵬華盈的第一筆基金名留青史，更是乘冪定律的明證。至 1984 年，凱鵬華盈第一個基金的 14 筆投資共獲利 2.08 億元，其中有 95% 來自天騰電腦和基因泰克。如果去掉這 2 筆全壘打投資，第一筆基金的報酬倍數只有 4.5 倍，仍然優於同一時期共 11 年間標普 500 指數的報酬。不過加上這 2 支全壘打，報酬倍數來到 42 倍，接近唐‧瓦倫丁和戴維斯及洛克的績效，凱鵬華盈的報酬約是股票市場的 5 倍之高[102]。

這是好運嗎？還是不只如此？要驗證創業投資的技巧並不容易，因為如我們所見，其中牽涉到主觀判斷，而不是客觀或可量化的標準。專門買賣不良債權的避險基金公司會雇用分析師和律師來仔細審視破產公司，可以精準得知哪些債券有哪些抵押品，可以預測破產法官可能的判決，因此其獲利並非來自運氣。同樣的，以演算法為準的避險基金公司會雇用天體物理學家來建立市場模式，從數據中發掘能夠可靠獲利的蛛絲馬跡。不過柏金斯資助天騰電腦和基因泰克，或是當瓦倫丁資助雅達利時，他們沒有同樣的把握。他

們投資的創辦人是人類，同時具有人類的優秀才華與弱點；他們應付的是未經測試又複雜的產品和製程；他們得面對行為無法預測的競爭對手；他們投資的是長期展望。因此，可量化的風險還要加上不可量化的不確定性，其中包含已知和未知的不確定性，再完美的金融模型都無法涵納人生多變的不可預測性。因此在這種環境中，運氣當然扮演一定角色。凱鵬華盈第一個基金的14筆投資中有6筆以虧損收場，他們的判斷方法並不如天騰電腦一般零失誤。

　　不過柏金斯和瓦倫丁也不只是運氣好。1960年代，亞瑟・洛克遵循的方法和態度使他超越ARD和SBIC，1970年代創投業的領導人物同樣比同期對手更具優勢。柏金斯和瓦倫丁都曾擔任矽谷傑出公司的經理，他們瞭解實務層面，兩人對於旗下公司的貢獻也都顯而易見。柏金斯在天騰電腦成立之前聘請顧問來消除炙熱風險，他也說服史旺森委託現有實驗室來進行基因泰克的研究工作。同樣的，瓦倫丁驅使雅達利專注於家用版《乓》的研發並與西爾斯結盟，也是瓦倫丁接洽華納通訊收購雅達利公司，消除早期風險及階段性投資對這3家公司發揮了奇效。抱持懷疑態度的觀察者有時會質疑，創業投資人親手帶來創新，還是只是在創新萌芽時恰好出現？以唐・瓦倫丁和湯姆・柏金斯來說，他們的貢獻遠超過只是被動出現。憑藉強勢的性格和智識，他們依自己的意志指揮旗下公司，並收穫甜美的果實。

第四章
蘋果的呢喃

　　至1970年代末，凱鵬華盈資助基因泰克時，西岸的創業投資業已經發展出大部分的現代投資工具。首重股權的限期基金取代了受利息箝制的SBIC和無限期的ARD模式。創業投資人明白自己必須揮出全壘打，而不只是一壘或二壘安打。行動主義和階段性投資已經成為管理高風險新創公司的公認方法。矽谷上下的創業投資人都在尋找解放人才並驅策他們開創新產業的商機。

　　創業投資的下一項進展並不是什麼新工具，而是創投網絡的興起。早期創業投資顯現的乘冪定律報酬，加上退休基金投資限制的鬆綁及資本利得稅的削減，使得大量的資金湧向創投基金，原本零散的先驅投資人逐漸形成某種本質上截然不同的群體。原先只有幾位聰明人士，現已交織出新創公司鑑定家的濃密網絡，其重要性在於，他們行動的集體影響力要大於個別的總合。原先由個別菁英所推動的體系現在是由整體演進所推動。單一位聰明才智可以締造偉大事蹟，一大群人則可以進行各種嘗試。透過嘗試、失敗、偶然突破的漸進過程，集體進步的速度可能快過個人。

　　蘋果的故事可以展現創投網絡的富饒。1976年，史帝夫・賈伯斯和史帝

夫・沃茲尼克（Steve Wozniak）成立蘋果公司。表面上來看，蘋果公司是創業投資顯而易見的標的，因為眾多圈內人早已洞悉，個人電腦將會是科技界的下一項重大突破。全錄的帕羅奧圖研究中心（Xerox PARC）肯定「個人電腦的時代已經來臨」，也已經生產出附帶滑鼠及圖形界面的原型；英特爾和國家半導體也考慮過製作個人電腦；史帝夫・沃茲尼克任職於惠普期間，也曾兩度提供 Apple I 的設計圖[1]。不過這 4 間公司最後都決定不生產個人電腦，商業思想家克萊頓・克里斯坦森（Clayton Christensen）所提出的「創新者的兩難」可以形容這幾間公司所面對的困境。全錄擔心電腦化的無紙辦公室會損害其影印核心業務；英特爾和國家半導體害怕生產電腦將使自家公司與現有的電腦製造商產生衝突，這些電腦製造商正是他們的首要客戶；惠普煩惱生產便宜的家用電腦會打擊自家高階產品的銷售，該產品要價約 15 萬元。假如破壞現狀，這 4 家公司所面臨的賭注太大，因此不敢輕舉妄動。不過對於創業投資人來說，能填補這個空缺的新創公司看似是明顯有利可圖的賭注。

不過當蘋果公司開始募集資金時，創投業的明星公司卻未能把握機會，顯示即便最聰明的創業投資人有時也會犯下代價高昂的錯誤。湯姆・柏金斯和尤金・克萊納甚至不願與史帝夫・賈伯斯會面。蘇特山的比爾・德雷普派遣同事前去拜訪蘋果公司，不過當同事回報賈伯斯和沃茲尼克讓他乾等，德雷普直接認定兩人過於自大[2]。除此之外，德雷普先前的 SBIC 合夥人皮徹・強森想不透：「在家用電腦要幹嘛？把食譜存起來嗎？[3]」四處碰壁的賈伯斯把網撒向紐約市第一家電腦零售商的老闆史丹・維特（Stan Veit），提出以蘋果公司 10% 股份換取區區 1 萬元的資金。維特表示：「看著眼前這位長髮嬉皮和他朋友，我當時心想：『再怎麼樣我也不可能把 1 萬元交給你。』」維特之後回想時懊悔不已[4]。賈伯斯也曾向他在雅達利的前老闆諾蘭・布希

內爾尋求資金，提出以5萬元交換蘋果公司三分之一的股份。布希內爾回憶道：「我才沒那麼笨，我拒絕了。懊悔的眼淚流乾之後，現在想起來其實還蠻好笑的[5]。」

幸運的是，對賈伯斯和沃茲尼克來說，1976年矽谷的創投網絡已經夠繁茂，遭遇幾次拒絕還不是世界末日，兩人很快找上紅杉基本的唐・瓦倫丁。

他們找上瓦倫丁的過程其實就是網絡力量的明證。諾蘭・布希內爾雖然拒絕資助蘋果公司，不過為了安慰兩位創辦人，他幫忙引介當初資助雅達利的創投人物——瓦倫丁。在此同時，賈伯斯也和矽谷行銷大師里吉斯・麥肯納（Regis McKenna）洽談，提議由麥肯納的公司為蘋果設計廣告，交換可觀的20%股份。麥肯納當時認為，公司要是不值一毛，20%股份也毫無用處。不過和布希內爾一樣，麥肯納同樣將賈伯斯引薦給其他人，藉此緩和拒絕的力道。而那個人同樣是唐・瓦倫丁。

矽谷網絡不約而同將賈伯斯引薦給瓦倫丁，這樣的結果再合理不過。曾一手拉拔雅達利的瓦倫丁，已經證明自己是狂野年輕創業家最強悍的馴獸師。瓦倫丁身為半導體產業的資深老手，他以投資晶片技術相關產品自傲。此外，瓦倫丁的行銷背景也使他成為蘋果公司的理想投資人。克萊納和柏金斯拒絕會見賈伯斯是因為他們偏好技術挑戰，較不擅長商業風險[6]。而瓦倫丁曾於快捷半導體及國家半導體管理銷售部門，而蘋果這間新創公司最大的挑戰就在於如何說服毫無戒心的消費者買台電腦放在廚房裡，面對這個難題，瓦倫丁是不二人選[7]。

雖然瓦倫丁非常適合擔任蘋果公司的第一位投資人，他一開始對賈伯斯和沃茲尼克也抱持懷疑態度。瓦倫丁事後表示，賈伯斯「根本就是反主流文化的化身，他留著一撮鬍子，非常纖瘦，看起來好像胡志明[8]。」不過布希內爾和麥肯納說這兩人的想法值得一聽，由於瓦倫丁重視自己的人脈網絡，

他還是姑且問問蘋果公司到底在做些什麼。

他詢問沃茲尼克：「你們的市場有多大？」

沃茲尼克回答：「100萬人。」

「你怎麼算出這個數字的？」

「因為國內有100萬名業餘無線電操作員，而電腦比業餘無線電更受歡迎[9]。」

沃茲尼克的回答顯示蘋果公司並沒有打算觸及一般大眾，主要客群是科技愛好者的有限小圈子。相較之下，瓦倫丁當初造訪雅達利時，他們的遊戲已經遍及許多城市，而1976年的蘋果公司幾乎還沒賣出任何產品。瓦倫丁露出懷疑的神色。

賈伯斯問道：「你告訴我，我必須做些什麼你才願意提供資助？」

瓦倫丁回道：「公司要有人至少懂點管理、行銷和經銷通路。」

賈伯斯說：「好，你給我3個人選。」

會談之後，瓦倫丁向麥肯納抱怨他居然建議他和這些人會面：「你為什麼叫這兩個怪咖來找我？[10]」瓦倫丁大概是網絡中唯一有本事資助蘋果公司的創業投資人，不過就連他都沒打算直接投入資金。布希內爾和麥肯納拒絕了賈伯斯，不過他們替他引介瓦倫丁；同樣的，瓦倫丁雖然不準備直接投資，但既然賈伯斯不介意聘請外部行銷專家，瓦倫丁就展開後續行動。這幾乎是本能反應，瓦倫丁的業務有很大一部份就是推薦人才和接受推薦。

瓦倫丁檢視自己的人脈，找出3位經驗豐富的經理人來協助發展蘋果公司。賈伯斯否決其中一人，另一人與賈伯斯會面後表示不願與他合作。第三位是工程師兼銷售主管的麥克‧馬庫拉（Mike Markkula），他和瓦倫丁在快捷半導體的時候認識彼此。馬庫拉透過英特爾的認股選擇權而致富，於33歲退休，後半輩子打算用來打網球和做傢俱。

　　1976年初秋某個週一，馬庫拉退休18個月後，他開著金色科爾維跑車來到賈伯斯位於郊區的車庫（後來興起一波發源於車庫的科技新創公司）。馬庫拉留著長長的鬢角，穿著顏色鮮豔的休閒套裝。他對賈伯斯和沃茲尼克的第一印象是，他們需要好好理個髮[11]。

　　不過他注意到別的特點——其他車庫訪客沒有發現的特質。沃茲尼克的技術令他印象深刻，工作檯上的Apple II原型不只是以細小的連接器雜亂地串接而成的電路板，整台機器透過單一鍵盤操作，還附有用於連接印表機或其他裝置的插槽。Apple II的設計還包含隨機存取記憶體晶片；據馬庫拉所知，這是世界上第一台具有這項功能的電腦。馬庫拉回想道：「沃茲的設計相當優雅、精美，我是電路設計師，我很清楚[12]。」

　　因此，馬庫拉決定全力協助蘋果公司。他成為兩位史帝夫的顧問，替他們撰寫商業企劃書，擔任行銷主管和公司董事會主席，和銀行協調信用額度，後來還以自己的資金投入9.1萬元，取得26%的股權[13]。經過一連串迂迴又反覆的過程，矽谷網絡終於找到正確答案。賈伯斯和沃茲尼克一再被多位投資人拒絕，不過經過一次又一次的引介，蘋果終於接上公司所需的穩固命脈。

　　馬庫拉原本並不是創業投資人，他可說是矽谷第一位「天使投資人」，這指的是靠某間新創公司致富，接著利用自己的財富及經驗協助更多新創公司的投資人。不過馬庫拉最珍貴的資源是他的人脈，身為曾經任職於快捷半導體和英特爾的資深科技人，他是矽谷核心圈備受敬重的人物，現在他和賈伯斯、沃茲尼克展開合作，因此蘋果公司也成為圈內一分子。

　　蘋果公司的宣傳工作仍需協助，因此馬庫拉請里吉斯・麥肯納再次考慮承接兩位史帝夫的案子。馬庫拉對他說：「里吉斯，我會付錢，拜託你接下案子[14]。」之前即便端出五分之一的股份，麥肯納都不願費心承接蘋果的案

子，不過現在他的一個人脈請求協助，麥肯納就改變心意了。蘋果公司缺了一口的彩色條紋蘋果標誌，就是由麥肯納的公司所設計[15]。

接著，馬庫拉開始尋覓管理人才。在此之前，有經驗的科技業主管沒有人願意冒險為蘋果公司效力。馬庫拉說服之前在快捷半導體的同仁麥克・史考特（Mike Scott），辭去一份安穩的工作來擔任蘋果公司的第一任總裁。為了招募史考特和其他經驗豐富的主管，馬庫拉複製英特爾的認股選擇權方案。現在，蘋果公司也承襲了亞瑟・洛克的股權文化。

同時，馬庫拉也須經營創投社群。唐・瓦倫丁仍無投資意願，不過馬庫拉不必倚賴特定一位創業投資人，因為他還有其他人脈。在快捷半導體時，他與一位名叫漢克・史密斯（Hank Smith）的同事交好，史密斯後來加入洛克斐勒家族的創投基金文洛克。馬庫拉打給史密斯，灌輸他投資蘋果公司的想法。接著馬庫拉準備拿出王牌，他任職於英特爾時也結識該公司董事會主席亞瑟・洛克，於是馬庫拉運用自己的網絡，請求洛克與賈伯斯和沃茲尼克會面。

1977年，洛克已經是矽谷創投界的資深大人物，他贊助舊金山芭蕾舞團、收藏現代藝術作品；晚宴上，他會搖搖銀鈴來召喚侍者[16]。由於他重視和馬庫拉的交情，因此同意會見賈伯斯，不過他的反應一如預期。洛克事後回想：「史帝夫好像去印度參拜什麼大師，那時剛回國[17]。我不是很確定，但他似乎很久沒洗澡了[18]。」

洛克皺起鼻子，馬庫拉只好轉而求助於老朋友漢克・史密斯和他任職的文洛克公司。1977年秋天，他和賈伯斯搭乘紅眼班機飛往紐約，跟隨柏金斯及崔畢格1年前的後塵，準備造訪文洛克[19]。他們來到洛克斐勒廣場30號，搭乘電梯來到56樓，也就是文洛克辦公室的樓層。出了電梯，兩人先躲進男廁，換下前一晚搭飛機所穿的衣物。

　　穿上新的藍色西裝後，接待人員引領馬庫拉和賈伯斯走進一間無窗的會議室，他們在此會見文洛克資深投資人彼得・克里斯普（Peter Crisp）、漢克・史密斯和其他幾位合夥人[20]。賈伯斯和馬庫拉不太確定文洛克的團隊想要聽些什麼，於是向他們說明個人電腦市場的潛在規模。自從瓦倫丁造訪車庫後，他們改進提案內容，擘劃更宏大的未來願景：未來家家戶戶的客廳都將配備電腦。不過文洛克合夥人似乎沒把這則訊息放在心上，漢克・史密斯事後回想：「史帝夫談到的具體細節其實無關緊要，因為整個概念都過於投機，你很難去細究這些字面上的意義[21]。」

　　彼得・克里斯普補充道：「我們簡直像盲人摸象[22]。」

　　1個半小時後，他們問完問題，賈伯斯和馬庫拉也報告完畢。文洛克合夥人請他們稍待，接著就走到走廊上做決定。由於漢克・史密斯曾任職於英特爾，所以文洛克團隊也知道，由於半導體技術進步，個人電腦是可行的想法。因為史密斯認識並敬重馬庫拉，他們對於蘋果公司做出成品的能力也有一定信心。不過另一方面，和多數東岸創投公司一樣，文洛克相對風險趨避，通常不願在新創公司草創初期提供資助，而偏好等到公司已有穩定收益後才投入資金[23]。總而言之，他們可以達成協議，也可以掉頭走人，誰知道哪一種才是正確的選擇？克里斯普回想：「我們4、5個人走到走廊上，面面相覷，然後我們聳聳肩說：『管他的。』[24]人們都稱讚我們做了聰明的決定，但其實我們當時毫無頭緒[25]。」

　　於是，幾乎是憑著一股衝動，文洛克投資30萬元換取蘋果公司10%股份[26]。這份協議意味著文洛克評估蘋果公司價值300萬元，相較於1年多前史丹・維特拒絕以1萬元購入十分之一股份，蘋果公司的市值已成長約30倍。

　　文洛克的投資協議入袋後，馬庫拉回到西岸，繼續動用網絡人脈。他很快又與前同事安德魯・葛洛夫（Andrew Grove）達成協議，葛洛夫不久之後

即將接任英特爾總裁。葛洛夫原本就知道蘋果公司的存在，因為馬庫拉一直試圖挖腳英特爾的員工。現在葛洛夫同意買進這間新公司一小部份股權，而馬庫拉又為蘋果公司資助者名單添上一位大人物。

文洛克和葛洛夫加入後，蘋果公司開始累積氣勢，人們幾乎可以聽見談論這個話題的喃喃低語聲，彷彿矽谷的葡萄藤都在低聲傳誦蘋果的名字[27]。曾經不屑一顧的瓦倫丁開始緊跟著馬庫拉不放，要求入股。他一再不請自來，直接出現在蘋果公司辦公室；有一次他在一家餐廳看到馬庫拉，就送了一瓶酒和一張紙條給他：「別忘了我打算投資蘋果公司[28]。」馬庫拉回想：「我們其實不需要他的錢。」不過最後還是讓瓦倫丁入股，條件是他必須接下管理職務[29]。拉攏一位傑出創業投資人加入公司董事後，蘋果公司的氣勢更旺了。

約於同一時間，里吉斯‧麥肯納造訪亞瑟‧洛克的辦公室。洛克也聽到低語了嗎？現在就是投資蘋果公司的時機，有幾位大人物已經加入了，火車快要離站了。

火車發動的景象為階段性投資添了一層新涵義。以雅達利或基因泰克的例子來說，後到的創業投資人會等到炙熱風險消除之後才開出支票。而在蘋果公司的例子中，創業投資人聽到投資的建議，是因為其他人已經投資了。雖然看似循環論證，卻完全合情合理。葡萄藤的低語正傳達一則訊息：蘋果公司將成為贏家。獲得社會認同後，蘋果公司經理的能力或產品品質等客觀事實變成次要考量。假如蘋果公司能吸引資金，那麼這些人脈廣的資助者將使蘋果公司聲名遠播，那麼聘到優秀人才、找到有利經銷通路的機會也能大大提升。循環論證也能很有道理[30]。

聽聞麥肯納的建議後，洛克暫且放下他對賈伯斯和其衛生習慣的疑慮。投資的時機成熟了，問題是該如何加入？文洛克已經投資30萬元，瓦倫丁

也正揮舞著自己的支票簿，蘋果公司絕對已經不缺資金。

　　於是洛克求助於迪克‧克拉姆里奇，也就是洛克與戴維斯拆夥之後的年輕新任合夥人。洛克—克拉姆里奇創投基金最近也才剛解散，將資本歸還合夥人，不過兩人仍在同一間辦公室工作，於是洛克請克拉姆里奇打給文洛克創投的彼得‧克里斯普。這又是動用網絡的另一個例子，克拉姆里奇和克里斯普在哈佛商學院時認識彼此。

　　克拉姆里奇有時很討厭洛克專橫的管理風格，不過他樂於打給哈佛的老同學。他詢問道：「彼得，你可以讓我們也分一杯羹嗎？[31]」

　　克里斯普和老同學交情很好，況且，洛克1968年也讓文洛克入股英特爾，因此克里斯普欠他一個人情。透過讓克拉姆里奇和洛克分享文洛克30萬元的投資，克里斯普也能分攤一些風險。再說，讓傳奇人物亞瑟‧洛克加入蘋果公司總是有益無害[32]。

　　克里斯普告訴克拉姆里奇他們可以分出5萬元的蘋果公司股份。

　　克拉姆里奇興奮地向他道謝並回報給洛克：「亞瑟！我們拿到5萬元的股份！」他歡欣地宣告。克拉姆里奇盤算自己可以拿到1萬元，讓洛克分走剩下的4萬。

　　洛克回到自己的辦公室，關上門，打了幾通電話。當他再次走出房間，他向克拉姆里奇稍來壞消息：「我有很多人情要還，所以這次沒你的份。」他不讓自己的前任合夥人購買蘋果公司任何股份。

　　克拉姆里奇生著悶氣，不過礙於洛克在矽谷網絡中的地位，反抗並不明智[33]。

　　不久之後，克拉姆里奇一位英國友人造訪矽谷，這人名叫安東尼‧蒙塔古（Anthony Montagu），他是倫敦投資公司亞賓沃斯（Abingworth）的創辦人，對矽谷並不熟悉。

蒙塔古問道：「迪克，最近有什麼熱門投資？[34]」

克拉姆里奇告訴他蘋果公司是當下最搶手的標的，不過他沒有投資門路，這一輪募資才剛結束，連他自己都被擋在門外。

不過蒙塔古還不願放棄。他來到加州有著明確的目標，也就是訪查新興的個人電腦業務，他也知道蘋果公司是業界領袖。於是克拉姆里奇打給蘋果公司總裁麥克·史考特，詢問能否讓他的英國好友前去拜訪。克拉姆里奇揶揄道，蒙塔古是富裕家庭中的次子，沒有家業可以繼承，因此必須自己打拼[35]，他請求史考特幫個忙。

史考特同意了，不過他也明確告訴克拉姆里奇，他們不可能讓他朋友入股，蘋果公司不需要額外資金了。

蒙塔古出發前往蘋果公司辦公室。幾個小時後，他打給克拉姆里奇：「迪克，我好激動，這真的是我所見過最令人興奮的公司。」不論如何，蒙塔古下定決心要入股。

蒙塔古以他濃厚的英國口音向他的東道主表示：「史考特先生，我跟你說，我帶了大衣和牙刷，我會坐在大廳裡，在買到股票之前，我是不會離開的。」史考特看不出他到底是愛開玩笑的怪咖還是難纏的頭痛人物。

史考特告訴這位訪客，他可以儘管坐在大廳，不過要買股票門都沒有。

蒙塔古表示他願意等下去，他重申：「我帶了牙刷，我可以一直賴在這裡。」彷彿只要克服口腔衛生的問題，就能盡情在別人的辦公大樓過夜。

當天晚間6點45分，麥克·史考特再次出現，他說：「蒙塔古先生，你真的很幸運。」史帝夫·沃茲尼克想要買房子，為了籌錢，他決定賣掉自己部份股權。

蒙塔古問沃茲尼克打算賣多少。

「價值45萬元的股票。」這比文洛克或瓦倫丁購得的股票更多。

飄飄然的蒙塔古再次打給克拉姆里奇，他說：「迪克，要不是你，我也不會有這份好運！」並提議分一半股份給他。

克拉姆里奇從來沒有告訴洛克自己透過這個曲折的方式取得一大筆蘋果公司股份，好幾年來他沒有對任何人提起隻字片語，他只允許自己低調地握拳慶祝並壓低聲音發出勝利的吶喊。克拉姆里奇舊金山住家前門的鐵製把手就是蘋果的形狀。

━━━━━◆━━━━━

蘋果公司的募資故事顯示，網絡的力量更勝於個人。在這則故事中，沒有一位創業投資人獲得完全的勝利。雖然創新者的兩難顯現明顯的商機，許多人仍完全錯失投資蘋果公司的機會。文洛克主要是透過漢克・史密斯和麥克・馬庫拉的機緣在半信半疑之中決定投資；瓦倫丁和洛克在最後一刻才搭上車，其中洛克更只取得一小部分股份。此外，瓦倫丁過早出場，1979年就實現13倍的獲利，拉升他第一筆基金的報酬，卻錯過蘋果公司之後的暴漲[36]。故事中兩位最大的贏家要屬蒙塔古和克拉姆里奇，顯示有時純粹的好運是最關鍵的因素[37]。

不過這些插曲並不影響蘋果公司的結局，他們取得資金、累積人脈，其成功在在顯示矽谷網絡的力量。不管這些人一開始有多遲疑，文洛克、瓦倫丁和洛克爭相擠上車後，他們紛紛動用人脈來協助自己投資組合中的新成員。透過瓦倫丁的引介，蘋果公司聘請到快捷半導體的資深老手傑因・卡特（Gene Carter）；彼得・克里斯普的一通電話協助蘋果公司招募惠普的製造部門主管[38]；同時，亞瑟・洛克利用自己的名聲給蘋果公司增光。曾有一次，兩位摩根史坦利（Morgan Stanley）的大人物來到西岸，他們與洛克共進

午餐，洛克在午餐餐會中大讚蘋果公司。摩根史坦利的兩人在之後的備忘錄中回報洛克對於蘋果公司的看法，把他的話當成神諭，「亞瑟・洛克是傳奇中的傳奇」，沒有把他的溢美之語當成自利的廣告詞：「這間公司的經營者……非常聰明、富有創造力、衝勁十足[39]。」

1980年12月，基因泰克初次公開發行之後的2個月，摩根史坦利協助蘋果公司上市。當年237家初次公開發行的公司中，蘋果公司的規模最大，自24年前福特汽車（Ford Motor Company）上市以來，蘋果公司募集到最多的資金[40]。至12月底，蘋果公司市值已近18億元，甚至超越福特汽車[41]。瓦倫丁於1979年出售蘋果公司股票，快速賺到13倍報酬；相較之下，洛克的持股報酬已飆破378倍。洛克擔任蘋果公司董事成員，身兼英特爾董事會主席，無可爭辯，他是矽谷的資深代表人物，不過蘋果公司這筆投資是他最後一支全壘打，在這之後，洛克逐漸淡出鎂光圈。比爾・漢布萊特表示：「他應該能繼續稱霸，他該是開出每一張支票的投資人，他有地位，也握有資金，領導者非他莫屬[42]。」不過地位和金錢並不是唯一的重點，新科技和產業日新月異，而財務判斷力之外的技巧越來越重要。洛克無疑是西岸創業投資業之父，但他無法繼續推動產業前進。

不過這不重要，因為創業投資業的發展已經成熟。1978年，國會將資本利得稅由48%大砍至28%，大幅提升投資創投基金的誘因。隔年，政府又鬆綁謹慎人規則，開放退休金管理人投資高風險資產[43]。1980年，創業投資人比爾・德雷普參與波西米亞格羅夫（Bohemian Grove）露營俱樂部的秘密高層聚會，他半裸著上身、把握機會遊說一位雷根親信，建議再次調降資本利得稅，這個過程活脫取自好萊塢陰謀片的場景。果然，雷根上任後不久，稅率便再次調降至20%[44]。低資本利得稅加上謹慎人規則的變通，此一政策組合對於創業投資人而言極為有利。創投資助的公司不須具備獲利紀錄也能公

開發行股票；員工獲得認股選擇權時不須繳稅，行使權利時才須繳納；有限合夥企業免於納稅，而且還能保護投資合夥人免於官司爭訟。沒有其他國家對創投產業更友善了。

◆

　　受到基因泰克和蘋果公司等令人垂涎的利潤吸引，自1970年代後期起，資金不斷湧入創投基金。1973至1977年這5年間，創投產業每年平均募得4,200萬元。接下來5年的平均是這個數字的20倍之多，每年募得9.4億元[45]。蘋果公司上市後，初次公開發行市場變得火熱，大型創投公司開始收穫非凡利潤，每年30到50倍的報酬變成家常便飯[46]。可想而知，頂尖創投合夥公司開始以前所未見的規模募集資金。唐·瓦倫丁當初第一筆基金好不容易才籌得500萬元，1979年便順利募得2,100萬，1981年又募得4,400萬[47]。凱鵬華盈約略同一時期的募資金額大約分別是800萬、1,500萬及5,500萬[48]。就連新成立的恩頤投資（New Enterprise Associates，1977年由迪克·克拉姆里奇和兩位東岸合夥人創立）都能於1981年籌得4,500萬元[49]。總而言之，1977至1983年間，創投基金管理的資金由30億元翻了4倍，來到120億元；同一時期，獨立創投合夥公司的數目也成長2倍以上[50]。

　　亞瑟·洛克也許淡出創投圈，但他的遺緒仍不斷地被後繼者發揚光大。

第五章

思科、3Com與矽谷的崛起

　　1970年代末至1980年代初期，創投產業迅速發展，但很少有人洞悉其重要性。多數評論者忽視「創新者的兩難」（因此開創新產業的多半是新公司，在此情況下，創業資金的劇增對於經濟活力有所助益），他們依然認為美國的命運將由大型工業巨頭所主導。1978年，美林證券（Merrill Lynch）自信地預言：「未來潛力新技術、產品和服務的開發者，很可能會是大型企業資金充裕的部門[1]。」彷彿美國仍處於由IBM和薛曼・費爾柴爾德稱霸的世界中。不過，矽谷的創業投資機制現在已經配備完整工具和密集的從業人員網絡，將同時向世人昭告兩件事。首先，矽谷能抵禦日本的挑戰，矽谷的核心產業並不畏懼日本半導體製造商的威脅。其次，針對長久以來的國內敵手——圍繞波士頓發展的科技中心，矽谷終於開始使之相形失色。

　　政府的介入並非矽谷成功的原因，聯邦政府並沒有突然捨棄麻薩諸塞州而偏愛加州；美國面對日本高效晶片製造商的競爭，也沒有提出什麼神奇的產業政策來回應。政府影響力的信徒經常提起半導體製造技術協會（Sematech）這個由政府主導的集團，自1987年起，聯邦政府每年向此協會挹注1億元，目標是協調私人晶片製造商之間的運作並提升製造品質。雖然

半導體製造技術協會確實壓低瑕疵率並加速微型化，但日本製造商仍保有優勢，而美國放棄角逐記憶體裝置的市場，因為在這個領域中，製造品質仍是主要的鑑別因素[2]。於是矽谷將精力投注在發展新領域：專門的微處理器設計、磁碟和磁碟機、連結所有新設備的網路裝置，藉此取得勝利。這些新產業奠基於政府實驗室所研發的物理及工程學突破，從這方面來說，公部門的支持確實有其影響。不過矽谷成功將基礎研究成果轉化為商業產品，這反映的是一門冷門學科的勝利：社會學。

安娜莉・薩克瑟尼安（AnnaLee Saxenian）是加州大學柏克萊分校的社會學教授，曾針對科技史此一時期撰寫深具洞察力的著作。她點出了矽谷及其競爭對手的關鍵差異[3]：波士頓和日本的電子產業由大型、充滿機密、垂直整合的企業所主導，例如數位設備公司、通用資料公司（Data General）、東芝（Toshiba）和索尼（Sony）；另一方面，矽谷遍布小型公司，由於競爭激烈而充滿活力，同時也善於結盟、合作，因此力量不容小覷。薩克瑟尼安主張，矽谷小型公司的獨特優點在於，公司彼此間的界線很模糊，一家磁碟機公司的創辦人可能和個人電腦製造商接洽討論，尋找機會在對方的生產鏈中安插自家公司設備。小公司間頻繁交流彼此的技術標準及設計相關資訊，工程師也可以詢問另一間新創公司的同行，尋求解決問題的建議，不會有阻礙合作的保密文化。銷售經理可以在週五辭去一間新創公司的職位，隔週一就到新公司上班，有時還能停在原本的車位，因為兩間公司共用同一間大樓。假如目標明確，階層組織可能較善於協調人力，比方說軍隊。不過在應用科學的商業化方面，矽谷的「競合」（或稱合作性競爭）文化比波士頓或日本自給自足、垂直整合的大企業更具創造力。大企業隱藏想法、點子，時常因此錯失創新機會。而小公司透過不斷變化的結盟關係進行無數嘗試，直到找出最佳前進方向。

　　為什麼洞悉矽谷優勢的是社會學家呢？經濟學家一直以來都明白產業「群聚」的活力，比方說紐約的金融業、好萊塢的電影產業和矽谷的科技業。他們觀察到，群聚能培養專門領域的深厚勞動市場，因此假如某間公司需要某種資料庫軟體專家，他們可以輕易聘用到合適人才[4]。不過經濟學家著重於勞工及雇主之間有效率的搭配，薩克瑟尼安的論點則更加深入，她強調矽谷新創公司之間界線模糊的特性，由此探究群聚之內行為者之間的關係，藉此點出某些群聚何以勝出。由自給自足、遮遮掩掩的大型公司所主導的群聚，其特性是企業內部人員的關係緊密，不過與同領域其他企業的專業人士鮮少往來。另一方面，由人員流動頻繁的新創公司所形成的群聚，同一公司同事間的聯繫可能較為疏遠，不過卻有無數鬆散的外部連結。薩克瑟尼安主張，相較於大量鬆散的關係，數量稀少的緊密關係較不利想法的分享及創新。這個論點引申自一篇受到廣泛引用的社會科學論文，1973年發表的一篇著名論文中，社會學家馬克・格蘭諾維特（Mark Granovetter）主張，比起少數密切連結，大量鬆散連結更能促進資訊流通[5]。

　　一直到最近，經濟學界才提出類似的觀點。保羅・克魯曼（Paul Krugman）憑藉開創性的經濟地理學研究榮獲諾貝爾獎，他遺憾地表示：「我在模型中強調的重點，其重要性比不上遺留在模型之外的因素，因為我沒辦法把他們放進模型中，例如資訊外溢和社群網絡[6]。」不過薩克瑟尼安等社會學家將資訊外溢和社群網絡置於論述的核心，這樣的選擇再正確不過。要不是湯姆・柏金斯和惠普老朋友的鬆散關係，也不會有天騰電腦的創立；要不是諾蘭・布希內爾和唐・瓦倫丁的交情，或是瓦倫丁和麥克・馬庫拉的聯繫，蘋果公司也許沒有開張營業的一天。由於沃克的馬車車輪酒吧這類地點的存在，IBM和全錄帕羅奧圖研究中心的工程師能聚集於此，自由漫談，點子也得以如野火一般傳遍矽谷。在其他產業群聚中，由於當地的社交

關係不利於快速散播，因此同樣的想法可能只能原地踏步[7]。

　　薩克瑟尼安的理論引發一個問題：假如模糊的界線和眾多鬆散的連結能造就富饒的產業群聚，那以矽谷來說，是什麼因素促成這樣的環境？有兩個廣為人知的答案。首先，不像其他多數州（包括麻薩諸塞州），加州法律禁止雇主利用競業協議來限制員工，因此人才可以隨意自由流動。其次，史丹佛大學向教授大方提供研究休假，可以用於從事新創公司工作，寬容的政策也強化了產學之間的連結；相較之下，麻省理工教授假如花太多時間從事副業，可能會喪失終身職的保障。然而，雖然禁用競業條款及史丹佛大學的寬容政策造就矽谷富創造力的流動性，不過這並不是事情的全貌。首先，有些法律學者探究了競業條款的真正影響[8]；另外，加州科技新創公司聘請史丹佛大學畢業生的比率其實比延攬教授高得多[9]。薩克瑟尼安這道問題——矽谷何以擁有大量的鬆散連結？其實另有答案。原因是有一個族群持續不斷培養這類連結，他們就是創業投資人。

　　於是話題又回到1970年代末至1980年代初的創投熱潮。資金湧進創投合夥公司後，矽谷開始超越日本及波士頓這兩個競爭對手，這個現象並非巧合。創投資金驟增意味著有越來越多熱切的投資人在矽谷從事交易，聆聽投資提案、面試潛在員工，串連想法、人才和資金。對許多創投新手來說，經營網絡不只是他們的工作之一，而是唯一要務，這是在業界嶄露頭角的關鍵。比爾・楊格（Bill Younger）於1981年進入蘇特山，他交派給自己的任務就是翻找旋轉式名片架中最聰明的人物，請對方吃午餐。每次用餐完畢後，他會詢問對方：「你共事過最厲害的人是誰？」接著楊格會再約訪那個人（其中幾乎沒有出現過女性），每次會面結尾，他會重複一樣的問題：「你認識最厲害的人是誰？[10]」如此重複1年之後，楊格收集到一份名單，其中大約有80位明星人才，接著他會有條有理地與他們培養關係，比方說寄一篇

可能與對方研究領域相關的技術文章，又或者打電話給某人，提及自己以前的同事詢問對方的近況。這樣一來，楊格織出一張由鬆散連結構成的網，當合適的時機招手時，就能快速建立起新創公司的基礎。薩克瑟尼安所強調的社會資本並非憑空出現[11]。

　　圈內人也感受到創投網絡的繁密加快了矽谷的步調。1981年某個週五，快捷半導體前執行長威爾佛列德・科里根（Wilfred Corrigan）為新的半導體公司 LSI Logic 發布一份商業企劃書。隔週二，凱鵬華盈和兩位投資人就籌到230萬元，有人表示：「之所以花了那麼多時間，是因為週一是假日[12]。」同樣的，一位名叫威廉・丹布拉卡（William Dambrackas）的工程師，即便拿不出產品原型或財務預測，才與一位創業投資人協商就順利籌到資金。丹布拉卡驚嘆道：「我聽說創業投資人賭的是騎師，而不是賽馬。但我很驚訝有人會投資一間根本還不存在的公司[13]。」創業投資人不斷從大公司挖角人才，使矽谷的企業忠誠人士大感氣惱。英特爾執行長安德魯・葛洛夫抱怨創業投資人根本就是黑武士達斯・維達（Darth Vader，星際大戰系列作中的反派角色），引誘不知情的年輕工程師和經理走向企業資本主義的「黑暗面」。唐・瓦倫丁反駁道：「我們又沒有在他們頭上蓋上布袋，然後從公司把人擄走[14]。」由於缺乏具強制力的競業協議，在此僵局中，創業投資人佔了上風。不過比起自由資本的拉力，契約法本身的影響力並不大。

　　矽谷步調變快可能令老前輩感到不安。創業投資人資助新創公司之前，不再有餘裕進行深入的盡職調查。尤金・克萊納哀嘆道：「以前會有2、3個月的時間，現在縮短到幾週、甚至幾天，因為就算我們不投資，還有很多人願意出錢[15]。」不過不管一窩蜂投資的風險如何，新氣氛確實令人為之一振。如蘇特山的比爾・德雷普所言，創投資金的驟增「把有能力的創業家從大企業舒適圈中趕出來，拋向勇敢又富創造力的新創公司」[16]。冒險及容忍

失敗的精神常被稱作矽谷的靈藥，而這些特質和創投資金密不可分。一位名叫查克・葛施克（Chuck Geschke）的工程師辭去安穩工作，成立軟體公司Adobe，他表示自己不太擔心失敗的可能性，因為他看過其他創業家成立創投資助新創公司的經驗，他知道失敗不算什麼，下次很可能還能募到更多創業資金[17]。

　　風險被滿溢的創業資金掩蓋，在那麼多創新實驗獲得資助的情況下，總有幾項能獲得非凡成果；只要冒出幾位創投資助的非凡贏家，就能鞏固矽谷的全球科技中心領導地位。

◆

　　波士頓一帶並未出現類似的創投熱潮。自1960中期起，喬治・多里奧的ARD開始衰頹，3組戴維斯及洛克型態的合夥公司自其陰影中崛起：格雷洛克合夥公司、查爾斯河創投（Charles River Ventures）和後來的經緯創投（Matrix Partners）。3家公司的績效都很優秀，不過他們身處的網絡規模較小、較為鬆散，也明顯沒有西岸的對手那麼積極。東岸創業投資人沒有親力親為協助規劃新創公司的傳統，這裡沒有湯姆・柏金斯扶植天騰電腦和基因泰克的類似例子；他們甚至不會資助具潛力的科技人才並為他們找尋執行長，例如蘇特山對Qume採取的措施。東岸的創業投資人期望新創公司找齊團隊成員後才來提案要求資金，一位西岸資深老手表示：「這是聖母無染原罪的概念[18]。」一位波士頓資深科技業經理同意道：「麻薩諸塞州沒有真正的創業投資業，除非你能證明自己萬無一失，否則根本要不到錢[19]。」一位波士頓創業家辭去當地一家科技大公司的職位，自行創業，他的感想是：「新英格蘭人寧願投資網球場也不願資助高科技。」於是他收拾行囊，搬到

矽谷，成立一家成功的電腦公司Convergent。他後來指出：「光是靠我在午餐餐會時餐巾紙背面寫下的商業企劃書，20分鐘內3位投資人就做出250萬元的投資承諾[20]。」

　　東岸創投圈的小心謹慎滲透到每一個層面，包括資助創辦人的人選，還有決定投資之後的輔導。為了降低風險，波士頓的創業投資人通常只向已經生產出可靠產品且展開初期銷售的企業提供所謂的「發展資金」，這比投資剛起步的公司安全得多。1971年進入格雷洛克的霍華·考克斯（Howard Cox）誇口自己的40筆投資中，只碰到2次虧損：「我不會資助產品可能失敗的公司。」西岸的創業投資人一定覺得這種心態可笑地膽小[21]。創業投資人與新創公司之間的關係也有東西岸的區別，假如新創公司表現不佳，東岸人士堅持握有扣押其資產的權利，就像借款人如果違約，借貸者會扣押其房產；西岸人士則較不在意這類情況，因為假如初生的新創公司倒閉了，他們也沒有什麼值得扣押的資產。顯現謹慎特質的另一個現象是，東岸人士通常較早獲利了結，避免夜長夢多，偏好在旗下公司賺得5倍左右報酬時就將新創公司出售。由於東岸創業投資人比較少血本無歸的賭注，因此也不會強求10倍以上的報酬。

　　鮑伯·梅特卡夫（Bob Metcalfe）的經歷具體呈現東西岸之間的差異[22]。梅特卡夫的祖父母分別來自挪威奧斯陸、德國卑爾根、英國里茲和愛爾蘭都柏林，他自詡為「維京裔美國人」，留著茂密的紅金色頭髮，腳穿翼紋樂福鞋，自稱為「右翼嬉皮」[23]。自麻省理工及哈佛大學畢業後，他前往西岸，進入全錄帕羅奧圖研究中心。任職於此時，他鮮少用到鬧鐘，常在實驗室

待一整夜，後來發明電腦網路技術乙太網路。他打網球好勝心非常強，個性也非常強勢，兼具史帝夫‧賈伯斯的推銷魅力和史帝夫‧渥茲尼克的工程天分。不過令他大感挫折的是，全錄對於發產乙太網路業務毫無興趣[24]。因此梅特卡夫辭職走人，成立一間名為3Com的新創公司，目標是利用乙太網路將全國各地辦公室及客廳的個人電腦串連起來[25]。

　　15年前，梅特卡夫這種野心勃勃的工程師會先找好投資人，之後才能鼓起勇氣辭職。不過梅特卡夫現在可以把滿地遍布的自由資本視為理所當然，因此得以顛倒順序，他從未仔細想過這個現象有多麼驚人。聰穎的年輕科學家怎能沉寂於未能充分發揮其天分的大公司官僚體制中？假如科學家選擇自行創業，他當然有這個選項，甚至是權利。經濟學家通常從市場及企業的角度來思考，不過梅特卡夫靠的是其間的中介機制：網絡。

　　梅特卡夫於1980年9月開始為新公司3Com籌措資金，很快就吸引到投資人上門。洛克前合夥人湯米‧戴維斯成立的梅菲爾德基金評估3Com值200萬元，或每股7元；洛克另一位前合夥人迪克‧克拉姆里奇的恩頤投資所組成的聯盟願付出370萬元的估價，相當於每股13元。此時3Com還沒拿出任何成品，不過梅特卡夫決心要求更多資金，他宣布自己的公司價值600萬元，而且股價可達每股20元，他決心以創業投資人的手法擊敗他們。梅特卡夫坦承：「我一直都很討厭商管碩士，我明明比他們聰明，但他們拿到的錢永遠比我多[26]。」

　　梅特卡夫開始邀這些創業投資人共進午餐，尋求他們的指導。梅特卡夫精明地指出：「如果你想要資金，就尋求建議；如果想要建議，就要求資金[27]。」他的目標是模仿創業投資人的思維，他也很快就發現他們的固定模式。每次談話時，創投人士總會開始高談闊論，講述新創公司失敗的三個常見原因：創辦人過於自負、未能專注於最具潛力的產品，還有缺乏資金。得

出創投心法後，他開始先發制人，在不知情的創業投資人找到機會搬出老生常談之前，梅特卡夫就會宣示：「我不會犯以下三種錯誤：首先，與其堅持由我自己經營，我更重視的是這間公司的成功；其次，雖然這份商業企劃書中有數百萬種產品，但相信我，我們只會專注於其中幾項；第三，我在此的目的是籌措資金，因為我們不打算面臨資金不足的窘境[28]。」

梅特卡夫的第一個承諾尤其有意思。正因為他極為自信，喊出每股20元的股價，在公司經營者方面，他卻願意交出自己的自尊。他看穿創業投資人的心理，也瞭解Qume的模式：他知道假如自己接受創業投資人的資金，他們必然會引進外部經理人。既然這是不可避免的條件，何不反其道而行？如果他在籌募資金之前先雇用外部管理人員，公司就能顯得更為強大，也能提高股份估價。

3Com小小的創立團隊並不喜歡這樣的發展，他們自認可以自行成立公司，由梅特卡夫擔任他們的領袖。其中一人畫了幅卡通給梅特卡夫，圖中的國王和王后正俯瞰疆域。

國王神色有些遲疑：「我不確定自己辦得到。」

女王神情堅毅地說：「閉嘴，只管統治就對了[29]。」

儘管受到揶揄，梅特卡夫堅持雇用外部管理人員的計畫。1980年底，他趁著在史丹佛大學演講的機會宣布一種新型態的創投競標，他表示哪位投資人能引進具備成熟管理經驗的優秀經營人才，自己就願意接受對方的資助[30]。梅特卡夫要求創業投資人在投資之前先替公司尋找一位總裁，目的是讓創業投資人替他提升3Com的前景，然後再請他們為自己創造的價值捧上大筆鈔票。

東岸的創業投資人可能嗤笑一聲就掉頭走人，哪來的瘋狂發明家對他們指手畫腳？不過只要能與可能揮出全壘打的創辦人合作，西岸創業投資人幾

乎願意不計代價。隨著個人電腦的使用越來越普遍，電腦網路是下一個火熱的商業領域。

梅菲爾德基金資深合夥人威利‧戴維斯（Wally Davis）聽到梅特卡夫在史丹佛大學的演講，於是向同事轉述自己聽到的內容。乙太網路的發明者正把蘇特山的Qume公式套用到自己身上。如果要投資，梅菲爾德基金就必須動用招聘網絡，為3Com找一位經驗老道的經理。

梅菲爾德基金一位初階合夥人吉布‧邁爾斯（Gib Myers）表示：「我知道一個完美人選。」邁爾斯之前任職於惠普，他的經理名叫比爾‧克勞斯（Bill Krause）。克勞斯畢業於南卡羅來納州的要塞軍校（Citadel College），他注重秩序與流程，老實說，多數人都認為他過於拘謹。克勞斯最喜歡撰寫MOST備忘錄，規劃「任務（Mission）、目標（Objectives）、策略（Strategy）和戰略（Tactics）」；他能精準說出產品行銷經理與產品行銷總監的區別；他不喜歡開玩笑。不過他一板一眼的風格應能在輔佐穿著翼紋鞋的嬉皮時取得理想的平衡。

邁爾斯打給克勞斯，邀請他在洛沙托斯的麥克茶館（Mac's Tea Room）與梅特卡夫碰面。他說明梅特卡夫正準備成立新公司，他們兩人的風格截然不同，也許可以達到相輔相成之效。

克勞斯爽快地接受提議，他一直很想要領導新創公司。目前他主管惠普的個人電腦部門，也知悉乙太網路的發明，對於發明這項技術的工程師有一定的敬重。此外，克勞斯在惠普的好朋友吉米‧崔畢格辭去穩定的大公司職位後，成立由創投資助的天騰電腦，也繳出漂亮的成績[31]。

他們在洛沙托斯的會面進行得很順利。克勞斯在網球上的好勝心和梅特卡夫一樣，而且兩人對於電腦未來發展的看法不謀而合。他們都同意，個人電腦串連網路後，使用普及率將呈指數型飆升。確實，這樣的看法就是後來

所謂的梅特卡夫定律（Metcalfe's law）：網路的價值等於連線裝置數量的平方。

　　幾天後，克勞斯與梅特卡夫的左右手霍華‧查尼（Howard Charney）及其他早期員工碰面。他越加瞭解3Com就越感期待。辭去惠普的工作等於離開穩定的大公司，薪水也會打折，不過這是從無到有打造事業的好機會，還能獲得不少的股權。

　　克勞斯的下一步就是和他太太蓋依（Gay）討論這個決定。他趁著兩人外出一同慢跑的時候拋出這個話題。那天早晨天氣晴朗，蓋依很喜歡慢跑，克勞斯告訴她自己可能加入一家新創公司，他將帶領一個充滿活力的團隊！他一直渴望有機會闖一闖！

　　蓋依繼續跑，不發一語，克勞斯往她望去，發現太太哭了起來。

　　由於家庭會議進行得不太順利，克勞斯打給梅特卡夫，請求他的協助，詢問他和霍華‧查尼能不能與他們夫妻倆共進晚餐，幫他說幾句話？

　　於是梅特卡夫和查尼前來與克勞斯夫婦一同用餐。飯後蓋依終於開口：「霍華‧查尼是我見過最聰明的人，鮑伯‧梅特卡夫是我認識最有趣的人，他們到底為什麼需要你？」

　　克勞夫問道：「這表示你同意了嗎？」

　　「去吧。」蓋依回答[32]。

　　克勞斯即將加入公司，梅特卡夫認為他具備了將股價提升到20元的所需條件[33]。不過即便現在有大人監督公司，創業投資人仍不肯退讓。現在Qume的模式已經成為例行公事：他們終究要出手調整3Com的管理，因此梅

特卡夫先發制人的策略並沒有改變局面。恩頤投資的迪克・克拉姆里奇仍然堅持每股13元的價格；曾於1970年代投資電腦製造商ROLM大賺一筆的傑克・梅爾邱（Jack Melchor）的提議也是13元；梅菲爾德基金將價格由7元提高至13元，但不願給出比這個神奇數字更高的價格。梅特卡夫懷疑他們彼此串通。矽谷網絡繁密，不過有時感覺像是聯合壟斷，彷彿大家團結起來對付他。

梅特卡夫決定撒開大網，波士頓金融家的鈔票也一樣香，他們也有資金，募資對象並不限於矽谷知名創投公司。

好消息是，波士頓創業投資人對他雇用克勞斯的決定非常滿意，他們喜歡投資現成的團隊，3Com現在已經具備優秀的發明家和一流的管理者。不久之後，波士頓富達投信的創投部門富達創投（Fidelity Ventures）表示願以每股21元的價格投資3Com。梅特卡夫終於獲得20元目標價以上的估價[34]。

得意洋洋的梅特卡夫打給克拉姆里奇：「迪克，終於有人肯定我們的價值了，他們需要1個月進行盡職調查，如果你堅持13元的出價而且不願意等1個月，那我們就要投靠別人了[35]。」

梅特卡夫原本希望克拉姆里奇會提高出價，金融家不是最喜歡競標和價格發現的過程嗎？現在壟斷被攻破了，他們會就此屈服嗎？

不過克拉姆里奇拒絕上鉤，他祝梅特卡夫好運，但他不會與富達創投的21元競價。儘管在為新創公司估價時少有客觀、可量化的指標，但他相信自己對於新創公司價值的判斷。

梅特卡夫回到富達創投，表示已準備好簽署「投資條件書」，這份文件會明列私人投資協議中的價格及條件。波士頓創投社群彷彿就要從沙丘路兄弟會的眼皮底下偷走西岸協議，不過梅特卡夫很快就碰到所謂的「喔，對了，還有一個條件」症候群，富達創投表示：「喔，對了，協議的條件之一

是，我們需要有其他投資人。」

　　對方提出這項要求時，梅特卡夫一開始不以為意。波士頓人士要求共同投資人的參與，但他們沒有自己的網絡來找尋現成投資人。梅特卡夫不太在意，他開始尋找其他願意付出每股21元價格的合夥公司，後來終於找到另一間有投資意願的紐約機構。不過這時他遇到第二個條件，富達創投堅持：「其實我們要的是西岸公司。」顯然他們渴望取得矽谷的驗證。梅特卡夫頑強地多奔走一陣，最後終於找到一間小型西岸創投公司願意以21元的價位進行投資。不過波士頓人士又有意見了，他們要求西岸大型公司，梅特卡夫的投資人選不符合條件。

　　梅特卡夫仍然決意要克服每股20元的障礙，於是繼續交涉，終於找到一家大型西岸公司願意投資10萬元。

　　富達創投再次提出條件：「我們要的其實是大型西岸公司的實質參與，否則沒辦法達成協議。」

　　梅特卡夫克服一個又一個令人惱火的障礙，卻只是再度遭遇其他問題。波士頓人士不斷提出新的附加條款和條件，例如「爆炸董事會」條款讓投資人有權指派公司所有董事；假如3Com之後以較低價格售出部分股權，「逐步降低」條款可以保護投資人的股份不受稀釋。富達創投管理新創公司風險的對策就是派出大批律師，他們不願承認新創公司就是可能倒閉，到那時候，董事會權利和股權稀釋都無關緊要了。

　　經歷1個月的奔走後，梅特卡夫終於意識到對方答應的21元出價只是海市蜃樓，每當他一靠近就會消失蹤影。新創公司最寶貴的資產就是時間，而波士頓的創業投資人最會浪費的就是時間。

　　梅特卡夫不想要灰頭土臉地回去見克拉姆里奇，於是求助於另一位出價13元的矽谷創業投資人傑克・梅爾邱。

梅特卡夫說：「我只想要達成協議。」假如資金無法盡速補上，3Com手頭已經沒有錢付員工薪水了。梅特卡夫現在願意接受每股13元的價格，只求完成募資程序。

他補充道：「我只有一個條件，一定要把富達創投踢出投資名單[36]。」

於是，矽谷網絡在幾分鐘內敲定協議。梅爾邱打給梅菲爾德基金和克拉姆里奇，各方很快就達成協議，梅爾邱出資45萬元，梅菲爾德基金和克拉姆里奇各出30萬元，另5萬元來自和3Com往來的小型投資人。協議細則中沒有無用的投資人保護條款，沒有最後一刻補上的條件，梅特卡夫也不需要犧牲時間為資金徒勞奔走。1981年2月27日週五，3Com收到110萬元的支票，售出三分之一股權。假如當天沒有金流進來，3Com就要遲發薪水了[37]。

梅特卡夫未能爭取到原本希望的每股20元價格，不過他很樂於打給波士頓那群討厭鬼，告訴他們被踢出3Com的投資名單之外。

「為什麼？」對方委屈地說道：「我們在沒有人願意支持你的時候伸出援手耶。」

梅克卡夫吼回去：「不，你們把我耍得團團轉！[38]」

<hr>

3Com於1984年上市，為早期投資者帶來15倍的報酬。不過這次的成功只是大局中的一小部分。個人電腦革命正加快步伐，而創業投資人串連網絡的角色變得尤其寶貴。蘋果公司和康柏電腦（Compaq）等新創公司所生產的個人電腦要連上各種輔助裝置才會有用，例如：磁碟機、記憶體磁碟、軟體程式和乙太網路等網路技術。這些「周邊」裝置都是由另外的獨立公司所生產，規格必須相容於系統中心的個人電腦，因此創業投資人奔走於矽谷，

往返於沃克的馬車車輪酒吧等地與工程師交涉，聆聽他們的技術閒談。創業投資人搜集情報，瞭解哪些協定獲得廣泛採納，接著資助採用這些協定的公司。紅杉資本的唐・瓦倫丁每週三和週五都會刻意造訪馬車車輪酒吧，他稱這裡是「航空母艦模型」[39]。創業資金發展新創公司艦隊，為艦隊中心的個人電腦效力。

　　創業投資人資助開發個人電腦的周邊裝置時，他們也常在公司之間牽線，組成技術聯盟。其中一個例子是，紅杉資本投資3Com的第二輪募資並建議與晶片製造商Seeq合作，共同解決某項工程挑戰。兩間公司匯集自身的專業知識，展開雙贏合作，證明矽谷的名言：「有些秘密與他人分享能發揮更高價值[40]。」另一個例子是，凱鵬華盈投資昇陽電腦和一間高階晶片製造商賽普拉斯半導體（Cypress）；年輕員工約翰・杜爾（John Doerr）是凱鵬華盈負責聯絡兩家公司的代表，他協調雙方合作生產SPARC微處理器這種新裝置，能提升昇陽電腦工作站的效能。本書之後將大篇幅介紹杜爾這位精力旺盛的推銷人才，他非常熱衷於這種合作，他稱之為「經連會模式」，仿效日本可畏的產業網絡，將投資組合公司織成一張富饒的聯盟網。忙碌的公司創辦人必然埋首於修理工程瑕疵、擔心銷售表現，不過創業投資人能綜觀全局，引領創辦人前進。

　　協調新創公司之間的合作需要謹慎以待。矽谷的「競合」文化意指這些公司有時合作，有時又互相競爭。創業投資人必須督導其間的平衡，確保合作公司彼此分享秘密，但對外不能違反保密原則。1981年，杜爾向網路公司Ungermann-Bass引介晶片製造商Silicon Compilers，就像Seeq和3Com結盟一樣，杜爾認為這兩間公司也有一加一大於二的合作潛力。由於凱鵬華盈持有這兩間公司的股份，因此雙方擁有互信基礎，彼此將自己的專業知識傾囊相授。一位Ungermann-Bass工程師事後回想：「由於凱鵬華盈的認可，我們

很快就相信對方可靠且具有職場倫理[41]。」不過兩間公司合作一陣子之後，Ungermann-Bass不太滿意，Silicon Compilers所研發的訂製晶片品質沒比英特爾生產的標準晶片好多少，但英特爾晶片便宜得多。於是Ungermann-Bass終止合作，以為事情就此告一段落。不過對兩間公司和凱鵬華盈來說，後來事態變得有些棘手。

被拋棄的Silicon Compilers轉而與Ungermann-Bass的競爭對手3Com展開新的合作關係，杜爾之前促成的合作不僅徒勞無功，而現在Ungermann-Bass的智慧財產很可能落入競爭者手中。Ungermann-Bass主管打電話給凱鵬華盈，他們抗議道：「你們不可以這樣，我們把所知都傾囊相授！[42]」

接下來的發展顯示出了矽谷的祕密魔力。Ungermann-Bass資深創辦人勞夫・溫格曼（Ralph Ungermann）和他的手下被召進凱鵬華盈位於舊金山內河碼頭中心（Embarcadero Center）由設計師操刀的宏偉高樓辦公室中，此處可以俯瞰灣區美景。溫格曼趁此機會在凱鵬華盈資深風雲人物湯姆・柏金斯面前陳情。這場調解由柏金斯主持，彷彿當今的所羅門王，杜爾和Silicon Compilers團隊也都在場。一位Ungermann-Bass手下事後表示：「我們告訴他，這樣不對。」

「那你們希望怎麼處理？」柏金斯隨後問道。他的辦公室裝飾著他所收藏的布加迪（Bugatti）增壓引擎跑車模型。

勞夫・溫格曼鼓起勇氣，要求一個連他自己都覺得誇張的賠償金額：50萬元。

杜爾臉色發白，溫格曼一位手下表示他覺得杜爾隨時可能昏倒[43]。

柏金斯表示：「你能給我們一些時間討論嗎？」

溫格曼一行人到大廳等待。一位手下表示：「那是很大膽的要求。」

一會兒之後，凱鵬華盈人員請他們回到辦公室。

柏金斯簡潔地表示：「好，我們會付你50萬元。」這是超乎尋常的讓步之舉，溫格曼不必交出任何股權，就能獲得3Com A輪募資將近半數的金額。

溫格曼承諾道：「好，我們會撤銷所有權利主張[44]。」

一位Ungermann-Bass員工之後表示：「創業投資人要隨時拿捏競爭與合作之間的細微界線。創投合夥企業的業務圍繞著管理投資組合公司之間的關係，在合適的時候把握機會取得好處，但不恰當時絕不造成問題[45]。」凱鵬華盈能否確保公平競爭，該公司業務全繫於此。深厚的信任是他們事業的根基，為了維護這一點，50萬元是很划算的代價[46]。

這樣的結局對矽谷整體也很有助益。創業投資人能否妥善管理小公司之間的競合關係，這與矽谷1980年代的成功息息相關。聲譽與信任能減少成本高昂的爭訟。數十家新興新創公司爭相拉攏生意，不過矽谷的合作氛圍仍然不減。以半導體領域來說，創投資助的新創公司如LSI Logic和賽普拉斯半導體協助發展專用電路市場，使矽谷重拾世界半導體領導者的地位[47]。在磁碟機方面，西岸創業投資人於1981年資助超過50間相關新創公司，雖然供過於求的現象造成數十間公司倒閉，不過倖存者成功從東岸垂直整合的大型電腦公司手中奪下磁碟機業務[48]。總而言之，北加州的科技公司於1980年代創造超過6.5萬個新工作，是波士頓一帶的3倍以上。至1980年代末，全美100間成長最快速的電子公司中，有39間位於矽谷，只有4家位於波士頓[49]。

1980年代矽谷最閃耀的巨星，莫過於思科這間其貌不揚的公司。公司的兩位主要推動者是一對夫妻——萊納德・波薩克（Leonard Bosack）和珊蒂・勒納（Sandy Lerner）。他們不是能輕易募得創業資金的那種人，波薩克好惡

分明、充滿戒心，思考模式一板一眼。勒納承認：「他有點像外星人，有時會嚇到別人[50]。」至於勒納，她的童年過得很艱辛，也因此發展出狂野的性格，她為《富比世》雜誌拍攝照片的姿勢是裸體趴在馬背上。

勒納成長過程沒有父親的身影，母親酗酒，多半時間由一位住在加州牧場的阿姨撫養。16歲高中畢業時，她曾拒絕向國旗宣誓效忠，參與反戰示威時遭警察纏上，以未來科技從業者來說曾發展一項意料之外的事業——牧牛。短暫擔任初階銀行行員之後，她進入加州州立大學（California State University）溪口分校就讀，這是加州大學體系的分校之一，著名之處在於該校糟糕的體育代表隊隊歌（溪口分校萬歲⋯⋯我們的男生壯碩／我們的女生更美）。勒納主修政治學，專攻比較共產主義理論。她的政治立場極左，一位同事指出，勒納相信合理的國防預算不必多，只要能「購買郵票寄發停業訊息就行了」[51]。

勒納在2年內取得溪口分校的學位，並進入克萊蒙特麥肯納學院（Claremont McKenna College）就讀計量經濟學碩士班。她考慮追求學術生涯，可是又想要致富，此時她的興趣也開始轉向電腦，因此進入史丹佛大學研讀計算數學，以飛快的速度從不起眼的大學登上頂尖學術殿堂，而且她是班上唯一的女性。萊納德・波薩克是她的同學之一，之所以引起她的注意是因為他會洗澡。勒納回想道：「史丹佛大學的書呆子文化很極端[52]。」萊納德「知道怎麼洗澡和用餐具吃飯」[53]。兩人展開光速戀情[54]，1980年成婚。

1981年，勒納完成史丹佛大學的碩士學位，畢業後於該校的商學院擔任電腦設施主任，波薩克則接下電腦科學系的同樣職位。兩人的辦公室相隔只有不到500公尺，不過電腦無法彼此連線。多虧了鮑伯・梅特卡夫的乙太網路技術，波薩克實驗室中的電腦可以透過區域網路彼此通訊，不過勒納的商學院實驗室採用不同的協定，沒有人成功銜接兩種網路。

　　勒納和波薩克並未尋求大學校方的應允，直接開始著手解決這個問題，根據思科流傳的軼事，兩人的目的是互傳情書。首先，他們解決工程問題，順利連接採用不同協定的網路。接著，波薩克開始研發多協定路由器，這種先進裝置可以串連採用各種標準的網路。多協定路由器也解決了令大型網路相當困擾的「廣播風暴」（broadcast storm）頭痛問題──上千台電腦重複廣播同一段資訊，導致網路過載、擁塞所造成的故障。結合多位史丹佛大學同仁的努力，波薩克組織軟硬體來避免這類故障，他和勒納將這項發明稱為「藍盒子」（Blue Box）。接著他們開始透過人孔蓋和下水道連接同軸電纜，將史丹佛大學廣袤校園內5,000多台電腦全部串連起來。校方目前尚未出手阻止他們的行動，勒納後來表示：「當時很像在打游擊戰[55]。」不論有無經過授權，新的網路運作穩定，勒納也從中看到商機，她和波薩克擁有能夠致富的發明，他們可以靠這項技術成立公司。

　　於是勒納和波薩克與校方接洽，詢問能否將這項互聯網路技術販售給其他大學。儘管史丹佛大學一向有支持創業家的名聲，但這次他們拒絕了；也許比起終身職教員，校方對技術人員沒那麼大方。這對夫妻決定，假如史丹佛大學不能理性溝通，那他們也只好無視規定。勒納事後回想：「於是我們噙著淚水，帶著5元前往位於舊金山的州政府辦公室成立思科系統公司[56]。」

　　1986年，勒納和波薩克辭去史丹佛大學的職位，開始思科的全職工作，還有另外3名史丹佛前任員工加入他們的行列，開始販售家用版多協定路由器。他們手頭很拮据，公司創辦人也尋求創業投資人的資助，出席社交活動，向數十位投資人報告投資提案，不過都徒勞無功。其一原因是，創投熱潮已經降溫，資金過剩壓抑了報酬，前一年私人創投合夥公司只募得24億元，略低於前兩年的30億元[57]。另一個原因是，多協定路由器沒有專利的保障，史丹佛大學主張思科的互聯網路技術歸學校所有。再來是創辦人本身的

問題，波薩克時而陷入沉默而持續的邏輯辯論自言自語中，而勒納對他的演算獨白感到厭煩時，習慣以「Control-D」（強制終止）來回應他。至於勒納也因為其他原因令創業投資人退避三舍，不論是因為她的個性、流離失所的童年，還是身為女性在這個幾乎由男性佔據的領域所遭遇的偏見，旁人認為勒納嚇人而粗魯。

遭投資人拒絕的思科團隊頑固地勇往直前。他們把信用卡刷到額度上限並延後發薪水，勒納兼差來支付帳單，另一位共同創辦人用自己的錢貸款給公司[58]。波薩克將他拼鬥不懈的職場倫理發揮到極致，他說：「1週的工時超過100小時後，生活開始反璞歸真。你只能每天用餐一次，每2天洗一次澡，這樣才有辦法把事情打理好[59]。」隨著越來越多顧客開始訂購產品，團隊的決心也越加堅定。褐色的貨運卡車開始定期出現在夫妻兩人與波薩克父母同住的郊區住家外準備送貨[60]。

1987年開始，思科已取得足夠進展，能夠雇用幾位額外人手。不過少了創投資助，公司發展未能成熟。也因為沒有經驗豐富者的指導，勒納和波薩克只能雇用一些廉價而古怪的員工。一位沒有新創公司經驗的前海軍軍官擔任財務副總裁；新任執行長逕自拒絕向具軍事背景的實驗室販售路由器，理由是假如思科的裝置故障，可能引發第三次世界大戰，他擔不起這個責任[61]（隔天他的決定就被撤銷了，一位思科前員工回想道：「我聽說有人拿起酒瓶往他腦袋砸去[62]。」）。思科跌跌撞撞的同時，競爭者開始出現。至1987年中，一位波士頓工程師暨連續創業者保羅・賽佛利諾（Paul Severino），替思科的競爭對手威福利通訊（Wellfleet Communications）籌得驚人的600萬元。對於互聯網路的競賽，他看起來勢在必得。

不過此時思科時來運轉，靠的就是典型的矽谷人脈網絡。那位反軍事的執行長認識一位律師，律師有位合夥人名叫艾德・萊納德（Ed Leonard），而

萊納德恰好和創投產業有所往來。在世界經濟體的其他角落，這樣的關聯可能毫無用武之地，萊納德這樣的律師不會替某個泛泛之交請託資深創投人士。不過矽谷的風雲人物和其他地方不一樣，他們熱切希望受到請託，互相引介就是他們的典型業務。就算萊納德向他們介紹沒什麼希望的創業家，也無損他們的地位。

　　正式引介前，萊納德先與波薩克和勒納會面，掂掂他們的斤兩。波薩克夫婦兩人穿著印著勵志標語的 T 恤，波薩克拆解萊納德每句話每個字的可能意涵[63]。

　　儘管懷有疑慮，萊納德打給他在紅杉資本的朋友，不久之後他就和唐‧瓦倫丁講上話。他坦承道：「我不確定這對你有沒有幫助，不過我可以介紹一家公司給你，要先說明的是，他們的創辦者很特別。」

　　瓦倫丁曾資助過諾蘭‧布希內爾和史帝夫‧賈柏斯，他不會因為創辦人古怪就置思科不理，他在意的是思科的路由器能否達到該公司創辦人所宣稱的功能。假如可以，那麼這項產品潛力無限，能夠串連不同網路的技術絕對價值連城。

　　瓦倫丁徵詢查理‧貝斯（Charlie Bass）的意見，貝斯是 3Com 前對手 Ungermann-Bass 兩位創辦人中較年輕的一位，他正考慮成為紅杉資本的合夥人[64]，目前他擔任潛在投資協議的顧問，他承諾查明思科的技術是否符合波薩克的宣稱。

　　他很快就找到答案了。惠普是思科的早期顧客之一，貝斯詢問一位任職於惠普的朋友，對方的回答好壞參半。據惠普使用的經驗，波薩克的路由器不只品質優良，簡直神乎其技，事實上，他們願意出高價購買這項產品。不過思科的投資人要有面臨各種麻煩的心理準備，惠普的工程師表示，波薩克這個人極難相處。

貝斯判斷個性問題的弊病大於卓越技術，他對於能否投資波薩克深表懷疑[65]。

聽完貝斯的敘述後，瓦倫丁做出完全相反的結論。他已經見過波薩克，也瞭解他的缺點，據瓦倫丁所知，唯一能讓波薩克卸下一板一眼態度的就是胡椒博士（Dr Pepper）汽水，他熱愛這種飲料。瓦倫丁也評估過勒納，她聰明、能言善道，不過咄咄逼人而吵嚷，不適合建構團隊[66]。不過就瓦倫丁看來，這些都不重要。據瓦倫丁所說，惠普工程師已經證實他們「把門拆下來也要買到產品」[67]，那麼就算勒納和波薩克很難相處，那又如何？瓦倫丁會好好管教他們。

1987年10月19日，紅杉資本的盡職調查進行到一半，道瓊指數（Dow Jones）跌了23%。隔週一，一位科技業務銀行家拜訪紅杉資本辦公室共進午餐，他憂慮地提出建議：「別買了，都玩完了[68]。」不過瓦倫丁堅持繼續。一間沒有銷售部門的7人公司還能拿出銷售成績，實屬難得。

1987年底，紅杉資本投資250萬元，購入思科三分之一股份[69]。表面上來看，這樣的條件相當優惠，6年前3Com僅以110萬元的價格就售出三分之一股權（不過3Com當時相對處於發展較初期的階段）。但是瓦倫丁瞭解思科的弱點，因此也針對這些弱點來安排投資協議。他要求思科撥出三分之一股份，用於分配給現職經理及未來員工，這讓瓦倫丁得以招募全新的管理人員，必要時可從創辦人手中接下領導職位[70]。勒納和波薩克持有剩下的三分之一，不過他們多數股份都轉換為無表決權的認股選擇權，因此瓦倫丁得以左右董事會決策。波薩克獲得一個董事席位，但勒納被排除在外，可能因為她比較難對付，也或許是因為性別歧視。勒納表示不滿時，瓦倫丁向她保證之後會重新評估她在公司的地位，不過不是現在[71]。

不久之後，瓦倫丁的確重新思考思科的領導層結構，不過和勒納的職位

無關。公司執行長失去勒納和波薩克的信任，而瓦倫丁對他從來就沒好感。開除他之後，瓦倫丁接下暫時執行長的角色。此外，瓦倫丁指派自己擔任思科董事會主席並安插一位強硬的紅杉資本合夥人皮耶・拉蒙（Pierre Lamond）擔任工程部門主管。誰是公司的實質經營者，至此再無疑義，大家也毫不懷疑這是正面的發展。柯克・洛希德（Kirk Lougheed）是辭去史丹佛大學職位加入思科的共同創辦人之一，他心中對瓦倫丁的強硬措施暗自稱妙。他回想：「我期望有專業人士來接管，我在這家公司投注了時間，公司就要有起色了，我不希望被波薩克和勒納搞砸[72]。」

拉蒙接下整頓工程部門的任務，他動用紅杉資本的網絡，開始雇用新人。勒納察覺到自己的控制權正逐漸流失，於是表達強烈反彈。

「這個人是腦殘！」一位拉蒙新雇用的工程師出現在思科時，勒納如此宣告。

另一位工程師報到時她同樣一再大喊：「腦殘！」

拉蒙很快認定，這是勒納最喜歡的用詞[73]。

同時，瓦倫丁開始尋找能夠長期擔任執行長的外部人士。他詢問每一位候選人自己所做過最瘋狂的事，他需要敢於做出瘋狂之舉的經理人，因為思科就是一間瘋狂的公司。

一位人選表示：「我從來沒做過什麼瘋狂的事。」

瓦倫丁心裡想：「好，你出局了[74]。」

1988年秋天，瓦倫丁確定人選：約翰・摩格里奇（John Morgridge），他是漢威（Honeywell）的資深主管，有領導混亂新創公司的經驗。摩格里奇愉快地坦承，漢威的營運「提供豐富的負面教材」。瓦倫丁相當滿意，他喜歡謙遜的性格，一如他討厭自負。完整的企業失調經驗有助於為管理思科做好準備[75]。

瓦倫丁瞭解，引進外部執行長的策略有其風險。讓有才華的創辦人留任的作法比較簡單明瞭，因為身為公司的創辦人、擁有者，他們有追求卓越的財務及心理動機。蘇特山的 Qume 模式是引進外部執行長來輔助具備技術專業的創辦人，但取代創辦人則完全是另一回事。

為了協助摩格里奇勝任，瓦倫丁也提供他有如創辦人那般的動機。瓦倫丁向他提供認股選擇權，讓摩格里奇能獲得思科的 6% 利潤，這樣一來，公司的盈虧也與他有切身利害關係，程度更甚部分創辦人暨執行長[76]。瓦倫丁也盡力複製創辦人的心理動機，成立公司的創業家賭上自尊，他們不會得過且過去接受還可以的結果。瓦倫丁向摩格里奇表明，假如他敷衍了事，就得馬上走人。瓦倫丁嚴正警告：「我不擅長識人，不過一旦發現識人不明，我會馬上修正自己的錯誤[77]。」

當勒納聽聞摩格里奇即將接任執行長，她怒不可遏，大聲表示摩格里奇是腦殘。她再次與瓦倫丁對質，在辦公室中對他大吼大叫。在此同時，思科其餘管理團隊也和彼此大打出手，兩位敵對的副總裁拳頭相向，公司為此請來心理醫生。摩格里奇回想：「醫生的角色不是要我們相親相愛，只是要避免再次爆發肢體衝突[78]。」

我們很容易明白當初查理‧貝斯何以對思科的創辦人抱持疑慮，不過瓦倫丁和摩格里奇循序漸進，把失調的一盤散沙整頓成一家正經公司。他們聘用新的財務總監、行銷經理，成立新的企業銷售部門；從無到有建立製造作業準則[79]。此外，他們還培養嚴格的成本管控文化，並使紀律滲透到全公司上下。出差時，摩格里奇會借住遠親家中，節省旅宿費用，這使他要求思科經理搭乘經濟艙時能站得住腳，當然他自己也以身作則。有人提出反對時，摩格里奇回嘴請他們搭乘「虛擬頭等艙」，只要閉上眼睛，想像魚子醬，即便在狹小的經濟艙座位中也能獲得心靈升級。

　　1989年底，紅杉資本投資2年後，思科已蛻變成為一家成熟的公司，擁有174名員工[80]。一如瓦倫丁的預料，銷售和利潤一飛衝天[81]；遺憾的是，勒納也怒髮衝冠。她認定思科所有新員工都鄙視客戶，事後她坦承：「我的判斷不一定正確，但我認為我應該保護顧客免於接觸到這些人[82]。」她發火的頻率越來越高，與波薩克的婚姻也觸礁。同事一再容忍她的情緒失控，但他們的耐心也即將消耗殆盡。

　　1990年夏末某天，瓦倫丁進到他位於沙丘路的辦公室，助理向他稍來不祥的消息：以財務長約翰・博爾格（John Bolger）為首的7位思科主管正在會議室等他。瓦倫丁事後表示：「我心想他們一定不是來幫我慶祝生日。」

　　來訪者開門見山指出，珊蒂・勒納非走不可，否則思科的資深團隊將共同辭職，彷彿八叛徒的劇情重演[83]。

　　會議不到1小時就結束了，訪客離去後，瓦倫丁打給摩格里奇。

　　他問：「我這裡碰到一場叛亂，該怎麼處理？」

　　摩格里奇回應道：「我叫他們去找你，如果你同意的話，我就請她走人[84]。」

　　瓦倫丁同意了，摩格里奇召勒納進辦公室。他開導勒納，為了自己好，建議她自行辭職。由於思科經營有方，她已經生活無虞，可以不必工作；而且從她在公司的行為來看，她也過得並不快樂。摩格里奇懇求道：「你應該不想過這樣的生活[85]。」勒納拒絕他的軟言相勸，她還不打算退休。接著摩格里奇改採強硬態度，告訴她：「今天是你最後一天上班[86]。」

　　波薩克得知勒納遭到開除後也辭職與勒納同進退，兩人從此再也沒有踏進他們所創立的公司。勒納曾形容波薩克像是「外星人」，後來他開始資助發掘外星智慧的研究[87]；勒納則把精力投注於化妝品牌Urban Decay，向美妝產業複合體的「芭比」美學形象提出挑戰。Urban Decay一款指甲油色號叫做

「瘀青」，這樣的後續發展充分彰顯出了鬥士精神。

———◆———

　　思科創辦人遭到開除的過程成為矽谷的迷思之一，一般認為這顯露了創業投資業的無情真面目，瓦倫丁也替這樣的論述加油添醋，培養自己不惜開鍘的強悍形象。不過，關於思科以及其他公司創辦人遭開除的過程，其真相其實更為隱微。創辦人遭開除時，創業投資人不一定是揮刀者，通常是高階經理與創辦人反目成仇，進而逼退對方[88]。瓦倫丁確實批准解雇勒納，不過他是為了維持思科團隊的完整。其實，勒納遭到解雇突顯的並不是創業投資人的無情，而是科技公司的性別歧視現象。一直到1990年，美國工程師只有9%為女性，矽谷新創公司中的女性則更為罕見[89]，被孤立的處境並不好受。

　　紅杉資本的投資條款也備受爭議，幾年後，勒納指控瓦倫丁佔她缺乏財務經驗的便宜[90]。思科的投資條件書規定，創辦人三分之二的股份會在4年期間內逐步生效，當勒納和波薩克於1990年8月離職時，這些設有條件的股份約還有三分之一尚未生效，約等於創辦人總持股的四分之一。兩位創辦人隨後提起法律訴訟，他們不再一竅不通，而是聘請一位兇悍的洛杉磯律師，他總搭乘白色加長豪華轎車來到開會地點[91]。雖然之後的法律和解案混沌不明，不過勒納和波薩克離開思科至少各帶走4,600萬元，也許還更多。假如他們拒絕紅杉資本的投資，他們仍將握有思科的控制權，不過缺乏專業督導的思科也只是一小塊餅，兩位創辦人也不會如現在一般富裕[92]。

　　思科故事更大的啟發在於矽谷的興起。當地的知名公司多數是由意志堅定的創辦人一手打造，他們也不太會與投資人分享功勞。不過以思科的例子來說，創業投資的貢獻無庸置疑。唐・瓦倫丁接管公司，邊緣化創辦人並安

插自己的團隊，西岸親力親為的創業投資風格無疑是思科後續成功的原因。另一方面，出於東岸的典型原因，思科的東岸競爭對手威福利通訊則失去網路領域的優勢地位。威福利擁有優秀的工程團隊，創辦人保羅・賽佛利諾也是備受尊敬的發明家。不過正是因為賽佛利諾已是成名人物，該公司的創業資助人過於順從他，容忍他慢慢完善產品，因此很晚才進入市場[93]。一位懊悔的波士頓科技業主管回想道：「威福利花了老半天討論技術的細微處，而思科已經開始銷售產品了[94]。」

結果，矽谷不僅多了一間成功公司，還拿下整個產業。1990至2000年代，思科主導網路業務。瓦倫丁早在10年前就開始扶植支援個人電腦的新創公司艦隊，現在他資助的另一家新創公司也成為航空母艦，生產交換器和路由器的公司圍繞著思科航行，而瓦倫丁站在母艦的甲板上，持續擔任思科的董事會主席。後來該公司的初次公開發行為紅杉資本的投資賺進將近40倍的報酬。在此得天獨厚的優勢位置，他可以看清思科可能想要收購哪些創新網路技術，因此，紅杉資本接連資助數間新創公司，再出售給母艦思科來獲利。紅杉資本合夥公司聲望水漲船高，矽谷也興盛茁壯。

第六章
有人做足準備，有人即興發揮

　　1987年某天，一位名叫米奇・卡普爾（Mitch Kapor）的創業家坐在他的私人飛機上，正從波士頓飛往舊金山。他向作客的軟體工程師傑瑞・卡普蘭（Jerry Kaplan）說道：「不好意思。」一邊從行李中拿出可攜型康柏286電腦（Compaq 286），電腦約與一台小型縫紉機一般大。

　　卡普爾表示：「我得更新我的筆記。」同時從口袋掏出好幾張黃色便條紙和從筆記本撕下的內頁，仔細端詳。他留著一頭濃密黑髮，頗有悠閒的海灘風格。在成立軟體公司之前，他曾經擔任DJ、精神諮商師、脫口秀表演者以及超覺冥想老師。《君子雜誌》人物側寫曾形容他是「洛基和瑜珈大師的綜合體」[1]。

　　卡普爾表示：「真希望有辦法不用紙筆，直接把這些東西都輸入電腦。」

　　卡普蘭提議，也許真有辦法。要是電腦能變得小型輕巧，可以隨身攜帶呢？

　　卡普蘭和卡普爾開始討論這個願景的可行性。電腦磁碟機重2磅，電池也好幾磅重，玻璃外殼和螢幕也很重。各個項目的進展都能為未來的電腦縮

小體積，不過最棘手的挑戰在於鍵盤。由於需要60幾個按鍵，鍵盤沒辦法縮小太多。兩位朋友用完午餐後，卡普蘭闔眼休息一會兒。

醒來之後，卡普爾仍在用康柏電腦打字。午休之後，卡普蘭靈光乍現，他提出想法：「假設與其打字輸入，你可以直接用某種觸控筆在螢幕上書寫。」

卡普爾評論道：「那樣的裝置更像是筆記本或一疊紙。」

卡普蘭想了一下這樣的比喻，這會是下一代電腦的模樣嗎？

卡普蘭事後回想，他突然間體會到某種「現代科學版的宗教頓悟」。卡普爾顯然也有同樣感受，他的雙眼變得迷濛、熱淚盈眶。卡普蘭在他矽谷創業歷程的回憶錄中栩栩如生地寫道：「我們一時之間都說不出話來[2]。」

卡普爾回過神之後，他決心將此「筆式電腦」的靈感商業化。根據自己的經驗，他相信這是可行的想法。他在1981年成立軟體公司時，將之命名為蓮花發展（Lotus Development）公司，取自佛教中頓悟的意象。2年後，蓮花公司上市，主要令人聯想到的事物變成資本主義利潤。該公司靠著試算表程式成為世界最大的軟體公司，卡普爾為其創業資助者快速賺進35倍的報酬，凱鵬華盈也是投資人之一。卡普爾心想，也許筆式電腦公司也能複製同樣的模式。

思索這個概念幾週以後，卡普爾向卡普蘭提議：「你何不試試執行這個計畫？」

卡普蘭抗拒道：「但我沒有管理經驗。」

卡普爾笑道：「你以為我成立蓮花公司的時候經驗比你多嗎？好嘛，我幫你介紹幾位創業投資人。」

　　之後的發展呈現出了1980年代末期矽谷創投氛圍的局部面貌。創業資金驟增吸引新的合夥企業加入賽場，這些新進者通常較有自覺、較為謹慎。為了在此成熟產業中爭取一席之地，新進者必須自問：目前優秀的大公司如何運作？我們可以如何改善他們的方法？其中思慮最為周全的新進者要屬Accel Capital，他們是第一間將自己定位為特定技術專家的創投合夥企業。透過累積軟體和電信領域的深厚專業知識，Accel能佔據有利地位，知道哪位創業家值得資助，也知道如何引導他們退場獲利。此外，Accel採納所謂的「準備心態」策略，與其四處尋找下一個致富機會，他們針對具有潛力的技術及商業模式提供管理暨顧問服務。不過在這種審慎的文化之外，仍有許多創業投資人憑直覺行事，他們相信不論做足多少心理準備都無法造就突破性的新想法。接下來我們將看到，創投產業中審慎規劃與即興發揮兩種作法之間的拉鋸。

　　為筆式電腦的計畫籌措資金，卡普爾引領卡普蘭與約翰・杜爾會面，杜爾是矽谷的即興發揮大師。尤金・克萊納和湯姆・柏金斯退休後，杜爾及其友人維諾德・柯斯拉成為凱鵬華盈的領導人物，他們立志資助可望開展全新產業的開創性新創公司。杜爾彷彿具有磁力的救世主，無畏的創辦人尋找投資人時，總第一個想到他。杜爾為其願景奔走時，比創辦人本身更具熱忱。一位創業家驚嘆道，他「如布道者般投入感情，又有賽馬般的精力」。一位投資對手指出：「約翰・杜爾發表過的不同評論，數量真的很多。」語氣夾雜著敬仰與揶揄[3]。杜爾身材瘦削、清心寡慾，隨時蓄勢待發，他睡得少，開車莽撞，恨不得自己能同時分處三地。某個週五下午，湯姆・柏金斯邀他隔天到自己的遊艇上作客，杜爾回答：「我不確定有沒有空，我可能得去東京一趟[4]。」

　　杜爾似乎過於忙碌而不太在意物質生活，這個特點正投重靈性的米奇・

卡普爾所好。杜爾開的是講究實用的廂型車，穿著皺巴巴的卡其褲和素色襯衫，據說總共只有兩條領帶。不過透過康柏電腦、昇陽電腦和蓮花公司等早期投資所帶來的獲利，杜爾在舊金山的太平洋高地（Pacific Heights）近郊買下一棟豪宅，之後又買下擋到豪宅景觀的另一棟房屋。他把那棟房屋阻礙視線的陽台打掉，改建成客房，卡普爾從波士頓來訪時都會借住在這裡。

　　有鑑於卡普爾和杜爾的交情，我們不意外當他開始籌措資金時，首先找上凱鵬華盈。即便如此，籌措資金的過程還是快得驚人。據卡普蘭所述，他和卡普爾來到凱鵬華盈的辦公室，原本預計只是進行初步探詢性的討論，因此還沒準備商業企劃書或財務預測。令他們意外的是，兩人被請入會議室，所有合夥人都等著他們報告提案。卡普蘭心想也沒什麼好損失的，於是以滿腔熱忱即興發揮，渲染宏大願景來彌補細節準備的不足。他主張，未來的電腦將和筆記本一樣輕薄，他甚至把自己的皮革資料夾拋向空中，砰地一聲摔在凱鵬華盈合夥人面前的桌上，充分表達自己的想法。

　　不久之後，杜爾打到卡普蘭下榻的飯店找他。卡普蘭再次吃了一驚，杜爾怎麼知道如何聯絡他？杜爾沒理會他的疑惑，直接告訴他凱鵬華盈打算投資他的公司。

　　卡普蘭頓時說不出話來，成立公司連八字都還沒一撇，至少目前是如此。凱鵬華盈不該至少確認一下財務數據嗎？

　　杜爾堅定地表示：「我們支持你的人和你的想法。」擁有卡普蘭這樣的願景，細節並不重要。

　　兩人接下來幾天都要到外地，不過他們調整了一下行程，約定在聖路易機場（St. Louis airport）短暫會面。杜爾在登機口與卡普蘭碰面，兩人很快敲定協議：凱鵬華盈、卡普爾和柯斯拉共同出資150萬元，取得三分之一股權。由杜爾擔任董事會主席，卡普爾和柯斯拉皆為董事會成員。

杜爾問他，公司要取什麼名字？

「GO，全部大寫。出發（go forth）的GO、爭取（go for it）的GO、追求勝利（go for the gold）的GO。」

「還有上市（go public）的GO。」杜爾補充道。

◆

公司成立1年後，GO仍在原地踏步。向投資人推銷願景是一回事，達成目標又是另一回事。卡普蘭和兩位共同創辦人還沒製造出能夠運作的電腦筆記本，而他們的資金即將耗盡。

1988年的董事會議上，杜爾安撫卡普蘭，請他不必擔心，沒錯，我們需要額外資金，不過籌錢不難。杜爾自信滿滿地表示：「大家都想要入股。」

「不過價格要合理。」柯斯拉提醒道。GO首輪的150萬元以每股40美分的價格入股，同一班投資人馬之後又額外挹注50萬元，以每股60美分的價格入股。卡普蘭擔心以一間尚未端出產品的公司來說，這個價格過高，柯斯拉似乎也有同感。第二輪資助將GO的估價訂在600萬元。

不過還沒人來得及聲援柯斯拉的遲疑，米奇開口了，他想把GO的估價拉高到兩倍，「1,200萬！」他興高采烈地宣示。

卡普蘭望向杜爾，希望他能壓制一下卡普爾的興奮之情。身為董事會主席的杜爾用手托著頭，卡普蘭事後寫道：「我以為他正想著如何婉轉地叫米奇別滿口胡言。」

杜爾沉吟了好幾秒，接著左腳用力一踏，站直身子，他宣布：「我覺得我們應該開價1,600萬。」

杜爾和卡普爾直直盯著對方，就杜爾印象所及，他和卡普爾只是想做好

份內工作：為募資定出完整公允的價格[5]。不過卡普蘭不禁覺得眼前是兩位撲克牌玩家，在提高籌碼後緊盯著對方的動向。卡普蘭一位共同創辦人甚至坐低身子，避免擋到兩位的視線交會。

柯斯拉再次開口：「問問是無妨，不過這是場危險的遊戲，中期的估價非常不穩定，假如投資人認為我們即將耗盡資金，他們會等待觀望，假如價格開始崩跌，大家都會縮手。」

杜爾反駁道：「沒有什麼正確價格，一個願買、一個願賣。」

會議之後，卡普蘭與共同創辦人圍成一圈，他緊張地說：「我想進行得很順利？」

另一人回應道：「太順利了，他們的估價超高，我簡直要流鼻血了。」

另一人反駁他：「他們是專業的，我們憑什麼插嘴？他們整天都在搞投資。」

幾天之後，卡普蘭打給杜爾尋問該向誰報告投資提案。杜爾開始以飛快的速度連珠炮似地列出名單：一般創業投資人、擁有創投附屬公司的企業、某些凱鵬華盈有限合夥人、幾間投資銀行，還有史帝夫・賈柏斯。

卡普蘭抄寫這些名字抄到手都痠了。「夠了。」他喊道。他之後寫道，打給凱鵬華盈合夥公司有點像打給消防隊，「他們常會派出大批人馬，以善意而專一的勇猛氣勢直搗專案。火的確撲滅了，不過傢俱也都浸水、窗子被砸破」。

卡普蘭開始向杜爾提供的投資人人選報告新創公司的投資提案，不過一個接一個，他們都只是表示有興趣而未進一步表態。受挫的卡普蘭再次求助於杜爾，他說：「我們的資金大概只夠再撐4週，再來就要做鳥獸散了，沒有人願意以這個價格入股。」

杜爾回答：「好吧，那我們降到1,200萬，好好談成協議。把新價格告訴

大家。」現在估價回歸到卡普爾當初所提出的1,200萬。

卡普蘭打給21名潛在投資人，請他們在週一下午5點前給他答覆，不過沒有一個人願意投資。隔天早上，卡普蘭再次打給杜爾，他被直接轉進語音信箱。卡普蘭咬牙留下一則訊息：「約翰，這是週二的警鐘，沒有人願意投資，我們完了，該怎麼辦？」

中午時，杜爾回電。他和紐約創投公司貝瑟曼（Bessemer）通過電話，對方覺得公司合夥人可能有興趣，杜爾建議卡普蘭飛過去向他們報告提案。

卡普蘭照辦，卻被潑了一身冷水。貝瑟曼團隊一點興趣也沒有，他們三言兩語打發他：「我們得趕去機場了。」但其實卡普蘭才剛飛越整個美國來見他們。

卡普蘭心想沒戲唱了，他打給杜爾回報情況。不過杜爾還沒放棄，他事後表示：「從事這一行要有堅定的信念。」矽谷沒有人比他更會推銷公司願景[6]。杜爾無視GO員工遣散費的問題，他請卡普蘭和共同創辦人下週一下午5點到凱鵬華盈的會議室等他。

到了約定時間，杜爾大步走進會議室，連聲招呼都沒打，直接把電話放在會議桌中央。

他問：「史考特‧史柏林（Scott Sperling）怎麼說？」史柏林是哈佛基金的一位創投合夥人。

卡普蘭回答：「距上次聯絡他有一陣子了，我記得他覺得價格太高。」

「什麼價格才不會太高？」

「我不確定。」

「我們打給他問問。」杜爾開始撥打電話，無視卡普蘭提醒他波士頓時間已經超過晚上8點了。史柏林的太太接起電話，他們可以聽到背景傳來嬰兒的聲音。

「您好，可以請史柏林聽電話嗎？」

史柏林太太回應：「請等一下，他正抱著小嬰兒。」

史柏林接起電話，杜爾單刀直入表示：「史考特，我們必須完成這次募資，目前還沒找到主要投資人，你有什麼想法？」

史柏林回答：「如果你們能成功，市場規模龐大。但我們覺得1,200萬的價格過高。」

「價格多少你願意投資？」

「800萬。」

「這個價格你願意投資多少？」

「最多200萬。」

杜爾按下靜音鍵，轉頭詢問卡普蘭：「這樣每股多少？」卡普蘭早已飛快地按著計算機。

他說：「大約是每股75美分。」史柏林提出的價格遠低於卡普爾和杜爾的漫天喊價，不過也已經比第二輪募資所估的600萬加價不少。

杜爾看向GO團隊問道：「你們接受這個價格嗎？」

卡普蘭表示：「我們沒問題。」

杜爾取消靜音，「史考特，那就這樣設定了，傑瑞明早會打給你，開始進行文件流程。」

杜爾掛上電話，向GO團隊表示：「各位先生，恭喜，我們找到主要投資人了。」接著又大步走出會議室，有如一位帶著方框眼鏡的精瘦消防隊員，急忙趕往另一個緊急現場。

杜爾出手後，卡普蘭順利在幾天之內籌到600萬元，這比他原先500萬元的目標高出不少。團隊繼續研發，不時在杜爾的協助下籌措更多資金，卻未能實現筆式電腦的願景。到最後，1993年時，GO以賤價出售給電信公司

AT&T的一個部門。投資人盡皆血本無歸。

　　GO的經歷可說是創業投資業的警世故事，突顯杜爾魯莽而好高騖遠的行徑。他在沒有商業企劃書的情況下，僅憑即興發揮的簡報就貿然決定投資，自以為可以靠著強大的意志力就實現技術躍進。過大的野心可能降低了卡普蘭的成功機會，使他偏離了原本也許可以漸進達成的進展。卡普爾事後回想：「他們應該先在UPS貨運等小範圍內試行。GO顯示創業家採用凱鵬華盈策略的缺點，只要不能揮出全壘打，他們也不在乎公司被三振。不成功，便成仁。……凱鵬華盈的策略透露出傲慢，他們自信能改變世界[7]。」

　　卡普爾說得沒錯，杜爾的風格可能引發問題。約於GO失敗收場的同時，杜爾和柯斯拉成立名為Dynabook科技（Dynabook Technologies）的新一代筆電公司，燒光投資人的3,700萬元，最後關門大吉[8]。此外，杜爾吹噓的人體基因篩檢、抗老化藥物、特製化學物質等一連串科技進展也都以失敗告終[9]。他似乎忘了湯姆·柏金斯的古老教訓：投資一間面對技術挑戰的公司時，首要任務是排除炙熱風險。

◆

　　假如凱鵬華盈是矽谷勇猛莽撞精神的代表，業界的新進挑戰者Accel則是另一個極端。Accel的兩位創辦人亞瑟·派特森（Arthur Patterson）和吉姆·史瓦茲（Jim Swartz）已是業界老手，他們總是做足準備，不會即興發揮；他們是策略家，而不是推銷員。尤其是派特森，他自覺以理性為歸依。他出身自華爾街世家，畢業於哈佛大學及哈佛商學院，與同業的工程師對手相比，他不只專注於未來的科技，更對廣泛的財務市場、商業模型，甚至是政府政策感興趣。他廣泛閱讀、頻繁建立理論，撰寫一系列內部文件，規

範Accel策略。派特森引用19世紀微生物學之父路易‧巴斯德（Louis Pasteur）的睿智名言「機會是留給準備好的人」，訂立Accel的格言「準備心態」。

　　派特森身材高瘦，具有某種貴族般的古怪脾氣。他曾經對一名Accel新員工惡作劇，請對方吃晚餐時，餐點只有12支烤玉米和自家酒窖中的高級波爾多紅酒[10]。至於吉姆‧史瓦茲，他也和凱鵬華盈呈現鮮明對比，不過方式和派特森截然不同。史瓦茲成長於賓夕法尼亞州的一個小鎮，父親職業是公車司機和農場工人。史瓦茲相信品格和紀律的重要性[11]。凱鵬華盈的即興發揮者兜售的是救世般的願景，不過史瓦茲只資助可靠的創辦人、實行財務管控，充滿理智清醒、正直和實際的氛圍。曾有一位新創公司創業家為歡迎史瓦茲加入公司董事會，為他印製了一些名片，史瓦茲寫了一封措辭嚴厲的信譴責對方大肆浪費金錢並氣憤地退回名片。創辦人打開信箋，對史瓦茲的偏激感到詫異，不過後來也認同他的看法。他把史瓦茲的信放在桌上，每天提醒自己花費要有紀律[12]。

　　Accel成立於1983年，正值資本利得稅削減、謹慎人規則鬆綁後資金湧入創投基金的時期。由於可用資金來到空前的高峰，大型創投合夥企業如果發掘前景看好的公司，得以獨資贊助，不像過去英特爾或蘋果公司募資時，主要投資人為管控風險，會尋求其他共同投資人。因此創投產業的新進角逐者必須努力求取投資機會，其中一個顯而易見的方式便是專精創業家所在領域的科技。此外，創投產業的擴張意味著專業化策略比以往更為可行，因為即便縮小聚焦範圍，仍有足夠數量的公司可供挑選。史瓦茲最為人所知的事蹟便是慧眼投資網路公司先驅Ungermann-Bass，他選擇電信作為自己的專業領域，以普林斯頓（Princeton）為據點，這裡離紐澤西州美利山（Murray Hill）的貝爾實驗室不遠；派特森則深入鑽研軟體產業，以矽谷為根據地。想當然爾，西岸後來勝出。史瓦茲發現自己越來越常造訪北加州，後來乾脆

直接搬到西岸[13]。

　　Accel 於 1985 年籌募的第二筆基金，便是針對電信領域，更加突顯了該公司的專業化策略。基金發行文件主張，「在以資訊為基礎的經濟體中，幾乎所有電子系統都須與其他系統進行通訊」，因此數據機、網路、影片分享等電信應用的市場將無比龐大[14]。為了展現對此理論的信心，派特森和史瓦茲額外聘僱電信專家，並於史丹佛大學精心規劃多場活動，藉此於電信領域插旗。他們舉辦年度正式晚宴，邀請電信界名人，隔天更有 300 名聽眾到場聆聽業界先知的演說[15]。活動休息時間，創業家會拿出投影片簡報，向投資人報告提案。史瓦茲事後表示：「我們的策略是宣布基金發行的消息，吸引媒體採訪、舉辦活動，製造轟動[16]。」就連已確立地位的創投業對手也大感欽佩，凱鵬華盈也向 Accel 電信基金投資 200 萬元。

　　Accel 喜歡宣稱自家的專業化策略能避免為追逐流行而偏離正軌。借用石油產業的比喻，Accel 的合夥人絕不是「野貓開採者」（wildcatter），他們不會盲目鑽井，而是仔細研究某一地域的地質特性，以有條不紊的方式進行探勘。筆式電腦就是明證。1990 年代初有數十家新創公司仿效 GO，四處舉辦研討會來宣傳這股淘金熱潮，史瓦茲也盡本份前往參與某一場盛會，試圖一探究竟。然而經過 Accel 的嚴密審視後，他們發現筆式技術和相關商業企劃書似乎都站不住腳，史瓦茲因此拒絕在這些項目上浪費資金。也許由於 Accel 不受時下熱潮吸引，他們相對較少碰到血本無歸的投資。在 Accel 成立 10 周年時，數據顯示 Accel 共進行 45 筆投資，其中只有 7 筆以虧損作收[17]。

　　專業化也有助於 Accel 主動出擊。由於合夥人都是各自投資領域的專家，他們能夠快速掌握創業家簡報的精要並做出決定。假如他們決定投資，下一個挑戰就是說服創業家捨棄同行對手，選擇 Accel，而專業化對這項任務也很有幫助。創業是很孤獨的經驗，創辦人在小眾利基專案中投入心血，

旁人起初多半認為異想天開。因此假如投資人賞識他們的計畫，真正「懂」他們，就很容易打動創業家。Accel合夥人力求透徹瞭解創業家，有時甚至能接續對方的句子或預測簡報下一張投影片的內容。他們內部也會談論「90%法則」，意思是Accel投資人要能在創辦人開口之前預測對方所說的九成內容[18]。

　　Accel的專業策略也有利於辨識創業投資人所謂的「鄰近機會」。Accel合夥人在各自產業中深耕，擔任投資組合公司的董事，並根據親身觀察進行管理兼顧問分析，藉此，他們能合理推論下一步的技術進展。Accel的另一句格言是：「每次投資都應該指引下一次投資的方向[19]。」史瓦茲尤其喜歡投資同一類別的歷代產品。他於1986年資助一家視訊會議設備新創公司，1988和1992年又接續資助同屬性的公司，這3筆投資中，有2筆為他賺進14倍的報酬[20]。無可否認的，這種漸進作法含有隱形成本。凱鵬華盈採取突破典範的作風，他們尋求的不是相鄰機會，更像是往前一次躍進兩步，這代表採取不同策略的Accel可能錯失一些巨大商機。此外，由於Accel合夥人身邊都是所在領域的傑出專家，他們也容易忽視一些表面資歷不足的新人，

　　而這些菜鳥正是唐・瓦倫丁偏好的投資對象。因此儘管Accel知道思科的存在，也成立專門投資電信公司的基金，他們仍然錯失1980年代所有電信投資案之母。Accel謹慎決策，他們推展工程疆界的程度足以創造價值，但不至於好高騖遠。其座右銘是「以一壘安打為目標，自然會揮出全壘打」，總有幾支一壘安打會飛出超乎預期的距離。

　　Accel前幾筆基金的績效無疑證明了這種策略有效[21]。電信專門基金的資本翻了3.7倍，年化報酬率為同期創投基金中位數的2倍以上[22]。綜觀前5筆基金，Accel的績效更為優越，平均報酬倍數是其資本的5倍。不過最驚人的一點是，儘管Accel合夥人志不在揮出滿貫砲，但他們的主要獲利仍來自這

些滿貫全壘打。Accel電信基金切合所謂的80/20法則：基金中績效最優異的20%投資，造就高達95%的獲利[23]。Accel其他早期基金也顯現類似的乘冪定律效應，該公司前5筆基金中，績效最優秀的20%投資帶來的獲利皆在85%以上，平均為92%。

簡言之，乘冪定律無所不在，就連有條不紊、與凱鵬華盈大相逕庭、重視準備心態的創投合夥企業也不例外。

UUNET充分顯示了乘冪定律的威力，該公司是Accel開業頭十幾年來數支意料之外的滿貫全壘打之一。UUNET（讀音為「U-U-NET」）後來併入威訊（Verizon）的龐大電信帝國中，現已為人遺忘，彷彿來自古老的年代。這間公司的奇怪名稱並非某種縮寫，命名靈感隱約來自工程師愛用的軟體協定，和Zoom、Snap、Stripe或Spotify等後來注重品牌形象的新創公司截然不同[24]。不過UUNET仍然值得一提，因為除了乘冪定律外，這家公司還顯現出創業投資的兩項特點。首先，在推動科技進步方面，UUNET呈現政府資助的科學部門及創業投資人資助的創業家之間的顯著差異。其次，這間公司顯示創業投資業社會影響力的核心矛盾：創業投資人個人可能因誤打誤撞而發財，身處這一行，機緣和運氣有時比勤勉或遠見更重要。不過另一方面，創業投資業整體同時又是推動進步的強大引擎，影響力超乎一般認知。

UUNET於1987年成立，原本是北維吉尼亞一間沒沒無聞的非營利組織。其任務是處理當時網路侷限的核心問題，那時大約只有10萬台電腦連接網路[25]。網際網路起初是國防部出資建構的軍事通訊系統，因此當時網路是政府或大學實驗室科學家收發電子郵件、架設留言板或分享檔案的平台，私人

企業和個人無法使用，商業活動也不被允許。不過到了1990年代晚期，有越來越多非政府單位的科學家希望使用類似功能的設施。一群程式設計師所形成的鬆散協會向UUNET提供25萬元的貸款擔保，其目標是使UUNET成為一家網路服務供應商[26]。

UUNET創辦人瑞克・亞當斯（Rick Adams）是年約30來歲的和藹工程師，任職於政府單位地震研究中心（Center for Seismic Studies）。亞當斯留有蓬鬆的褐髮和落腮鬍，穿著白色牛仔褲和polo衫。在政府單位的正職以外，亞當斯兼職從事副業，向被排除在主要網路之外的私部門科學家提供平行的網路服務[27]。一般來說，大型私人企業員工可透過當地的區域網路互相聯絡，不過如要在企業之間傳送訊息，費用極為高昂。亞當斯結合思科路由器和網路軟體，提供價格低廉的連線。他針對服務收取費用，不過只夠支付成本，這和沙丘路的思維相差甚遠。

起初，幾乎沒有人注意到民間的發展。網路一直是由政府主導的專案[28]，多數人認定如果有人要向大眾提供網路連線，也一定是政府。1990年7月，田納西州一位年輕參議員艾爾・高爾（Al Gore）提出「資訊高速公路」的公部門網路願景。不過高爾的高速公路使用的並不是現有的電話線，而是全新的光纖管線，能將家家戶戶的電視變成互動式終端機。假如採用光纖，資訊及娛樂就能夾帶眩目的色彩觸及美國家戶，取代單調乏味的網路留言板。

起初，光鮮亮麗的資訊高速公路願景引發廣泛的期待。1991年，高爾主張通過17.5億元的政府預算案來實現這項願景。1992年，比爾・柯林頓（Bill Clinton）指派高爾擔任他的副總統參選搭檔，這項願景再次引起關注。1993年，一批頗具影響力的科技公司正摩拳擦掌，試圖贏得資訊高速公路基礎建設的政府標案[29]。不過在此同時，還有另一股勢力正在默默發展。越來越多企業實驗室的科學家開始使用UUNET，此時UUNET已經收益滿盈，於是放

棄其非營利狀態。而國家科學基金會（National Science Foundation，簡稱NSF）也意識到UUNET和其他1、2家較小型同類公司的存在，因此一改其政策，與其阻擋私人使用者存取政府網路，NSF開始邀請私人網路服務供應商加入討論；事實上，NSF甚至願意交出管理權[30]。的確，網路是由政府所發明，不過NSF認為，要將網路轉型為普及資訊、改變生活的大眾傳播工具，這項工作還是交給私部門較為妥當。

在此階段，米奇・卡普爾再次登場。儘管他的筆式電腦創業計畫苦於籌措資金，此時他又有了另一次頓悟。雖然高爾所提出的政府主導光纖高速公路仍佔據頭條版面，不過卡普爾認為，這種方法太具顛覆性又昂貴，必然窒礙難行。與其砍掉現有基礎架構、重新鋪設光纖纜線，採用銅製電線的網路會便宜得多。為回應顧客需求（而不是因應政策法令），UUNET已經開始在現有的電話線路上嫁接路由器和伺服器，將語音電話線轉換為數據傳輸線，而現在NSF的私人化政策能進一步加快進展[31]。這項由市場主導的行動將能讓數百萬使用者連上網路，令高爾宏大的計畫顯得華而不實。

卡普爾心想：「時機已經成熟，我也要進場[32]。」

1992年8月，卡普爾造訪華盛頓特區，安排與瑞克・亞當斯會面。他坦白地表示：「現在檯面上有一場賭局，但我還沒有任何籌碼，我要加入投資。」只要亞當斯讓他成為UUNET的小股東，他就願意擔任牽線者，引介創業投資人，為UUNET挹注實質資金。

亞當斯心裡很矛盾，一方面，他不太信任金融家，不想要接受創投監督者的指揮。他重視開放通訊網路的宗旨，不希望目標的純粹性受到打折。不過另一方面，他又亟需資金，而且是大筆資金。隨著UUNET的擴張，使用人數增長，也吸引更多潛在使用者，需求成長越來越快。UUNET首席科學家麥克・歐戴爾（Mike O'Dell）回想道：「專案消耗資金的速度比裝滿垃圾

桶還快，我們得到處架設硬體。我們得盡快發展成熟、建立規模[33]。」

　　卡普爾以自己的經驗為例，協助亞當斯消除對創業資金的疑慮[34]，他自己也經歷過厭惡創業投資人的時期。卡普爾年輕擔任產品經理時，曾任職於亞瑟·洛克所資助的公司。某天參與董事會議時，卡普爾親眼見到洛克「開除某人或終止某個專案像揮掉手臂上的小蟲那麼自然，好像『教父』電影一樣」[35]。因此，當他要為蓮花公司籌募資金時，卡普爾警告潛在投資人不能將利益放在人性之前[36]。不過後來他放心了，他發覺只要新創公司能順利經營，創業投資人通常都順從於創辦人。卡普爾告訴亞當斯：「你不一定要受制於創業投資人[37]。」

　　亞當斯糾結於自己矛盾的想法。假如卡普爾是一般投資人，他早就拒絕了，不過由於卡普爾具有同樣的理想主義和政治展望，好似同道中人[38]。幾經思考後，亞當斯接受了卡普爾的提議[39]。

　　正式加入戰局後，卡普爾迅速展開行動。UUNET 必須在競爭者強行進入市場之前奠定規模，不論亞當斯對於投資人有何疑慮，這間誤打誤撞的東岸新創公司確實需要大筆西岸的創業資金。

　　卡普爾的第一個詢問對象就是凱鵬華盈的約翰·杜爾。卡普爾力勸：別理會資訊高速公路的熱潮，接下來幾年，網路發展就會將高爾的願景遠遠拋在後頭。

　　不過不像 GO，杜爾這次不為所動。UUNET 並不是凱鵬華盈屬意的那種公司。UUNET 並未擁有智慧財產，因此對於大型競爭者毫無抵禦能力[40]；而且 UUNET 需要大量資金，因此凱鵬華盈很難坐收全壘打倍數的利潤[41]。杜爾連見亞當斯一面都沒興趣。

　　遭到拒絕後，卡普爾接著尋求 Accel 的資助。這個選擇幾乎是隨機的，與 Accel 身為電信領域專家毫無關聯。出於機緣巧合，卡普爾最近投資了

Accel基金，於是他打給Accel的聯絡人，報告投資提案。他呼籲，網路即將蓬勃發展，這是「使網路成為熱門話題」[42]的大好機會。

假如卡普爾的來電是運氣之舉，那麼Accel謹慎的準備心態也是背後推展的助力。Accel的普林斯頓辦公室有一位電信研究員名叫唐‧古丁（Don Gooding），他已開始關注網路發展；同時Accel西岸的另一位電信專家吉姆‧麥克林（Jim McLean）知道檯面下需求洶湧。麥克林曾造訪NSF在山景城的網路基礎設施辦公室，他對眼前數架昂貴的伺服器和路由器大感詫異。

政府機構怎麼買得起這種高檔設備？麥克林滿頭霧水地問道。

那裡的工程師告訴他：「這些都是免費的。」照理說，NSF網路只限政府使用，但路由器製造商用他們的硬體設備來交換非法使用權，他們不惜違法也要使用網路連線[43]。

至此，Accel已透過三個不同管道——卡普爾的來電、古丁的追蹤，以及麥克林親眼瞥見民間對網路連線的熱切需求——聽到風聲：網路的潛力龐大。現在問題就在於Accel能否正視這些線索，實際出手投資。

起初，Accel毫無動作。Accel團隊手中還有數十個其他投資線索，因此網路逐漸被淡忘。1993年1月底，卡普爾造訪Accel的舊金山辦公室，試圖提醒他們UUNET的存在，不過令他失望的是，沒有一位投資合夥人出席會議。卡普爾向亞當斯坦承，Accel的「肢體語言不像是會做出正面決定」[44]。

不過在高階合夥人層級之下的吉姆‧麥克林對網路的興趣不減。當他聽聞NSF打算將網路交由私人企業經營時，就開始搜尋有能力把握這個機會的公司。幾經查找，他發現了可望成為下一波淘金熱潮贏家的UUNET。

他找到機會向Accel的投資團隊報告提案時，麥克林拿出他在最近幾場會議中蒐集到的5、6張名片。

「這些名片和以前有什麼不一樣？」麥克林問道。

聽眾一臉茫然，沒有人回答。

麥克林指出：「他們都有電子郵件地址。」沒有比這更好的證據了，網路已經發展得如火如荼，現在就是投資的大好時機。

不過合夥人提出異議，大家不需要UUNET也能使用電子郵件啊。他們可以註冊CompuServe或Prodigy，這些服務的300萬名訂閱者都可以互相傳送電子郵件[45]。機運和優秀的電信專業團隊正大聲喊著UUNET，不過Accel仍然充耳未聞。

一如創投界的常態，態度轉趨積極的關鍵通常是競爭者的推波助瀾。1993年2月，電信公司大都會光纖系統（Metropolitan Fiber Systems）開始追求UUNET。

亞當斯尋求卡普爾的建議，也許大都會光纖系統這樣的企業投資人會比創業投資人更合適？

卡普爾提出另一個觀點，企業資本家或創業投資人都不重要，重點是現在有兩位投資人爭取你的關注。卡普爾確保Accel合夥人知道大都會光纖系統也加入競價行列，他向亞當斯保證，這會讓他們「動起身子」[46]。

亞當斯和大都會光纖系統的代表在UUNET辦公室附近的麗思卡爾頓酒店（Ritz-Carlton）會面。對方在酒店的便條紙上寫下數字，撕下那一頁，然後故作玄虛地將寫有數字的一面朝下遞給亞當斯。大都會光纖系統準備投資50萬元，他們對UUNET的估價是800萬元[47]。

亞當斯的下一站是Accel的西岸辦公室，Accel終於願意給他45分鐘向投資委員會報告提案。報告完畢後，Accel合夥人讓他繼續講了3個小時。一如卡普爾的預測，風向出現奇蹟般的轉變。

不過Accel尚未給出明確的數字。如要達到大都會光纖系統公司的800萬元估價，他們得要相信UUNET能大獲成功，否則不值得冒這樣的險。亞當

斯向卡普爾寫道：「他們正在評估市場規模，他們相信UUNET能吃下3,000萬元的市場，但（還⋯⋯）不確定有沒有1億元的潛力[48]。」

　　除了市場規模的疑慮外，他們也對亞當斯的管理能力抱持懷疑態度。假如UUNET繼續成長，公司會需要具有經驗的營運領導者，而創業投資人必須負責尋找這些人才、延攬他們，在他們進入公司後支持他們的舉措。但Accel擔心亞當斯可能出現反彈，創業投資人必須安撫他的自尊，但UUNET遠在北維吉尼亞州，時時刻刻的照管並不容易。

　　亞瑟‧派特森身為Accel的資深軟體投資人，他決定要找到合適的合夥人來分攤風險才願意投資。透過人脈網絡，他打給恩頤投資，這間創投公司曾經資助3Com。恩頤投資在巴爾的摩設有辦公室，離UUNET的維吉尼亞據點不遠。此外，一位名叫彼得‧巴里斯（Peter Barris）的主管甫加入恩頤投資的巴爾的摩團隊。幾年前，派特森曾特地飛到德州與巴里斯會面。巴里斯當時是初露頭角的軟體部門主管，是德州達拉斯一家公司的第二把交椅，派特森決心要認識這號人物[49]。前往德州的那趟旅程現在即將開花結果，派特森請巴里斯打探一下UUNET。

　　接到派特森來電的幾天後，巴里斯拜訪亞當斯。兩人外型不太搭嘎，但一拍即合。亞當斯雄壯、不修邊幅；巴里斯則整潔而時髦。不過一如派特森的預期，巴里斯的經驗使他成為亞當斯的完美搭檔。他曾經任職於奇異公司的資訊服務部門，負責向企業客戶銷售電子業務工具。

　　巴里斯向亞當斯說明奇異公司所提供的軟體：財務帳簿軟體、顧客追蹤程式、人力資源系統等。巴里斯想知道能否透過網路來傳送這些服務？

　　亞當斯保證可行。事實上，奇異公司目前採用昂貴的大型電腦和撥接連線，而透過網路來傳送這些程式能大幅降低成本。

　　巴里斯發現其中的商機無限。由於奇異公司的工作經驗，他知道大客戶

願意付錢購買哪些線上服務;而亞當斯具備網路知識,他知道如何以有效率的方式提供這些服務。結合彼此的知識,兩人絕對可以發大財[50]。

1993年7月,Accel和恩頤投資共同向亞當斯提出長達4頁的投資條件書。自從卡普爾第一次聯絡Accel已過了超過半年,Accel幾乎與UUNET擦身而過,現在這家公司正往正確的方向迂迴前進。不過事情還沒結束。Accel和恩頤投資的投資條件書評估UUNET價值600萬元,比大都會光纖系統少了200萬元。亞當斯相當憤慨[51]。

不過這時再次出現有利於亞當斯的競爭壓力。這次的壓力是來自一間矽谷合夥公司——門洛創投(Menlo Ventures),他們同樣是透過一連串機緣巧合得知了UUNET。UUNET的首席科學家麥克·歐戴爾曾任職於門洛創投所資助的公司。

工程師約翰·賈佛(John Jarve)是門洛創投的新任合夥人,他透過歐戴爾的引介與亞當斯會面。兩人相談甚歡,他們都有工程學背景。

亞當斯告訴賈佛自己打算拒絕600萬元的估價,要求他們提高價碼。

賈佛二話不說回道:「我來寫一份投資條件書,你們的價值遠不只如此[52]。」

於是賈佛提出一份投資條件書,給出略高於800萬元的估價,優於Accel及恩頤投資和大都會光纖系統提出的條件。恩頤投資的巴里斯渴望與亞當斯合作,因此很快就答應提高價碼,追平賈佛的估價。滿意的亞當斯向巴里斯表示他願意單獨與恩頤投資合作,畢竟巴里斯才是最有能力協助UUNET的投資人。不過為了維護創投的名聲及網絡,巴里斯婉拒排擠其他投資對手的提議,畢竟他是透過亞瑟·派特森的牽線才加入這場盛會,他不願背叛對方。後來Accel終於也同意調高估價。1993年10月,三方合夥企業共同出資150萬元[53]。

創投的過程彷彿一場接力賽。卡普爾是第一位資助UUNET的投資人，他交棒給Accel的派特森，派特森再把棒子傳給恩頤的巴里斯，後者由於具有位於東岸的地利之便，是三方創業資助者中事必躬親的一員。接著，巴里斯打算為UUNET招募有魄力的經理人，好讓自己功成身退。

他打給奇異公司資訊服務部門的資深前輩喬・史奎齊尼（Joe Squarzini）。52歲的史奎齊尼看起來和UUNET的年輕工程師格格不入，他接受面試時，亞當斯直接告訴他，他不希望經理人把奇異公司的整套文化搬過來。

史奎齊尼反駁道，他說自己可能看起來像是奇異公司的老古板，但他也是業餘無線電操作員。

亞當斯半信半疑。

「我的焊接技巧比這間公司所有人都厲害。」史奎齊尼補充道。這位應徵者準備以烙鐵來焊接電線，證明自己的資格。

這下亞當斯心服口服：「連我都焊不出什麼值錢東西，所以我們決定雇用他[54]。」

史奎齊尼就任副總裁後，他開始在UUNET隨心所欲的經營方式中建立秩序。不久後，這項工作的急迫性就浮上檯面。在整頓UUNET帳務的過程中，一位簿記員發現一大箱未付款的請款單。UUNET遺忘這些購置路由器和其他設備的債款，欠款金額高達駭人的75萬元。UUNET方才募得的資金馬上少了大半，A輪募得150萬元之後沒過幾週，公司資金就即將見底。

有人得把這個消息告訴UUNET投資人，他們即將發現自己決定投資時所參照的財務報表有誤，絕對不會有人對此高興得起來。畢竟假如UUNET

是一間公開發行公司，大幅重編現金餘額必然會對股價造成不利影響。同樣的，如果UUNET向銀行借錢，出了這種重大錯誤後，不可能再期望獲得一筆新的貸款。UUNET的未來端視其創業資助者能否做出不同的反應而定，他們得平靜吞下這件壞消息，然後吐出一些新的資金，否則UUNET的營運資金便會告罄。

多年後，巴里斯回想當初，假如亞當斯親自捎來欠債75萬元的壞消息，UUNET的未來可能非常不樂觀。創業投資人原本就不太信任亞當斯的管理能力，而搞不清楚公司欠債75萬元這件事，可能驅使他們選擇及早停損。不過由於創業投資人親力親為的經營方式，亞當斯不必親自傳達這個壞消息。巴里斯已在公司中安插史奎齊尼，而他是受到投資人信任的成熟人物，他自告奮勇向董事會解釋這項失誤，此舉也許就是拯救這間年輕公司的關鍵。

董事會議那天，史奎齊尼穿著奇異公司風格的西裝、襯衫和他所謂的「盔甲翼紋鞋」。這時管不著亞當斯在面試時對他說的話，現在最重要的就是擺出最嚴肅、古板的一面。史奎齊尼向投資人傳遞這個壞消息時，他看著他們的眼睛，保證不會再出現這種胡鬧場面，新的財務管控措施已經就緒。新手期結束了。

這個轉折尤其令巴里斯和賈佛捏了一把冷汗。他們都還算是創投業的新人，雖然成功說服資深合夥人投資UUNET，但過程並不容易。賈佛清楚記得門洛創投的創辦人杜伯斯·蒙哥馬利（DuBose Montgomery）攬著他的肩膀說：「約翰，這門投資最好成功。」現在出差錯了，賈佛擔心自己工作不保。至於巴里斯，他回想自己聽著史奎齊尼的話，腦中「一片空白」。他的恩頤投資合夥人原本就不太看好UUNET，現在他們心裡一定想著「我就說吧」。開車回到巴爾的摩辦公室的路上，巴里斯不斷思索著：我該怎麼告訴

合夥人這個壞消息？

　　事實上，措辭一點也不重要。因為創業投資人和銀行或股市投資人很不一樣，他們一輩子都在應付因各種危機而崩垮的新創公司，他們不會因為一次挫折就撒手不管。多年後，派特森根本不記得UUNET的這次挫敗，身為3人之中經驗最豐富的投資人，他已經碰過數十次類似事件。而巴里斯雖然擔心合夥人的反應，但他也記得自己已經開始從實際角度思考下一步：「錢已經匯出去了，事已至此。現在重要的是該怎麼辦？[55]」

　　與其抽走UUNET的銀根，這幾位創業投資人要求補償。他們答應另外提供100萬元，不過要求換取更多股權。亞當斯在給卡普爾的電子郵件中寫道：「彷彿有槍抵著我的頭。」而信件標題是「強硬的創業投資人」。卡普爾之前說過，只要新創公司能順利經營，創業投資人通常都會順從於創辦人；不過另一方面，如果新創公司經營不善，他們也會施加懲處[56]。

　　即便亞當斯不情願，他也必須承認，比起破產，他寧願接受處罰。1993年12月，他收下了創業投資人的金援。

◆

　　結果，當籠罩於發現欠債75萬元震驚的同時，也出現UUNET贏得最終勝利的預兆。同年12月，《紐約時報》商業版首頁報導一種革命性的網頁瀏覽器Mosaic，文章形容這是「指引資訊時代埋藏寶藏的地圖」[57]。將近1年前，同一位記者約翰・馬可夫（John Markoff）也報導了大眾對於艾爾・高爾資訊高速公路願景的興奮之情。不過現在Mosaic提供點擊的瀏覽方式，原本相對樸實的對手剎時變成新的熱門話題。在此之前，在網路上查找資訊時，使用者必須輸入「Telnet 192.100.81.100」這類指令，現在只要按一下文字或

圖片就能開啟網頁。米奇‧卡普爾的洞見確實沒錯，UUNET版本的資訊未來的確勝過美國副總統提出的願景。

　　對UUNET的投資人來說，眼下只有一件任務：加倍確保亞當斯及其團隊能把握機會。1994年初的那幾個禮拜，巴里斯從北維吉尼亞自家開車前往巴爾的摩恩頤辦公室的途中，會定期順道來到波克山（Pooks Hill）的萬豪酒店和亞當斯共進早餐。配著咖啡和煎蛋，兩人討論公司人員及策略，包括聘請外部執行長的棘手問題。巴里斯花了很多時間搜索自己的人脈網絡，想要尋找一位明星執行長，到了當年春天，他取得兩方面的進展。亞當斯對他已有足夠的信任，願意給外部執行長一個機會，而巴里斯也找到了人選。

　　現在問題在於他能否說服這位人選加入UUNET。執行長人選同樣也是奇異公司資訊服務部門的前輩，他名叫約翰‧希格摩（John Sidgmore），因為具有「創業家敢作敢為」的行事風格而令巴里斯印象深刻。當年任職於奇異公司時，希格摩的電話總響個不停，同仁也時常駐足請教；而他嘴裡叼著菸，手中拿著咖啡，旁若無人的自信模樣令巴里斯驚嘆不已。10多年後，現在的問題是，希格摩已拿走45萬元的簽約獎金，正為另一間公司效力。當巴里斯勸希格摩趕快離職，跳槽到UUNET，一如預期，希格摩對此提議嗤之以鼻：「我何苦跳槽到這間叫做YoYoNet還是WeWeNet的小公司？[58]」

　　巴里斯向他說明自己第一次和亞當斯見面的感想。過去他和希格摩在奇異公司向企業客戶販售的程式，現在透過網路傳送的話可以大幅壓低成本。巴里斯提出非常誘人的說辭：「想想看利潤，還有這些利潤能把你個人股份的價值提升到多高。」希格摩能夠把奇異公司資訊服務的整套方針搬到UUNET並加以翻新[59]。不管是YoYoNet還是WeWeNet，這可不是一家小公司。

　　巴里斯的提議打動了希格摩，他躍躍欲試，現在只剩下分配多少股份的問題。1994年6月，UUNET以6%股權簽下希格摩，約等於約翰‧摩格里奇

加入思科時獲得的股份，也和UUNET的創業資助者各出資50萬元所換得的股權相差不遠。

巴里斯把希格摩帶進UUNET後可算是大功告成了。有了明星執行長掌舵，UUNET迅速完成另外三輪創投募資，快速地擴大規模，採行巴里斯早就準備就緒的奇異公司經驗。1995年1月，UUNET與微軟簽署合約，為該公司建構Windows 95作業系統的網路基礎架構，Windows 95也是微軟第一代支援網路的作業系統。隔月，希格摩再次取得非凡佳績，與微軟在網路服務領域的主要對手——美國線上（AOL）達成類似協議。拿下相當於可口可樂和百事可樂的兩大客戶後，UUNET飛快成長。3個月後，1995年5月，UUNET公開上市。

想當初1993年時，亞當斯在企業資本家大都會光纖系統和創業投資人Accel之間猶豫不決，幾乎要以擲硬幣來決定。而現在Accel收穫豐厚報酬，根據UUNET股價，該公司市值為9億元。最後，大都會光纖系統公司再次登場，以20億元的估價買下UUNET，畫上回歸原點的美妙句點。Accel收穫54倍的報酬，賺進1.88億元利潤，雖然其中好運的成分大於優越眼光；門洛創投的報酬也相去不遠；而恩頤投資持股時間更長，因此報酬更加豐厚[60]。單獨來看，創業投資人犯下許多錯誤，不過整體創業投資業成功協助UUNET向上百萬名使用者提供網路服務。

儘管原先對投資人懷有疑慮，但後來亞當斯覺得自己獲得應得的報酬。

公司股票發行後，他寫信給卡普爾：「我想要再次向你道謝，感謝你在多年以前說服我做出正確的選擇。」

他補充道：「我現在坐擁1.38億元，感覺好不真實[61]。」

　　關於UUNET的歷程還有另一段插曲，進一步突顯創業投資業的影響力。1993年12月《紐約時報》所報導的神奇網頁瀏覽器Mosaic出自伊利諾大學（University of Illinois）的公立實驗室，這是政府科學部門開啟網路革命的另一個例子。不過瀏覽器的主要發明者馬克‧安德森沒有在伊利諾州久待，政府很在行基礎科學，不過不擅於把科學突破轉化為改變社會的產品。

　　伊利諾大學的錯誤在於，他們把人才視為理所當然。安德森擔任校內國家高速電腦中心（National Center for Supercomputing Applications）臨時雇員時開發出Mosaic瀏覽器，當時他的時薪是6.85元[62]。安德森因為Mosaic成為科技名人後，校方向他提供正職職缺，不過條件是放棄參與Mosaic的開發。這是典型的官僚手法，校方想要確保自己（而不是開發瀏覽器的年輕天才）獲得功勞[63]。於是安德森離開公部門，前往矽谷。他與另一位發明家吉姆‧克拉克（Jim Clark）合作，克拉克明白人才的價值，也知道如何協助他們充分發揮長才。

　　伊利諾大學釋出公用版Mosaic並試圖進行商業化。安德森認為這會失敗，而更優秀的瀏覽器版本將佔有未來的龐大市場。克拉克帶著支票簿，和安德森回到伊利諾大學香檳分校，兩人與原始開發Mosaic的7人團隊一一面談。克拉克在飯店套房中與這些人個別會面，向這些時薪6.85元的員工提出6.5萬元年薪外加10萬股股票的優渥方案。克拉克事後寫道，這是「枕頭上放有巧克力的標準徹夜長談」。他說：「我有把握，你的持股價值將超過100萬元；假如發展一如預期，我的目標是讓你在5年內賺進超過1,000萬元[64]。」可想而知，這8位工程師馬上抓住機會。加上安德森，克拉克解放了8名叛徒。

　　克拉克最初用於資助這次創業的資金，來自他前一間公司視算科技（Silicon Graphics）的收益，視算科技是處理3D影像的高效能電腦市場先驅。

他對創業投資人沒有好感，他們拿走視算科技將近所有的股權，克拉克本人只拿到微不足道的3%，他自認不受尊重[65]。在視算科技的董事會議上，克拉克臉紅脖子粗地對格蘭・穆勒（Glenn Mueller）怒吼，穆勒是梅菲爾德基金第一位資助他的投資人。穆勒靜靜坐著，逆來順受[66]。

克拉克於1994年招募他自己的八叛徒時，他曾經怒言相向的創業投資人仍渴望資助他的新企業。這和伊利諾大學的作法完全相反：與其輕視人才、讓他們一走了之，創業投資人費盡千辛萬苦也要攏絡人才。恩頤投資的克拉姆里奇也曾是視算科技的資助者之一，他派遣年輕助理到處跟著克拉克；不管克拉克做什麼，克拉姆里奇都要分一杯羹。而穆勒也同樣鍥而不捨，當他聽到克拉克準備開發新的網頁瀏覽器時，他一再打給克拉克，乞求投資機會。克拉克斷然拒絕。

穆勒再從車裡打了另一通電話，克拉克拒絕之後，穆勒表示：「吉姆，你要是不讓我們投資，我的合夥人會殺了我。」

1週後，1994年4月4日，克拉克正式成立馬賽克通訊（Mosaic Communications）公司。他的太太打來告訴他，穆勒在墨西哥卡波聖盧卡斯（Cabo San Lucas）沿岸自己的船上飲彈自盡[67]。

克拉克盡力放下這件悲劇，專心經營公司。馬賽克通訊的A輪募資發行價值300萬的股票，克拉克全數自行買下，取得50%股權[68]（馬賽克通訊後來更名為網景公司〔Netscape〕，隔年上市時，年輕的創辦人馬克・安德森也只擁有3%股份，和克拉克的視算科技持股一樣多[69]）。不過儘管克拉克鄙視創業投資人，如果公司想要擴張，他就需要創投的金援，畢竟銀行不可能貸款給他。

1994年秋天，克拉克邀請創業投資人投資，不過價格是他自己幾個月前購入股份的3倍，這段期間，公司並沒有出現能合理化如此價差的進展。理

智清晰的創業投資人必然謹記紀律，他們認為克拉克的估價異想天開。他們從未投資過任何一家在售出產品之前就取得1,800萬元估價的新創公司。

克拉克首先向穆勒的前東家梅菲爾德基金探詢投資意願。可想而知，他們此時對克拉克毫無興趣。接著，克拉克詢問視算科技的另一位資助者克拉姆里奇，克拉姆里奇及其合夥人則因飆漲3倍的估價而縮手。克拉克四處尋覓具有遠見（或是夠瘋狂）、不會被高價嚇到的創業投資人，沒錯，他找上了凱鵬華盈的約翰‧杜爾。

克拉克很快就發現，自己找到合適人選了。杜爾改變世界的恢弘野心害他在GO和Dynabook兩家公司上栽了觔斗，不過馬賽克通訊以及科技發展史的這個階段正需要這種衝動與拚勁。杜爾曾誇口他的目標是開創新的產業，而不只是建立新公司，當時旁人以為他只是說大話。不過Mosaic瀏覽器確實是革命性的新產品，這種瀏覽器將改變人們存取資訊、彼此溝通與合作的方式。

Mosaic瀏覽器標誌了乘冪定律演進的新階段。創業投資的報酬主要取決於投資能否揮出滿貫砲，此現象的部分原因來自於新創公司的生態：多數新公司關門倒閉，不過倖存下來者往往能以指數型成長，不論是科技公司或時尚品牌、連鎖飯店都有這個現象。不過以科技為主的創業投資組合之所以依從乘冪定律還有另一個原因：科技新創公司所運用的科技本身也以指數型態進展。由於自己的經驗和脾性，杜爾尤其熟悉這個現象。他年輕時曾擔任英特爾工程師，他親眼見到摩爾定律如何影響半導體公司的市值：晶片效能每2年提高2倍，因此善用晶片的新創公司能持續製造出品質更優秀、價格更低廉的產品。任何數據機、數位手錶或個人電腦中的半導體成本每2年就會降低50%、每4年降低75%、每8年減少87.5%。科技新創公司有了這樣的助力，難怪利潤能呈指數般飆漲。

Mosaic 瀏覽器及更廣義的網路進一步強化了這個現象。同樣的，杜爾比其他多數人更加明白這一點。杜爾認識鮑伯‧梅特卡夫，因此他知道梅特卡夫定律比摩爾定律更具威力。晶片效能還只是每 2 年加倍，網路的價值則會隨著使用者人數的平方飆升[70]。成長將呈幾何型態，而不只是指數增長；二次方的成長速度比翻倍快上許多。此外，成長也不再受限於時間，成長速度將取決於使用者人數。杜爾認識克拉克的 2 年內，網路使用者人數即將翻上 3 倍，也就是說，網路的價值將會飆升 $3^2 = 9$ 倍，相較於同一時期半導體效能僅能翻倍，梅特卡夫定律的威力更加驚人。再者，梅特卡夫定律與摩爾定律單獨來看就已經威力十足，兩者還有加乘效果。網路實用程度的快速成長（梅特卡夫定律）及數據機和電腦價格的下降（摩爾定律），將共同推動網路流量的爆炸性成長[71]。

聆聽完克拉克的提案後，杜爾決心投資。能吸引上百萬人使用網路的神奇瀏覽器潛力無限，杜爾所付的價格只是次要考量。

會議一結束，杜爾馬上打給合夥人柯斯拉，就算隔天是週六，他請柯斯拉明天立刻與克拉克及安德森會面。恩頤投資和梅菲爾德基金拒絕了馬賽克通訊公司，不過杜爾深具信心，即便估價漲勢驚人也在所不惜。

柯斯拉前往馬賽克通訊位於山景城皇家大道（El Camino Real）和卡斯特羅街（Castro Street）交叉口的辦公室。他喜歡把創投賭注想成股票選擇權，損失幅度絕不會超過最初投資的金額，漲幅的話則沒有上限。綜合考量新創公司的乘冪定律、計算效能的摩爾定律及網路價值的梅特卡夫定律，再加上這些定律的加乘效果，馬賽克通訊絕對是不容錯過的投資標的。會議之後，柯斯拉打給杜爾：「我們應該放手一搏[72]。」

幾天後，克拉克和安德森來到凱鵬華盈，向整個投資委員會報告提案。凱鵬華盈全無 Accel 風格的準備心態，合夥人只花了 45 分鐘就批准投資。一

位合夥人表示:「我們知道價格很高,尤其在公司背後的技術大師是一位毛頭小夥子的情況下更是如此[73]。」不過會議桌邊的所有人都記得湯姆・柏金斯的另一個教條:要在創業投資界成功,關鍵是慧眼識出正確的投資案,而不是對價格斤斤計較。

1995年8月,馬賽克通訊(此時已更名為網景公司)上市。交易首日收盤時,凱鵬華盈原本價值500萬元的股份已飆漲至2.93億元[74]。隨著網景公司的股價繼續上漲,凱鵬華盈的利潤來到5億元,報酬將近100倍,約略是Accel投資UUNET報酬倍數的2倍之多。有了如此驚人的報酬,凱鵬華盈有多少投資血本無歸其實都無關緊要了。在網路時代,只要公司能充分發揮乘冪定律,投資金額再高都划算。

第七章
標竿創投、軟銀，
「大家都需要1億元」

1995年初，UUNET董事會議上有人提起一個古怪的名字。Accel的電信分析師唐・古丁正在製作公司網站——這是創投企業的第一個網路門面。瀏覽網站時，他一再看到一份實用的優質網站目錄指南，這份指南叫做雅虎（Yahoo）。

雅虎？桌旁的人都笑了，這不可能是一家正經公司。

古丁原本正準備向Accel提案投資雅虎公司，不過這時也退卻了，反正投資提議會遭到奚落，那何必自取其辱[1]。

幾週後，依循和過往一樣的模式，就算有一群創業投資人犯錯，總會有另一群創投人士將其改正過來。矽谷資深老手比爾・德雷普找上雅虎創辦人，他們的營運據點是史丹佛大學校園中一輛不起眼的拖車。

德雷普俯身踏進拖車中，身材高大的他小心地繞過一輛腳踏車和滑雪板，走到暱稱為「小錦八十吉」（Konishiki）的電腦旁。電腦的主人大衛・費羅（David Filo）是一位文靜的研究生，他喜歡這類古怪名字，小錦八十吉是他最喜歡的相撲選手。

費羅請德雷普隨便問一個問題。

德雷普是耶魯大學的董事，於是他問該校學費多少。

費羅輸入幾個關鍵字，然後幾本大部頭書的圖片出現在小錦八十吉的螢幕上；這是耶魯大學最早的網站首頁。費羅又在鍵盤上敲了幾下，答案跑出來了：耶魯大學每年學費2.1萬元。

德雷普瞠目結舌。新的網景瀏覽器能用來瀏覽網站，不過並未提供索引或搜尋服務。現在居然能透過網路查閱任何資訊，這彷彿數位魔法。他決定要說服經營德雷普家族辦公室的兒子提姆投資雅虎公司[2]。

約於同一時期，一位穿著考究、戴著眼鏡的男子也來到拖車。德雷普還記得沙丘路仍是一條泥土小徑的樣子，兒子提姆會在這條路上騎乘他的加高車把兒童電動摩托車，如果說德雷普是矽谷古老貴族，那麼這位衣著講究的訪客就是矽谷新貴。來自英國威爾斯的麥可・莫里茲（Michael Moritz）來到美國攻讀碩士學位，為《時代》雜誌撰寫矽谷相關報導，透過工作認識許多科技業名人。1980年代中期，莫里茲曾短暫經營自己的新創公司，專門提供科技電子報及研討會資訊。1986年出現神奇的職業轉折，他在紅杉資本謀得一職。

莫里茲進到拖車中，電腦裝置排出的猛烈熱氣令他倒退三步。拖車地板上散落著髒衣服和披薩空盒，百葉窗都拉了下來，以免電腦螢幕眩光。牆邊倚放著幾支高爾夫球桿[3]，在這種環境中，房客應該很需要到高爾夫球場的平坦球道上喘口氣。

和古丁及德雷普一樣，莫里茲瞭解雅虎的吸引力所在。網路越來越普及，使用人數迅速增長至數百萬，雅虎可望成為網路世界的《電視指南》，指引消費者找到網路新媒介中的所需資訊。問題是，網路指南能賺錢嗎？

「你們向訂閱用戶收取多少費用？」莫里茲詢問費羅和共同創辦人楊致遠（Jerry Yang）[4]。

費羅和楊致遠交換一個眼神，兩人都知道彼此的想法：這個人根本就不懂[5]。

他們告訴莫里茲，雅虎是免費服務。他們開始整理索引作為撰寫博士論文之餘的消遣活動，這是一種嗜好，與加入飛盤社團或狂看恐怖電影無異。他們的目的是找樂子，而不是乏味地執著於收益。他們列出合自己胃口的小眾網站，像是「布萊恩的熔岩燈」或「夸德雷的犰狳首頁」[6]。他們特別喜歡古怪的命名，莫里茲早該從中看出一些端倪。比方說，「小錦八十吉」搭配的工作站叫做「曙光」（Akebono）；而雅虎代表的意思是「另一個階層式辦公專家」（Yet Another Hierarchical Officious Oracle）。向顧客收費完全違背他們古怪另類的企業精神。

莫里茲剛進入紅杉資本時，部分同事對他的資歷存疑。莫里茲是牛津大學的歷史學士，曾任雜誌記者，出版過2本商業書，沒有任何工程或管理背景。莫里斯面試結束之後，一位紅杉資本合夥人驚呼：「這個人什麼都不懂嘛！」不過唐・瓦倫丁力排眾議，因為他認為莫里茲極具學習能力，能夠培養多樣技能，此外，比起靠著經驗輕鬆度日，他更喜歡求知若渴的新人[7]。而現在，出於機緣巧合，非科班出身的莫里茲即將證明自己的價值。

莫里茲想不到雅虎的作法有何前例可循：他們想要向創業投資人募資，可是卻向消費者免費奉送產品[8]。不過經過幾秒的思考後，他發現雅虎的計畫可能奏效。莫里茲先前任職的媒體產業正是採用相同模式：大型無線電台和電視聯播網免費播放新聞和節目，他們的收益來自廣告費用；此外，媒體人總為離奇古怪的劇情發想粗鄙有趣的名字。離經叛道和獲利毫不衝突。理解媒體業的類似模式後，莫里茲比德雷普更積極地追求雅虎這個投資標的。他不僅對他們的產品感興趣，也瞭解這種未來的商業模式。

莫里茲繼續與楊致遠和費羅閒聊，不過此時他的心態已從詰問者默默轉

換成追求者，他知道要簽下這門投資，一定會面臨競爭者。雅虎同時也在評估兩家大型網路公司——美國線上和網景公司提出的收購提案。為了排除這些競爭對手，莫里茲提出一些敏感問題，仔細聆聽他們的回答，試圖透徹瞭解兩位年輕博士生的思維。多年後，當被問及為何選擇莫里茲而非其他投資人時，楊致遠的回答相當神秘，他說莫里茲很有「靈魂」[9]。儘管開局印象並不好，但後來莫里茲成功地打動兩位創辦人。

在追求過程中，楊致遠曾詢問莫里茲是否該為公司更名，也許取個比較正經的名字。莫里茲開玩笑地回答道，假如他們改了名字，紅杉資本就不願資助了[10]。其實，莫里茲如此回覆是有原因的，楊致遠並不知情。過去擔任記者時，莫里茲曾以史帝夫・賈柏斯為題撰寫一本深具洞見的著作，他深信「雅虎」這樣有創意又好記的公司名稱彌足珍貴，就像蘋果公司一樣[11]。

不論是出於直覺或機智，莫里茲的回答是促成決定的關鍵。他對賈柏斯的瞭解不比矽谷其他人少，因此提起兩個沒沒無聞的博士生和著名矽谷傳奇之間的關聯時，頗具說服力。和所有優秀的創業投資人一樣，即便是已經自信滿滿的創辦人，莫里茲還是知道如何進一步強化他們的使命感，這是難以抵抗的終極誘惑。

1995年4月，紅杉資本向雅虎投資97.5萬元，取得32%股權。費羅和楊致遠各持有25%股份，剩餘則保留給未來的雅虎員工，包括莫里茲招募的外部執行長。比爾・德雷普的兒子提姆請求參與投資，他比莫里茲晚了一步，現在後悔莫及。不過紅杉資本堅定地拒絕他，他們決意保有越多股份越好。

◆

紅杉資本投資雅虎，為1990年代下半揭開序幕，此時網路蓬勃發展，雖

然最終將以科技泡沫破裂收場。越來越多公司免費提供產品或收費低廉，資助這類公司的創新作法在矽谷如野火一般流行起來。評估新創公司的標準不再是今年或明年的收益，而是公司是否具有氣勢、話題或品牌，這些概念未來可以化為利潤（至少理論上是如此）。

　　為了培養雅虎的氣勢，莫里茲將楊致遠打造成矽谷的招牌人物，類似史帝夫‧賈柏斯的接班人，雖然楊致遠本人並不喜歡這種類比[12]。身為1970年代反主流文化的代言人，赤腳的賈柏斯一手開創個人電腦事業。而現今，移民（尤其是亞洲移民）開始在矽谷立足，台裔美國人楊致遠成為新型態新創公司的看板人物。他的照片經常出現在報章雜誌上：露齒的笑容、寬厚的下頷、濃密黑髮，受過高等教育的華裔人士。他在科技研討會上滔滔不絕地講述雅虎培養網路使用者的策略；他略帶宅男特質，同時又是行銷大師。1995年6月，楊致遠在一場聚會中令聽眾留下深刻印象，鮑伯‧梅特卡夫向身旁的人自信地表示：「這會是第一個偉大的網路品牌。[13]」

　　不過不堪的真相是，雅虎不得不倚靠品牌名聲。雅虎並不算是真正的科技公司，他們沒有專利或任何工程優勢，其索引是透過瀏覽網路、為網站分門別類整理出來的，而且多數工作是手動進行。因此，雅虎可說是湯姆‧柏金斯教條的負面教材，他們不涉及技術風險，而由於缺乏技術門檻的保障，雅虎暴露於龐大的市場風險中。此外，由於網路業務的「贏者全拿」特性，他們必然面臨激烈的競爭。因為網路使用者在網站中搜尋資訊時，通常只會選擇單一種管道，因此贏家能坐收絕大部分的網路廣告收益，落敗者只能分得殘羹。

　　面對如此極端的乘冪定律，雅虎沒有仿效傳統科技公司的餘裕，他們不能只是發明產品、行銷，然後靠著新穎科技帶來銷售和利潤，而是必須在聲量方面隨時領先對手，表現出氣勢壯盛的氛圍。因此雅虎的經營建立在一個

搖搖欲墜的前提之上：他們要繼續經營下去，就必須持續成長，而這也預告了未來的網路公司生態。因此，雖然雅虎初期成功創造收益，但無法轉化為利潤，因為每一分廣告收益都必須再次投入行銷，才能持續擴展業務[14]。然而，光是回收廣告收益很快就不夠了。取得紅杉資本的100萬元資金後，才不過8個月，雅虎便得準備進行另一輪募資。

　　傳統創業投資人假如觀察到一家公司沒有技術門檻，只能花大錢行銷來維持品牌優勢，很可能會拒絕向雅虎提供他們所需的資金奧援。不過到了1995年末，傳統已經落伍了。網景公司當年夏天發行股票的成績顯示，網路的興起已經改變矽谷生態：由於發揮超級乘冪定律的公司能帶來天文數字的報酬，理智不清的人才會選擇旁觀。此外，大學和退休基金也已經察覺網景公司和UUNET這樣的頭彩大獎，因此又有更多資金湧入創投產業。1995年，美國創投合夥企業共募得100億元，相較於5年前還只有30億元[15]。矽谷錢淹腳目，眾人對於乘冪定律信心滿滿，在這樣的環境中，雅虎募資是勢在必得。

　　此時出現的資助者正是這個時代的產物。他是一名瘦小的創業家，名叫孫正義（Masayoshi Son），創立軟體經銷商軟銀（SoftBank）而大獲成功，有日本比爾蓋茲之稱。不過不像蓋茲出身富裕，孫正義是白手起家的極端例子。他的家族屬於日本受排擠的韓裔少數民族，童年時與父母及6個手足共同佔住在鐵道旁的簡陋小棚屋中。儘管孫正義貧苦的背景造就他的傳奇，出身同時也是他背負的重擔。孫正義的父親為了掩飾族裔帶來的恥辱，改從日本姓氏安本，這份恥辱驅使孫正義於16歲離家，前往美國加州。離家前

他立下誓言：「我要用自己的姓名證明人人平等[16]。」多年後，一位同仁指出，孫正義特立獨行的投資風格來自深植他心中的「局外人心理」。即便身家數十億，他豪賭起來仍然彷彿自己是一無所有的亡命之徒。

1995年秋天，孫正義第二度來到加州。上一次自加州歸國時，孫正義已取得加州大學柏克萊分校的經濟學學位，回到日本創立軟銀致富。現在聽聞網路淘金熱的風聲，他將業務重心由日本轉向美國。這對亞洲企業家來說是相當大膽的舉措，因為一個毫無人脈的外來者很難打進矽谷的密集網絡。不過孫正義買下一家美國科技出版商及電腦研討會主要籌辦機構，取得有助於發掘商機的資訊及人脈。

1995年11月，孫正義造訪雅虎位於山景城的辦公室，這裡離史丹佛大學校區只有幾公里遠。他們的辦公室牆面上滿是石膏填補的痕跡，費羅辦公桌周圍堆滿溜冰鞋、CD、空汽水瓶、過期的《Micro Times》雜誌和一條藍色格紋聚酯纖維毯。說來有些諷刺，費羅的職業抱負是為網路空間引進秩序，但他的生活環境如此凌亂[17]。

由於對辦公室環境感到難為情，楊致遠和費羅提議在法國餐廳約見訪客。不過孫正義不在意地擺擺手，他打算盡快進入正題。

在他稍後的職涯中，孫正義以快速籌得並投入資金聞名。2016年，規劃願景基金（Vision Fund）時，他花了45分鐘就說服沙烏地阿拉伯王儲出資450億元[18]。現在與雅虎交手時，他同樣單刀直入。他想要雅虎的股權，兩位創辦人想要他的資金，雙方沒有必要把事情搞得太複雜。

孫正義請費羅和楊致遠評估雅虎的市值。

兩人試探性地提出4,000萬元的估價，相較於8個月前，紅杉資本投資時估價還只有300萬元。

沒想到孫正義一口答應，毫不遲疑。對於掏出大筆鈔票，他比凱鵬華盈

的約翰・杜爾更果斷。

「可惡，我應該喊更高的。」楊致遠心裡想[19]。

於是孫正義主導雅虎的B輪募資，與紅杉資本及新聞通訊社路透社（Reuters）共同出資500萬元，其中孫正義貢獻超過250萬元[20]。不過這還只是開端。1996年3月，他再次來到雅虎辦公室。

4個月過去，雅虎消耗資金的速度絲毫不減；公司的兩大搜尋引擎對手Excite和Lycos也正試圖打響名號，而雅虎必須保持領先。因此B輪募資的500萬元有一大部分都花在行銷上。此外，Excite和Lycos也都傾盡全力，為了補充行銷戰備資金，他們宣布準備上市。急於保住領先地位的雅虎求助於高盛（Goldman Sachs），同樣準備公開發行股票。

孫正義來到雅虎辦公室，看起來和以往一樣瘦小、溫馴，不過他帶著重量級資金前來。他提議向雅虎投資1億元，換取額外30%股份，這是矽谷史無前例的出價。

根據孫正義的出價，雅虎市值又比4個月前暴漲8倍。不過他的投資金額之高才是驚人之處，矽谷從未出現如此規模的創投賭注[21]。大型創投合夥公司所籌募的基金也才大約2.5億元，而且不可能一次就把40%資源押在單一賭注上[22]。私募股權投資人和企業收購者的投資金額有時上看1億元，不過付出如此金額，他們會預期購入公司的完整股權[23]；相較之下，孫正義投入聞所未聞的金額，但只是雅虎的少數股東。由於他有軟銀的企業資產撐腰，比起雅虎剛成立時紅杉資本所投入的金額，孫正義有能力投入整整100倍的資金。

孫正義投下此一震撼彈後，楊致遠、費羅和莫里茲面面相覷。不安的楊致遠表示他們感到受寵若驚，不過他們不需要這些錢[24]。

孫正義反駁道：「致遠，大家都需要1億元[25]。」

　　毫無疑問，孫正義說得沒錯，至少在網路品牌爭奪聲量的新時代，沒有人會嫌資金太多，雅虎準備上市正是為了籌措資本。

　　孫正義接著問道：「請網景宣傳你們公司要付多少錢？」他指的是網路瀏覽器龍頭網景正在拍賣其網站上「首選搜尋引擎」的頭銜。假如Excite或Lycos的口袋比雅虎深，他們其中一方就會搶下曝光。

　　楊致遠承認，網景公司開價不菲。他也不得不承認，1億元會很實用。在品牌競爭激烈、贏者全拿的新世界中，雅虎未來的存續有賴現下的成長，因此他們亟需成長資金。

　　問題是由誰提供？一般來說，年輕公司要籌到幾千萬元的方法就只有公開上市，這也正是雅虎的打算。不過此時孫正義出現了，這位韓裔日本外來者的血液中似乎留著某種神奇的冷卻劑。彬彬有禮，一點也不招搖，不過一出手就能提供通常要靠公開發行股票才能籌得的資金，同時私人投資協議又能免去公開上市的麻煩，而且他已經準備好立刻敲定這項大膽的協議。

　　莫里茲和雅虎創辦人花了許久思索答覆。孫正義提議的吸引力在於其確定性，畢竟初次公開發行的股價有可能不如預期。不過另一方面，根據高盛提出的上市價格，雅虎市值將是孫正義投資提議的2倍之多。假如高盛能實現承諾，初次公開發行的股價一如預期，那麼紅杉資本、楊致遠和費羅都能賺進更多財富。

　　雅虎團隊還沒做出決定，孫正義再次出手，這一招違背所有常規法則。他詢問莫里茲和兩位創辦人，雅虎的主要競爭對手是誰。

　　「Excite和Lycos。」

　　孫正義轉向一名助手：「把這兩家公司記下來。」

　　然後回頭對莫里茲和兩名創辦人說：「這筆錢不是投資雅虎，就是資助Excite，我會把你們打得落花流水。」

　　對楊致遠、費羅，尤其是莫里茲來說，孫正義的威脅彷彿當頭棒喝。在角逐網路世界導遊地位的競賽中，最後贏家只有一個，而能夠開出1億元支票的投資人將決定最終勝負。孫正義彷彿數位時代的黑手黨教父，他提出了一個莫里茲無法回絕的提議。莫里茲暗自決定絕不再陷入這種境地中[26]。

　　雅虎團隊請孫正義先行迴避，3人開始私下討論，莫里茲建議2位創辦人正視孫正義投資對手的威脅。沒有一位矽谷老手會和自己投資的新創公司反目成仇，因為創業投資不是一次性生意，為了取得信任，大家必須維持良好關係。不過孫正義是闖入這門行業的圈外人，無視這些不成文規定，矽谷行規沒辦法約束他[27]。

　　半小時候，他們做出決定。他們願意收下孫正義的資金，不過仍會繼續初次公開發行的流程。

　　經過進一步協商後，孫正義最終向雅虎投資略高於1億元的資金[28]。加上B輪投資所取得的股份，他現在持有雅虎41%股權。紅杉資本的所有權被稀釋到19%，費羅和楊致遠各自保留17%。

　　1996年4月12日，雅虎公司上市。股價大揚，以發行首日收盤價計算，雅虎市值來到孫正義投資金額的整整2.5倍[29]。這是一筆驚人財富，孫正義快速賺進1.5億元利潤。多年後，莫里茲回想這場奇觀帶來的心理衝擊：在雅虎發行股票之前，紅杉資本沒有一筆投資賺進超過1億元，這是由唐·瓦倫丁投資思科所創下的紀錄。莫里茲記得自己當時心想：「我們未來幾個月、幾年、幾十年有沒有機會單靠一筆投資刷新1億元報酬的紀錄？[30]」不過孫正義靠著在雅虎發行股票前夕買入股份，在短短幾週內便輕鬆超越這個高標，而且完全跳過從無到有建立管理團隊的勞心勞力階段。創業投資業的生態永遠改變了。

這樣的改變包含兩個層面，第一個層面炫目而明顯，第二個漸進而隱微。明顯的轉變在於孫正義本身，現在他不只是日本的名人，更在世界各地享有盛名。靠著雅虎賺進大筆財富後，孫正義贏得數位邁達斯（Midas，譯註：希臘神話中能夠點石成金的人物）的新名號，他以迅雷不及掩耳的速度接連投資，根本無暇區分寶藏或垃圾。借用避險基金的術語，他不在意能否獲得「alpha」——專業投資人靠著挑選優質股票獲得超越市場績效的報酬；他把目標放在「beta」——光是參與市場就能獲得的一般利潤。一位替孫正義管理基金的年輕投資人回憶1996至2000年間，他們投資了至少250家網路新創公司，也就是說，他們大約維持每週投資一間公司的瘋狂速度，這比一般創投機構高出10至20倍[31]。同時，孫正義至少擔任30間公司的董事成員。孫正義一位副手事後回想道：「我那時沒有經驗，不知道這樣的數字很極端[32]。」

孫正義重複投資雅虎的方針，他繼續向發展較晚期的公司進行高額投資。1997年底，他利用軟銀和雅虎賺進的資產向網站代管先驅GeoCities挹注1億元，隔年8月該公司上市後再加碼投入2倍資金，最終實現超過10億元的天文數字報酬。1998年，孫正義再度重複同樣的公式，在網路金融服務公司億創（E*Trade）上市後花費4億元購入該公司27%股權；1年後，他的股份價值上漲到240億元。為了降低對軟銀資產的依賴，孫正義籌募一種新的創投基金，共募得10億元，專門進行晚期投資，也就是所謂的「成長投資」[33]。同時，他也利用自己的日本人脈，為投資組合中的美國公司成立日本子公司，例如雅虎日本、億創日本等等[34]。孫正義跨足世界各大戰場，他也在南韓、日本和香港成立創投基金。並與魯柏・梅鐸（Rupert Murdoch）的

新聞集團（News Corp）合夥，於澳洲、紐西蘭和印度等地進行投資。在歐洲，他和法國媒體集團威望迪（Vivendi）搭檔；至於南美洲，他也在墨西哥市、聖保羅和布宜諾艾利斯成立創投辦公室。

　　憑藉旋風般的行動，孫正義預告了創投業的變化，不過這種改變要到10年後才逐漸明朗。稍後我們將看到，自2009年起，成長投資成為矽谷的主要投資類型，創投合夥企業也從地區型企業轉型成更具國際思維的組織。這一切都順理成章來自雅虎所標誌的改變。網路公司品牌的當務之急便是持續成長，需要投資人投入成長資金；此外，他們不仰賴尖端技術，因此可以在矽谷科技中心以外的地方蓬勃發展。一如金融領域的常態，首先洞見遊戲規則改變且手邊備有資金可滿足新興需求的玩家，就能在競爭者意會到之前大賺一筆。根據一項估計，孫正義的個人財富於1996至2000年間增長150億元[35]。當時還沒有任何創業投資人登上《富比世》的億萬富翁排行榜，就連約翰・杜爾、唐・瓦倫丁都不曾有此榮幸。

　　第二個較隱微的改變在於紅杉資本。雅虎股市初登場創下佳績後，瓦倫丁和幾位同仁開始焦躁。在1年之內，雅虎市值從零躍升至6億元，較資深的合夥人急於獲利出場，入袋為安。莫里茲事後回想：「每個禮拜，所有人都在熱烈討論雅虎股價來到多少，這個價位有多可笑、多荒唐，假如股價開始崩跌會怎麼樣[36]。」不過莫里茲自己抱持著相反觀點。他看到孫正義的獲利幅度（紅杉資本的股權也被他稀釋），因此決心抱住剩餘的雅虎股份，氣勢正盛的贏家還有很充裕的成長空間。合併計算紅杉資本A、B輪投資雅虎的金額，自交易首日以來，其報酬已達大約60倍。不過銀行帳戶裡顯示的

不是報酬乘數而是實際的金額數字，在這方面，紅杉資本賺得比孫正義少。

　　莫里茲後來發現，雅虎的經驗對紅杉資本來說是一個轉捩點。約於同一時期，瓦倫丁退休，莫里茲與一位幹勁十足的同輩道格・萊昂內（Doug Leone）接掌大權。保守派生於大蕭條年代，成長過程中經歷世界大戰，他們的家庭隨時擔心失去一切。莫里斯指出：「假如你害怕失去一切，就容易過早獲利了結[37]。」以蘋果公司的例子來說，瓦倫丁在初次公開發行之前就出售股票，快速實現利潤，不過紅杉資本的有限合夥人也因此未能享受到蘋果公司後續發行股票所帶來的財富。另一方面，莫里茲出生於戰後嬰兒潮，自己的人生中少遇挫折：他成長於英國威爾斯，接著進入牛津大學、華頓商學院，最後是紅杉資本；而現在，才剛過40歲生日不久，就押到雅虎這個寶。和上一代相比，他和同輩不太擔心事情可能出錯。莫里斯回想道：「我認為，紅杉資本其中一項巨大改變是，我們試圖在不要得意忘形的前提下，想像如果一切順利會是什麼模樣？[38]」

　　雅虎的投資案具體顯現了紅杉資本中的文化碰撞，謹慎的保守派與樂觀的接班人意見相左。莫里茲把握機會提出論證，主張長期持股，敦促合夥人不要一次出售雅虎股票。他提醒大家，以思科為例，該公司最大的漲幅發生在好幾年後。思科1990年發行股票時市值2.24億元，到了1994年，市值已飆破100億元。在公司中鞏固威信、說服眾人後，莫里茲確保雅虎最後一批股票延後至1999年11月才售出，此時每股價格182元，是剛發行股票時的整整14倍。由於出售時機延後得恰到好處，雅虎的獲利超越紅杉資本之前所有投資的總和，更是思科獲利的10倍之多。莫里茲簡潔地表示，秘訣就在於「學著多點耐心」[39]。

　　不過真正的秘密更為深奧。透過雅虎經驗與孫正義的例子，莫里茲意識到創投合夥企業必須持續調整改變。他發現大筆成長資金具有左右大局的影

響力，而且著眼於矽谷之外是有利可圖的策略。之後，紅杉資本會以高超的效率應用這些經驗，在金融科技業取得無可匹敵的地位。

孫正義在矽谷呼風喚雨時，一位截然不同的競爭者——創投合夥公司標竿也加入戰場。標竿創投的3位創辦人布魯斯・鄧利維（Bruce Dunlevie）、鮑伯・凱格爾（Bob Kagle）和安德魯・拉奇勒夫（Andrew Rachleff）都曾任職於矽谷其他創投機構，第四位創辦者凱文・哈維（Kevin Harvey）曾經創立一間軟體公司並出售給蓮花發展公司。標竿創投的專業資本高度集中於特定地理區域，其優勢在於當地而非國際，可說是軟銀的相反[40]。此外，標竿創投模式的特點不是龐大資金，而是靈活。這間合夥公司的第一筆基金刻意維持小型規模，只有8,500萬元，可能比孫正義提供給單一公司的資金還少。標竿創投的簡介標榜：「大型軍火並非勝負關鍵，我們的精準射擊如有神助[41]。」

標竿創投的創始合夥人相信，透過保持精簡、專注，他們得以發展出「本質上更為優秀的結構」。小型基金規模意味著能夠謹慎評估每一筆投資，他們以「alpha」為目標，而非「beta」。小型基金也能確保每位合夥人同時掌管的董事會數量不會太多，也因此能為投資組合中的公司帶來更高附加價值。小型規模能促進4位合夥人的同袍情誼，創投產業原本就具有明顯的男性特質與單一文化色彩，不過標竿創投團隊展現出更為鮮明、一致的男性詼諧特色。最後，小絕不等於弱小。標竿創投如果想要籌募更多資金，絕對辦得到。此外，為了突顯其強悍，標竿合夥人宣布將保留高比例的基金利潤，超過業界的20%標準[42]。他們收取的資金管理費用也相對較低，合夥人希望他們的收益來自成績，而非光靠籌募資金收取費用。

部分創投企業認為選擇合適的投資標的是成功的主要因素，輔導創業家則是額外加分措施。標竿合夥人傾向認為兩者一樣重要。因為一般來說，任

何人都不可能有十足把握確知何者才是有利可圖的標的，畢竟從創業投資的本質來看，許多賭注注定要血本無歸[43]。因此，為了創造「alpha」，標竿必須與創業家並肩作戰，一位合夥人曾打趣說道：「我埋頭苦幹，沒日沒夜[44]。」懷疑論者可能提出異議，他們認為能揮出全壘打、提升基金績效的優秀創業家不需要投資人太多的輔助，而在資質較差的創辦人身上浪費時間絕不可能對投資組合績效造成大幅影響。不過標竿創投駁斥這種失敗主義。他們相信只要和創業家並肩作戰、伸出援手，表面上的落後者也能反敗為勝。一位合夥人堅信：「有時也會出現奇蹟[45]。」此外，若能在艱辛的情況中不離不棄，這樣的名聲傳出去後，忠誠也能獲得回報，創業家會紛紛找上門。

　　並肩作戰需要同理心。提供意見的同時，要知道自己不一定是對的，傳達建議也需要技巧[46]，選擇合適時機就是其中之一。假如對方無心傾聽，那也沒必要提供建議，所以你要把握對方真正需要指導的時機。標竿創投共同創辦人鄧利維打趣說道：「創業投資業在做些什麼？就是週五傍晚6點15分，你正準備收拾東西回家，此時電話響起，某間公司的執行長問道：『你有空嗎？我的人資副總裁在跟秘書約會；我的工程副總裁想要辭職、搬回北卡羅來納州，因為他的另一半不喜歡住在這裡；我要開除虛報收益的銷售人員；我健康有狀況剛看醫生回來；我覺得我們需要召回產品。』而身為創業投資人，你只能訴他：『你要我現在去找你還是明天早餐時再討論？[47]』」

　　凱格爾最能展現標竿創投招牌的討喜特質。他成長於密西根州夫林特（Flint），就讀於通用汽車學院（General Motors Institute），該校提供的大學教育在教室課堂與通用汽車廠間交替進行，每次為期6週。凱格爾研讀工程，後來獲史丹佛大學商學院錄取，開著金色龐帝克Trans Am跑車來到加州，加長引擎蓋上飾有白頭海鵰的圖案。他的眉毛、唇上及下巴修剪整齊的鬍子形

成三條平行線，笑聲富感染力，喜愛與創業家針對「展現人性」的投資案進行合作[48]。

　　儘管出身於中西部汽車重鎮，且具有工程學背景，凱格爾一樣樂於資助與這兩者毫無關聯的公司。在共同成立標竿創投之前，他曾試圖說服之前的合夥人投資西雅圖起家的咖啡連鎖店星巴克（Starbucks）。另有一次，他看到果昔小舖（Jamba Juice）外排著長長的人龍，於是取消當天早上的會議，訪問了幾位果汁店員工和顧客[49]。成立標竿創投後，凱格爾的投資標的兼具科技與消費產業的元素。和Accel類型的投資人不一樣，凱格爾不願待在單一產業，假如他的策略可以用兩個字總結，那就是：人性。1997年，凱格爾投資的一間公司結合他所有熱愛的特質，這間公司既是科技公司，也具有消費元素，人性色彩濃厚，這也是創業投資業後來所謂擁有網絡效應的第一個例子。

　　這間公司的創辦人名叫皮耶‧歐米迪亞（Pierre Omidyar），是一位軟體工程師。歐米迪亞出生於巴黎的伊朗家庭，他是另一位在矽谷留下深遠影響的移民。在當時，移民已佔當地科學及工程勞動人口的三分之一[50]。他浸淫在網路早期發展的反階級社群氛圍中，留著馬尾和凡戴克鬍鬚（譯註：將臉頰鬍鬚剃掉，只留唇上及下巴的鬍型），戴著眼鏡[51]。歐米迪亞原先任職於一間新創公司，專門協助大型企業拓展線上銷售業務，但此舉反而鞏固大企業的權力地位，無益權力的普及，這令他相當懊悔。為了抵銷工作所造成的社會影響，歐米迪亞設計出一種線上拍賣工具，供個人買賣二手物品，任何人都可以免費使用。這是他贖罪的方法。

　　基於網路早期發展的宗旨，歐米迪亞也把這些買家和賣家想像成一個社群，而不只是一群自利的交易者。他建立意見回饋系統，讓拍賣工具的使用者給予彼此評價，他認為這能鼓勵善意行為；他也增設布告欄，讓使用者分

享訣竅，例如說明如何上傳圖片。社群的新成員也能在此提出問題，經驗豐富的老手則自願付出時間來回答。1996年2月，拍賣網站的流量突破歐米迪亞網路帳戶的上限，他籲請社群協助支付升級費用。這份請求完全仰賴善意，他請賣家寄回收益的一小部分，不過並不強迫。歐米迪亞對於人性的樂觀態度很快獲得驗證，一開始支票如涓涓細流，後來大量湧現；到了年底，歐米迪亞每個月收到超過40萬元。

於是他辭去正職工作，另外雇用2名員工來協助業務。他清掉網站上無關的項目，將此拍賣平台命名為eBay。eBay每月成長40%，不過更令人驚嘆的是網站的成長動力。不像雅虎須投入大量行銷資金，eBay的行銷預算是零。其快速成長來自梅特卡夫定律：拍賣網絡的規模越大，其價值也呈幾何增長。有越多賣家在eBay刊登商品，就能吸引越多撿便宜的買家；買家越多，又回過頭吸引更多賣家。此外，電信網路是透過各家公司所生產的路由器和交換器串連而成，eBay的傭金則完全來自拍賣交易的抽成。eBay的獲利來自網絡效應，而且還是這個網絡的擁有者。

由於eBay業務能夠自行成長，他們不須向創業投資人尋求資金。公司可以自行累積資金，每月的收益扣除成本後，約還有50%的利潤。不過經營者仍然手忙腳亂，歐米迪亞和兩位朋友沒有能力駕馭全憑一己之力快速成長的業務。因此歐米迪亞向顧問尋求管理建議，對方先前曾協助他所任職的線上銷售新創公司，這位顧問就是標竿創投的共同創辦人布魯斯·鄧利維。

鄧利維體格高大，不過態度和藹，他親身體現標竿創投的中心思想：協助面臨困境的創辦人，未來可以收穫回報。他非常重視親自提供諮詢，他把擔任董事成員比喻為養兒育女——加入董事會或孩子出生後的那幾年，你的生活必然大大不同。有一次，有人請他分享一則故事來描述自己的為人，鄧利維提起自己曾經必須開除一位執行長，因為公司的成長已超越他的管理能

力。多年後，同一位執行長很樂意接受標竿創投的邀請，經營另一間新創公司，他說他一直很感激鄧利維公允地對待他[52]。在鄧利維伸出援手之前，歐米迪亞的公司受困於黑暗的隧道中，因此他也對鄧利維深懷感激，定期向鄧利維匯報。

歐米迪亞表示：「我有一個電子商務網站叫做 eBay，生意很好。」

鄧利維回應道：「聽起來很棒，你何不寄份商業企劃書給我看看？」

歐米迪亞沒有商業企劃書，不過幾個月後，1997年初，他再次回報狀況。

鄧利維開口：「你何不……。」不過這次歐米迪亞打岔道：「我們何不碰個面？看在老交情的份上。」鄧利維同意了，在行事曆上記下行程[53]。

到了約定時間，鄧利維說服鮑伯・凱格爾一同加入，他心想凱格爾對零售業投資一直很有興趣。歐米迪亞沒有準備投影片簡報，他打算直接示範拍賣網站，畢竟網站才是重點——能夠賺錢的網路資產。不過網站原本就在龐大流量的壓力下搖搖欲墜，eBay 伺服器更在報告過程中當掉。為了替歐米迪亞化解尷尬局面，鄧利維立刻表示：「抱歉，我們的網路連線很不穩[54]。」

會議結束後，凱格爾心裡半信半疑，他打開 eBay 網站想要一探究竟，發現網站意外地粗糙：古板的 Courier 字體、黑白版面，只有一行行無聊的刊登商品資訊。不過凱格爾進一步細究後為之改觀。他是一位手雕魚鉤收藏家，而他發現網站上刊登著許多精美商品，他還找到一位來自密西根州同鄉的雕刻師賣家。深受吸引的凱格爾也出價競標，可惜沒有得標。不過他體驗到那種內心深處被某樣產品打動的感覺，他心甘情願地上鉤了。

凱格爾再次找上歐米迪亞，在標竿創投的辦公室外碰面。作家藍道・斯特羅斯（Randall E. Stross）以豐富的細節重塑標竿創投的早期歷史，他的著作描述歐米迪亞對於社群的重視如何打中凱格爾的心坎：歐米迪亞三句不離

eBay的社群精神，滔滔不絕地談論建立社群、向社群學習、保護社群。其他創業投資人如果一再聽到這個虛無飄渺的概念，一定很快就失去興趣。某位創投人士就回憶道：「他向我提出線上社群的概念，我記得自己心想：社群是啥？[55]」也有人對跳蚤市場的商業概念嗤之以鼻，認為eBay只是拍賣10元獎盃、「豆豆公仔」（Beanie Baby）的交易網站[56]。不過凱格爾傾心於「展現人性」的投資案，反應不同於旁人。他一直心想：「這個人很善良[57]。」此外，身為跨足零售業與軟體業的創業投資人，凱格爾獨具優勢。零售業的重點就在於和消費者交流，而把消費者當做社群是一個不錯的方法；軟體業一直都明瞭網絡效應的威力，而歐米迪亞口中的「社群」其實就是軟體界所謂「網絡」的新穎說法。網絡效應是網景公司為約翰・杜爾創造財富的原因，也是eBay爆炸成長的關鍵。

標竿創投的其他合夥人也對eBay的成長速率感到驚奇。安德魯・拉奇勒夫觀察到：「如果公司呈現指數型成長，那麼成長不會突然停下來。」接著補充說明「二階導數」是創業投資人判斷是否投資的關鍵，這指的是公司銷售成長率的變化[58]。凱格爾獲得同事的支持後，向eBay投資670萬元，對該公司的估價是2,000萬元。

假如歐米迪亞純粹以致富為目標，他可能會拒絕凱格爾，因為另有一間報業公司提議以5,000萬元收購eBay。不過歐米迪亞信任鄧利維，後來也和凱格爾熟絡起來，就像雅虎創辦人一樣，他選擇了「懂」他的創業投資人。談成投資案後，標竿創投匯出資金，不過這些錢一直存在銀行裡，歐米迪亞分毫未取。他需要凱格爾的人脈和建議，不需要他們的資金。

凱格爾的第一項任務是為eBay尋找外部執行長。他諮詢標竿創投近期加入的第五位合夥人大衛・貝恩（David Beirne），他先前是一間獵頭公司的共同創辦人。創投產業越來越重視人才招聘這項技巧，重要性只略低於商業

或工程學位。貝恩對梅格‧惠特曼（Meg Whitman）評價很高，她是玩具公司孩之寶（Hasbro）的總經理，碰巧的是，凱格爾另外一位商學院朋友也向他推薦惠特曼。凱格爾越認識這位玩具公司主管後，就越相信她是完美人選。惠特曼知道如何充分發揮零售品牌的潛力。凱格爾指出，她對「顧客體驗的情緒成分」具有敏銳的直覺[59]。

就和當初巴里斯聘雇希格摩一樣，問題是如何說服明星經理跳槽到一間沒沒無聞的新創公司。在標竿創投投資之前，歐米迪亞也曾嘗試招攬優秀的外部經理人來管理eBay，不過沒有人願意來跳蚤市場賭一把。不過現在歐米迪亞獲得標竿的認可，而標竿享有貝恩先前獵頭公司拉姆西貝恩（Ramsey Beirne）的服務，兩者聲望的結合誘使惠特曼同意會面，如果她之後想找新工作，可能會需要獵頭公司的協助。

惠特曼撥出一天飛往西岸，與凱格爾和歐米迪亞會面。凱格爾強調，eBay呈現爆炸性成長，她深受吸引。第二次來訪時，她注意到別的特點。不像其他零售商，eBay沒有庫存壓力，沒有持有成本、運輸成本和倉儲等問題，因此毛利率相當可觀。

惠特曼第三次回訪時，她攜家帶眷前來。為了說服惠特曼加入，凱格爾邀請她全家來到自家享用晚餐。惠特曼的丈夫是一位傑出的外科醫生，他對eBay的前景存疑，凱格爾盡己所能打消他的疑慮。惠特曼夫婦有兩個兒子，因此凱格爾送了兩大袋禮物到他們下榻的飯店，其中還包括一人一頂史丹佛大學紀念帽。惠特曼想知道西岸的生活是什麼模樣，凱格爾就安排不動產仲介帶他們參觀幾個優質社區。在標竿創投合夥人的會議中，凱格爾報告自己的種種努力，還加上一個有利的小插曲。惠特曼告訴他，她其中一個兒子覺得凱格爾13歲的女兒很可愛。

凱格爾向同事透露：「我覺得很有信心[60]。」

不久之後，惠特曼認定eBay也許是她再也不會遇到的難得機會，因此不顧同事和老闆的反對，帶著全家搬到西岸，加入一間自己的人際圈中沒人聽過的公司[61]。

聘用專業執行長之後，eBay開始為初次公開發行做準備。公司最近也賣出第一百萬件商品（芝麻街大鳥驚喜彈跳箱玩具），且業務持續成長。凱格爾仍然關心公司營運，不過只在幕後協助，只要惠特曼和歐米迪亞合作愉快，他便不必多加干涉。

1998年9月，eBay上市，發行價格訂為每股18元；交易首日收盤時，價格已達47元。10月底，經過幾次令人心驚膽跳的波動，股價來到73元。股價上揚的趨勢比雅虎更加戲劇化。不過不同於紅杉資本的是，龐大的未實現獲利並未顯現巨大的世代分歧，標竿創投一開始的反應仍是一派輕鬆。

貝恩驚嘆道：「老天爺。」

鄧利維預測道：「還會再漲。」

貝恩問道：「可以賣了嗎？」

鄧利維說：「如果你要放掉到手的魚的話，那可以賣了。」

貝恩笑道：「沒錯，我很膽小。」

有人打趣說，eBay市值追上通用汽車之前，凱格爾一股都不會賣。大家都笑了[62]。

股價持續如火箭般飆升。11月9日收盤價是103元，隔天來到131元。金融評論員難以解釋這種情況，一位評論員如此寫道：「彷彿所有你能想像到最目眩神迷、摸不著頭緒的荒唐事都匯集成一場壯觀事件，好像看到馬怪爾

（Mark McGwire）蒙著眼走上打擊區,連續敲出400支全壘打。」他繼續指出,將上市價格訂為18元的銀行家後來看到分析師看漲的樂觀報告,批評這是「猛烈而直接的股票炒作」,不然他們要怎麼解釋,才不過6週以前,eBay「每股只值18元,現在卻要承認自己錯了,其實價值130元」[63]。

不論是不是炒作,標竿創投寫下創業投資的新歷史。據大家所知,紅杉資本的雅虎投資案和凱鵬華盈投資有線網路新創公司@Home是目前為止績效最亮眼的創投全壘打,各為創投企業賺進6到7億元的利潤[64]。不過標竿創投現正邁向10億元報酬的大關,端視eBay股價漲勢何時停止而定。至11月底,每股價格已飆破200元。

現在就連標竿創投合夥人都覺得飄飄然。「這簡直瘋了、太瘋狂了。」凱格爾咕噥道。相較於電子零售商亞馬遜等其他網路寵兒,eBay雖有獲利,但以盈餘來判斷股價,其報酬倍數過於誇張。

凱格爾詢問星巴克創辦人霍華‧舒茲（Howard Schultz）的建議,舒茲也是eBay的董事會成員。他們兩人都同意,股價過高不是好事,因為價格必定崩跌,eBay新進員工的認股選擇權到時將一文不值,那eBay要怎麼留住人才?[65]不過市場才不管eBay的員工士氣,到了1999年4月,股價再度飆破600元大關[66]。

4月底,標竿創投終於實現部分獲利。根據eBay股價,公司市值達210億元,而標竿創投的持股價值高達驚人的51億元。如此報酬不僅打破紅杉資本和凱鵬華盈的紀錄,甚至遠超過孫正義最高額的獲利,而且當初只投入670萬元資金就締造如此佳績,標竿創投的小巧創業投資風格突然也變得厲害起來。誰說一定得開出高額成長資金支票?誰還去管亞洲策略?

尤其令人佩服的是,eBay的大獲全勝並不是個案。一間名叫Red Hat的軟體經銷商為標竿創投賺進超過5億元;線上辦公用品供應商Ariba創造超過

10億元的獲利。1999年中，標竿創投籌募3筆基金，投資金額累積達2.67億元。同年夏天，旗下公司接連初次公開發行，投資組合市值合計超越60億元，報酬倍數約為投入資金的25倍[67]。不管孫正義的例子怎麼說，回歸創投基本原則的策略顯然極富成效。

　　這兩種模式的競爭將延續至未來。標竿創投合夥人採用傳統派的經營方式，他們慧眼評估新創公司，以同理心引導創辦人，運用自己的見識擔任顧問。孫正義的方法沒那麼優雅，不過威力不減。他採取亂槍打鳥的投資策略，似乎無視風險，將監督公司的細部工作委派他人[68]。不過雖然標竿創投運用資金較為謹慎，創造的財富卻比較少，而孫正義的投資組合雖於2000年科技泡沫化時潰敗，但後來事實顯示，挫敗只是一時的[69]。此外，孫正義的方法確實迫使其他人開始效法。如莫里茲所見，你必須拿出能與孫正義相匹敵的資金，否則他會對你使出黑手黨教父那一套。

　　就連標竿創投合夥人都能感受到孫正義模式的吸引力。刻意籌募3筆小型基金後（最大一筆為1.75億元），標竿創投合夥人也開始考慮一改傳統策略。

　　1999年夏天，貝恩在合夥人會議上提起這個議題：「我認真地覺得我們應該籌到10億元。」

　　拉奇勒夫也有同感，他指出：「軟銀籌募更多錢，我們如果沒有做好戰鬥的準備，就等著被掃地出局。」

　　貝恩繼續說道：「你不能兩手空空上場，會被打得落花流水。」

　　凱格爾則不敢那麼肯定。龐大的基金也可能造成問題：如果提供過多資

金給創辦人，他們可能失焦，貪多嚼不爛，白白浪費資源。他說：「我們可能提供過多資金給公司，我不想要一窩蜂加入這場開支票比賽。」

拉奇勒夫繼續強調：「我們要有錢才能入場，軟銀和整體牛市拉高新創公司對資金金額的期望。我每一筆電信投資案都需要1,000萬元，這是基本門檻[70]。」

鄧利維指出，假如個別投資案的金額提高，小型基金就只能持有少數幾間公司的部位。如果因此未能分散風險，後果不堪設想。他傾向贊成10億元規模的基金，因為即便「我們自己知道大小不重要，但有人會視之為領導象徵[71]。」

後來，標竿創投1999年的基金籌到10億元，金額是4年前第一筆資金的10倍之多。他們曾在倫敦與以色列開設辦公分部，不過以失敗作收；也試圖模仿孫正義，在初次公開發行前夕向電子零售商1-800-Flowers.com投資1,900萬元，只不過也是虧損收場[72]。標竿創投關閉海外分部並放棄初次公開發行前夕的賭注，不過仍舊面臨資金規模大小的兩難。之後幾年，標竿創投一再遭遇輕率的晚期投資人，透過出資數千萬、甚至上億元，奪取其投資組合公司的有效控制權。由於無法拿出相應金額，標竿創投無法保護新創公司免遭財大氣粗投資人的指使。在叫車公司Uber和辦公室租借巨頭WeWork這兩個著名例子中，標竿創投只能痛心地看著自己拉拔的新創公司失速出軌[73]。這會是小型創投模式的侷限。

第八章
給Google的資金，沒有交換條件

1998年8月某天，兩位史丹佛大學博士生坐在帕羅奧圖某處的門廊上。他們正為開發瀏覽網路的新方式籌措資金，就像3年前的雅虎一樣。不過當時雅虎創辦人向紅杉資本募得100萬元，交出公司三分之一股權，而接下來的發展則非常不一樣。

這兩位博士生分別是謝爾蓋・布林（Sergey Brin）和賴利・佩吉（Larry Page），他們初露頭角的公司叫做Google。表面上，他們的創業前途黯淡，市面上已經有其他17間提供網路搜尋服務的公司。不過自信滿滿的布林和佩吉相信他們的技術能壓倒對手，因此他們在門廊上等待一位著名的矽谷工程師安迪・貝托斯海姆（Andy Bechtolsheim）。

不久之後，貝托斯海姆駕著一輛銀色保時捷抵達，他本人風度翩翩，頭髮蓬鬆飄逸，講話帶著微微的德國口音。布林和佩吉向他示範搜尋引擎後，貝托斯海姆越發感興趣。Google系統會查詢有多少其他網站連結到某一網站，據此為網站進行排序，因此顯示的搜尋結果相關程度比對手更高。貝托斯海姆立刻發現其系統借用學術界的機制：引用次數是判斷論文聲望的標準[1]。

貝托斯海姆不是創業投資人，不過他成立2間公司，手邊有資金可以運用。1982年，他共同創立昇陽電腦，大獲成功。之後又創立網路公司Granite Systems，貝托斯海姆是該公司的主要股東，後來公司以2.2億元出售給思科。貝托斯海姆喜歡運用自己的財富來資助工程師同行，隨處花個幾十萬對他的銀行餘額沒什麼影響。

1980年代後期，網路發展初期的創業家約翰・利朵（John Little）經過貝托斯海姆的辦公室。利朵也是電腦科學家，兩人是在昇陽電腦的啤酒派對上認識的。

貝托斯海姆問道：「近來如何？」

利朵回答不太好，他的新創公司共同創辦人打算辭職，而買下他的股份需要一筆錢。利朵沒有這筆錢。

你需要多少？貝托斯海姆問道。

利朵表示：「我不知道，大概9萬吧。」

貝托斯海姆拿出支票簿，開了一張9萬元的支票給他。動作之迅速，利朵根本還沒意會到他在做什麼。利朵事後表示：「他拿出支票簿的時候，我還不知道他要幹嘛。我從來沒看過有人就這麼掏出錢來，沒有交換條件。」貝托斯海姆沒有表示他希望用這筆錢買進利朵公司的多少股份，利朵回憶道：「安迪不太在意這些。那之後，大概1年1次吧，我們可能在烤肉會上碰到彼此，就會向對方提到要把那筆投資白紙黑字寫下來，可是我們都很忙[2]。」

最後，到了1996年，利朵向專業的創業投資人（Accel的亞瑟・派特森）募得將近600萬元，這時必須明確把誰擁有多少股份記錄下來了，貝托斯海姆衝動的慷慨之舉換得利朵公司的1%股份。在網路欣欣向榮的那段時期，利朵的公司Portal Software業績驚人，因此貝托斯海姆9萬元支票的報酬大概

比他共同創立昇陽電腦的獲利還要高[3]。

現在，貝托斯海姆坐在帕羅奧圖一處門廊上與 Google 創辦人閒聊，他準備故技重施。他看得出 Google 創辦人沒有商業企劃書，他們堅定拒絕採用橫幅廣告或彈出式廣告這兩種網站營利的標準作法。不過看到布林和佩吉示範他們的搜尋引擎，貝托斯海姆明白他們具有軟體優勢；此外，他也對這兩位年輕人頗有好感。他們充滿好奇心、擇善固執、性情平和，和他自己在史丹佛大學研讀電腦科學時沒什麼不同。

貝托斯海姆跑回他的保時捷車上拿東西，他興高采烈地表示：「我們還可以討論幾個問題，我先開張支票給你們[4]。」，接著交給布林和佩吉一張10萬元的支票，抬頭是「Google 公司」[5]。

布林和佩吉表示他們還沒成立公司，沒有可以存入支票的銀行帳戶[6]。

貝托斯海姆輕快地表示：「那等你們成立公司，就存進去吧[7]。」接著就開著保時捷揚長而去，沒有指明他希望用這筆錢購入 Google 多少股份。他事後表示：「我興奮極了，只想著不能錯過[8]。」

———◆———

貝托斯海姆的隨興投資標誌著新型態技術投資的出現，重要性堪比2年前孫正義開出的1億元支票。1990 年代中期以前，半退休的科技業主管偶爾也會從事投資。舉例來說，麥克・馬庫拉資助並輔導剛起步的蘋果公司；米奇・卡普爾為 GO 和 UUNET 提供資金與建議[9]。不過要到 1990 年代中後段、科技市場的繁榮時期，這種「天使投資」才真正開始成為一股勢力。多虧初次公開發行帶來的財富，矽谷的百萬富翁如雨後春筍般出現，而天使投資成為這個菁英族群的新消遣，就像醫美手術在好萊塢一樣的稀鬆平常。1998

年，貝托斯海姆資助Google的同一年，活躍的天使投資人朗恩‧康威（Ron Conway）甚至籌募3,000萬元的基金來強化個人投資，而「機構天使」或「超級天使」成為矽谷新創公司引擎的最新汽缸[10]。一夕之間，創辦者有了傳統創業投資人之外的新選擇，就像孫正義的成長資金提供了公開上市之外的選項[11]。進行第一輪募資時，創業家只需要認識幾位成功前輩就行了。貝托斯海姆獨特的投資風格後來幾乎變成常態。

　　布林和佩吉尤其善用這種新模式。一開始，他們找上印度裔科技主管蘭姆‧西里蘭（Ram Shriram），西里蘭後來靠著將自己的新創公司出售給亞馬遜而發跡。起初，西里蘭幫忙介紹幾間可能有意收購Google技術的大型搜尋公司，不過後來沒有出現像樣的合作案，因此西里蘭提議資助這兩位博士生，前提是他們能找到其他天使投資人合資。布林和佩吉很快就成功拉攏貝托斯海姆及其Granite Systems的共同創辦人，還有一位史丹佛大學教授大衛‧薛瑞頓（David Cheriton）。幾個月後，亞馬遜創辦人傑夫‧貝佐斯造訪灣區露營度假，在西里蘭家遇到布林和佩吉兩人。貝佐斯也想要入股，他後來表示：「我愛上賴利和謝爾蓋的才華[12]。」

　　至1998年底，布林和佩吉已向4位天使投資人募得100萬元，比雅虎自紅杉資本募到的資金還多[13]。不過他們沒有與任何一位創業投資人交涉，交出的公司股權更不到十分之一，也不必同意創業投資人訂定的績效目標和監管[14]。貝佐斯和貝托斯海姆等天使投資人全心專注於自己的公司，無暇對布林和佩吉指手畫腳。於是，一如約翰‧利朵所說，Google創辦人得以「就這麼募到錢，沒有交換條件」。自由資本的舊有觀念邁入全新層次，人類歷史中，年輕發明家從未如此備受禮遇。

　　雖然Google創辦人避免與創業投資人交涉，不過當時正是創投產業欣欣向榮的時期。1998年，創業投資人籌措的資金達到創紀錄的300億元，與孫

正義投資雅虎的1995年相比翻了3倍。1999年成長更為猛烈：創投合夥公司握有560億元資金[15]；美國的創投合夥企業數量達750間（10年前大約只有400間）[16]。矽谷似乎瀰漫著創造財富所激發的腎上腺素，至少對創業投資人來說是如此。

　　這樣的蓬勃發展令傳統創業投資人稍感不安。一位老前輩回憶道：「顯然我們身處泡沫之中。我們認知中打造基本價值的措施都遭到懲罰，而偏差行為卻獲得獎賞。」雅虎所帶動的趨勢（先行者因氣勢壯盛而獲得資金）顯然衝過了頭：在許多案例中，創造氣勢的是資金本身，眾多網路公司根本賺不到利潤。不論市場上揚的態勢有多瘋狂，創投前輩也無力抵制。不像避險基金，即便預期泡沫化也能運用衍生性金融商品或其他機制來獲利，創業投資人想要賺錢就只能打賭價值不斷上升。他們的業務很單純，那就是購買新創公司的股權，而且除了付出水漲船高的價格外別無他法。除了獲利機制以外，避險基金和創業投資還有心理方面的差異。避險基金從業人員基本上各自獨立。當交易員路易斯‧培根（Louis Bacon）於1990年代買下一座私人島嶼時，人們打趣說他原本就住在孤島上，因為他本來就是隱藏在一排排螢幕之後的神祕人物，隱居避世。不過創業投資人是另一個極端，他們的辦公室相鄰，彼此會在新創公司的董事會上相遇，互相談論後續的投資事宜。不論在地理和心理上，創投從業人員緊緊相依。由於他們仰賴人脈網絡，因此即便只是提起泡沫化的可能性也代價高昂，公開質疑瘋狂情勢的投資人只會掃大家的興。

　　一般情況下，股市能夠制衡創投產業的泡沫熱潮。創業投資人知道，新創公司尋求上市時將面臨更嚴厲的裁判，股民不太會為了別人的夢想掏出錢來，譴責公司或做空其股票時更不會手下留情。這對創投行為有一定的約束作用，防止創業投資人對私人公司的估價過高，以致公開發行股票後無法獲

利退場。不過到了1990年代後期，股市不再具有約束效果。CNBC等財經電視頻道在1990年代後半的收視人數翻了3倍，新一代的股票新手受到節目中財經話題的驅使，大量買進網路股。心明眼亮的避險基金投資人做空這股熱潮，反而蒙受嚴重虧損，直到他們由空轉多，於是進一步推動股市的上漲氣勢[17]。華爾街人士指出，乘冪定律思維的普及，可能是大眾對於科技股抱持狂熱態度的原因。摩根史坦利投資長喬瑟夫・佩羅拉（Joseph Perella）驚嘆道：「美國資本主義出現根本的變化，基本上大眾的態度是：『我要買進每一家公司的股票，就算虧了19次，只要第20次碰上雅虎，那就值得了[18]。』」

　　由於股市也全心接納乘冪定律的邏輯，創業投資人再也不受制衡。私人投資協議的估價越來越高，新創公司籌到的資金也越來越多。1997年，線上零售商Webvan在徒有概念、根本還不算是一間公司的情況下，就向標竿創投和紅杉資本募得700萬元。1998年，Webvan又向軟銀募得3,500萬元，用於建立公司的第一間經銷中心。1999年，經銷中心還未開始營運，Webvan又成功說服投資人投入令人瞠目結舌的3.48億元。到這時，根據創投投機者的評估，雖然公司仍持續虧損，Webvan的帳面估價已超過40億元。簡而言之，Webvan就像是打了類固醇的GO，展開一場創業投資漫天喊價之旅。不過，由於股市一樣亢奮，創業投資人並不是唯一的罪魁禍首。Webvan於1999年秋天初次公開發行，成績亮眼，公司市值飆破110億元。如果股票市場投資人願意高估公司價值，創業投資的狂熱也算是情有可原。

　　有鑑於創投產業的榮景，Google尋求資金沒有其他更好的地方。向天使投資人募得的100萬只夠撐幾個月，而且比起創造收入，布林和佩吉更在意

累積使用者。1999年初，最積極參與的天使投資人蘭姆・西里蘭向Google創辦人大膽進諫，告訴他們終究該對獲利之道提出明確的想法，該是撰寫一份商業企劃書的時候了。

布林問道：「什麼是商業企劃書？[19]」

西里蘭並未因此退卻，他把起草企劃書的工作指派給一位經常來往Google辦公室的史丹佛學生。接著探尋自己的人脈網絡，找到一位富有經驗且願意帶領公司的主管[20]。就和當初米奇・卡普爾協助UUNET做好準備、向投資人提案一樣，西里蘭此時也肩負同樣的任務。

1999年5月，Google創辦人準備與創業投資人會面。不過布林和佩吉先前以非常優渥的條件向天使投資人募得資金，在下一輪募資中，他們也打定主意維持自己的上風優勢。由於創投基金滿溢，現在正是測試極限的好時機。畢竟理論上，既然資金源源不絕，他們應能輕鬆取得。兩位異常自信的創辦人現在有機會一展身手，測試資本家退讓的底線。

第一步是選擇最理想的投資人，紅杉資本是想當然耳的選項，畢竟他們曾經資助雅虎。不過佩吉和布林也很希望與約翰・杜爾見面，畢竟他是凱鵬華盈中最為幹勁十足的人物。他現在已經將GO的挫敗遠遠拋在身後，成為最具熱忱的網路推銷員，而且沒有人比他更擅長為旗下公司拉攏人才。投資網景公司後，杜爾又成功延攬吉姆・巴克斯戴爾（Jim Barksdale）加入這間莽撞輕浮的新創公司，巴克斯戴爾是一位理智清晰的南方人，先前於大型電話服務公司擔任主管。一位內部人士透露：「巴克斯戴爾著迷於杜爾的熱忱[21]。」自此之後，杜爾將網景公司打造成後續一系列新創公司的跳板，共同目標是擴建網路服務，例如透過有線寬頻提供高速網路連線的@Home；透過網路販售藥品的drugstore.com，杜爾甚至打算為家政女王瑪莎・史都華（Martha Stewart）建立網路品牌。整個矽谷的創業家都擠破頭想要加入杜爾陣

營，一位仰慕者向《紐約客》透露：「有個說法是，假如你拉攏到杜爾和凱鵬華盈的資助，你大概可以馬上下訂一台法拉利了[22]。」

　　杜爾投資亞馬遜一案，是他展現極高聲望的絕佳例證。1996年，杜爾以800萬元取得貝佐斯新創公司的13%股權；至1999年春天，亞馬遜已是市值超過200億元的公開發行公司。不過最令人嘖嘖稱奇的，還是杜爾談定投資的方式以及他在此過程中展現的聲望。亞馬遜成立於1994年，後來尋求創投資助時已是一間火熱的公司。投資人來電絡繹不絕，亞馬遜曾開玩笑表示要把語音信箱重新設定成：「顧客請按『1』；創業投資人請按『2』[23]。」一家頗具威望的紐約技術投資公司General Atlantic尤其積極，鄭重地向貝佐斯提出投資條件書。另一方面，與其爭取投資亞馬遜，杜爾本人反而成為被追求的對象，他聲名遠播，因此亞馬遜慕名而來。起初，杜爾太過忙碌，他皮帶上的呼叫器和手機響個不停，因此沒有注意到亞馬遜已經找上門來。後來，凱鵬華盈旗下公司的一位執行長說服杜爾與亞馬遜的行銷總監共進晚餐，此時杜爾才發現亞馬遜這塊寶。他飛往西雅圖，和貝佐斯一見如故，從General Atlantic眼皮底下搶走投資協議，儘管他提出的條件沒有對手那麼優渥。被問及為何接受較低出價時，貝佐斯答道：「凱鵬華盈和杜爾是網路世界的重心，和他們合作就像身處商圈中的黃金地段[24]。」

　　由於杜爾投資亞馬遜，貝佐斯又投資Google，布林和佩吉與凱鵬華盈的明星風雲人物見面只是遲早的事。如此順利的過程，兩人幾乎視為理所當然。其他幻想下訂法拉利的創業家可能會熬夜準備簡報投影片，不過兩位Google創辦人沒給自己太多壓力，他們與杜爾會面時所準備的PowerPoint簡報只有17張投影片，其中3頁還放上卡通圖案，實際呈現數據的更只有2頁[25]，不過他們用沉著的自信彌補報告嚴謹度的不足。他們採納西里蘭的建議，把公司的使命宣言濃縮成一句話：「按一下，開啟全世界的資訊。」

（We deliver the world's information in one click.）

　　杜爾最愛這種簡潔而大膽的報告，工程學出身的他以夢想家為志業。此外，Google利用天使資助所提供的時間來累積影響力，現在Google已經可以每天處理50萬筆搜尋。杜爾暗自估算，假如Google躋身名列前茅的搜尋公司，市值可以上看10億元。

　　為了估量兩位創辦人的野心，杜爾詢問他們：「你覺得公司規模可以達到什麼地步？」

　　佩吉回答：「100億元。」

　　「你是說市值嗎？」

　　「不，我指的是收益。」佩吉自信地表示。接著他拿出筆電，示範Google搜尋結果在速度與相關性方面領先對手的幅度。

　　杜爾又驚又喜，100億元的收益意味著市值至少有1,000億元，這比杜爾自己的估算整整高出100倍，如此的公司規模堪比微軟，更是遠遠超過亞馬遜。不論這樣的目標是否切實可行，絕對傳達出滿滿的自信，杜爾很少遇到夢想比他更宏大的創業家。

　　兩位Google創辦人找上杜爾的同時，也開始追尋下一個獵物。他們最近與「超級天使」朗恩・康威會面，他們提出一個條件：只要康威能替他們與紅杉資本牽線，就讓他入股。康威很樂意地答應。即便以矽谷的超高標準來說，康威也絕對算得上人脈廣闊。

　　康威和道格・萊昂內尤其熟絡，萊昂內正是與麥可・莫里茲共同掌管紅杉資本的合夥人。莫里茲好勝心強，結交朋友的同時也不免與人為敵，另一方面，萊昂內則是十足好客的義大利人[26]。

　　某個週五用完午餐後，萊昂內接到康威的來電，他從沒聽過Google的名號，不過馬上就打給布林和佩吉。下午4點，他已經和兩位創辦人碰面，一

面看著他們操作搜尋引擎，一面驚嘆連連，Google的搜尋結果比雅虎實用得多[27]。

　　萊昂內結束會面後馬上打給莫里茲，請他立刻前來。莫里茲於下午6點抵達，於是兩位Google創辦人第二次向紅杉資本進行簡報。此時兩人還不知情，其實大門已悄悄敞開。莫里茲之前從雅虎共同創辦人楊致遠那裡聽聞Google的優越技術，雅虎考慮在自家網站上採用Google技術來強化搜尋能力[28]。

　　至此，莫里茲和杜爾都對投資Google很感興趣，不過兩人的原因不太一樣。在沒什麼科學法則的創投界，如果兩位投資人對同一份協議感興趣，原因不一定相同。

　　對同為工程師的杜爾來說，Google的技術優勢是吸引他的主要原因。持懷疑態度者可能主張，面對市場上18個對手，搜尋技術是利潤很低的商品。不過杜爾對科技進展有信心，他相信即便較晚進入市場，只要演算法夠好，還是能自競爭者中脫穎而出。他的合夥人維諾德・柯斯拉如此解釋道：如果你認為現有的搜尋技術已經有90%水準，那麼提高到95%還是不太有辦法擄獲顧客青睞。不過如果你認為還有更多進步空間，也就是說，現存搜尋技術只發揮了20%潛力，那麼Google就可能比對手優秀3、4倍，這樣一來，其技術差距就能吸引大批使用者[29]。柯斯拉本人在1990年代就靠著投資歷代網路路由器產品而大發利市，每一代產品都比前一代優越許多。工程師才知道，工程產品的進步空間其實比一般人的想像更大。

　　對於曾任職於新聞界的莫里茲來說，他投資Google另有原因。當然他也看得出Google的搜尋引擎更為優秀，不過他沒想到技術優越能帶來顛覆性的改變，部分原因在於他對網路未來發展的想像。有鑑於莫里茲投資雅虎的經驗以及1999年的網路發展趨勢，他認為網路將由品牌主導[30]，搜尋引擎等技

術性功能只是熱門網站中重要性較低的附加優點，擄獲消費者忠誠的品牌才是王道。《華盛頓郵報》（*The Washington Post*）已經開始付費使用Google技術，用於強化自家網站首頁的搜尋能力，布林和佩吉之後也會與網景公司達成類似協議。與雅虎結盟的想法也符合這個模式：靠著擔任雅虎熱門入口網站中不起眼的搜尋技術供應商，Google能有安穩的發展[31]。莫里茲的錯誤預測突顯科技進展有多麼難以預料。1999年時，沒有人看得出未來Google將壓倒雅虎，也預料不到亞馬遜將凌駕其他所有電子商務競爭對手。

分別尋求凱鵬華盈和紅杉資本的金援後，布林和佩吉開始思考自己有哪些選項。標竿創投和Accel等其他創投合夥公司所提出的估價較低，一間紐約銀行有意付出更高價格，不過西里蘭建議他們選擇熟悉如何協助公司發展的西岸創投企業[32]，因此兩位Google創辦人得在凱鵬華盈和紅杉資本之間做出選擇。一如往常地堅決按自己的方法行事，他們決定同時接受雙方的投資。

貝托斯海姆駁斥道，這些自傲的大公司「不可能」同意共同投資，他們習於主導投資案，而不是合作分享。不過布林和佩吉毫不退卻，在1999年朝氣蓬勃的氛圍中，沒有什麼是不可能的。

布林和佩吉透過天使投資人告知雙方他們將分別出售12.5%的股權給凱鵬華盈和紅杉資本，假如任一方拒絕，合作就告吹。凱鵬華盈和紅杉資本氣呼呼，亞馬遜和雅虎都不敢這樣要求他們。不過在一片樂觀的牛市中，就算他們不願接受，還有其他投資人樂於提供Google所需的資金。

Google創辦人察覺到自己佔有協商的上風地位，於是更加堅定立場，分別派遣康威和西里蘭向紅杉資本及凱鵬華盈下最後通牒[33]。

幾天後，康威在星巴克停車場中接到西里蘭的來電。

西里蘭表示：「僵局結束了，他們願意共同投資，平分股權。」

1999年6月7日，三方簽署協議。對杜爾來說，這筆1,200萬元的投資是他生涯至今最大的賭注。他自我解嘲地說：「我從來沒付那麼多錢給新創公司，卻只買到這麼少的股份[34]。」由於天使投資人的出現及大量湧入創投產業的資金，創業家與創業投資人的地位有了翻轉。

不論西里蘭怎麼說，但Google創辦人和投資人之間的對立其實還沒結束。到目前為止，創業投資人幾乎全盤接受Google創辦人的所有條件，不過他們堅持公司必須有一位外部執行長，畢竟現狀有點可笑：佩吉自稱為Google執行長兼財務長，布林則擅自擔任總裁兼董事會主席。兩人頂著各種管理頭銜，實際上卻是毫無管理經驗。如果要打造出能與微軟匹敵的公司，他們需要一位有經驗的執行長。

接受創投資助時，布林和佩吉同意未來某個時間點應該雇用新任執行長[35]。不過幾個月後，他們告訴杜爾：「我們改變主意了，其實我們覺得自己就能經營公司[36]。」1973年蘇特山建立Qume模式，到了1990年代中期，雅虎和eBay已經能夠敞開心胸接納外部執行長，創業投資人引進新任領導人的作法幾乎已成為定律。不過現在兩位Google創辦人舉了幾個公司創辦人持續握有管理權的成功例子——麥可·戴爾（Michael Dell）、比爾·蓋茲（Bill Gates）和他們的天使投資人傑夫·貝佐斯，因此他們相信自己也能辦得到。杜爾一位副手直言：「他們不知道的是其他失敗例子，這不在他們的樣本裡[37]。」

莫里茲和杜爾對於Google創辦人反悔一事非常不快。莫里茲批評道：「就算神祇向賴利和謝爾蓋捎來聖旨，他們還是會有一堆問題[38]。」在某次

特別激烈的爭執中，兩位創業投資人堅持 Google 創辦人的作法有害公司前景，而如果佩吉和布林拒絕讓位給外部執行長，他們將撤回資金。莫里茲事後表示：「我亮出殺手鐧威嚇他們[39]。」

　　然而當時的金融環境對創業投資人的心情完全沒有幫助。2000 年春天，科技股漫長的繁榮期猝然告終，接下來 1 年，Webvan 等泡沫化公司紛紛宣告破產。在此之前，創業投資人忙著安排公開發行，數著手中勝券。不過現在不是初次公開發行的時機，大家開始忙著處理投資組合公司的倒閉事宜。想當然耳，投資績效下滑。1996 或 1997 年成立的創投基金，其年度報酬率中位數超過 40%，大幅超越股票市場報酬。反觀 1999 或 2000 年基金的年度報酬率中位數卻落後股票市場，出現虧損[40]。平時處變不驚的萊昂內回想當時的驚愕：「2000 年某天醒來，一切都不一樣了。我是 12 個董事會的成員，一間公司的營運比另一間更糟。我的天，現在該怎麼辦？[41]」Accel 的吉姆‧史瓦茲對於崩跌有同樣痛心的回憶：「我職業生涯第一次必須走進董事會議告訴大家：『各位聽著，我們銀行裡有幾億元，不過這個模式在新環境中行不通，我們清算公司吧』[42]。」另一位創業投資人回憶道：「大環境令人抑鬱，就算聽到新的投資提案，心情也很難提振起來[43]。」

　　杜爾也和其他人一樣遭受嚴重打擊。他的瑪莎‧史都華創投計畫在 2000 年頭 4 個月就跌了 60%；1999 年初，有線公司 @Home 曾誇耀 350 億元的市值，2001 年便申請破產。就連亞馬遜也股價崩跌，華爾街公司雷曼兄弟（Lehman Brothers）一位著名分析師提出警告，表示亞馬遜債券可能違約。杜爾打給雷曼兄弟的老闆迪克‧福爾德（Dick Fuld），堅稱分析師的數據錯誤，並設法延後、淡化雷曼兄弟之後預計要發出的抨擊文章。杜爾事後表示：「迪克能理解我的來電[44]。」

　　面對逆境的同時，杜爾擱置自己對於 Google 創辦人的惱怒，提出新穎的

策略。2000年夏天，他向布林和佩吉提出一項建議，迎合他們的自負。他和莫里茲會介紹幾位他們景仰的著名創辦人，讓這些成功創辦人來說明經驗老道的外部經理有何價值。既然布林和佩吉不聽創投資助者的勸告，不認為Google有引進外部人才的需求，也許他們聽得進其他創業家的話，至少杜爾這麼希望。他意識到權力地位已經翻轉，現在是公司創辦人佔了上風，他只好也仿效天使投資人好言相勸的方法。

杜爾告訴布林和佩吉：「如果你們希望我們開始搜尋人才，我們就照辦。」說明他們和其他創辦人討論之後可能的結果，接著又補充道：「但如果你們不同意，那我會自己決定[45]。」

接下來幾週，布林和佩吉開始諮詢一連串矽谷風雲人物：蘋果的史帝夫・賈柏斯、英特爾的安德魯・葛洛夫、昇陽電腦執行長史考特・麥克里尼（Scott McNealy），當然還有亞馬遜的傑夫・貝佐斯[46]。杜爾悄悄追蹤每次會面的結果，詢問這些資深前輩對於兩位Google創辦人的看法，也打探他們獨立經營公司的堅決程度。杜爾記得貝佐斯說：「有人就是想要划橡皮艇橫越大西洋，他們不介意，問題是，你願不願意放任他們蠻幹？[47]」

同年夏末，布林和佩吉回頭求助於杜爾，他們說：「你可能很驚訝，但我們同意你的看法[48]。」他們現在願意延攬外部執行長了，而且他們有很明確的人選，只有一個人達到他們的標準。

布林和佩吉表示：「我們很欣賞史帝夫・賈柏斯！[49]」

由於賈柏斯沒空，杜爾開始推銷替代人選。他有時自稱為「榮譽招聘員」，他堅信「我們投資的不是商業企劃書、不是折現現金流量，而是人才」，顯示創投行業的精髓自洛克與戴維斯的年代以來未曾改變[50]。杜爾敬責地搜尋人脈網絡，尋找一位具有電腦科學背景的管理人員，不過他的第一人選看不出排名十幾的搜尋引擎有何未來可言。後來，2000年10月，杜爾

找上另一位電腦科學家出身的經理人——艾瑞克・史密特（Eric Schmidt），當時史密特任職於軟體公司網威（Novell）[51]。

　　杜爾參加思科執行長家中舉辦的政治募款活動時看到史密特，於是走上前搭話。兩人 1980 年代時因與昇陽電腦有業務來往而熟識起來，史密特在昇陽電腦的職位逐漸高升，而且和年輕工程師相處特別有一套。有一年，他的團隊拆解一台福斯金龜車，然後又重新在他的辦公室中組裝回能夠發動的狀態。影片顯示驚訝的史密特和其他年輕人一樣喜歡這場惡作劇[52]。

　　杜爾知道史密特正準備出售網威，很快就能接任新工作[53]。他拿出最急迫的語調，告訴史密特 Google 就是他的下一步選擇。

　　史密特懷疑地表示：「我不確定 Google 值不值得，況且根本沒有人在乎搜尋引擎。」

　　杜爾再次勸說：「我覺得你應該和賴利及謝爾蓋談談。」Google 是「一塊需要稍微拋光的寶石」[54]。

　　史密特信任杜爾，因此不會對他的請求置之不理。他事後表示：「約翰很瞭解我，他知道我在意的點。如果我信任的對象請我做某件事，我就會去做[55]。」

　　於是史密特拜訪 Google，他們的辦公室剛好就坐落於昇陽電腦以前的辦公大樓中。史密特認出 1980 年代就擺在同一處的熔岩燈；他也看到自己的傳記掛在牆上，他心想著：「感覺真怪。」

　　布林和佩吉準備盤問史密特在網威公司的績效，兩位 Google 創辦人認為，網威運用代理快取來加快網路回應速度是錯誤的方法。史密特事後回憶，接下來 1 個半小時，他們進行了一場「激發思考的爭論」。史密特骨子裡是一位知識分子、工程師，而不只是執意要達到某個業務目標的生意人[56]。不過不論他再怎麼享受言詞激辯的過程，其中的警示意味很明顯：假如他接

任執行長,他得撥出好些時間來管理這兩位年輕人,尤其這間公司目前還不把收益當一回事[57]。由於布林和佩吉出售給創業投資人的股份只佔了四分之一,他們仍握有最終的裁量大權,假如他們雇用執行長之後又反悔,隨時有權力趕他走人。

史密特一方面期待加入Google,一方面又對於將自己的未來交付給兩位可能隨時改變主意的20幾歲年輕人感到焦慮。到頭來,史密特對於矽谷網絡守護者的信任幫助他做出決定。史密特表示:「我有把握,假如賴利和謝爾蓋把我掃地出門,創投人士也不會虧待我[58]。」假如Google這條路行不通,杜爾和莫里茲會替他在別處找到一樣好的工作。腳下有了創業投資人的安全網,史密特勇敢跨出步伐。Google終於有了成為全球企業所需的專業指導。

2001年史密特的招聘過程,是Google創辦人向創業投資業昭示的第二項轉變。第一項轉變是關於投資協議的價格,如杜爾所言,這是凱鵬華盈有史以來付出的最高金額,但只購入新創公司的微薄股份。第二項轉變關於Qume模式的反轉:Google拖延好長一段時間才終於雇用史密特,而且他也只是公司3人領導小組的其中一員。第三項轉變出現於2004年Google準備公開上市的時候,布林和佩吉違抗矽谷傳統,也不顧杜爾和莫里茲的反對,他們堅持在向大眾出售股份後繼續握有管理大權。他們依循的是主要由家族媒體企業設下的前例,布林和佩吉宣布Google將發行兩種股票,第一種由創辦人及早期投資人持有,針對公司重大決策擁有10票;第二種由外部的股市投資人持有,只有1票。外部投資人持有股份的所含票數只佔五分之一,而

內部人士（其中又以布林和佩吉為主）能持續握有公司控制權[59]。

　　Google創辦人提出此種股權結構後，杜爾和莫里茲提出兩點反對意見。首先，外部投資人可能對於次等權利反感，如果他們因此拒絕購入股票，就會壓低股價和創業投資人退場的獲利空間。其次，創辦人無限期保有控制權可能是不智的選擇。布林和佩吉還很年輕，他們可能改變主意，進而改變公司營運方向。隨著Google成長，這將更難以管理。如果創辦人哪天決定要到加勒比海小島享受財富，那該怎麼辦？[60]

　　Google創辦人提出兩個相反觀點來回應這些質疑。首先他們強調Google的公共使命。《華盛頓郵報》和《紐約時報》等報業集團認為，除非能保障新聞記者不受一味追求利潤的普通股東影響，否則難以公正報導。開明的報業家族懷有公民使命感，能夠不受脅迫或利誘，堅持追求真相；不過普通股東的名譽與報導品質無涉，他們可能不敢得罪勢力龐大的政府或廣告客戶。布林和佩吉以同樣的角度來看待Google，他們的初次公開發行簡章提到公司「對世界負有責任」──提供免費、豐富、不帶偏見資訊的責任。10幾年後，當科技巨頭因搜集客戶資料、模糊真假新聞的界線而遭受抨擊時，創辦人權力與公益的關聯更加受到質疑。不過2004年，Google創辦人堅持比起普通股東，他們兩人更能守護公眾利益，股東民主反而有害政治民主。

　　Google創辦人的第二點著重於長期利益，這一點類似於對股東資本主義的批評。他們主張，股市投資人過於短視，不太願意為了未來擴張而犧牲短期利潤。因此，為了股市投資人的利益著想，他們不應享有決策權，也就是說，其影響力越小，就越符合他們的利益。當然，將此論點套用到政治民主，意思就是為了大眾著想，人民不應擁有投票權，但恐怕不會有人同意這樣的看法。其實，股市投資人無法看出長期利益的論點並不正確，事實上，他們經常拉抬亞馬遜、Netflix、特斯拉等重視投資的公司股價，正是因為他

們確實看重未來發展[61]。不過Google創辦人熱烈擁護股市短視論這種帶有偏見的論點，Google向潛在投資人提供的初次公開發行簡章桀驁不馴地聲明：「我們不會讓短期獲利壓力阻礙高風險、高報酬的計畫[62]。」

　　2004年8月19日，Google上市。當時大眾目光焦點多半著眼於該公司用於分配股份的機制：Google創辦人再次反抗金融機構，他們拒絕向投資銀行支付發行股票的傳統費用，採取競標出售股票的模式。雖然Google實驗性的訂價機制並未成為往後矽谷公司初次公開發行的常態，但後來臉書等公司也開始模仿其10票比1票的雙重股權結構[63]。Google發行股票後，股價出現非凡成長，3年內便翻了5倍，顯示創業投資人對於雙重股權結構的反對只是杞人憂天，顯然投資人毫不介意購買次等股票。由於兩位創辦人經營公司成績斐然，因此也少有人關心他們是否握有太多權力。

　　身為當代最知名的矽谷明星，Google對於新創公司籌募資金的方式帶來深遠影響。其他創業家也紛紛向天使投資人尋求早期資金，迫使A輪投資者必須奉上更大筆的鈔票。他們拒絕採用Qume的模式，偏好自行主導一切，也排斥股東民主。總而言之，創業家使出各種把戲，目的是緊握更多財富和更重要的——管理大權。

　　創業投資業面臨全新挑戰。21世紀的頭幾年，Google的影響尚未顯現，創投社群仍忙於挽救墜毀的投資績效。2003年，紅杉資本苦苦支撐一筆價值跌落50%的創投基金，合夥人出於榮譽心，自願投入自己的基金管理費用，湊出1.3倍的報酬[64]；凱鵬華盈的基金績效更是慘不忍睹，以赤字作收；而曾經短暫成為世界首富的孫正義則虧掉90%的資產。許多在市場繁榮的那幾

年滿載資金的創投合夥公司找不到投資好標的，有些將未投資的款項歸還外部合夥人，有些暫停籌募新基金，而少數幾間仍然嘗試籌措資金的公司則屢遭投資人斷然拒絕[65]。2000年的高峰時期，創投公司的新資本承諾達到1,040億元，到了2002年則只剩下大約90億元[66]。

少了豐沛創投資金的挹注，創業活動似乎也開始萎縮。「沒有交換條件的資金」消失無蹤，取而代之的是對於高風險新計畫敬而遠之的態度。倒閉的公司比新創公司還多，在財務報酬渺茫的情況下，少有人有決心在新公司埋頭苦幹。2001至2004年初，矽谷減少20萬個職缺，高速公路的大型廣告牌找不到廣告客戶；物理博士只能靠端盤子來養活自己。一位創業家曾這麼說，要留在矽谷就必須認知到「只有蟑螂生存得下去，而我就是其中一隻蟑螂」[67]。

2004年夏天，Google的公開發行標誌著此一蕭條時期的結束。他們證明就算在網路公司泡沫化的大環境中，軟體公司還是能突破重圍；顯示即便舉國才剛從2001年的恐怖攻擊事件及隨之而來的衰退中緩慢站穩腳步，數位創新已開始高速發展。約於Google股市初登場的同一時期，另一間明星軟體公司Salesforce也公開上市。2005年網路電話新創公司Skype以31億元獲eBay收購，使其創投資助者大賺一筆。

不過經濟逐漸復甦的同時，創投產業必須面對布林─佩吉挑戰的迴響與餘波。年輕創業家不再聽從有經驗的投資人，事實上，他們對投資人嗤之以鼻。保羅・葛拉罕（Paul Graham）最能展現這種態度的轉變，他以駭客自稱，後來成為年輕新創公司創辦人景仰的大師。1995年，葛拉罕與哈佛研究所同學共同創立軟體公司Viaweb，1998年出售給雅虎，賺得價值4,500萬元的股票，這是駭客翻身的典型例子。後來，葛拉罕轉以寫作為業，主題包羅萬象，包括程式語言Lisp的優勢、高中時期受歡迎與否的問題，以及企業面

臨的挑戰。他的文章頌揚程式設計師、貶低商業人士，這些文章最初刊登於自己的網誌上，後來於2004年集結成書。葛拉罕出身自東岸的麻薩諸塞州劍橋，這一點更加突顯其主張的重要性，這顯示Google創辦人的反叛精神已經成為遍及全國的現象。

　　葛拉罕對年輕駭客的第一條忠告，就是要當心創業投資人。他告訴讀者：「能省一塊錢是一塊錢，因為你必須吐回投資人的每一分錢。」葛拉罕自己的公司有一位天使投資人是個嚇人的金屬貿易商，「看起來就像是早上起床會嚼石頭當早餐的那種人」；當葛拉罕的新創公司遭遇小挫折時，另一位投資人試圖奪取他的股權。經歷這些事件，葛拉罕學到如何起而對抗這些有錢人。葛拉罕叮嚀他的門徒：「讓他們投資是給他們的恩惠。」多虧了布林—佩吉的前例，這些闊佬不禁自問：「他們會是下一個Google嗎？[68]」

　　對於經驗老道的主管，葛拉罕和Google創辦人所見略同。他斬釘截鐵地表示：「擁有經驗和商業背景的穩重人士十之八九過譽了。我們把他們稱作『新聞播報員』，因為他們總是梳著整齊的髮型，口氣沉穩而自信，但其實只會照著電子提詞機唸稿，根本不知道自己在說些什麼。」經營自己的新創公司時，葛拉罕不顧嚼石頭投資人的壓力，拒絕聘請有經驗的執行長，而是另外雇用比較聽話的經理人，對方樂於讓他來掌管公司。葛拉罕寫道：「我發現經營公司沒什麼祕訣，就是開發使用者喜愛的產品，量入為出，這能有多難？」

　　也許最重要的是，葛拉罕指出軟體對創投產業的影響。和雅虎、eBay以及葛拉罕自己的公司Viaweb一樣，Google標誌著一項重要轉變。隨著網路的出現，熱門公司開發的產品不過就是程式碼，因此毋須建立製造作業準則，不需要大量資金。此外，多虧了開放原始碼運動，眾多軟體皆可免費取得，網路也大幅降低新產品的行銷與經銷成本[69]。基於以上原因，新一代的新創

公司所需要的金流相對較低，不過創業投資人還沒跟上這股趨勢[70]。由於
1990 年代末的繁榮，創業投資人已習於管理大筆基金、收取高額管理費用，
因此他們也強迫新創公司接受過量資金。這對新創公司來說有害無益，就像
對鵝隻灌食來製造鵝肝一樣。

　　就葛拉罕看來，創業投資人的灌食起碼造成三個問題。第一，大筆投資
意味著新創公司的估價也水漲船高，這會限縮退場獲利的機會。許多創辦人
可能樂於以 1,500 萬元出售公司，不過把估價拉抬到 700、800 萬元的創業投
資人不會滿足於 2 倍報酬。其次，大筆投資代表創業投資人需要「令人抓狂
的長時間才能下定決心投資」，而他們的猶豫不決會使創辦人分心，忽視自
己最優先的使命，也就是寫程式、開發產品。最後，大筆投資意味著緊張兮
兮的創業投資人會對新創公司各種古怪、奇妙的特質感到不耐。他們安插毫
無幽默感的商管碩士來監督古靈精怪的程式設計師，就像布爾什維克在蘇聯
紅軍中強加政治委員一樣。

　　綜合上述批評，葛拉罕提出他所謂的「創業投資人爛到極點統一理
論」。他總結指出：「創業投資人的種種行為及人格特質一點都不討人喜
歡。」「事實上，他們是經典反派：怯懦、貪心、鬼鬼祟祟又盛氣凌人[71]。」
葛拉罕繼續指出，不過這些惡霸即將學會低頭：「假如新創公司不需要那麼
多錢，投資人握有的權力就會降低……這些創業投資人不得不接受這樣的
發展，不過就像人們不得不面對的許多事情一樣，這其實對他們有益[72]。」

　　葛拉罕的預測其實頗具先見之明，可能超乎他自己的想像。年輕一輩軟
體公司創業家的反叛行動由 Google 創辦人揭開序幕，再經葛拉罕發揚光大，
這場反叛將以全新方式測試創業投資人的韌性。而出乎葛拉罕意料之外的
是，他自己也將扮演其中的關鍵角色。

第九章

彼得・提爾、Y Combinator 和矽谷的青年起義

2004年底，紅杉資本的投資團隊為了一場煞是有趣的會議齊聚一堂。年方30的合夥人魯洛夫・博塔（Roelof Botha）幫一個年紀更輕的創業家安排一次拜會，此人是哈佛的二年級生，名叫馬克・祖克柏（Mark Zuckerberg）。紅杉發現，這年頭新創事業的創辦人也可以非常年輕，這個祖克柏只有20歲。在軟體新創的新時代裡，創業家只需要精通程式，有一個產品構想，再加上瘋狂的專注力就夠了。

會議訂於早上8點開始。8點5分，還沒看到祖克柏的人影。當創投基金碰到幾乎還是青少年的財富創造者時，就得面臨這類問題。博塔打了電話，看看貴賓是否人在路上。

不一會兒，祖克柏跟他的麻吉安德魯・麥考倫（Andrew McCollum）出現在紅杉總部。他們不但遲到，還穿著睡褲跟T恤。

已經退休的唐・瓦倫丁那天進了辦公室，在大廳看到男孩們。瓦倫丁想起1970年代曾經跟這類恣意妄為的人物打過交道，譬如雅達利的諾蘭・布希內爾，心裡便有譜了。睡褲是一種挑釁、一道戰帖。2004年的紅杉資本若想投資祖克柏的公司，就得像瓦倫丁當初對待布希內爾那樣對待他。保持冷

靜，牙一咬、衣服一脫，跳進熱水缸。

　　瓦倫丁匆匆趕到會議室，幫同事們為這場視覺衝擊做好準備。「別注意他穿什麼。那是一個測試。不要問他為什麼穿著睡褲。」他這麼狂喊著，接著便神隱了，因為他知道一個70幾歲的退休老人並不能讓對談進行得更順利[1]。

　　祖克柏和麥考倫來到會議室，聲稱他們睡過頭，所以才穿著睡褲。背後的意思是：「紅杉？誰管你啊？」沒理由為了跟這家大名鼎鼎的公司開會而去設鬧鐘。

　　不是每個人都相信睡過頭的說法。祖克柏看來剛洗過澡，頭髮都還沒乾透[2]。不過晚到的另一種解釋不會更振奮人心：祖克柏早已起床沐浴，然後才決定穿上睡褲，很沒禮貌的姍姍來遲。故意冷落比無心之舉更糟糕。

　　祖克柏在會議桌前坐下，展示一套投影片，簡報中並未提到他那正在大學校園裡野火燎原的社交網站Thefacebook，反倒推銷起一個未經證實的檔案共享點子，叫做Wirehog。習慣對矽谷投資案挑三揀四的紅杉資本，也是得聽聽人家對某個附帶項目的高談闊論。

　　祖克柏的簡報標題更是汙辱人，語帶嘲諷地公開宣稱「你不應投資Wirehog的十大理由」。

　　「不要投資Wirehog的第十大理由：我們沒有收入。」簡報開始了。

　　「第九名：音樂產業可能會告我們。」

　　講了一會兒，「第三名：我們穿著睡褲來，而且還遲到。」

　　「第二名：因為西恩・帕克（Sean Parker）有參與。」

　　「第一名：我們會來是因為博塔叫我們來。」

　　紅杉合夥人習慣和難搞的創辦人共事，而且他們希望表現得比同行更有紀律，控制好他們的驕傲與偏見。有了瓦倫丁的警告在先，他們不會被睡褲

所挑釁。可是，不管合夥人們如何想方設法與祖克柏攀關係，就是沒辦法打動他。這位年輕訪客顯然很崇拜魯洛夫‧博塔，後來還試圖延攬他到臉書。不過，紅杉這家合夥企業整個來說並不吸引他，尤其是領導人麥可‧莫里茲。祖克柏好像是在宣洩某種不成熟的幻想：面試一個你不想要的工作，然後津津有味地享受嘲弄前輩的愉悅。

　　祖克柏的睡褲鬧劇是創投基金的一個分水嶺。2004 年底他搞這場噱頭時，Google 已經掛牌上市，而其他年輕創業家則正跟著布林─佩吉的劇本走，擺出一副故作矜持的姿態。然而，這些創業家們像 Google 創辦人那樣，跟創投基金討價還價，然後終究還是拿了人家的錢是一回事，採取祖克柏的立場則完全是另外一回事。他是真的不想要紅杉的資助。

<hr />

　　聽了 Wirehog 的推銷後，紅杉合夥人們還沒意會到，祖克柏永遠不會接受他們的資金。不過，倒數第二張投影片──上面有提到西恩‧帕克的那張──應該要能讓他們看到現實才對。帕克才 25 歲便已聲名狼籍，是矽谷日漸風行的青年叛逆文化的最好範例。16 歲的他寫程式，便曾因駭入企業與政府的電腦網路而遭聯邦調查局破獲，被判罰社區服務[3]。帕克 20 歲時再度觸法，這一次是為了他在音樂盜版網站 Napster 中的身份之故。接著，他的第三次壯舉是開了一家叫做 Plaxo 的軟體新創公司，既帶給他勝利的喜悅，也使他蒙羞。

　　Plaxo 會自動更新線上通訊錄。你只要裝了這個程式，它就會去挖掘你的聯絡人，發給所有人一封電子郵件，上面寫著：「嗨！我正在更新我的通訊錄。請花點時間更新您的最新聯絡資訊[4]。」如果收信人這麼做，這個軟

體就會以相似的電子郵件閃電轟炸他們通訊錄裡的每一個人，並吸收到新的用戶。Plaxo的推銷在短短時間內便觸及數百萬個電郵帳號，帕克創造出一套病毒式線上行銷術，帶動後起科技巨頭的成長[5]。批評者抱怨Plaxo是網路上最討人厭的服務，無辜被牽連的人每天會收到好幾封垃圾郵件。可是帕克不以為恥。「Plaxo好比社會大眾不認識的獨立樂團，但它對其他音樂家是非常有影響力的。」他如此自吹自擂[6]。

到2004年初，Plaxo已經吸引將近200萬名用戶，也收到由莫里茲領導的紅杉資本兩輪資金。可是後來，帕克一如既往樂極生悲，把勝局玩成敗局。他有時不來上班[7]，人就算出現了，也並非總是有建設性；「他帶著一票美眉回辦公室，因為這樣可以炫耀他是新創公司的創辦人。」兩位共同創辦人的其中一人嘟囔地說[8]。2004年4月，紅杉和其他Plaxo投資人開口說話了。他們把帕克踢出自己的公司，讓共同創辦人們鬆了口氣[9]。

帕克是韌性十足的人，被紅杉開鍘之後，便展開他的第四次行動。他聽聞臉書征服各大校園，於是寫了電郵給祖克柏，提議為他牽線金主。兩人在紐約共進晚餐，發現彼此有很多共通處：他們都是野心勃勃的年輕創辦人，對網路社交展開實驗。祖克柏和幾個朋友在2004年6月搬到帕羅奧圖時，他們租的一棟一層樓平房和帕克的居所只隔一個街區。

有天晚上，帕克和祖克柏及臉書好友們碰面吃晚餐。飯吃到一半，他接到律師電話。已經把他掃地出門的Plaxo董事會，現在決定取消他大約半數剩餘股份的歸屬權。臉書團隊在一旁敬畏地看著帕克勃然大怒。「創投基金聽起來很可怕。」祖克柏心想[10]。

祖克柏邀請帕克搬進來同住。帕克的家當所剩無幾，不過他留下了比較有錢時買的一台白色BMW，現在拿來跟臉書那幫人共用。他們也開始一起工作。帕克聘請他的Plaxo律師來為臉書成立公司，幫公司找一個營運經

理。他管理投資人關係。Google想要入股、標竿創投也打電話來。

　　到2004年9月時，祖克柏已經稱呼帕克是臉書的總裁，而帕克則帶著祖克柏避開傳統創投業者。他叫標竿及Google放棄，傾向以Google為榜樣，向天使們募集資金。他找到的第一個避風港是一位名叫雷德‧霍夫曼（Reid Hoffman）的創業家，此人曾指導他如何將Plaxo一案收尾。霍夫曼不肯帶頭對臉書的投資，他自己創立了一個叫做LinkedIn的社交網站，可能會有一些競爭關係。因此，霍夫曼介紹帕克去找他在史丹佛的朋友彼得‧提爾，一家名為PayPal的線上支付公司的共同創辦人。提爾很快便同意投資50萬元，交換公司10.2%的股份，加上霍夫曼再投資38,000元[11]；第三個叫做馬克‧平克斯（Mark Pincus）的社交網路創業家，也開出一張38,000元的支票給臉書。

　　在創投業者渾然不覺下，一場造反正在興起。跟Google一樣的是，臉書已經發起一輪天使募資；跟Google情況不同的是，這些投資人全都是把重點放在臉書以網路社交為商業利基的創業家[12]。他們因為都有曾在某個時間創立某種軟體新創的經驗而聯合起來，形成緊密的團體。平克斯回想起這段時期的氛圍，談到說：「我認識大概6個有興趣在消費者網路上做什麼都好的人，而且我們都會去同樣的兩間咖啡館。」[13]

　　在這股時代潮流下，這群新崛起的創業家天使自然對傳統的創投社群抱持懷疑的態度。Google的人已經示範如何挺身與創投基金對抗，而保羅‧葛拉罕也強調，規模日漸龐大的創投基金與軟體新創的資金需求不大，兩者之間會形成一種緊張關係。其中還有世代因素在發酵。1990年代創投基金的獲利驚人，鼓舞了老一輩創投合夥人繼續留在這一行，又因為這波榮景讓大家都表現得很體面，所以沒有人被迫退休。隨著創投基金合夥人的平均年齡節節升高，企業創辦人的平均年齡則一路下滑，文化鴻溝一直擴大也就不足為奇了。Google的天使金主，尤其是蘭姆‧西里蘭和朗恩‧康威，發揮了連

結新創公司與創業投資人的作用。可是新一批創業家天使和傳統創投業者之間沒有相對等的羈絆，他們也就更有可能滔滔不絕的發表各種版本的葛拉罕「VC劣跡統合論」（unified theory of VC suckage）。

　　部分因為巧合、部分因為成功是有代價的，對創投基金的普遍敵意，砲火都集中在紅杉身上。我們已經知道帕克尤其憎恨莫里茲：祖克柏離奇的睡衣行為，就是帕克在Plaxo事件後刻意的以牙還牙之舉。不過，帕克並不孤單，曾經資助祖克柏的天使提爾，也對莫里茲懷恨在心。

━━━━━◆━━━━━

　　律師、哲學家、避險基金操盤手，提爾在許多方面是矽谷的一名獨行俠。雖然他擁有兩個史丹佛的學位，非常符合矽谷的樣板，但是他既沒學過工程，念的也不是商學院。反之，他浸淫於自由主義思想，在法學院大放異彩，而且放棄加州前往紐約發展。在那兒，他擔任證券法律師，在一家銀行買賣金融衍生性商品，對企業重複又單調的工作感到大失所望。1995年，他辭掉操盤工作回到西岸，但是並沒有跟風科技熱潮，反倒出版了一本挑起論戰的書籍，抨擊校園的多元文化主義，並且創立一個小型避險基金，這在北加州幾乎是一種反正統文化的行徑。他把自己塑造成一個哲學家暨投機家索羅斯（George Soros）的年輕右翼版，將高風險交易與雄心萬丈的抽象概念融為一體。他捐款給自由派的《史丹佛評論》（Stanford Review），這是他在學生時期與其他人一起創立的報紙。

　　1998年中，大約在Google人與貝托斯海姆碰面那時候，提爾去史丹佛大學發表一場關於貨幣交易的演講。在盛夏的酷暑中，學校大禮堂成為一處有空調的舒服避難所。演講結束時，一個略帶東歐口音的熱切年輕人趨前自我

介紹。

「嘿，我叫馬克思，我是路克‧諾塞克（Luke Nosek）的朋友。」

「喔！你認識諾塞克，很好。」[14]

提爾記得這層關係。諾塞克是活力十足的電腦科學家，跟著馬克‧安德森在伊利諾大學念了一陣子之後來到矽谷。這個馬克思——全名是馬克思‧列夫欽（Max Levchin）——是同一堂電腦科學課教出來的學生。他們都是自由派人士。

列夫欽告訴提爾他有一個資安公司的構想，根據的是他在密碼學上的學術成果。

提爾喜歡聰明人，列夫欽的方案引起他的好奇心。他讀高中時就已經是數學天才，曾經在大加州區的競賽中奪冠，他能欣賞密碼學謎題的優雅之處。此外，一個在矽谷的金融冒險家很難不會想要在新創上賭一把。提爾已經押寶10萬元在列夫欽的朋友諾塞克開的公司上，但沒有成功。

「你明早要做什麼？」提爾問。

「我沒事。」列夫欽回說。

「太好了，一起吃早餐如何？」

兩人在史丹佛校園附近的一家早餐店霍比思（Hobee's）碰面。列夫欽誤判從公寓到早餐店的距離，晚了15分鐘才氣喘吁吁的慌忙趕到。提爾已經喝掉一杯三色奶昔。

「你來了！」提爾聽起來很愉快。他又叫了一杯奶昔，列夫欽則點了一份蛋白早餐。

列夫欽結結巴巴地解釋他設想的新公司。他運用橢圓曲線密碼學，便能將1990年代末期一個受歡迎的手持裝置派樂（PalmPilot），變身成一台儲存商業資訊的數位保險櫃。企業會買這種加密工具給員工，因為他們可不希望

公司機密被偷走。

提爾停頓了一下才做出回應。他雖然才30歲,但行為舉止卻嚴肅而慎重。「嗯,我想投資。」他終於開口說話。提爾承諾給列夫欽30萬元,這是貝托斯海姆冒險投資Google的3倍金額。然後,他要列夫欽去另找更多資金來開辦他的新公司。

雖然當時正值1990年代後期的繁榮高峰,但籌措下一筆資金卻不容易。列夫欽編寫程式的資格無懈可擊,但在勾勒商業願景方面就不太有說服力。不是每個人都認同公司會花錢加密資料,假如他們不認為有必要做數位安全呢?為了彌補列夫欽的弱項,提爾開始加入推銷行列,裝作是這家新創公司的業務主管,即便他同時還在操作避險基金。提爾也幫助列夫欽重新思考他的計畫,如果企業還沒能意識到加密的需要,那麼去加密其他東西如何?某個更明顯需要安全性的東西?提爾提議加密現金支付,如果列夫欽把他的程式魔法應用在這個領域,大家就可以安全的把錢用電郵直接寄給對方了。

提爾和列夫欽落實了這個概念,把他們的支付服務命名為PayPal,公司叫做康菲尼迪(Confinity)。他們再次展開募資行動,然後又吃了一輪閉門羹,幾乎每家有頭有臉的創投公司都拒絕,直到1999年中,他們才終於從芬蘭電信公司諾基亞(Nokia)新成立的創投部門手上成功拿到450萬元。創投A咖的冷落讓提爾心生不滿,PayPal服務迅速蒸蒸日上的事實,更讓他心裡對這些創投機構的智慧充滿疑問。

如果提爾和列夫欽從此一帆風順,矽谷的歷史也許就改寫了。康菲尼迪演出一場成功的掛牌上市大戲,創辦人就此位列矽谷名人榜,忘了他們之前對創投眾神的憎恨。可是1999年底,康菲尼迪發現他們在跟一家叫做X.com的公司打對台,領頭的是創業家伊隆·馬斯克。這兩家公司在許多方面十分雷同,都有大約15名員工與30萬用戶,都在快速成長中,而且都曾一度

把辦公室設在帕羅奧圖大學路的同一棟建築物裡。不過，X.com有一個顯著的優勢。儘管康菲尼迪已經篤定取得諾基亞這個矽谷邊緣玩家的資金，但X.com得到的卻是紅杉資本的加持。不是別人，正是莫里茲灌注了2,500萬元給X.com，超過康菲尼迪募到資金的5倍。莫里茲還幫X.com強健體魄，延聘了一位經驗老到的執行長，名叫比爾・哈里斯（Bill Harris）。

康菲尼迪和X.com正面交鋒，大打折扣戰來吸引客戶，承受巨大的損失。不消多時，兩邊陣營便明白，他們要麼戰到不剩一兵一卒，要麼就合併來終止這場血戰。

莫里茲告訴紅杉的合夥人，合併是比較好的選擇。雙方就好像中世紀義大利城鎮裡的世仇家族，隔著街向對方射箭。合併意味著紅杉在合併後公司的持股將會縮水，不過卻很值得[15]。

提爾和列夫欽在帕羅奧圖的一家希臘餐廳尤比亞（Evvia）和馬斯克及哈里斯會面。馬斯克完全贊成兩家公司合併，可是因為他有紅杉在背後撐腰，所以到現在都自認為是資深合夥人。X.com銀行裡的錢比較多，而且有一個知名品牌的創投業者確保若有需要便能籌措到更多現金。據估計，康菲尼迪擁有比較好的工程團隊[16]，可是打起持久戰的話，它會先把資本耗盡[17]。

馬斯克在晚餐時告知康菲尼迪的創辦人們，如果要合併的話，X.com的股東應該擁有合併公司整整92%的股份[18]。

很好！列夫欽暗自憤憤地說。那大家就街頭巷戰見吧！

提爾沒有像列夫欽那麼魯莽。「我們會思考一下。」他平靜地對馬斯克和哈里斯說。

接下來幾天，提爾開始討價還價，逼著馬斯克同意把X.com股東的持股從合併企業的92%砍到剩60%。提爾很想接受這些條件，如此一來，他便能致富、脫身，然後回去做他的避險基金。

　　令提爾失望的是，列夫欽並不滿意這個協商結果。身為開發團隊的領導人，列夫欽想要大家認可他的心血結晶至少跟對手一樣好。事關榮譽，「我就是不能接受六四分。」列夫欽堅持[19]。

　　提爾勉為其難地同意應該取消交易。合作破局，血腥的競爭繼續下去。

　　故事講到這裡，莫里茲從幕後來到舞台前。自1980年代，湯姆・柏金斯像所羅門王一般的主持公道，排解兩家凱鵬華盈的投資組合公司──Ungermann-Bass與Silicon Compilers──之間的紛爭以來，創投業者便已在維持矽谷競爭與合作的平衡。20年後，碰到這種情況，莫里茲堅認應該走合作路線。就像他跟合夥人說的，比起拿到失敗者的大額股份，佔有一家大滿貫公司的小額股份對紅杉資本來說比較有利。

　　在2000年2月的某個週末，莫里茲現身在X.com與康菲尼迪兩家辦公室所在的帕羅奧圖街區。莫里茲找到列夫欽，坐在他的面前，身子前傾、手肘放在膝蓋上，十指交扣托著下巴。多年以後，列夫欽還鮮明地記得莫里茲並未脫掉他那件戲劇性的深色外套。兩人的臉孔相隔不到1公尺[20]。

　　莫里茲告訴列夫欽：「只要你讓合併案繼續下去，我一股都不會賣掉。」話中的意思是合併公司將生生不息，一直成長下去。這是創投業者召喚豐功偉業的一種典型挑戰。資深創投元老問年輕的創業家，你想要打造一家現在起將名留千古的大企業？還是你缺乏在宇宙中發揮影響力的人格特徵？

　　列夫欽果然被打動了，放下他的工程師驕傲，臣服於莫里茲的弘大願景，不再反對六四分交易。合併之路如今明朗，流血廝殺即將結束。

　　過了1天左右，列夫欽去見馬斯克。「你們不配六四分，」馬斯克譏諷他說：「你要知道，你們拿到一個好交易。這個不平等合併讓你們這些傢伙撿到一個大便宜。」

列夫欽帶著蒼白的微笑離開，然後打電話給提爾發洩情緒。「玩完了，我不幹了。這太汙辱人，我可受不了。」他這麼告訴對方。列夫欽走出辦公室，回到他住的公寓。

哈里斯聽聞列夫欽爆氣離開的事。他被莫里茲及紅杉安排到X.com任職，特別能敏銳察覺到股東們偏好合作勝過競爭。他匆忙離開辦公室去找列夫欽。

列夫欽躲到公寓大樓的洗衣房，裡頭放著一家叫做「網路」（WEB）的公司製造的洗衣機，列夫欽覺得很逗趣。你得餵給這些疲倦的野獸25美分硬幣。

哈里斯幫列夫欽摺衣服，並要他重新考慮他的決定。不要理會馬斯克的六四分汙辱，哈里斯如此懇求，他和X.com董事會對列夫欽再尊重不過了。事實上，為了表示誠意，X.com準備加碼，把交易改成五五分。

最後，列夫欽吞下異議，讓合併進行下去。馬斯克無端地嘲諷對手，害自己損失慘重。

◆

隨著合併大勢底定，提爾或許會對莫里茲懷著不情願的感激之情。這家創投推動列夫欽走向提爾自己也支持的合併之路，而五五分的決定性關鍵使提爾比自己磋商的六四分條件還賺到更多錢，肯定讓他喜出望外。不過，就算有任何感謝，也因為接下來發生的事而燃燒殆盡。保留X.com名稱的合併公司陷入內鬥。在接下來的幾次衝突中，提爾與莫里茲數度起了爭執。

第一次衝突落在誰來經營合併企業這件事情上。莫里茲認為提爾才華出眾但不適合當經理人，此事不無道理。他畢竟是避險基金操盤手，沒有把

一家公司規模做大的經驗[21]。因此，莫里茲務使哈里斯被選來擔任執行長，而當哈里斯被拔官後，則是挑上馬斯克繼位。提爾與大位無緣，故而辭去X.com財務副總一職，不過他仍然是公司的大股東，而且持續貢獻部分時間擔任董事長。

幾個月後的2000年9月，當馬斯克去澳洲度蜜月時，他手下的大將們趁機叛亂，其中不少是來自合併前康菲尼迪那邊的人。馬斯克對兩家公司的整合管理不當，堅持重寫列夫欽的軟體，也無法遏止在PayPal服務上為患的詐騙行為。X.com副總們仿效思科公司開除桑蒂·勒納的起義之舉，現身在紅杉辦公室，威脅說若不撞走馬斯克的話，他們就要辭職不幹。

「宮廷政變！」莫里茲心想。他清楚記得思科的拖棚歹戲，也知道結局如何。沒有任何創投家能護著一個已經失去團隊民心的執行長。「這種事我們以前就看過了。」他默默地這麼對自己說[22]。

莫里茲明白馬斯克必須走人，可是他沒有準備好接受反叛軍的第二個要求：應該由提爾掌權。和莫里茲的猜疑剛好相反，提爾顯然廣受同儕愛戴，他比外表看起來更像個天生的領導者。

莫里茲沒有心情深思這個徵象。他正在跟Google奮戰，要他們接納一個外來的執行長。他不喜歡被一群盛氣凌人的年輕經理人擺布。創投投資人有權利——事實上也有義務——監管一家新設公司的管理，挑選高階管理人員，這是一個必須捍衛的原則。此外，紅杉的績效已經因科技泡沫崩盤而受創，就算副總們對提爾輸誠，莫里茲也不敢把他手上少數幾個有前途的公司之一，託付給一個同時把重心放在避險基金的非傳統經理人手上。

X.com董事會的6名成員——3個創辦人與3個投資人——集合起來開了一場爭論不休的會議。諷刺的是，提爾和列夫欽是從提爾的避險基金公司打電話進來開會，列夫欽改裝了那裡的一台傳真機，把它當成擴音喇叭來用。

這兩人可以指望第三個董事，也就是最早提供他們金援的諾基亞創投部門的約翰・馬洛伊（John Malloy）支持他們。他們對莫里茲或馬斯克不抱任何希望，而結果就落在第六個董事成員身上，一個在後來的融資輪加入的投資人[23]。

最後，董事們同意換下馬斯克，由提爾取而代之。不過，莫里茲也沒讓提爾獲得全面勝利。這個執行長的任命是臨時性的，他們還聘請了一家獵人頭公司到外面物色一個永久替代人選。即便獵人頭公司最終沒能找到人，提爾也保住了他的高位，但他對莫里茲的怨恨有增無減。提爾渾身充滿德國人的認真誠懇，而莫里茲則處處張揚著他的智慧機鋒。「提爾覺得被莫里茲糟蹋了，非常強烈、非常針對個人。」提爾的其中一個盟友這麼記得[24]。

5個月後，2001年的2月，這痛苦更加劇了。儘管科技市場哀鴻遍野，那斯達克股價指數從前一年的高峰跌了大約一半，但X.com仍舊在D輪融資中募到9,000萬元。提爾認為經濟疲軟，市場會跌得更深，所以提議X.com把新近募得的資金委託給他的避險基金管理。長期市場低迷可能會危及X.com未來籌資的能力，靠著下注放空那斯達克指數，避險基金就能確保X.com有所防備[25]。可是，儘管提爾對市場走向的看法是對的，而想要規避X.com的風險也很合理，但他的提議卻帶著「自肥」的味道，利用他在某一家公司的職位去擴大另外一家公司的資金池。莫里茲怒斥提爾，指責他不懂公司治理，以居高臨下的態度奚落刺傷他。「場面非常的戲劇化。」一位董事會成員回憶說[26]。

接下來的1年半，兩人的關係變得更加爭議不斷。莫里茲和提爾在是否把公司賣給上門求親者這件事情上發生衝突；曾有一度eBay出價3億元。有了雅虎的教訓，莫里茲反對過早出場；在他來看，透過電郵付錢給其他人的魔法，最終能創造出更高的價值。另一方面，提爾卻從來不曾擺脫一名操

盤手的心態，世上總有一個他可以賣出的價格。「他就是個搞避險基金的傢伙，想要把所有的錢都拿回來。我的老天爺啊！」莫里茲後來這麼說[27]。

有一次莫里茲跑去找列夫欽，就像當初他讓列夫欽看清合併的好處那樣，力圖鞏固此人對賣掉公司的反對立場。PayPal表現得越來越好，列夫欽為什麼會想要賣掉？

「馬克思，那之後你會去做什麼？」莫里茲問。

「我會去開另外一家像PayPal那樣的公司。」列夫欽回答。

「馬克思，」莫里茲使出他在這一行15年的影響力與經驗，反駁他說：「你不知道這些機會有多麼難得。就算你活到150歲，你也不會有像PayPal這樣龐大而無限的機會。」[28]

這一次，列夫欽站在莫里茲這邊，3億元的提議遭拒。可是2007年7月，eBay捲土重來，又出了一次價給這家此時已經以PayPal的名義掛牌上市的公司。這一次，他們開價15億元。莫里茲的耐心論讓列夫欽的財富增加5倍，提爾這邊當然也是。

回顧這些事件，在年輕世代的眼中，很難說莫里茲哪裡搞砸了。他把西恩‧帕克轟出Plaxo，但得到帕克的共同創辦人的支持，而且是為了公司的最佳利益。他再三和提爾發生衝突，但他合理懷疑提爾，至少一開始的時候，不是當新創執行長的料；他批評提爾自肥的避險基金點子是有道理的，而拒絕eBay最早喊出的低價更是極其正確之舉[29]。同時，在引導康菲尼迪和X.com走向合併一事上，莫里茲也發揮了他的作用，若非如此，PayPal可能一事無成。10年後，提爾反省他在矽谷學到的新創教訓，說關鍵在於避免競爭[30]。「所有失敗的公司都一樣，」他如此反思：「他們沒能逃離競爭。」[31]

但莫里茲疏遠帕克和提爾是事實，祖克柏的睡衣之辱清楚顯示代價為何[32]。臉書是當時最炙手可熱的新創公司，董事會成員主要是祖克柏加上兩

個莫里茲的敵人，紅杉毫無投資的希望。而且，青年世代造反的範圍更廣，紅杉的苦果恐不只這一樁交易而已。Wirehog戲碼發生不到幾個月，有兩家創投新貴平地而起，志在挑戰傳統創投業。

◆

第一個挑戰者由提爾所創立，而且幾乎是以一種特定方式側面呼應康菲尼迪的創辦歷程。就跟當初提爾巧遇列夫欽，然後投資，然後因為職位明顯真空而被拉去當執行長一樣，提爾也是經過一番迂迴曲折才開辦自己的創投基金。

當eBay在2002年買下PayPal時，提爾磋商了能讓他離開公司的秘密條件。收購條件要求提爾的管理團隊堅守崗位，但提爾為自己鬆綁，拿到高達5,500萬元的現金[33]。如今的他30多歲，離開帕羅奧圖，在舊金山安頓下來，投資一家奢華招搖的夜總會，還買了一台銀色法拉利。他重新開張他的避險基金，改名為克萊瑞姆資本管理公司（Clarium Capital），從自己的財富中拿出1,000萬元來厚實資本，主攻全球石油稀缺將導致能源價格高漲這個議題[34]。同時，他也靠著自己在史丹佛及PayPal所建立的人脈，進行一連串孵育計畫。2004年，他招募一個PayPal工程師來開發國家情報軟體，並引進一位史丹佛法學院的朋友領導為此成立的公司帕蘭泰爾（Palantir）。拜另一個也曾在PayPal工作過的史丹佛朋友雷德・霍夫曼之賜，提爾提供臉書天使資金，也投錢在霍夫曼的網路社交新創公司LinkedIn上。任何這些計畫，都足以讓提爾的財富倍增。提爾的避險基金在巔峰時期管理大約70億元資產，只是基金後來遭受虧損，面臨一波投資人贖回。LinkedIn和帕蘭泰爾的市值繼而超過200億元；臉書的價值也成長到高達數千億元。但同時間，幾乎

是不假思索的，提爾跟另一個史丹佛兼PayPal畢業生、名叫肯・豪瑞（Ken Howery）的人，聊到成立一家創投公司。

提爾的新公司成立於2005年，叫做創辦人基金（Founders Fund）。公司名稱展現出來的時代精神是：創立像PayPal這類公司的創辦人，會站出來挺下一批創業家，他們承諾會以自己曾期待的尊重來對待下一個世代。列夫欽的老朋友，也是PayPal校友諾塞克是基金的創始合夥人；沒多久，帕克竟然也加入了。「主要是因為我們自己也是創辦人，比起致富，我們更有興趣伸出援手，把新的創業家培養成成功的領導人。」帕克如此聲稱[35]。

既然提爾和帕克曾和莫里茲有過一番爭鬥在先，創辦人基金排除引進外部執行長的Qume公式是再自然不過的事。創業家們應該自己來管自己的公司，就是這樣。Google已經做了開路先鋒，接納艾瑞克・史密特為三人領導小組的一員，而不是來當他們的頂頭上司；臉書做得更過頭，祖克柏擁有無人挑戰的統治權。如今，創辦人基金著手將這種王者模式普及到它所支持的每一家新創公司上。提爾覺得，所有偉大的新創公司都有著「君主制的一面」，好比他的左右手如此形容：「打造創辦人基金的不是自由主義者提爾，而是君主主義者提爾。」

對創辦人基金的某些合夥人來說，把創業家推上王座是一種道德律令。想出「創辦人基金」名稱的諾塞克，在PayPal任職期間對莫里茲萌生一股強烈的厭惡感，認為傳統的創投基金「令人感到噁心」[36]。「這些人會把世界上最有價值的發明家的心血毀了。」他如此怒吼[37]。其他創辦人基金的合夥人則是考慮到品牌因素：創投業的新手必須和歷史悠久的巨擘做出區別，這是豪瑞無法為創辦人基金從美國法人募到資金所遇到的事實[38]。不過以提爾本人的角度來看，企業君主制的情況更為微妙，關係到一種對創投基金運作方式的獨特清晰觀點。

　　提爾是第一個明確談到乘冪定律的創投家。過往的創業投資人，一路回溯到亞瑟‧洛克等人，已經完全明白能鶴立雞群的贏家寥寥可數，不過提爾進一步認知到這是更廣泛現象的一環。他引用柏拉圖（Vilfredo Pareto）所提出的「柏拉圖原理」——又稱80／20法則——觀察到在自然界與社會界普遍可見極端不平等的結果。在20世紀之初，柏拉圖為文著述之時，義大利80%的土地由20%的人所擁有，好比在柏拉圖的花園裡，有80%的豌豆來自20%的豌豆莢。提爾接著又說，最具有毀滅性的地震威力勝過所有小規模地震的總和，而大型都市會使所有普通小鎮相形見絀。因此，單一風險投資項目主導了整個投資組合績效，就不是什麼稀奇的事了。這是一種自然法則；事實上，這是創投業者所必須臣服的法則。過去、現在、肯定還有未來，一家獨佔某個寶貴利基的新創公司，所攫取的價值將勝過數百萬個面目模糊的競爭者[39]。

　　提爾是有條有理地深思此一洞見的含義。過去的創投家向來把他們這一行的全壘打本質，視為承擔風險的正當理由：他們的有限合夥人應該寬宥他們投資失敗的諸多案例，因為只要打出一、兩支全壘打，基金就能獲利。不過，提爾在乘冪定律裡看到其他教訓。他一反傳統地主張，創投業者應該停止指導創辦人。從洛克以來的創業投資人向來極度自豪於提供新創公司教練與指導，對於標竿創投這類企業來說，這是這一行的謀生之道。2000年的一份調查發現，教練與指導的重要性有增無減：一家叫做墨爾‧達維多（Mohr Davidow）的創投合夥企業保留了5個營運合夥人，專職於空降到投資組合公司提供管理支援，而波士頓的查爾斯河風險投資公司則維持至少10幾個人的編制，在高階獵才、設備租賃、契約法及其他功能上協助新創公司。哈佛商學院的保羅‧岡伯斯（Paul Gompers）形容這些發展是一種進步。「創投基金從一種技藝演變成一門行業。」他如此表示[40]。

在提爾眼中，這種演變是誤入歧途。在乘冪定律的法則下，重要的公司必將是非比尋常的異數：不管哪一年，在矽谷只有寥寥可數的新公司是真正值得支持的[41]。這些優秀新創的創辦人必然天賦異稟到創投基金投入再多指導也幾乎改變不了他們的表現[42]。「看看我們的投資組合裡表現最強的公司，一般來說，都是我們介入最少的那些。」一個創辦人基金的合夥人提出直白的觀察[43]。提供明智建言也許可以讓新創投資人自我感覺良好，但是創投基金的技藝在於找到鑽石原礦，而非花時間打磨鑽石[44]。

彷彿這樣還不夠挑釁似的，提爾更是步步進逼。他主張，就創投基金的指導所能發揮的作用來看，它很可能造成反效果。當創投家把他們的作法強加在創辦人身上，他們私心裡認定千錘百鍊的公式勝過跳脫框架的實驗。以Accel和凱鵬華盈之間舊時的區別來看，他們是在說，做好準備的人優於心胸開放的人。可是，如果在乘冪定律的支配下，注定只有少數真正原創且逆天而行的新創公司會成功，壓抑個人特質是沒有道理的。相反的，創投家應該擁抱愛唱反調又奇特的創辦人，越古怪越好。創業家若非怪咖，創立的事業只會淪為平庸。他們會想出合理的計畫，但就因為合理，所以其他人也想得到。結果，他們會發現自己選了一個太擁擠又太競爭的利基市場，以至於賺不到什麼錢[45]。

提爾接著說，最好的新創公司創辦人往往傲慢自大、憤世嫉俗或接近瘋狂邊緣，此事絕非巧合。PayPal的6個早期員工當中，有4個在高中時做過炸彈[46]。馬斯克把他開第一家新創公司賺到的半數收入花在一台賽車上，當他把車撞爛而提爾就坐在前座時，他能做的只是嘲笑自己沒有買車險這件事。這種極端和古怪其實是好現象，提爾如此斷言，創投業者應該擁抱特立獨行的人，而不是把他們教得中規中矩。創辦人基金成立幾年後，犯了一個昂貴的錯誤，拒絕投資叫車的新創公司Uber；它那討人厭的創辦人特拉維斯·

卡拉尼克（Travis Kalanick）已經對豪瑞和諾塞克敬而遠之。「我們應該對看似奇怪或極端的創辦人更包容。」[47] 當 Uber 打出滿貫全壘打時，提爾如此寫道。「也許我們需要給混蛋第二次跟第三次機會。」[48] 諾塞克也懊悔地承認。

提爾反對指導創辦人，唯恐此舉阻礙了怪才的發展，但他討厭這麼做還有另外一個原因。從投資人的角度來看，這其中有著高昂的機會成本。創投家把時間拿來指導投資組合公司，就不會去尋找下一個投資機會。諾塞克曾有一度讓自己身陷一家投資組合公司 Powerset 的麻煩中：執行長已經走人，而公司又很急著把自己賣給某個有意願收購的企業。「我花了很大的力氣在這上面，賺到大概 10 萬元。」諾塞克還記得這件傷心事。因為他的時間都被 Powerset 佔滿了，沒能追求其他良機，包括臉書和推特。「我單純就是太忙了，結果從來沒能跟這些人碰到面。」[49]

提爾的舉止莊重且近乎沉悶，看起來像個離群索居的哲學家。他慣於以一種不帶情感的肯定語氣，端出令人歎為觀止的泛泛之談，很少考慮現實的混亂。他喜歡涉足具有慈善性質的古怪理想：「海上家園」（seasteading）的點子是打造一個自由主義者不受政府管轄的漂浮烏托邦，另外還有打敗老化或鼓勵有天分的孩子輟學等計畫。不過，就跟索羅斯一樣，提爾敢於把他的哲學信念連結到投資實務上。索羅斯就讀於倫敦政經學院時，吸收到的觀念是人類認知的侷限使得人們無法穩定地認識真相；他由此斷定，在認知不完美所導致自我強化的暴漲暴跌中，更應該積極投機下注[50]。同樣的，提爾吸收乘冪定律的意涵，把它標記在自己經營創投公司的手法上。不管新創公司的創辦人舉止有多麼怪異，創辦人基金也決意絕不驅逐他們；15 年後，它仍始終堅守這個原則[51]。事實上，創辦人基金從來不曾在董事會投票時跟創辦人唱反調，而且通常沒有拿到董事會席次也甘之如飴。此舉膽大包天的違逆了唐‧瓦倫丁和湯姆‧柏金斯所建立的實務傳統。

提爾延攬自己會去檢驗傳統的投資合夥人，藉以展現出他對特立獨行者的信念。他跟諾塞克的第一次談話，聊的是諾塞克非常想要死後被冷凍，以便有望施予醫療復活術。提爾並未因此卻步，反倒歡迎他加入合夥人團隊。同樣的，帕克身陷法律糾紛，更別提對象是像莫里茲這種有權有勢的經紀人，但提爾還是張開雙臂擁抱他。為了揚棄共識決思維，創辦人基金打破每週一開合夥人會議的業界慣例，以徹底分權化來取代集體負責制的沙丘路傳統。創辦人基金的投資人獨立尋找投資項目，甚至不需相互諮詢就能進行小額投資。大筆一點的投資需要經過會商——金額越大，就需要獲得越多合夥人的同意——可是即便是最大的投資項目，也不需要取得多數票同意。「通常只要有一個人非常意志堅定的說：『這件事一定要做。』就夠了。」一位合夥人如此總結[52]。

就跟索羅斯一樣，提爾的哲學興趣令他確信異常激進的冒險有其道理。索羅斯的長期合夥人及知己史丹利・朱肯米勒（Stanley Druckenmiller）觀察到，在剛剛好的時機大手筆下注是索羅斯的天分所在。索羅斯看準市場走向的次數不會比其他操盤手多，他的傑出之處在於，只要他感覺到真正強烈的信念，他比其他人更有勇氣採取行動[53]。提爾也一樣，基於對乘冪定律的瞭解，敢於在對的時候賭一把大的。因為只有少數幾家新創公司會指數型成長，所以對那些看來只是穩妥的機會沒有必要感到興奮。在創投界，中庸的投資就是失敗的投資。不過，提爾只要遇見一個明日之星，便準備把所有籌碼都押上去。1998年，他在列夫欽身上壓寶30萬元，3倍於貝托斯海姆投資在布林和佩吉身上的金額；2004年，提爾給臉書的天使資金是霍夫曼和平克斯開出支票的13倍。其他投資人企圖透過分散化來管理風險，沒有膽子如此孤注一擲。可是，在乘冪定律支配的領域裡，提爾確信少數幾個高信念的大額賭注，勝過一大票三心二意的投資項目[54]。

提爾很喜歡講安德森・霍洛維茲（Andreessen Horowitz）的故事，這是另外一家創投新秀，我們稍後就會談到。2010年，安德森・霍洛維茲公司對社交網路應用程式Instagram投資25萬元。從某些指標來看，該公司打出一記漂亮的全壘打：2年後，臉書花了10億元買下Instagram，而安德森公司淨賺7,800萬元，報酬率為312倍。然而，從其他角度來看，這是大敗一場。安德森・霍洛維茲對Instagram的投資來自一個15億元的基金，所以它需要整整19個7,800萬的報酬才能勉強打平。曾經身為投資贏家當然自我感覺良好，可是殘酷的事實是Instagram這個機會被白白浪費掉了。相較之下，當創辦人基金在2007年很興奮地得到一個後續投資臉書的機會時，諾塞克賭下全部身家。他打電話給創辦人基金的有限合夥人，說服他們投入更多資本在一家只針對臉書的特殊目的機構（special purpose vehicle；SPV）。然後，他也把爸媽的退休基金全部投進去[55]。

隨著時間過去，提爾敞臂迎向另一種風險來源。他不但砸大錢投資，而且支持的是越來越大膽的案子。成立創投基金幾年後，他說他打算追逐「稍微更冒險一點、更跳脫框架，真的有改變世界的潛力的公司」[56]。他不讓自己被侷限在時髦的軟體業，而是要在較不顯眼、但可能更重要也更有利可圖的領域，支持野心勃勃的「登月」計畫。2008年，提爾碰到了一個實踐諾言的機會。

提爾參加某個朋友的婚禮時，巧遇他在PayPal的舊敵馬斯克。由於提爾的盟友曾經把馬斯克趕出PayPal，所以兩人的關係向來就稱不上熱絡。不過，馬斯克已經跳脫那次事件重振旗鼓，把他從PayPal賺到的收入投資在兩家新創公司：製造電動車的特斯拉和SpaceX，後者吹噓透過削減太空旅行成本的企圖心，來達成殖民火星的激進目標。如今，在婚禮上，馬斯克跟提爾說歡迎來投資SpaceX。

「當然！」提爾說：「我們盡釋前嫌吧！」[57]

提爾寫信給合夥人，建議的是一個相對適中的投資金額：500萬元。帕克的反應是不想跟這個點子有所牽扯：太空旅行對他來說太遙遠了。諾塞克的反應倒是相反，如果創辦人基金有志於支持登月計畫，登陸火星的計畫當然很有吸引力。

諾塞克開始對SpaceX進行盡職調查。「大家都不清楚這件事情是否會成。」豪瑞回想。「每一支火箭都爆炸了。」他又補了一句[58]。當諾塞克正在調查的時候，另一個SpaceX的可能支持者退出，而第三個則在一封信上說提爾跟他的合夥人昏頭了，還不慎把信件副本給了創辦人基金[59]。可是諾塞克決定相信它。太空旅行是1960年代已經取得進展的科技之一，此後就有些停滯不前：在2000年，把1公斤物質發射到太空去的成本跟1970年時相當。SpaceX當然能駕馭科學進展來開拓這塊邊疆？何況，馬斯克的火箭爆炸，但工程師們知道爆炸原因：失敗是成功之母。最後一點，馬斯克本身就是個典型的狂傲才子。如果創辦人基金相信自己的理論，那麼馬斯克曾經自嘲撞毀沒有買保險的賽車這件事，便足以成為支持他的理由。

2008年7月，就在SpaceX第三次嘗試發射火箭失敗後，諾塞克說服提爾押注整整2,000萬元在馬斯克身上，交換公司4%股權。10年後，SpaceX的市值已經高達令人飄飄然的26億元。透過這樁投資和其他高風險賭注，創辦人基金成為一家表現超群的創投公司，為它在新創投資上採取放手、高風險、徹底逆向操作的手法做了成功的辯護[60]。對傳統新創業者來說，這警告很清楚。由Google帶頭，被祖克柏以睡褲來誇張表現的這場青年起義，如今經由提爾和他的基金之手給制度化了。而幾乎在同時間由另一個創投業狂熱批評者所創立的第二家創投新秀，更進一步地加劇了提爾效應。

　　第二位新貴是曾經提出「VC 劣跡統合論」的駭客暨部落客保羅・葛拉罕。跟提爾一樣，葛拉罕堅決認為創投家走錯路了。事後看來，他甚至做得比提爾更超過：他動手修正他們的錯誤。

　　睡褲事件幾個月後，2005 年的 3 月，葛拉罕出現在哈佛校園的愛默生樓305 室，對大學的計算機學會發表演說。他的演講題目是「如何創業」，聽眾席擠得水洩不通，有上百個學生已經讀過葛拉罕對編寫程式與生活的深刻思考，而且想要跟他一樣去開公司[61]。葛拉罕在整理他的黃色橫線筆記本時，現場鴉雀無聲[62]。

　　葛拉罕開始鋪陳他最喜歡的主題：任何有好點子的駭客都有資格開創事業、駭客不應聽從創投業者的意思、創辦人只需要少量現金來支付租金跟雜項支出。理想上，葛拉罕補充說，這筆現金應該來自有成立新創經驗的天使投資人 —— 某個可以給你忠告和戰友情誼的人。

　　像你這樣的人，觀眾們一定是這樣想，因為葛拉罕突然有種人人都在盯著他看的針刺感。「我看到一種恐怖的景象是大家都把他們的商業計畫寄給我。」他後來回憶。葛拉罕怕死了投資的法律與麻煩的行政程序，所以馬上斬斷觀眾的懸念。「別找我。」他如此堅持。年輕電腦科學家們抬頭仰望他的感覺令他陶醉，不過他可沒打算當創投家[63]。「100 個同時大失所望的書呆子發出的咕噥聲迴盪室內。」一個坐在下面的學生後來這麼寫到[64]。

　　演講結束時，葛拉罕發現自己被仰慕者給包圍了。兩個維吉尼亞大學學生坐 14 個小時火車來聽他演講。第一個帶著橢圓型眼鏡、瘦削的金髮年輕人向葛拉罕索討簽名，不過似乎太敬畏他了，話都不敢多說一句。第二個人高大瘦長，拿出葛拉罕寫的 Lisp 電腦語言書。可以請作者在上面簽名嗎？

葛拉罕輕輕笑了。這不是他第一次被要求在自己關於編寫程式的書上簽名。

高個子年輕人還有一項要求。他和他的朋友是不是可以請葛拉罕博士喝一杯，聊聊他們開一家新創公司的點子？

葛拉罕很高興，暫時忘了他剛在台上表現的決心，同意當晚碰個面。「既然兩位大老遠從維吉尼亞跑來，我想我也不好拒絕吧！」他說[65]。

葛拉罕晚到了一點，穿著寬鬆的polo衫和卡其短褲。一行人在一家叫阿爾吉爾餐館（Café Algiers）的地方找了張桌子坐下，鷹嘴豆泥送上來的時候，高個子年輕人開始說話了。他說他叫亞歷克西斯·歐漢尼安（Alexis Ohanian），他的朋友是史蒂夫·霍夫曼（Steve Huffman），他們的使命是改變餐廳的運作方式，他們想要寫一套程式讓大家可以透過簡訊訂餐。

歐漢尼安滔滔不絕地講了5分鐘後，葛拉罕打斷他。「這將會終結大排長龍的情況啊。」他大喊著，在一個小案子裡抓到一個大創意。「再也沒有人需要排隊等待了！」葛拉罕把餐廳訂餐連結到行動通訊發展史，力促這些大學生要有宏大的思考。分享他的知識真是件令人興奮不已的事。

4天後，葛拉罕和女友潔西卡·李文斯頓（Jessica Livingston）參加了在哈佛廣場的一場週五晚宴後走路回家。儘管春天將臨，劍橋的溫度仍在零度上下。兩人聊著日常，李文斯頓申請某家創投公司的行銷一職，正在等待回音；葛拉罕這方面則才剛經歷過阿爾吉爾餐館的那場會面，感覺到了從事天使投資的誘惑力。儘管他對於成為創投家有所保留，但指導年輕創辦人會是一種回饋方式。「我總是想，創業的人感覺應該至少要能得到一點天使投資，」他後來如此反思。「因為如果沒有人投資他們，那他們要怎麼開始，對吧？」[66]

這對情侶走在滿是斑點的紅磚道上，一個構想成形了：他們一起創辦了

一家小小的天使投資公司。李文斯頓可以在公司做事，而非遙遙無期地等待
那家創投基金的回覆。她可以負責葛拉罕覺得很沒趣的行政與法律事務，葛
拉罕的話則可以汲取他身為創辦人的經驗，物色下一個世代的贏家。這將是
完美的合夥關係[67]。

　　接下來幾天，小倆口想出一種形式新穎的種子投資計畫，此舉將能填補
葛拉罕在主流創業投資領域所看到的空白：新一代的軟體業創業家只需購
買雜項用品的現金，加上偶爾的指導與同志情誼來紓解寫程式的孤獨感就夠
了。葛拉罕—李文斯頓計畫也比個別分散的天使臨時衝動的投資更結構化：
他們會提供辦公室、員工和標準化程序。葛拉罕自掏腰包拿出10萬元，而
他以前成立的軟體新創公司 Viaweb 的兩位共同創辦人則各出資5萬元。然
後，他在自己的部落格上以樸實的、字型大小為10級的 Verdana 字體發布消
息，以紅色粗體字標題宣告：「暑期創業家計畫。」

　　葛拉罕宣稱這項計畫是傳統大學暑期工讀的實驗性替代品。參加者拿到
的不是薪水，而是每人6,000元來支持他們進行為期3個月的程式編寫，還會
得到實務面與情感面的協助。葛拉罕—李文斯頓的運作稱為 Y Combinator，
它會幫參加者的新創事業成立公司、開立公司銀行帳號，並提供專利諮詢。
葛拉罕和他的幾個聰明朋友並針對年輕駭客們的計畫給予回饋，還會一週辦
一次晚宴讓這些暑期學子們相互認識。Y Combinator 的回報則是取得它設立
的每家微型公司的持股，一般是6%股份[68]。

　　葛拉罕最初是把暑期計畫當成一種暫時的權宜之計。Y Combinator 一次
投資數個團隊，如此一來，便能知道誰會成功、誰又不行。可是，他很快便
發現批次處理的效率出奇地好[69]。同一批成員會相互支援，減輕了他自己和
李文斯頓的負擔，而 Y Combinator 則可以協助新創公司形成一個團體。它能
邀請演講者參加晚宴，讓所有的門生一同聽講；也可以安排1天的展示發表

會，以便每一位創辦人都能向後續接手的投資人簡報他們的創業計畫。之前沒有人想過要為天使投資建立這樣的運作架構[70]。

2005年4月，李文斯頓、葛拉罕和兩位Viaweb共同創辦人在葛拉罕最近剛買的一間舊糖果工廠集合。那裡有5個天窗、明亮的白色牆壁，還錯落著一些本世紀中葉的現代傢俱，前門被漆成柿子色。

葛拉罕等一票人開始進行面試。有20個團隊從227件申請案中脫穎而出。在一場又一場45分鐘的會議裡，來訪者抵擋問題攻勢，而Viaweb共同創辦人羅伯特・莫里斯（Robert Morris）則在裡面扮演黑臉。葛拉罕在一塊白板上草繪一幅莫里斯的漫畫，眉頭深鎖、下唇突出，旁邊還下了一句標題：「這行不通。」不過，有些創業簡報其實似乎還蠻有可能成功的。其中有個來自史丹佛的19歲年輕人，沉著老練，顯得聰慧過人。此人是山姆・奧特曼（Sam Altman），後來接替葛拉罕成為Y Combinator的舵手。然後是歐漢尼安和霍夫曼，來自維吉尼亞的雙人組，後來放棄了他們的餐廳點餐計畫，轉而支持一個叫做Reddit的新網站，成為Y Combinator第一個獲利退場的案子。整個看下來，有8個團隊過關斬將，成功達陣。Y Combinator的率取率是3.5%，與哈佛醫學院不相上下。

有了付租金跟點披薩便所剩無幾的錢之後，獲選團隊開始瘋狂工作，複製葛拉罕在打造Viaweb時所採取的作風，日以繼夜的編寫程式。週四晚上是放鬆時間，工程師們聚在一起共進晚餐。葛拉罕會在改裝後的玩具工廠裡掌廚，把罐頭食品都倒進燉鍋裡，攪拌被暱稱為「黏糊餐」的東西。暑期生們四處閒逛，比較程式專案的進度，有時候還會喝到李文斯頓特製的薄荷檸檬冰茶[71]。不久，他們便在天窗下一張長型塑膠桌兩側擺著搖搖晃晃的長凳坐下[72]，滿懷感激地吃著黏糊餐，聆聽葛拉罕從外面邀來的演講者講話。果不其然，演講者往往會去加強葛拉罕所抱持的觀點。有一位來賓放了一張簡

報，提出一個問題讓大家討論：「創投基金：無情的撒旦代理人？還是笨手笨腳的強暴犯？」[73]

幾年後，Y Combinator已經在帕羅奧圖打響名聲，葛拉罕在史丹佛一場活動上邀請的演講人竟然是祖克柏。這位曾上演Wirehog簡報的老將站出來，為新生代的共同信念發聲：「年輕人就是比較聰明。」[74]

緊接在孫正義的成長投資、貝托斯海姆式天使投資人的流行風潮，以及提爾的放牛吃草式投資的腳步之後，Y Combinator帶來傳統創投基金的另一種挑戰。診斷過現行創投業者的缺失後，葛拉罕的理論是大手筆投資對初出茅廬的軟體新創是有害的，他故而改走微型投資路線。他想到批次處理的點子，發明出一種通俗、反邪惡的作法，將駭客變成創辦人。在葛拉罕來看，他的新投資公式跟傳統創投基金有著根本性的不同。他並非只是去認識創業家並利用他們的才能，他是在招募青年工程師，創造企業家精神。

葛拉罕以程式行話來形容這套鍊金術：這是對世界經濟的駭客式攻擊。好比駭客在一段程式碼中看到一條激勵人心的捷徑，他研究過人類社會後，發現只要做一點適度的調整，就能讓社會運作得更有效率。「有成千上萬個聰明人可以開公司卻沒有這麼做，只要在對的地方稍加施力，我們就能讓這個世界迸發出一股創業潮。」他在2006年、創立Y Combinator的1年後這麼寫道。一波新的創業潮是令人嚮往的，不只因為新創公司能創造更多財富，更因為這表示年輕駭客們擁有更充分的自由。「當我1986年大學畢業時，基本上有兩個選擇：找工作或念研究所。現在，我們有了第三個選擇：創業。」葛拉罕這麼寫。「從兩條路增加到三條的這種變化，是每隔幾個世代

才會發生一次的重大社會變遷，很難預測會有多大的影響，會跟工業革命一樣嗎？」[75]

當然，為駭客們爭取自由並非全然是新的想法。應該說，它延續了創投基金最初的承諾。亞瑟・洛克已經解放了原本可能在階級嚴明的企業裡窒息而死的天才，而葛拉罕的意思是，你可以在加入某家公司以前便自我解放。他用令人心緒澎湃的隻字片語來提煉訊息：為自己工作、掌握自己創意的價值、與其爬升遷之梯，不如在自己腳下架一把梯子。「20世紀中葉單體式、分層式的公司正在被小型企業網路所取代。」葛拉罕如此歡呼，頌揚創新優勢已經通過安娜莉・薩克瑟尼安鑑定的新創聚落[76]，只是現在，軟體的日新月異意味著小公司的數量比以往來得更多。新創公司網絡介於企業與市場之間，將形成第三類資本主義組織，說不定這真的是工業革命等級的變革。

葛拉罕的投資模式也相襯於他的宏觀視野而有所擴充。第一期暑期計畫獲得成功後，葛拉罕和李文斯頓把他們的方法帶到西岸。他們提高入選團隊的數量，並加入新的實驗：提供門生更多資本、非營利組織的創設協助、史丹佛研討會。隨著計畫的消息傳開，有數十個模仿者如雨後春筍般冒出來，有時還會對葛拉罕模式做出巧妙的調整。2006年，有一個叫做「科技之星」（Techstars）的對手在科羅拉多州的波德（Boulder）成立，幾年內便擴張到波士頓、西雅圖與紐約市。隔年，葛拉罕點子的歐洲版化身「種子營」（Seedcamp）在倫敦啟動。而後來回到 Y Combinator 成為合夥人的 Y Combinator 畢業生丹尼爾・格羅斯（Daniel Gross），則在2018年成立一個線上新創加速器，叫做「先驅」（Pioneer），目標是把 Y Combinator 這樣的經驗散播到開發中國家給住在遠離科技樞紐的創業家們。同時間，有個叫做「創業家優先」（Entrepreneur First）的團隊相信，孤立的工程師找不到志同道合的夥伴是創業的一大障礙，因此提供一種媒合服務，不是培養創業團隊，而是招募個

別的工程師，讓他們加入Y Combinator式的計畫，並且鼓勵他們一起組隊。「創業家優先」由愛麗絲‧班廷克（Alice Bentinck）和馬特‧克利福德（Matt Clifford）這兩個魅力十足的英國年輕人領軍，很快便蓬勃發展，在倫敦、柏林、巴黎、新加坡、香港及班加羅爾都設有辦公室。

　　總而言之，Y Combinator的案例和廣大的青年起義，代表創業投資邁入一個新的階段。一個起初由通才型投資人構成的產業，後來以加速型專業投資人為特色，如今被區分為種子投資人、初創期投資人和成長期投資人。值此同時，資本家也在學習尊重創辦人，創業投資越來越少是瓦倫丁─柏金斯的事必躬親型投資，而越來越多是洛克式的解放。不過，新觀念有其限度，提爾的乘冪定律驅動論有可能做得太過火。從基因泰克到思科，已有大量案例證明親力親為的創投業者造就了投資組合公司的成功。同樣的，葛拉罕對專橫、出手闊綽的創投家的批評，也只在談到投資小型軟體公司的時候有其道理，因為後者容易管理，也只需少量資金。不過，長得越來越大的公司還是會需要指導與銀彈。

　　接下來這幾年，最後一個警告顯得尤其重要。矽谷的企業將變得更龐大。它們將燒掉數10億元、服務數千萬名消費者，而且經常需要投資人嚴格的監督。部分歸功於青年起義所引發的文化變遷，它們不會總能如願。

第十章
去中國大撒幣

2004年末，就在祖克柏與帕克嘲弄紅杉資本的那時，一個身材魁梧的創投家，名叫蓋瑞・雷斯切（Gary Rieschel），造訪了上海黃浦江畔一棟辦公大樓。雷斯切比大多數美國科技專家都更具國際觀，嗅得出繁榮的味道。他曾在經濟繁榮的1980年代在日本工作，也曾在狂熱的1990年代經營孫正義的矽谷創投基金。當矽谷的榮景轉趨蕭條時，他轉移焦點，回到高度成長的亞洲。如今，當他從位於47樓這間富麗堂皇的辦公室向外眺望時，呼吸停頓了一拍。舉目所見盡是建築起重機，鋼鐵與玻璃帷幕大樓如雨後春筍般冒出來，連綿數公里。在雷斯切的旅外生涯中，從未目睹過這類景象。他猛然發現自己正把黃浦江想像成一條金錢熔化而成的河流，正以財富澆灌這座城市[1]。

雷斯切搬到上海進行一場為期6個月的家庭冒險之旅，不過，不久後他便決定應該留下。他在臨黃浦江的那棟大樓租了一間辦公室，用一枚他向街頭小販買來、未經授權的中文簽名章簽訂租約。他重新聯絡舊識，其中一位是史丹佛畢業的工程師，名叫鄺子平，兩人因同在思科工作而結識。鄺子平後來回到家鄉中國，幫英特爾操盤一個投資基金，如今他同意加入雷斯切的行列，創辦一家以中國為主的全新創投公司，名為啟明（Qiming）。接近

2005年底時，他們開始向美國有限責任合夥人募資。

雷斯切秉持標準的矽谷作風，抓住每個機會跟在地科技社群交遊往來。他是個喜愛交際且生性愉快的人，而且他清楚自己在亞洲的位置。他永遠不可能給人在地人的感覺，不過身為年屆50的科技老兵，他可以貢獻經驗[2]。結果證明上海的新創公司創辦人非常渴望向他學習，而且他們精力旺盛，很是驚人。雷斯切的電話經常在夜間響起，就在他吃完晚飯後，這個繁華大都市某處的某人來電要求見面。

「什麼時候？」雷斯切會問來電者。

「現在啊！」對方回答，好像這答案再明顯不過了。

雷斯切會爬進自己的車裡，開車經過數不清的施工隊伍，他們正在建造下一棟摩天大樓或地鐵延伸段。他的會議可能從晚上10點開始，一直進行到隔天凌晨1點，有硬體新創、軟體新創、醫療新創和各式各樣電子商務。中國的經濟每年成長20%，網際網路使用量以大約2倍的速度增加，遍地是商機[3]。普通中國人擁有電腦、數據機、手機和超出父母理解範圍的更多收入可以支配。「你只要，」雷斯切後來說：「把資金灑下去然後攪一攪就好了。」[4]

這是個不同凡響的時刻，而有鑒於其他地方科技聚落的表現參差不齊，更凸顯了這樣的不同凡響。自1980年代，矽谷使日本和波士頓的對手黯然失色以來，已經出現無數次仿效矽谷的嘗試，大多由地方政府或中央政府資助。到1990年代末期，光是美國就有「矽漠」（Silicon Desert）（鳳凰城）、「矽巷」（Silicon Alley）（紐約）、「矽丘」（Silicon Hills）（奧斯汀）和「矽林」（Silicon Forest）（西雅圖及俄勒岡州波特蘭）。以色列、台灣、印度和英國也發起類似的努力，埃及則吹捧出「金字塔科技園區」（Pyramid Technology Park）[5]。不過，即便是最成功的「矽某某」也難以望原版矽谷的項背。

　　歸功於卓越工程技術傳統和政府對創投基金的巧妙支持，以色列脫穎而出，成為美國之外的創新中心，發展出從即時通訊到汽車導航軟體的突破性技術。可是因為以色列的經濟規模小，該國的新創聚落表現得更像是矽谷的小老弟，而非競爭者。當以色列創業家的發明有望成功時，他們的第一個舉動是尋求美國創投業者的支持，而且目標鎖定美國市場。過程當中，很多人會把企業總部搬到美國西岸。他們不但沒能挑戰矽谷的主導地位，反倒鞏固了它。

　　雷斯切在中國嗅到的是不同等級的榮景。2005年，他和鄺子平萌生創辦啟明的想法那一年，目標瞄準中國的創投基金募到40億元，只佔美國所募資金240億元的一小部分。10年後，這個差距消失了[6]。到那個時候，啟明將進行大約10億元的風險投資，最終返還給投資人的報酬是40億元，而中國的創業投資人也將與美國傑出人士並駕齊驅，同登《富比士》全球最佳創業投資人榜（Forbes Midas List of global VC stars）且名列前茅[7]。美國科技巨擘譬如Google、亞馬遜、臉書和蘋果，將正面對決中國的對手如百度、阿里巴巴、騰訊和小米，小米是中國頂尖的智慧型手機製造商，也是啟明支持的勝果之一。這是自1980年代日本人登台挑戰以來，美國創投業者所推動的新創公司第一次沒有能獨霸全球的把握[8]。

　　只是從某個程度來看，他們還是可以的。因為，正如雷斯切的存在所暗示的，中國的科技繁榮有很大程度是美國投資人所打造出來的，而與他們並駕齊驅的中國創投家自己就是準美國人——在教育、專業養成與創投手法上皆是如此。他們就讀於頂尖的美國大學，在美國企業工作，也仔細地吸收美國的創投劇本：純股權基金、分階段融資、親力親為參與，以及新創員工股票選擇權。連續3年被《富比士》評為不但是中國、更是全球最佳創投人榜首的沈南鵬，絕不能說成是美國所提倡的創新模式或紅杉之類矽谷合夥企業

的挑戰者[9]。相反的,他曾經在哥倫比亞大學與耶魯大學就讀,為雷曼兄弟及花旗銀行工作過,最後還成為紅杉資本的中國業務負責人。另外兩個與中國有關的創投家甘劍平及童士豪,名列《富比士》全球創投人排行榜前10名,更是強化了此一觀點。兩人都在美國大學受教育,都接著在美國金融機構工作;兩人都是在啟明與雷斯切共事時展露頭角。在優秀的華裔創投家當中,只有一人屬於例外。在大陸成長與受教育的徐新,直到20多歲加入香港一家英國會計事務所時,才接觸到西方金融實務。

有鑒於中國共產黨的威力,中國與外國觀察家往往把該國的科技成就歸因於這個國家本應目光遠大的政治領導人。不過,真相更令人驚訝。中國的科技成就是亞瑟‧洛克所建立的財務模型的戰利品,遠遠無法拿來證明共產黨的產業策略是否有效。

◆

中國第一個神奇的創投交易可與洛克融資給快捷半導體的八叛徒相比擬,這椿交易發生在1999年,雷斯切抵達上海的5年前。一如洛克從哈佛畢業後到海登史東經紀公司任職,他在精神上的繼承人,講話速度飛快的才女林夏如,也是從哈佛前進到摩根史坦利,接著進軍高盛集團。洛克知道海登史東對新創公司沒有興趣,所以與海登史東分道揚鑣。同樣的,林夏如也是和意見相左的華爾街雇主奮戰,最終以高盛歷史上極為尷尬的誤判事件落幕。

林夏如是台裔美國人,16歲便獲得哈佛大學的入學許可,還跳過大學一年級,是個活力十足的拼命三娘。她是高盛集團最年輕的女性合夥人,她的精力與魅力使她天生就是個交易人。跨足雙文化與雙語言的林夏如,也是兩

個世界的橋樑。高盛在1990年代把她從摩根史坦利挖角過來後，她便安排銀行入股一家中國的柴油公司，也輔導中國政府重整航空公司並私有化。在那之後，高盛派她空降負責亞洲有史以來最大的私有化案：新加坡電信集團。她並沒有因為身為女性而受到阻撓，跟矽谷比起來，中國快速發展中的企業文化是靈活、不固定的，而且並非全盤由男性所主導[10]。

　　1999年，林夏如運用她在高盛的明日之星地位，著手開創新的方向。從美國研究所脫穎而出的中國工程師們，陶醉於矽谷的公開上市快感，渴望著創立科技新創公司。他們擁有商業點子、技術訓練和永無休止的企圖心。可是，就跟半個世紀以前加州的八叛徒一樣，他們缺乏一個明顯的資金來源。他們沒辦法從中國的銀行取得資金，因為中國放款人認為新創公司的風險太高[11]；他們也不會從沙丘路上的創投機構拿到錢，因為美國創投業者認為中國的風險太高。林夏如看到機會，著手成立一個聚焦中國的創投事業[12]。不多久，商業計畫書就一箱一箱地來到香港高盛辦公室。

　　林夏如開始物色融合美中優勢的交易。他們會採取美式架構，由矽谷的律師起草文件，不過，對象將是由美國培養的中國人所成立的新創公司，而且訴求中國的龐大市場。中國早期的入口網站新浪網（Sina）便是一例：它鎖定中國消費者，可是董事會卻是在矽谷召開。林夏如也支持另外兩個有前途的入口網站：搜狐（Sohu）和網易（NetEase）。

　　有一天，林夏如聽說一家由英文老師馬雲成立的新創公司，位於省城杭州。推薦人是另一個台裔美人蔡崇信，在耶魯上大學，後來進入耶魯法學院，當時林夏如則就讀於哈佛大學。兩人是當學生時，為了各自的暑期工作在前往台北的航班上認識的。航程中，蔡崇信多數時間都在讀一本有關美國憲法學的教科書，而林夏如則埋頭看《華爾街日報》（*The Wall Street Journal*）[13]。兩人都曾在聲譽卓著的紐約公司上班，林夏如去了一家投資銀行，蔡崇信則進

了老字號的律師事務所蘇利文・克倫威爾（Sullivan & Cromwell）。接著，在 1990 年代中期，蔡崇信仿效林夏如的腳步，在香港從事投資工作。如今，他決心支持杭州的這家新創公司，希望林夏如一起來投資。

一開始林夏如抱持懷疑的態度。「才不要！」她不屑一顧地笑著說[14]。美國知名大學畢業生的創業簡報塞滿她的辦公室，一個鄉下英文老師的東西能有什麼過人之處？更何況，這個馬雲正在追求的事業，是建立一個幫助西方企業在中國找到便宜商品的網站，聽起來跟她以前看過的創業計畫很相似，而且就算略有不同，那又怎樣？林夏如已經發現，那些想要創業的人來找她，都願意修改他們的商業計畫，毫無猶豫。林夏如可以叫其中任何一人來落實馬雲的構想。

「這些胸懷大志的執行長們會來跟我說，你想要我做哪一行？」林夏如回憶說：「如果我說我想要一個做內容的人，他們便會說他們可以做內容。」

「可是你又不懂內容。」林夏如反駁。

「等等！」對方這麼回答。幾天後，創業家就會帶著一組 10 個懂內容的人回來，全都畢業於史丹佛大學[15]。

林夏如回絕蔡崇信不久後，聽到一家叫做「環球資源」（Asian Sources）的成功企業的募資簡報。它做的是黃頁電話簿的生意：美國大型零售商會利用環球資源從中國採購商品。如今，該公司提議拿這套模式開辦一個線上版，而連第一個員工都還沒聘進來，這項計畫便要求高達 17 億元的估值。儘管價格有如天文數字，高盛仍考慮支持。

林夏如靈光一閃。這跟蔡崇信講的那個杭州人推銷的是同樣的願景。林夏如知道，實體大賣場想要靠著網路購物來競食現有業務時，公司的保守派往往會阻礙進展。說不定只花原價的一小部分，去開發一片全新的藍海會比

較好？當蔡崇信下一次拜託林夏如去杭州看他的案子時，她同意與他前往。

　　幾天後，這一對常春藤畢業生現身在馬雲的公寓。包括馬雲的太太在內，有十幾名員工聚在一起日以繼夜的工作，靠著泡麵果腹。馬雲和他的團隊顯然已經執迷到顧不得衛生，整間公寓瀰漫著刺鼻的氣味。不過，有著燦爛笑容與小精靈特徵的馬雲，散發出一股伶俐的魅力。而且，跟那些不停地向林夏如推銷、極力討好她的人比起來，馬雲做出一個吸引人的改變。只要能被高盛這類有名望的公司投資，史丹佛那群人什麼事情都願意做。相反的，馬雲熱切地忠於他的商業計畫，不打算因為融資者的建議而有所改變。此外，若說馬雲缺乏受美式教育華人的優雅氣質，林夏如可以靠著她的共同投資人來彌補這一點。蔡崇信不但決心支持馬雲的計畫，更打算主動插手幫忙。

　　和馬雲茶過三巡之後，林夏如宣稱高盛準備入股投資，條件是銀行要拿超過一半股份。

　　馬雲抗議，說這家公司是他的寶貝。

　　林夏如留下她的提議讓馬雲考慮，便結束會面。她忖度，隨著這家新創公司的現金需求節節升高，她的影響力也會上升。果不其然，馬雲開始經常打電話給她，他還是希望保留大部分股權，但是他急需資金。

　　某個週末，林夏如和家人在香港島南端游泳，馬雲又打給她了。「這是我的人生啊！」他懇求著，高盛就不能讓他保留大部分股份嗎？[16]

　　「什麼意思？你的人生？你才剛起步而已呀！」林夏如口氣堅定，重申高盛必須擁有馬雲公司一半以上的股份。

　　馬雲掛上電話，然後又馬上打回來。他焦急萬分。

　　林夏如趁勝追擊。「過了這個週末，我就不再考慮這個案子了。」她語帶威脅。「這是在浪費我的時間，我要去看看別的團隊。」林夏如手上有著

一整疊等於是「要我做什麼都可以！」的商業計畫書。如果高盛認為開發供應商的構想在中國是有前景的，它可以找到一大票夠格又渴望來做這件事的明日之星。

馬雲的口氣放軟，提出一個折衷方案：五五對分。

最後，兩人決定平分股份，大致呼應了1960年代洛克提供給創辦人的條件，高盛將支付500萬元買下一半馬雲稱之為阿里巴巴的公司。所有權的爭奪是經過如此一番你來我往，高盛出資的金額倒是出奇的沒有什麼爭議。「我是隨便丟出一個數字。」林夏如後來說。

就在討論進一步細節的時候，林的紅色諾基亞手機脫手而出，掉到海裡去。對話就此終止。

接下來那個週四，林夏如打電話給在紐約的高盛投資委員會，說明她的提案。

反應冷淡。「他們說：『500萬元買這個名不見經傳的東西？』」林稍後如此轉述。

「對，不過我們會經營這家公司。」她反駁。

紐約那邊的人拒絕核准林的交易案，除非她減去三分之一的投資金額。「明天就去砍掉170萬元。」他們下令[17]。

跟文洛克創投的情況相當接近，該公司與嗆辣的賈伯斯達成A輪投資交易，然後又把一部份股權讓給洛克，高盛也不出所料地放棄阿里巴巴17%的股權，分給其他4家投資機構。15年後，高盛集團可以看到當初放棄了什麼。阿里巴巴成功上市，那筆170萬的資金原本可以創造出45億元的價值。

2個月後，1999年12月，馬雲和他的團隊急需更多資金。高盛自從5月份掛牌上市以來，面對它不甚習慣的監督制度，便不願放更多錢在這家不起眼的中國新創公司身上，紐約的長官們指示林夏如另尋其他投資人。如果能

夠說服某個人以超過高盛已經支付的估值進場，新一輪的投資便能拉高銀行股權的帳面價值。「你何不試著把價格拉高？」紐約那邊給出建議。

「你們先是要我砍掉170萬元，然後要我拉高價格？」林夏如氣惱不已。「每天都要我變出魔術來！」她苦澀地自言自語[18]。

2000年1月，林夏如去找高盛亞太區董事長馬克・舒瓦茲（Mark Schwartz）。舒瓦茲和孫正義很熟，而且是軟銀的董事。林夏如解釋她的困境：她有一套中國新創公司的投資組合，可是紐約那邊不喜歡他們。「我手上有7家公司，你的朋友孫先生說不定可以全部都投資？」她滿懷希望地問。

「哪一家最急？」舒瓦茲問她。

「阿里巴巴非常、非常急著用錢。」林回答[19]。

舒瓦茲找了孫正義來談。中國市場正熱，高盛有一個新創公司的投資組合，可以投入更多資金。

軟銀不久便安排孫正義在北京見幾位中國科技創業家。他們在一天的投資媒合閃約會（investment speed dating）中，一個接著一個去見孫正義。馬雲也是其中之一，孫正義喜歡他的舉止。「他的眼神十分有力，閃閃發光。」孫正義後來這麼說[20]。兩人達成投資協議，孫正義建議馬雲趕快把錢花掉，迅速擴充業務[21]。

為了敲定交易，孫正義和馬雲又見了一次面，這一次是在孫正義位於東京的辦公室，辦公室裡有傳統的榻榻米地板、日式拉門和一把裝飾用的武士刀，林夏如也以現任大股東的身分與會。她在最初與阿里巴巴的交易中取得新募資案的有效否決權，所以孫正義必須與她磋商。

林夏如提議軟銀投資2,000萬元，交換公司五分之一股權，其中的隱含估值高達1億元，是林夏如和共同投資人3個月前投資時的10倍之多。

孫正義就跟5年前投資雅虎一樣，二話不說，馬上點頭同意。

「他就這樣接受我說的數字，」林夏如事後大表驚訝的說：「我當時想：『他瘋了！』有人用最不可能的方式對你點頭說好，讓人興奮的不得了。」[22]

孫正義接二連三地投資了林夏如手上幾家中國新創公司。不過，這不合常理的舉動背後，有著林夏如沒看出來的道理。儘管孫正義看似憑著高盛基於自私的暗示和兩次與馬雲的會面，便幾乎是隨隨便便地承諾入股阿里巴巴，不過他這股堅定的信念其來有自。因為他是思科的董事會成員，他知道路由器在中國的銷售已經起飛，網際網路使用量即將大爆發，把資本灑到任何可能因此受惠的地方是有道理的[23]。林夏如的新創公司是孫正義入局投資，與之利害與共的便利管道，而2,000萬元對他來說不過是零頭小錢[24]。離那斯達克指數大跌還有2個月時間，當時的他估計自己是地球上最富有的人之一[25]。

孫正義願意快速下注，及時為他重建那斯達克指數崩盤期間所損失的財富。阿里巴巴在2014年掛牌上市時，孫正義的股權價值580億元[26]。這是創投史上最成功的一次投資[27]。

故事講到這裡，有兩點值得一提。首先，阿里巴巴即將成為中國數位經濟的支柱，但中國政府在創辦阿里巴巴這件事情上沒有發揮任何直接作用。其次，相反的，是美國的資金改變全局。可是，美國對馬雲和阿里巴巴的影響力遠超過他們收到的資本，洛克在知識上的繼承者們和馬雲協力合作，引進股票選擇權這個魔法武器。

　　把矽谷的股權文化移植到中國，需要一些勇氣與策略。可交易股權的觀念對中國來說是很新奇的，它的兩個笨重過時的證券交易所直到1990年才在上海與深圳成立。員工認股選擇權，或各式各樣鞏固矽谷投資人在新創公司權利的「特別股」，都不被中國法律所承認[28]。更複雜的是，中國政府禁止外資持股的中國企業範圍很廣，經營網站的企業也包含在內。這表示美國創投資金進入像阿里巴巴這類公司擺明了是違法的，中國網際網路股到美國那斯達克股票市場掛牌上市也不行。由於中國不成熟的股票市場無法應付新興科技公司的上市需求，這種法律障礙可能會讓中國的數位經濟胎死腹中。中國的政策不但沒有推動科技產業的發展，反倒威脅要扼殺它。

　　為了替中國科技產業注入活水，美國創投業者和它們的律師們想出一連串變通作法[29]。首先，他們支持的中國網路企業會在開曼群島註冊公司。開曼群島的法律允許各種形式的股票：給新創公司創辦人的普通股、給員工的認股選擇權、給投資人的特別股。再者，開曼的公司可以接受非中國的創投業者資金：高盛不被允許投資杭州的一家網路新創公司，但可以買下它在開曼母公司的股份。最後，披著開曼的殼的這家公司可以輕鬆的在中國以外的證券交易所譬如那斯達克上市，開出一條路繞過原始的中國股市這個大路障。

　　一旦開曼公司成立，下一個任務就是運用創投的錢來開創中國業務。為了避開外國人不能擁有中國網路公司股權的禁令，開曼的資金會以貸款方式注入一家平行的中資經營企業[30]。接著，為了讓外國投資人取得他們在創投交易中所期望的權利，矽谷律師們發明出一種相當於合成型股權（synthetic equity）的東西。他們在中資網路營運商與開曼中國子公司之間執行一連串附帶合約，中國網路公司會授予外國借款人控制權，效力相當於股權所能發揮的影響力。中國公司也同意支付國外貸款的利息金額，會隨著公司的業績

變動：就算法律不允許，但外國人實質上收到的是股利。最後，相關各方同意爭端解決機制依循紐約的法律，所有這些安排才大勢底定。中國官員不肯庇佑這套矽谷配方，不過平心而論，他們是睜隻眼閉隻眼[31]。

中國網路新創公司被嫁接到美國的股權文化上，有了它的法律當靠山，享受被中國法律剝奪掉的機會[32]。他們可以向美國創投投資人募資、他們可以立志在那斯達克股市上市，而且他們可以靠著提供認股選擇權，招募到明星級員工。1999年上半年，這一切對華裔美籍創業家來說是如此新鮮，以至於連把「股票選擇權」（stock option）翻譯成中文，並且搞懂這些東西是怎麼運作的都很辛苦[33]。就在高盛入股投資前不久，馬雲到矽谷出差，和一個生於中國、在美國養成的工程師吳炯吃晚餐，此人曾經在雅虎擔任首席工程師。吳炯記得馬雲盤問他矽谷新創企業如何招募員工，要他給些股票獎酬機制的教學[34]。

一旦拿到高盛的錢，也取得開曼的公司架構之後，馬雲便能將這套教學付諸實施。他的第一擊是聘用蔡崇信，他的那位前耶魯、前蘇利文·克倫威爾投資人。由於馬雲的小公司大有前途，所以蔡崇信揮別香港金融工作的70萬元年薪，接受1年只有600元的現金薪水，他認為伴隨而來的選擇權會比薪水更值錢。接著，馬雲動手升級他的工程團隊，目標無他，正是雅虎的吳炯。吳炯起初不理會馬雲的勸進——他何必離開這家矽谷當紅炸子雞呢？不過馬雲奉上一整套豐厚的認股選擇權，再加上一個變化。馬雲告訴吳炯，他可以留在加州，建立自己的團隊，並且用另外一包員工認股權來吸引優秀人才。吳炯點頭同意，在與帕羅奧圖僅隔一灣之遙的佛利蒙市（Fremont）建立了一個30多人的阿里巴巴前哨站。「佛利蒙的營運作風完全是美式的，」吳炯後來這麼說。「沒有拿到選擇權，我是不會離開的。」他又補了一句[35]。

拜蔡崇信與吳炯這兩位世界級的新血所賜，馬雲把阿里巴巴打造成一家

世界級的公司。它做出快捷半導體曾經給矽谷的貢獻——不僅自憑其力成為一家強大的企業，更是自己成立衍生新創公司的有志者練習場。而阿里巴巴並非中國數位經濟下以美國資金建造的唯一支柱，其未來對手騰訊也是在1998年起步，由一家叫做IDG的美國創投業者投資110萬元。有時是中國第三大網路巨擘的百度，則是從矽谷投資人提姆‧德雷珀（Tim Draper）領軍的某個基金取得資本。3家早期中國入口網站——新浪、搜狐和網易——全都向國外募資；線上旅遊預訂與線上拍賣先驅的攜程旅行網（Ctrip）和易趣網（EachNet）也是如此。2004年，與阿里巴巴延攬蔡崇信遙相呼應，騰訊也用股權獎酬制引誘一位高盛銀行家劉熾平來擔任公司的高階主管[36]。簡言之，美國的資本、法律架構與人才，是發展中國數位經濟的核心。沒有來自美國的投入，阿里巴巴這類公司就不可能順利起飛，而今天，中國也就不可能在行動支付等科技領域取得優勢主導地位。

　　20年後，回首過往的經驗，林夏如唯一的遺憾，是她任職的公司從來不曾接納她的中國網路投資組合。高盛集團不是一家正統創投業者，對規則不精確的投資專家懷有戒心。他們喜歡支持擁有明顯競爭優勢的公司：展現定價權的知名企業，或擁有專利技術的年輕公司。「我格格不入，因為你沒辦法正規描述我做創投的方法。」林夏如回憶說。有一次，林去拜訪某個高盛資深合夥人，一位曾經在以色列科技產業工作過的女性。這位合夥人檢閱林夏如手上一整疊新創公司的重點簡報，對整個東西嗤之以鼻：沒有技術優勢，他們永遠成不了事。她還把整疊報告掃到地板上，確保林夏如明白她的意思。「超級戲劇化的！」林回憶說：「我好像在演電視實境秀。」[37]

　　那次事件不久後，2001年，高盛鼓勵林夏如放棄她在阿里巴巴的董事職位。網際網路泡沫已經破滅，高盛希望它的合夥人把時間花在大型投資案上，而不是成功機會不大的邊邊公司。林夏如嚴詞拒絕，可是她在阿里巴巴

的位子被指派給一位副手朱賀軍，此人的任務是落實紐約觀點：高盛不應投資阿里巴巴。朱賀軍曾有一度建議解散公司，換回現金：在高盛這樣一家驕傲的公司眼中，阿里巴巴就是不值得投入精力[38]。林夏如最後離開公司，高盛也接著賣掉阿里巴巴的股份，以原始投資部位的6.8倍拿到一個平淡無奇的利潤[39]。

　　高盛的不耐煩導致創投史上時機最糟的一次退場。雷斯切不久後將來到上海，而中國也即將掀起第二波網際網路浪潮。

　　儘管中國第一波創投交易的領軍者是由一群令人驚奇的投資人組成，其中不少來自海外，但第二波的要角卻是主流創投業者，大多駐紮在中國。雷斯切矢志建立一個總部在上海的美式創投合夥企業，就是這種轉變的一個前兆，不過，啟明創投只是更廣泛現象的一環。從2000年代中期開始，有數家美國大型創投公司火速進軍中國招募當地團隊；事實上，有才華的華裔投資家炙手可熱到經常從一家美國合夥企業跳槽到另一家。同時，曾經在西方企業工作過的投資家也開始成立自己的創投公司，目標是將美國的創投方法論結合到中式管理裡。

　　第一個值得注意的衍生產物是徐新，另一位在中國創投業大放異彩的女性。徐新沒有到美國讀書，而是在南京大學主修英文系時體驗到美式教學。系上有位老師是一個令人欽佩的非裔美籍女性，名叫唐達·威斯特（Donda West），此人將美國的民風精神灌輸給自己的學生。「你是獨一無二的、你是一個奇蹟。過去500年沒有一個像你這樣的人，未來500年也不會有。」她如此告誡。徐新記憶猶新的說，這種對個人主義的頌揚，讓來自四川省的

中國青年大開眼界[40]。威斯特會深植於徐新的記憶裡，也是因為她兒子的關係，當時常常可以看到他在校園裡表演特技。幾年後，徐新發現那個叫做肯伊（Kanye）的男孩子已經變得很有名，感到煞是有趣。

　　徐新從南京大學畢業後，在一家中國國有銀行找到一份當櫃員的差事，每個月賺78元人民幣。熱情又勤奮的她，成為中國共青團的領導人，休息時間都在幫同事練習英文。她的努力使她獲頒「三八紅旗手」的封號，伴隨這份榮譽而來的獎勵還有一份證書與一張床單[41]。1992年，滿25歲生日那年的徐新，申請英國治下香港的普華永道會計事務所（Price Waterhouse）一份夢寐已久的審計工作，她用幾個晚上惡補一本會計教科書，拿到了工作。接下來10幾年，她吸收香港版英美金融實務，離開普華永道，換到一家投資銀行工作，然後又去了一家私募股權合夥企業[42]。一路下來，她投資中國網路新創公司，包括早期入口網站網易和一家叫做中華英才網（ChinaHR）的線上求職網站。這些經驗教會她如何與年輕創辦人建立關係、聘用和解雇執行長及協助建立團隊。當中華英才網最後被美國競爭對手收購時，這位來自四川的英語系畢業生賺到了5,000萬元。

　　2005年，徐新辭去香港的工作，在上海成立自己的創投基金「今日資本」（Capital Today）。她募得2億8,000萬元資金，著手物色新創公司。她的打算是只做少數幾椿投資，少到可能每年5、6件，然後把贏家盡可能的長期握在手上。「這世界上沒有太多傑出的公司，」她反思，口吻好似中國版的彼得・提爾，此人在同一年開辦了「創辦人基金」。「如果你夠幸運找到一家這樣的公司，緊緊抓著別放。那就是你的金雞母。」[43]

　　接近2006年底，徐新現身在北京香格里拉酒店的一場會議中。時間是晚上10點，這在中國狂熱的商業文化裡，算是做創業簡報的正常時間。徐新要去見劉強東，一個後來被稱為京東（JD.com）的電子商務網站的年輕創辦

人[44]。

即便以中國人的標準來看，劉強東看起來都是個努力進取的年輕人。他自學程式，在週六早上開管理會議，像隻老鷹般盯著自己的網站，每2分鐘就會回應使用者留言。劉強東靠著積極折扣與快速交貨，很快便在他所進軍的產品領域取得主導地位。京東的業績每月成長10%，依照這個速度，3年內，京東的規模便會成長將近30倍。

大約清晨2點在香格里拉酒店，徐新便決意不能錯過這次投資。她問劉強東需要多少資本。

「200萬元。」劉強東回答。

「不夠。」徐新反駁他，如果要支撐京東的指數型成長，劉強東需要的錢肯定不止如此。世界上最大的線上零售市場正在招手，在競爭者強力進入這個領域之前，京東必須快速掌握市場。

「我會給你1,000萬元。」徐新說[45]。

劉強東看起來很興奮，甚至可能高興到不知所措，這正是徐新想要的反應。在美國，青年已經起義造反，強烈反對施捨太多現金的創投家。可是，中國的新創公司創辦人面對的是廣大的市場機會和相對稀少的金援。

徐新為了把交易拿到手，所以告訴劉強東說他們必須飛到她在上海的辦公室簽訂投資條件書。她出錢幫他們買早上9點的航班機票，離起飛不到幾小時，如此一來，「他就沒有時間跟其他人碰面。」她事後這麼解釋[46]。遲疑了一下之後，她也一反常態，幫自己訂了一個經濟艙的座位。她想要坐在劉強東旁邊，也希望劉強東能維持節儉的習慣。

徐新的今日資本公司適時投資1,000萬元以交換京東40%的股權。劉強東迅速擴充產品範圍，也升級了京東的配銷服務。徐新這邊則是在聘用頂級人才方面給予劉強東指導：隨著京東成長，創辦人必須授權。一開始，劉強

東持反對意見，認為必須尊重長期奮鬥的戰友，所以新進員工的薪資無論如何都不能比老員工高。不過，徐新好言相勸他接受一個打破薪資天花板的財務長，而劉強東很快就改變看法了。「這個要價2萬元人民幣的傢伙要比5,000元人民幣那個好太多了！」他大感驚奇。「你可以再幫我多聘幾個嗎？」[47]徐新適時地為他找來新的零售主管與後勤主管。沒過多久，京東便開始在中國一流大學的校園裡徵才。

　　就跟洛克曾在英特爾做的一樣，徐新也設計了京東的員工認股權計畫。她採用標準的4年約定期間，條件是京東要能達成它的商業目標。然而，不過短短2年，公司就飛快超越目標，徐新也高高興興地提早發放股票。劉強東召集員工宣布這個好消息。他告訴大家，他的目的是讓人人變富有，志在創造出100個身價超過1億元人民幣的員工和1,000個身價超過1,000萬元人民幣的員工。他的口吻像極了網景的吉姆・克拉克，把馬克・安德森那些寫程式的朋友們從伊利諾大學解放出來。

　　當然，財富也流到徐新手上，她的公司已經得到京東五分之二股權。歸功於這一樁及其他成功的投資案，今日資本的第一個基金扣除費用後，年報酬率上升到40%，非常了不起；每投資1元，她的支持者就能得到超過10元的報酬。以此為跳板，徐新毫不意外地在2010年募集到更龐大的基金，規模為4億元，接著是一個還要更大的7.5億元長期基金。中國的創投業正在聚集動能，蓄勢待發。

　　在關鍵的2005年，創辦人基金、Y Combinator、啟明創投和今日資本成立的這一年，一個精瘦結實的創業家沈南鵬飛到加州拉古納海灘市（Laguna

Beach）。他成長於中國，在美國念研究所，並從事投資銀行的工作。現在他來到加州，在一場金融會議上暢談他所共同創辦的兩家新創公司之一：在那斯達克掛牌上市的線上旅遊公司攜程旅行網。他在開會時收到一個朋友的訊息，紅杉的領導人麥可・莫里茲及道格・萊昂內想要和他見面[48]。

沈南鵬可以猜到原因。以他對兩國文化的嫻熟程度、投資銀行背景和創業成功經驗，沈南鵬自然是加入中國創投掏金熱的理想人選。已經有3家以中國為基地的創投業者想要招募他，紅杉自然也不例外。

沈南鵬同意在加州多留一些時間，跑一趟舊金山。他和莫里茲及萊昂內在市場街上的四季酒店碰面，隨著矽谷的觸角往北延伸，此處正在形成一個科技聚落。紅杉也邀請另一位準備從現在的基金跳槽出來的中國創投家張帆。跟沈南鵬一樣，張帆也擁有完美的雙國履歷。他曾任職於高盛集團，畢業於史丹佛大學及中國聲譽卓著的清華大學[49]。

4人談了1個半小時。這是令人驚奇的一組人：英國裔美國人莫里茲，纖瘦而俐落；意大利裔美國人萊昂內，擁有厚實的胸膛；還有兩個積極進取的未來合夥人，拿中國護照、受美國訓練。

隨著對話展開，紅杉雙人組對這兩人有了好感。萊昂內曾經去中國7、8次物色當地團隊，看得出來沈南鵬和張帆比他遇過的其他候選人來得更強[50]。兩人都辭去安穩的投資銀行工作，親身投入創業投資與新創事業：他們瞭解創業的風險。沈南鵬除了共同創立在那斯達克股市交易的攜程旅行網之外，也協助開辦一家經濟型酒店公司「如家酒店集團」（Home Inns & Hotels Management），正朝著在美國上市的方向前進。同時，張帆則可自豪於曾參與中國版Google——百度的早期投資。

沈南鵬和張帆也同樣對紅杉合夥人欽佩不已。身為創業家的沈南鵬，已經看到在中國的投資人受命於遠在他方、對中國情境毫無所知的美國投資

委員會，讓他的同輩們越來越感到失望。可是，在沈南鵬還沒能開口反對遠距干涉之前，莫里茲和萊昂內便斷然宣聲稱他們的中國合夥人可以獨立做決定。他們已經在以色列成立一組紅衫團隊，成果並不出色，而他們學到的主要教訓是不應有個加州委員會去遠距遙控大小決定。如莫里茲說的：「思考全球化、行動在地化（Think global, act local）。」人事和投資選擇權會在前線的人手上。「開玩笑地說，『除非你想要成立沈南鵬合夥公司，否則何必拒絕這樣的提議？』」沈後來回想[51]。

2005年底，沈南鵬和張帆簽約成為紅杉資本中國基金的共同領導人。萊昂內拿他們來炫耀給某些紅杉有限合夥人看，募到了1億8,000萬元的基金，比徐新所募到的還少，這是因為紅杉不想要一開始就冒著聲譽風險把規模做大[52]。接著，沈南鵬在香港挑了一間規格相應的辦公室，與攜程旅行網位於同一街區。畢竟紅杉中國基金自己就是個不修邊幅的新創公司，不會模仿島上的美國投資銀行及私募股權基金去設立金光閃閃的華麗辦公室[53]。

莫里茲和萊昂內儘管承諾中國團隊擁有自主權，但對待沈南鵬和張帆的作法仍和其他紅杉資助的創辦人如出一轍。他們尊重這兩人，這是肯定的；不過，不管文化和距離的挑戰有多高，他們也決心發揮導師與指導者的作用。這意味著，他們要在過度干預和放手不管而落入其他創投公司海外衛星的脫離命運之間，走出一條路來。舉個例來說，標竿創投的合夥人曾在2000年成立一間倫敦營業處，放手讓當地人走自己的路，沒有為了整合這架衛星和母艦而往返飛行。結果在2007年，倫敦團隊正式實質獨立，不再分享利潤給加州那幫人，也使得標竿創投失去了在歐洲的存在感。同一時間，凱鵬華盈也在中國遭遇到類似挫敗。2007年，約翰‧杜爾協助招募4位中國投資人，可是他犯了一個致命錯誤，把後續管理工作委任給一個身分地位不足以打造新據點文化的副手。「杜爾來這裡能幫得上忙，是因為他有這樣的身

分與高度，」凱鵬華盈中國團隊的其中一員回憶說：「可是如果你派了一個比較資淺的人進來……說老實話，他們真的知道自己在幹嘛嗎？」[54]不到 1 年，凱鵬華盈的中國據點便土崩瓦解，必須重建[55]。

莫里茲和萊昂內對待沈南鵬和張帆的態度是更為一致且堅決的，他們沒有假手他人，而是一肩挑起重擔，每隔幾個月便輪番進出中國[56]。「我們不是在做品牌的加盟授權；我們是在經營紅衫資本。」莫里茲後來說[57]。中國合夥人也會回訪加州以觀察最佳實務作法：如何召開週一投資會議、公司創業簡報的聆聽重點、如何對潛在投資案進行盡職調查。沈南鵬尤其渴望學習。「我以前從來沒做過創投。」他承認[58]。

把矽谷的最佳實務搬回中國原來並沒有那麼簡單。借用境外運作的美國法律架構，藉以實施員工認股權是一回事；在西部荒野般的中國經濟裡，把美國的投資方法論、甚至道德標準移植到創投實戰上，又是另外一回事。中國大陸的商業文化是出了名的殘酷。大家都知道，有時候企業家會運用政治關係來騷擾對手或令對方鋃鐺入獄。美國資助的中國創投家因而發現自己腳跨兩個世界，身為中國商業戰場上的老兵，他們的直覺是力拼到底；可是打著矽谷招牌的他們，如果走捷徑的話就會惹上麻煩。

果不其然，2008 年底，沈南鵬發現自己面對一場難堪的訴訟。私募股權基金凱雷集團（Carlyle）控告他並求償 2 億 600 萬元，指稱他在一椿對中國醫藥研究公司的投資案上作弊。根據訴狀，凱雷已經與這家公司簽訂獨家投資條件書，可是沈南鵬以詐騙手段回溯一份競標投資協議的日期，使得它看起來早於凱雷的協議，而把凱雷擠到一邊去[59]。該案私下和解，沈南鵬並未承認錯誤。值此同時，沈南鵬也和對爭對手高瓴資本（Hillhouse）發生衝突，這是一家從耶魯捐贈基金分離出來的投資公司。「加州的紅杉人原本可以驚慌失措地說：『我不想管這種事情。』」一個牽涉其中的人後來表示。相反

的，莫里茲和萊昂內力挺自己的人。就跟任何風險賭注一樣，紅杉中國基金是有風險的，但莫里茲和萊昂內可是老練的冒險家。

就在官司纏身的同時，紅杉遇到一個考驗決心的更大試煉。某個週六晚上，莫里茲正在舊金山北邊的家中享受平靜的週末時，接到一通來自中國的電話。

莫里茲可以從電話線的那端嗅到一股煙硝味：沈南鵬和張帆正在吵架。其中一人要求炒某個員工魷魚，另一人則堅持不必。

莫里茲傾聽兩人之間的緊張氣氛。倘若這只是冰山一角，那麼紅杉中國團隊快要瓦解了。隔天一早，莫里茲縮短週末假期，動身前往機場。

莫里茲抵達香港，花時間和紅杉辦公室的團隊談話。他很快便掌握到張帆的初期投資看來沒有什麼進展[60]，同時，沈南鵬則已經入股至少兩家正在嶄露頭角的新創公司。如果兩位創辦人不和的話，莫里茲知道要站在哪邊。

到2008年末，張帆已從公司離職，緊張關係也結束。紅杉準備好繼續推動中國投資了。

就跟紅杉資本支持過的許多創辦人一樣，沈南鵬花了5年時間才讓業務有所進展。可是在2010年，有4家紅杉投資的中國企業在紐約證交所上市，而紅杉也在北京舉辦2年一次的投資大會，這是它第一次召集有限責任合夥人到海外開會[61]。北京柏悅酒店（Beijing Hyatt）的暖氣與空調壞掉，使得裡頭聚集的群眾感受到奇怪的溫度變化。不過，紅杉資本已經從一家矽谷公司一躍而成為全球化企業。

到了此時，廣大的中國科技產業也正在成熟當中。2010年，聚焦中國

的創投家募集到112億元，5年內增長將近3倍，總部設在美國的創投公司，則是有史以來第一次在中國完成超過百件的投資案[62]。隨著資本取得越發容易，中國創業家開始追求更大的夢想。阿里巴巴等先驅已經證明能攀登上怎樣的高峰，後起之秀也能看到這個世界上成長最為快速的經濟體，有著無遠弗屆的機會。隨著創投業者與創辦人的網絡日趨稠密，中國的創新體系也接近它的下一個重大轉折點——相當於矽谷在1980年左右達到的分水嶺。

矽谷的早期發展可以分為三個階段。一開始，資本稀缺，投資者寡，創業家募資困難：這個階段可以用來描述1990年代後期的中國，即林夏如投資阿里巴巴那時候。接下來，資金流入，創投家的數量暴漲，新創公司的家數與野心也倍增：情況類似於2010年前後的中國。最後，隨著新創公司之間的競爭加劇且代價水漲船高，矽谷創投家發揮了協調作用。他們斡旋收購事宜，鼓勵合併，也引領創業家們進入還沒有被淹沒的領域；作為這個網路的超級連接點，他們形成一個去中心化的生產系統。這是中國必須跨越的最後門檻，它將在2015年以前達成此目標。

在王興的故事裡，可以具體看到中國從第二階段前進到第三階段。王興是一家獲得驚人成功的食品外送帝國「美團」（Meituan）的創辦人，他個性內向、善於分析、篤信自己的判斷，從很多方面來看都是中國版的祖克柏。他從清華大學畢業後，到美國攻讀電腦工程的博士學位，不過不久便決定輟學，打算自己開公司賺錢。他接二連三地創辦一系列山寨公司，炮製出早期社交網站Friendster的中國版，接著又去模仿臉書和推特。2010年，他注意到美國折扣訂購網「酷朋」（Groupon）有爆發性成長，便又跟著轉向。他的新公司會以折扣價大批買入餐券、電影票和零售商品，然後再轉售給找便宜貨的人，這就是他稱為「美團」的公司。

王興並非追逐團購商機的唯一創業家。一個外表光鮮的娛樂人士吳波也

曾創辦類似事業，而且看來可能還有一波波其他複製酷朋的網站出現。不過，已經開過3家新創公司的王興，可是歷經艱苦磨練，以優秀成績畢業於現實社會這所學校，而且他對於如何才能以合理的成本吸引用戶，有很堅定的看法。當紅杉中國基金考慮把賭注押在哪一匹馬時，王興成為首選。沈南鵬最信賴的副手孫謙是一個安靜的合夥人，承擔起招攬王興的任務[63]。

孫謙很快就發現新一代的創業家不好應付，王興也是如此，這位仁兄很像祖克柏。4年前，徐新認識京東的創辦人，以巧妙的手段將他引去她在上海的辦公室。要圍堵王興就比較難了，甚至連碰上一面都很難。

孫謙有哈佛法學博士學位以及曾在美國私募股權企業General Atlantic工作過的紀錄，這可不是那種會鼓勵謙遜的血統。可是現在，孫謙全力扮演追求者的角色，流連在北京美團辦公室旁的破舊咖啡店，希望能跟這個31歲年輕人打上照面。只要他看到王興出現，就會悄悄靠上前去攀談，但往往只得到隻字片語的回應。孫謙不屈不撓，嘗試和他負責美團財務的妻子說話，藉以接近王興。他與王興的共同創辦人們交朋友，請他們幫他美言幾句。這樣的追求是有著微妙的心理面挑戰。「你得搞清楚他在想什麼，然引起他跟你說話的興趣。」孫謙回憶說：「我們試著聊一些他不很熟悉的東西，這樣才能多聊一會。」[64]惱人的是，王興涉獵極廣，很難找到他還不精通且值得一談的話題[65]。

「我們對你的公司很有興趣，隨時可以簽約，把錢匯給你們。」孫謙如此懇求王興的太太。

「我們是好人。」他這麼申辯著[66]。

王興終於軟化，放棄美團四分之一股權，交換300萬元投資。可是就在準備註冊公司的3個月內，美團經歷爆炸性成長。如今王興無視書面協議，要求公司估值得上漲4倍。若要拿到他的公司四分之一股權，紅杉必須付出

1,200 萬元。

這種情況下，西方創投業者可能會甩頭走人。可是沈南鵬在做攜程旅行網的時候，也曾經對某個投資人用上了類似技巧[67]。他和孫謙習慣中國的無情文化，故而接受王興的新條件，完成這樁交易。

紅杉為了買下美團股權付出大筆金錢後，發現自己陷入一個極端版的 X.com 與 PayPal 惡戰。2011 年，有多達 5,000 個團購網在中國冒出來，極其驚人。有時候，源源不絕的創投資金會解放出太多創辦人。眾所周知的「千團大戰」登場，參戰各方紛紛大撒幣，以更優惠的折扣來吸引用戶。中國消費者抓緊時機，群起外食。誠如投資人暨作家李開復的評語所言，這情況好像是創投社群在招待整個國家吃晚餐似的[68]。

美團輕易地在第一階段的大戰中存活下來，大多數競爭者資金不足且青澀稚嫩，很快便戰死沙場。到 2013 年，美團的主要競爭對手只剩下大眾點評網（Dianping），這是華頓商學院畢業的創辦人張濤的心血結晶，而且也是向紅杉中國基金募資。大眾點評網一開始複製線上評論網站 Yelp 的模式，可是後來轉做團購折扣，使得紅杉陷入支持兩家死敵的尷尬處境。

由於這個領域很窄但競爭依舊激烈，對紅杉來說，合併兩家投資組合公司是再自然不過的方向。可是在中國殘酷無情的商業文化裡，競爭已經深入骨髓，合併仍是一種陌生的美式策略。

沈南鵬知道他必須步步為營，故而建議王興跟大眾點評網的張濤談一談，以合併取代流血廝殺才合理。

王興同意一試，然而在他眼中，一樁好的合併案是要讓他掌控合併後的公司。張濤雖然比較年長成熟，但他可沒有當副手的打算。

2015 年初，兩邊恢復開戰。美團回頭找他的投資人，募到 7 億元資金，希望能給對手致命的一擊；大眾點評網出手反擊，集結了 8.5 億元的戰爭基

金。競爭性支出的閃電戰開打，到了夏天，兩家公司都筋疲力盡且現金見底，只能再回頭找支持者索求更多軍火。

可是這一次，投資人卻步了。他們準備招待大家用餐的錢只有這麼多。何況，在酷朋的複製人大軍大打出手的同時，中國創投體系也出現翻攪內部的變化。

———◆———

自從紅杉舉辦歡欣鼓舞的北京大會及王興創辦美團以來，在中國募集到的創投基金 5 年內又增加 3 倍，達到 320 億元[69]。隨著產業擴張，領導者的勝出態勢也明朗化，其中掛頭牌的就是沈南鵬[70]。再者，建立良好人脈的中國投資人也彼此熟識。他們會提供後續融資給對方的公司。他們以同一套的邏輯思考、發展出促成信任與協調的職業守則[71]。2015 年 2 月，這種成熟度在第一個備受矚目的科技業合併案中展露無遺。兩家叫車公司「滴滴打車」（Didi）和「快的打車」（Kuaidi）放下血海深仇，攜手合作。

2015 年夏天，就在美團和大眾點評網企圖募集更多資金繼續打仗未果之後，有兩件事幾乎同時發生。王興拜訪沈南鵬，請他重啟合併案的對話；在大眾點評網這邊，創投贊助者則合謀務使創辦人接受王興的提議。

徐新是大眾點評網的其中一名投資人。當千團大戰的創投資金乾涸之後，在美團的對手聯絡她，請她出資。

「真的嗎？」她震驚地大喊出來。「我是你的競爭者的投資人呀！」

徐新放下電話，思忖著到底發生什麼事。美團為什麼打電話來？這家公司一定需錢孔急。

徐新致電劉熾平這位曾經為了騰訊認股選擇權而放棄工作的前高盛銀行

家，劉熾平現在負責騰訊範圍廣泛的新創投資組合，其中也包括大眾點評網20%股權。

「你一定要出來當救星。」徐新在電話上敦促。「我想他們恐怕募不到錢。我們也沒辦法募到錢……不是合併就是滅亡。」[72]

劉熾平不用勸，事實上，他已經有類似想法。身為前高盛銀行家，他向來認為合併對企業是好事。為了讓大眾點評網對合併的構想產生興趣，劉熾平承諾，只要跟美團合併，騰訊會投資公司10億元。

當投資人拒絕金援商業競爭，反倒願意為了消弭競爭而出資，合併的台子便已經搭好了。在中國的創投業者如今發揮出他們一向在矽谷便這麼做的協調功能[73]。

2015年9月19日，沈南鵬和劉熾平在低調的W酒店招待王興及張濤，地點就在香港島的對岸。主人公們各自抵達，以免引起注意。這頓飯吃了2個半小時，除了合併問題，想得到的話題都聊了。王興穿淺灰色毛衣和褪色牛仔褲，張濤則身著紅藍條紋T恤[74]。

午餐後，一行人移師到樓上沈南鵬為了磋商而預定的套房裡。沈南鵬和劉熾平做了開場白，強調合併的道理和兩家公司的綜效。把兩家公司拼接起來，勢必將做出一些痛苦的決定，不過沈南鵬和劉熾平向雙方保證這痛苦是值得的。身為中國數位經濟裡受人信賴的資深元老，他們承諾盡己所能促成對兩邊都公平的合併。

方向底定，元老退席，讓創業家們商討細節。每一個進展都被寫在一塊白板上：合併公司的組織架構、品牌名稱、誰要負責什麼決策。不過有了騰訊和紅杉的聲譽背書，討論結果不會有疑慮。傍晚7點7分，兩邊對合併的粗略架構握手達成協議。

沈南鵬一有機會脫身，便匆忙趕往堤道那端位於商業區的置地購物商場

（Landmark）一家披薩餐廳。他的太太出城去了，他跟兩個女兒的晚餐已經遲了些時間。

「很不巧，因為公事的關係。」他一到那裡便致歉[75]。

大約1個禮拜後，沈南鵬飛到澳洲近岸奢華的度假勝地海曼島（Hayman Island）。他去那裡參加一個名人的婚禮：京東集團的創辦人劉強東要娶一位比他年輕很多的新娘，以無邪美貌在中國社交媒體上出名的網紅。這場鋪張豪華的盛宴顯示中國科技業已經降臨：這個國家新崛起的億萬富翁也能過著跟美國人一樣的奢侈生活。不過，它也從另一個角度呈現了中國的成就。賓客名單中滿滿是中國的數位兼金融菁英，就跟矽谷如出一轍，中國的創新引擎已經形成一個社交聚落。

沈南鵬穿著高雅的燕尾服出席儀式，之後便迅速離席。在W酒店磋商合併那一天，他從公務活動匆忙趕往社交場合。現在剛好相反。

離開婚宴後，沈南鵬找到劉熾平和范寶，後者是前摩根史坦利銀行家，受雇來將美團—點評的粗略架構變成一個完整合併案。

3人還戴著領結，便隱身在一間房間裡埋首公務。美團和大眾點評的談判代表進展緩慢，需要投資人發揮協調力敦促他們跨越終點線。美團和大眾點評聘用管理團隊來經營重複的業務線：各自都有餐點外送、餐廳訂位服務等等。競爭會導致一種難以忍受的大屠殺，如今，感覺上整合好像也會帶來另一種大屠殺。

沈南鵬和他那些參加婚宴的同伴們逐一瀏覽造成癥結點的清單，3人有志一同要讓交易成案。如果美團和大眾點評網無法達成必要的妥協，參加婚禮的這些人會引導他們找到答案。

最後，經過來自澳洲的遠距指導後，沈南鵬拿到他要的。10月11日，美團與大眾點評網宣布合併，創建出一個提供外送、電影票及其他在地服務

的龐大企業。一如沈南鵬和劉熾平所預告的，合併公司比兩家燒光現金的敵
對公司來得更有價值，而當美團點評在2016年1月進行下一輪募資時，這致
富發財的龐大規模更是明顯。兩家公司聯手的價值，比起互相競爭時還高出
令人咋舌的50億元[76]。從W酒店開始的這個過程，魔術般變出連沙丘路都會
艷羨不已的頭獎。

於是，中國創投業已經完成它的旅程。一個全由中國人組成的投資人、
創業家及銀行家網絡，成功促成一件壯麗的合併案，建立一家比PayPal賣給
eBay那時的規模大上10倍的公司。沈南鵬正進入被封為全球創投家榜首的
時期，不是只有一次，而是連續3年得獎。王興這方面，則從億萬富翁晉身
為十億等級，而他的公司也成為紅杉資本有史以來獲利最豐的投資，甚至勝
過投資Google[77]。無可否認，美團點評到2019年已經黯然失色。可是紅杉手
上新的金牌得主也是一家中國新創企業──「字節跳動」（ByteDance），經
營一個廣受歡迎的短影音應用程式──抖音（TikTok）。

2016年夏天，蓋瑞・雷斯切收拾起在上海的行囊。他知道何時該來，也
清楚何時該走。一個來自美國的外人，已經再也不能為中國創投業貢獻什麼
了。

第十一章

Accel、臉書與凱鵬華盈的殞落

　　21世紀的頭幾年，在科技泡沫破滅的陰影下，一個名叫。凱文・埃法西（Kevin Efrusy）的創業家加入創投公司Accel的行列。他似乎選在一個瘋狂的時刻入行：創投業正在辛苦求生，Accel也不例外。不過，公司的資深合夥人提出一番很有說服力的說詞。埃法西擁有史丹佛大學的工程與商業學位；他曾經創辦一家新創公司，又成立了另外一家。不過，若要成為一名成熟的創投家，埃法西還需要5年時間。只要他從現在開始受訓，就能在科技市場復甦時大展身手。

　　埃法西買單這套說法。「就某方面來說，我沒有選擇。」他後來這麼說。「我30歲，而且我太太懷孕了。」[1]儘管Accel的業務沒有起色，但他很快就有意外的驚喜。公司的領導人，包括灰髮斑斑的創辦人亞瑟・派特森和吉姆・史瓦茲在內，是很認真看待長期投資的，而且對待年輕新進人員跟對待他們的投資組合公司都是一樣的態度。在他們來看，埃法西的主要職責不是擔任資深投資人的支援角色，而是培養出他自己對新創公司做風險投資的能耐。

　　從第一次參加Accel會議開始，公司便希望埃法西參與決策。他可以對

合夥人提出投資案，只要案子能說服同事，投資就會進行。他可以投票反對
其他人的提案；即便那個案子不是他擅長的領域，他也應該表示看法。只是
做出有幫助的評論是不夠的，他被要求表態可行或不可行，並且為他的決定
負責。「我們這行有一個說法，『如果他們用分析師的方式對待你，你就會
表現得像個分析師。』」埃法西後來這麼解釋[2]。分析師可以提出某個議題的
正反觀點，可是表達立場是不一樣的，而這個差別定義了創投家與非創投家
之間的心理鴻溝。到頭來，風險投資可歸結到從混亂的資訊驚惶地跳到做或
不做的二選一決定上。它實質上是要你跟頻繁犯錯的現實共處，它是當你現
身於下一場合夥人會議，你要收起受傷的自尊、鼓起樂觀的情緒，重新下注
在一個令人摸不著頭緒的未來。

　　埃法西到職幾個月後，在2003年10月，Accel舉辦它的其中一次「做好
準備」（prepared mind）操練。投資團隊齊聚於野草莓飯店（Casa Madrona），
位於舊金山金門大橋那一端的美麗小鎮索薩利托（Sausalito）的一處高檔地
點。下午有自行車登山活動，還安排了一間房間存放兩位最熱衷的年輕自行
車手的腳踏車[3]。不過召開那場會議的嚴肅理由，是那一年截至當時為止，
Accel只完成4樁交易案，比大多數對手還少。一連串投影片列出62件其他
頂尖公司進行的軟體或網路投資案；有些案子旁邊還會標註「知情—丟
案？」或「知情—未評估」，表示Accel儘管知道這個機會卻未能投資。投
影片中也指出一種新型態線上商務的特有前景，若說網際網路1.0是在賣東
西（亞馬遜、eBay），那麼網際網路2.0則是將網路當成一種溝通媒介。「圍
繞著社交網路的『2.0』狂熱；Accel恐怕已經錯失良機。」一張投影片上這
麼寫著[4]。

　　公司領導人認定網際網路2.0是炙手可熱的領域，鼓勵埃法西及團隊
其他後輩放手追求。在Accel創辦人來看，刻意選擇一個前景看好的投資空

間、藉此減少風險，和賦權給新手們、從而擁抱風險，兩者之間是有關聯的。「如果你知道年輕投資家是在豐饒的土地上工作，那麼要解放他們就來得更容易。」史瓦茲後來說[5]。埃法西得到明確的任務，開始四處尋找。第一個讓他感到興奮的客戶是網路電話新創公司Skype，這是一個可以大砍長途電話費，幫大家省下荷包的產品。

Accel倫敦辦公室也在追蹤Skype，埃法西安排了一次視訊會議，將這家新創公司的瑞典創辦人介紹給倫敦的合夥人布魯斯・高登（Bruce Golden）。基於地利之便，高登現在是Accel探勘投資可能性的先鋒將領。埃法西也留在團隊裡，從加州提供支援。史瓦茲身負加州與倫敦團隊相互適應文化的責任，協助眾人形成共識。他每個月往返兩地，耳提命面，確保兩邊辦公室能合作無間。

高登讚賞Skype的創新，也驚艷於它的爆棚人氣。不過，他很快就明白，Skype是一樁有難度的投資案，裡面的「地雷」比他以前看過的還多，他在自己的投資筆記上這麼寫[6]。Accel習慣支持牢靠規矩的創業家，可是Skype的創辦人們曾經被娛樂產業控告竊取線上音樂。Accel喜歡發展智財權以鞏固市場領導地位的新創公司，而令人憂心的是，Skype從一家獨立公司取得授權，並不是真的擁有智財權。最後，Skype的創辦人們翻臉無情，在磋商投資條件書時反覆不定。「我覺得他們在找我碴。」高登後來說。「他們說要跟我們合作的承諾，似乎對他們意義不大。」[7]到最後，「Skype對我們來說太怪異了。」埃法西回憶說：「我們決定不做。然後，它開始起飛，每個月一直上去。」[8]

隨著Skype的價值一飛沖天，Accel合夥人認識到他們犯下多麼龐大的錯誤。在創投界，支持一個一事無成的專案，只會讓你損失原先投資的錢；而錯過一個有百倍報酬的案子，卻會讓人痛苦萬分。「有些同事說，我們應該

把Skype那些傢伙關在房間裡，直到簽字才放他們出來。」高登記得，也許他想到的是埃法西。「公司裡瀰漫著沮喪的氣氛。」[9]不過，Accel的獨特文化給了公司一條處理失誤的出路，這條路就建構在從索薩利托開始的「做好準備」練習上。

從估算在網際網路2.0的競技場上，敲定投資交易要付出什麼代價開始練習起。Skype不是公司唯一犯下的慘痛社交媒體失誤。Accel也曾提出投資條件書給一家叫做Tickle的測驗公司，以及一家叫Flickr的照片共享網站。就如同Skype，Accel對這兩家公司有疑慮，所以出價時輸給競爭對手[10]。如今，當他們把「做好準備」練習延伸到實際經驗上時，埃法西和同事們得出兩個教訓。首先，Accel必須跳脫他們過去習慣支持的那種令人放心的工程師。經驗顯示，訴求消費者的網路公司往往是由非傳統人物所創立：雅虎和eBay就是由業餘愛好者創辦的。第二，好消息是你可以用不同的方法去判定消費者網路公司的前景：你可以看看過去的創辦人，並且從他們的進展去分析數據。下一回，當Accel碰到一個顧客每天翻好幾倍的網路資產，便應不計一切地去達成交易。目前來看，在乘冪定律報酬的世界裡，錯失的代價要高於損失一倍金錢的風險[11]。

身為Skype交易最熱衷的支持者之一，埃法西可以看到公司的心態已經進化。Accel不會再被下一個Skype式的機會嚇到了。「我剛來Accel的時候，覺得『做好準備』練習狗屁不通，」埃法西後來回憶說：「但它並非如此。」[12]

2004年夏天，埃法西在芝加哥和太太的娘家共度國慶日假期。他在那裡的時候，有個朋友打電話給他，提到一家叫做Myspace的新創公司。這是一

種新型態溝通平台，也就是所謂的社群網站，而該公司正在跟這個領域的先驅，一家由凱鵬華盈和標竿創投資助、名叫Friendster的新創公司競爭。讓埃法西感興趣的地方在於兩家競爭者之間的差異，Myspace已經跳脫困擾大多數熱門俱樂部的問題：隨著越來越多人加入，原始的氛圍被沖淡了，早期的忠實擁護者也變得很不滿。尤其是Friendster，已經傳出深受亞裔性工作者歡迎的名聲。它的老顧客正在流失當中，有些時候是因為他們受夠了那些聳動的拉皮條訊息。

「看看Myspace，」埃法西的朋友說：「它是沒有那麼多妓女的Friendster。」

埃法西打開筆電，開始計算這兩個網站的推薦貼文。他還在忙著工作的時候，另外一通電話打斷他。

埃法西妻子的繼母經過，看到他那台打開的筆電，心裡感到不安，於是告訴了繼女，後者要先生講清楚這到底是怎麼一回事，他為什麼要掛在網路上找性工作者？

完全是為了工作。埃法西向她保證。

確實，這是工作，而且有幫助。就像「做好準備」練習讓Accel準備好涉足爆紅的網路新創公司，埃法西的筆電研究也提醒他注意到一個更具體的機會。只要Friendster是社群網站的典範，那麼它陷入的麻煩顯示這個構想面臨侷限了：就跟夜店一樣，一旦擴大服務，就會藏汙納垢。「Myspace告訴我，等等，還有別的可能。」埃法西後來說[13]。

2004年12月，埃法西向史丹佛畢業的錢智華（Chi-Hua Chien）報告這件事，錢智華手上有個兼職臨時人員，負責提醒Accel校園裡有哪些受歡迎的

新創公司。他提到一家叫做Thefacebook的新創。

埃法西挖出一個史丹佛校友電郵地址，讓他可以進入錢智華跟他提到的這個玩意兒。光是必須有電郵這件事情，就是一個很有希望的跡象。Thefacebook藉著史丹佛電郵來限制使用者，以處理Friendster不速之客的問題。它就相當於在夜店外面拉起一條紅龍。

埃法西登入後，看到網站標示著「史丹佛臉書」，便留下深刻的印象。它不是只有寫「臉書」，或「全球臉書」；它承諾的是一個專屬社群。史丹佛的孩子們會有一種都是自己人的感覺，這就是屬於他們的俱樂部[14]。

埃法西決心去認識做這檔聰明生意的團隊。不過，時機很差：Thefacebook的領導人祖克柏及帕克才剛剛戲弄過紅杉資本。從Wirehog簡報便可看出，這兩人最是喜歡冷落聲望很高的創投合夥企業了。

埃法西使盡所有標準技巧來繞過這個障礙。他透過一個曾經面試Thefacebook工作的朋友，約到了和帕克通電話的機會。然後，帕克取消通話。接著，埃法西又發現另一個友人麥特・柯勒（Matt Cohler）最近開始為帕克工作。他打電話給這人，請他再引薦一次。抱歉，柯勒說，帕克不感興趣。

2005年初，埃法西聽一個同事說Thefacebook已經開始跟其他投資人洽談。埃法西倒抽了一口氣，再次發電郵給他的聯絡對象們。信件石沉大海，埃法西只能訴諸古老的技巧：打電話，但帕克不肯回覆他的語音留言。

埃法西開拓出第三條管道。他聽說LinkedIn的創辦人霍夫曼已經投資Thefacebook，Accel有個叫做彼得・芬頓（Peter Fenton）的合夥人跟霍夫曼很熟。埃法西請芬頓幫忙。

芬頓打電話給霍夫曼，同樣踢到鐵板：Thefacebook不同意會面。不過，這一次的回絕有給理由。根據霍夫曼的解釋，帕克和祖克柏認為創投家永遠

都不懂他們的公司，不會為此支付公允的價值。

霍夫曼還提到有一家企業投資人已經以很高的估值提出報價。「你們不會付這麼高的價錢。這不值得你們的時間。」他說，彷彿別去見Thefacebook對Accel來說恐怕才是最好的。

芬頓把訊息轉達給埃法西。

「它值得我花時間！」埃法西堅持：「我沒像你們這麼看重自己的時間。」

芬頓再次打電話給霍夫曼。「它值得我們花時間。」他告訴他[15]。

因為已經給了拒絕的理由，當那個理由被駁回，霍夫曼覺得他有義務幫忙。如果Accel承諾認真看待Thefacebook──如果它承諾不會虛報低價來汙辱人──那麼霍夫曼會安排一次跟帕克的會面。

即便如此，會議還是沒能安排成功。霍夫曼盡力了，可是帕克就是避不見面。

2005年4月愚人節那天，埃法西厭倦了等待。發電郵沒有用，打電話沒有用。他已經用了三種不同的管道，只剩下最後一搏可以嘗試。他決定親自出現在Thefacebook，不管有沒有事先預約。

那是一個週五午後，埃法西問另一位30多歲的同事是否願意陪同前往，兩位Accel投資人來訪會比只有一人製造出更強烈的印象。而且，如果埃法西要說服同事們同意這樁交易，他總是會需要盟友。

埃法西的年輕同事正在忙[16]。不過，埃法西覺得他能說服剛好在辦公室的另一位投資人，證明Accel具備合作的文化，此人就是公司的共同創辦人：亞瑟・派特森。

埃法西和派特森走過4條街，來到帕羅奧圖的大學路。埃法西人高馬大，頂著光頭，大約30來歲，臉頰飽滿、體格壯碩。派特森瘦削，60歲，

鐵灰色的頭髮梳得整整齊齊。

　　兩人抵達愛默生街上的Thefacebook辦公室,爬上一個才剛被噴漆塗鴉的長長階梯。階梯頂端是一幅一個女人騎著大狗的圖像。頂樓的空間裡擺放著組裝一半的宜家傢俱,彷彿是耗盡主人力氣的超大號拼圖。半空的酒瓶散落在地板上,則是柯勒剛度過28歲生日的明證[17]。

　　柯勒自己的狀態不佳。他在跟傢俱奮戰時撕破了牛仔褲,左邊褲腿開了一個大口,看得到裡面的四角內褲。

　　「嘿!凱文。」柯勒呼喚埃法西。

　　埃法西一直希望能見到帕克和祖克柏,不過兩人都說沒空或生病了。因此,埃法西和派特森坐下來跟衣衫不整的柯勒談。

　　即便是暴露出內褲的柯勒也令人印象深刻,他不假思索地細數臉書的成長率、掛在網站上的每日活躍用戶數和用戶使用時間。派特森在擔任投資人的早期,曾經評估過媒體公司。相較於他所記得那個時候傳統的用戶基準值,Thefacebook所宣稱的互動率令人震驚。此外,這個會議上所說的一切,都跟過去2年「做好準備」演練時所鋪陳的腳本一致。Thefacebook的創辦人們既不正統又難以捉摸,辦公室掛的畫還會讓他們吃上性騷擾的官司。不過,只要你忽略他們的舉止,專注在他們的數據上,那麼Thefacebook是一個不能錯過的機會[18]。

　　不一會兒,帕克和祖克柏出現在樓梯頂端,他倆根本沒有生病,而是在吃墨西哥捲餅。

　　埃法西知道創辦人們沒有耐心回答創投業者的問題,所以避免任何提問。「我明白這個東西有多值錢,」他先聲奪人掛出保證,向帕克及祖克柏表示他明白他們的疑慮。「下週一來一趟我們的合夥人會議,我保證當天結束前提出一份投資條件書給你們,若沒有的話,我們就不會再來打擾你

們。」

　　帕克同意隔天晚上和埃法西見面喝杯啤酒。埃法西和派特森離開前，他想讓他們看看女廁牆上的壁畫，畫的是一名裸體女子抱著另一個的腿。

　　走回 Accel 辦公室的路上，派特森拍了拍埃法西的背。「做好準備」演練發揮效果，「我們一定要做這檔生意。」他興高采烈地說[19]。

　　隔天午餐時間，埃法西前往史丹佛校園。他隨機攔下學生問他們知不知道 Thefacebook。

　　「我都沒有在念書，我迷上了。」一人這麼回答。

　　「我人生的樞紐。」另一個這麼說[20]。

　　有人介紹埃法西認識一位匹茲堡杜肯大學（Duquesne University）的二年級生。他打電話給她。

　　「喔！對呀！Thefacebook，它 10 月 23 日在這裡開張。」學生這麼告訴他。

　　「你知道確切的日期？」埃法西問。

　　「當然啦！」對方回答。杜肯大學期待它的臉書推出好幾個月了。她的朋友們都迫不及待的想要用用看。

　　埃法西跟妻子說，他從來沒有看過這麼多被壓抑的需求。「我一定要投資這間公司。」

　　那天晚上，埃法西趕赴啤酒之約，到史丹佛附近一間破舊的學生平價酒吧見帕克。帕克重申他的信念，認為 Thefacebook 的價值高到 Accel 的出價匹配不上。他是真的這麼相信？還是只是想要抬高 Accel 的價格？不管怎樣，他無疑非常享受這個逗弄創投家的機會。

埃法西懇求對方給他一個機會，證明他們出得起價。帕克只要跟祖克柏出現在週一的合夥人會議就好。

週一早上，Accel 團隊集合在會議室。「他們會出現嗎？」其中一名成員記得他們滿心疑慮[21]。10點一到，他們真的現身了。

Accel 如果還緊抱著傳統本能，這場會議就會一敗塗地。最重要的貴賓祖克柏穿著短褲和愛迪達拖鞋抵達，他拿給東道主的名片上，職稱寫著：「我才是 CEO，混蛋！」（I'm CEO…Bitch!）[22]。整場簡報中，祖克柏幾乎不發一語。當大家好言哄勸他說說自己的背景跟公司的願景時，他也只花2分鐘回答[23]。Accel 的投資人是在被要求投資一個勉為其難跟他們說話的20歲年輕人，不過，歸功於「做好準備」練習，團隊並未被嚇到。「我們已經下定主意，像祖克柏這樣非正統人物並非沒有可能性，」埃法西事後反思：「它其實是有可能的。」[24]

帕克和柯勒的衣著比較專業一點，運動外套裡穿著一件 T 恤，兩人所鋪陳的故事抹去了祖克柏行為帶來的疑慮。他們描述 Thefacebook 如何展現近乎軍隊的效率，一個又一個攻克這個國家的校園。有好幾所大學要求 Thefacebook 提供服務，為了早點排到隊，它們被要求提供學生電郵、體育隊和俱樂部的相關訊息、課程表和其他資訊。如此一來，Thefacebook 才能在每個校園推出時，便讓極高比例的學生註冊加入，立即達到規模人數。此外，隨著更多學生加入 Thefacebook 的社群，它經歷到的是和 Friendster 難題相反的狀況。大多數大學生都有高中好友在念其他大學，當那些大學也加入時，早期的忠實擁護者反而益發地專注在這個平台上。Thefacebook 不必面對擴張用戶數和流失使用者互動性的取捨。

當會議結束時，Accel 達成全體一致的決定。沒有人在意祖克柏默不做聲的風格、沒有人提到臉書辦公室裡令人擔憂的性圖像，也沒有人煩惱紅杉

領導人莫里茲和道格‧萊昂內曾警告他們要小心帕克。唯一重要的事，是這個產品爆炸性流行。祖克柏的年紀小到還不能買啤酒這件事，更是憑添了他的真實性[25]。

問題是如何讓Thefacebook接受Accel的資本。公司知道有個企業投資人在接洽它，可能是一家大型媒體公司，而帕克也已透露對手提出的條件：交易前估值——也就是沒有把新的資本算進去的價值——是6,000萬元。經過一番商議之後，Accel寄給Thefacebook一份投資交易書，對它的估值同樣是6,000萬元，不過報出來的投資金額比另一個出價者更高。

那天晚上，柯勒回了一封電郵說：謝謝，但是不用了。顯然對手的報價是真的。Accel交遊廣闊的管理合夥人吉姆‧布瑞爾（Jim Breyer）如今已經摸清楚了，幾乎可以確定對手就是華盛頓郵報公司（Washington Post Company）[26]。

隔天，Accel再度集合，討論出價要提高多少。那天下午，埃法西和兩位同事走在大學路上，碰到Thefacebook那幫人正要去開會的路上。他丟出一個新報價。Accel現在對Thefacebook的估值，在沒有任何新資本投入前是整整7,000萬元。它提議投資1,000萬元，使得交易前估值來到8,000萬元。

這一次，帕克被打動了。「不錯，值得考慮一下。」他勉強承認。

Accel如今出價勝過對方，可是還是面臨一個障礙。祖克柏已經和華盛頓郵報公司達成口頭協議，他相信執行長唐‧葛蘭姆（Don Graham）不會干涉他在臉書的領導權。帕克已經教會他相信矽谷的創投家是壞人，也許繼續站在郵報這邊，接受較低的估值，對他來說會比較好。

那天晚上，Accel招待祖克柏和他的手下們在村莊小館（Village Pub）吃一頓便飯，這是一家名稱故作謙虛的米其林星級餐廳。一行人討論臉書的成長策略，兩位Accel的主人——埃法西和管理合夥人布瑞爾——努力哄著祖

克柏加入談話。尤其是布瑞爾正有所進展。自週一的簡報以來，他已經打開跟祖克柏的私下對話管道，年輕創辦人似乎被他的金色勞力士與銀絲般滑順的自信所吸引。不過，就在布瑞爾看來就要跟他接上線的時候，祖克柏又不理不睬了；他陷入沈默，封閉自己，彷彿陷入自我對話中。不久，他站起來去洗手間，有好長一段時間都不見人影。

柯勒離開餐桌去看看老闆的狀況，發現他盤著腿坐在男廁地板上哭著。

「我做不到，我已經答應別人了！」祖克柏啜泣著。他喜歡布瑞爾，可是拿他的錢的感覺很糟。欺騙郵報的葛蘭姆令他難以承受。

「你何不打電話給葛蘭姆，問問他的想法？」柯勒建議[27]。

祖克柏冷靜下來，回到席間。隔天早上，他連絡上葛蘭姆，告訴他有其他人出價更高的消息。他雖然敬重葛蘭姆，但也意識到布瑞爾比較有引導新創公司成為大明星的經驗。儘管他已經接收了帕克對創投業者的敵意，但他也很感激 Accel 拿大錢來支持自己的信念。

葛蘭姆不準備跟人打競價戰。他的良師益友巴菲特傳授過他價值投資的紀律，而且他對矽谷的乘冪定律思想心存懷疑。他沒有承諾祖克柏更好的財務條件，反倒從心理層面下手，擊出一記好球。

「你知道拿他們的錢跟拿我們的錢不一樣，是吧？」葛蘭姆問：「我們不會過問你怎麼經營公司。」[28]

在青年起義的背景下，葛蘭姆的訴求有可能成功。不過1個月前，Y Combinator 創辦人保羅‧葛拉罕才提出他的「VC劣跡統合論」，譴責創投業者強逼年輕創業家吞下太多資金。已投入天使資金支持 Thefacebook，而且是董事會一員的彼得‧提爾，則正在力推創辦人應該保有公司控制權，不要跟創業投資人共治的理念。不過，即便在這樣的風潮下，葛蘭姆還是競標失敗。別管 Wirehog 簡報、驚世駭俗的名片和愛迪達拖鞋了，祖克柏已經想清

楚和創投公司交易的後果，也樂於接納他們。

事已至此，葛蘭姆仁慈地把祖克柏從道德困境中解放出來[29]，祝福他和Accel合作順利。Thefacebook的道路已經確定。

至於帕克這邊，Accel——臉書交易帶來兩種效應。從好的方面來看，它鞏固了帕克身為談判大師的名聲。他巧妙地玩弄創投求親者，在商談最後階段取得一連串勝利，使祖克柏獲得更多財富與對公司更大的掌控權。可是幾個月後，帕克樂極生悲。2005年9月，就在Thefacebook更名為簡單清楚的「臉書」（Facebook）後沒多久，Accel把帕克掃地出門了。帕克重蹈他在Plaxo的覆轍，故態復萌，行為荒誕：他因為在一間海濱別墅裡持有古柯鹼被捕（但從未被起訴），當時他正在跟幾個朋友開趴，其中有個未成年女子是他在臉書的助理[30]。Accel早先對臉書總部的聳動壁畫視而不見，現在認為帕克越界了。已經進入臉書董事會的Accel管理合夥人布瑞爾，利用這起事件要求帕克下台。儘管祖克柏想要原諒朋友，但布瑞爾仍秉持己見，幫臉書清除公司裡的腐敗大人物。帕克的下場跟Plaxo結局遙相呼應，被迫放棄一半股份。5年後，那些股份原本將能價值5億元[31]。

對創投業而言，臉書交易顯示傳統創投合夥企業如何駕馭這場青年起義。它可以向史丹佛研究生蒐集情資、它可以訓練並賦權30出頭的投資人、它可以調動運用40多歲管理合夥人的世故與人脈，它甚至可以汲取60歲創辦人的投資判斷。當臉書在2012年上市時，Accel收割超過120億元的驚人獲利[32]。這家公司沒有把傲慢青年的明槍暗箭放在心上，以此換得豐厚的報償。

不過，臉書的劇碼也證明，至少在那個時候，投資人的容忍是有極限的。面對有害的造反者，把創投業者描繪成壞蛋惡棍，自己卻被條子找麻煩，創投那邊的傢伙是有能力維護權威的：他們把帕克攆出去。10年後，這

種維護紀律的能力也將漸漸消失，我們等一下就會談到。

———◆———

　　若說 Accel 具備成功邁向 21 世紀的條件，那麼凱鵬華盈的故事便證明了成功並非必然。整個 1980 年代與 1990 年代，凱鵬華盈一直是領先群倫的創投公司，據說從網際網路創造出來的市值中，有高達三分之一來自它的投資組合公司[33]。到了大約 2015 年，經過一連串平庸的投資之後，凱鵬華盈已然從檯面上消失[34]。

　　由於創投績效的路徑依賴之故，凱鵬華盈的走下坡特別引人注目。創投業者因為支持勝出的新創公司而功成名就，進而有了在下一批潛在贏家中優先挑選的機會。有時候，因為創業家們看重知名投資人的認可，所以可以給後者折扣價。這種自我強化的優勢——聲望帶動績效，而績效又帶動聲望——引發一個微妙的問題。這些佼佼者是真的擅長創業投資，還是只是搭著名聲的順風車？凱鵬華盈的故事演繹了學術研究已經證實的事情[35]：名聲很重要，可是無法保證成果。每一個繼起的世代都必須重新去贏得自己的勝利。

　　凱鵬華盈的名聲一落千丈，一般被認為是某個糟糕透頂的投資決定所致。從 2004 年開始，這家公司便在追蹤所謂的潔淨科技（Cleantech）新創公司——押注在對抗氣候變遷的技術上，從太陽能、生物燃料到電動車都涵括在內。2008 年，凱鵬華盈加倍力道，把一個全新的 10 億元成長基金拿來專做此一領域的投資，這個承諾混合了理想主義與一廂情願。凱鵬華盈的主要合夥人約翰・杜爾毫不掩飾他公開承諾拯救地球的感情，他喜歡引用還是青少年的女兒瑪莉的話：「爸，這是你們這個世代造成的問題，你要解決

它。」[36] 同時，杜爾也堅持發展綠色科技有財務面的論據，他提醒大眾，能源是規模達6兆元的產業。「還記得網際網路嗎？」他在2007年如此反問。「告訴各位，綠色科技——環保綠化——的發展比網際網路更大。」[37]

不管潔淨科技的重要性如何，它對創投業者來說都是一個棘手的領域，而杜爾也不該告訴大家規模龐大的市場就等於有利可圖的市場。做風力發電、生物燃料或太陽能板的新創都是資本密集的公司，使巨額虧損的風險增加；他們的計畫需要數年時間才能成熟，故而壓低少數成功者的年均報酬率。面對龐大的資本需求與拉長的投資期間，為了有所彌補，理論上，潔淨科技的投資者會以較低的估值進行投資，並且要求取得更多股份。不過，在青年起義所確立的「友善創辦人」風潮下，杜爾不想這麼做。錯上加錯的是，杜爾初試啼聲的潔淨科技投資，聚焦於缺乏明顯「護城河」保護的生意：製造能源的太陽能和生物燃料項目，都是價格極具周期性的大宗商品。當油價在2008年夏天崩盤時，杜爾的替代能源投資也一敗塗地。在那之後，中國補貼的太陽能板大量湧入市場，加上開採天然氣的「壓裂」（fracking）技術問世，進一步拖垮能源價格。而同時間，在這一連串市場重挫之外，還有一個政治錯誤來攪局。杜爾高估了聯邦政府履行承諾對碳徵稅或進行管制的意願[38]。

對凱鵬的有限合夥人來說，這是個悲慘的結局。第一波綠色投資的表現特別糟糕，2004、2006和2008年所募集的創投基金因此蒙受虧損。某個有限合夥人投資一檔2006年的基金十幾年，抱怨說他虧掉將近一半資本[39]。凱鵬的第二波潔淨科技投資始於2008年的綠色成長基金，表現得比較好。公司瞄準有護城河護體的業務，繳出幾張亮眼成績單：截至2021年，植物肉公司「超越肉類」（Beyond Meat）獲利107倍，電池製造商QuantumScape獲利65倍，而太陽能公司Enphase則已獲利25倍。這已經足以製造出至少一個排名

在產業前四分之一的創投基金[40]。可是凱鵬的整體績效還是不見起色[41]。回到它的鼎盛時期來看，2001年，柯斯拉和杜爾分別名列《富比士》最佳創投人榜的榜首及第三名。到2021年，杜爾掉到77名，而且沒有其他凱鵬華盈的人物進入前百大[42]。

當壞消息開始傳出時，大多數凱鵬華盈的有限合夥人仍堅持與公司站在一起，證明路徑依賴的威力強大。一開始，他們寄望古老的魔法能復甦。再怎麼說，杜爾對Google及亞馬遜的勝舉，使他成為有史以來最成功的創投家，而且他還是很有個人魅力。後來，有些有限合夥人基於一個不同的理由繼續投資：他們看重這家公司在矽谷響噹噹的名聲，即便內部人士知道這個所謂的名聲已經蒙塵。比方說，有一個組合型基金（fund-of-funds）便吐露，它自己的投資者——小型簡單的退休基金——很讚嘆他們的資本是由赫赫有名的凱鵬華盈來管理：若沒有組合型基金作為媒介，這是他們做夢都不可得的那種尊榮管道。可是到了2016年，即便這些追逐名牌的投資人也開始漸漸離去。凱鵬華盈的招牌已經沒有威望可言，而光環褪盡的杜爾也離開了投資合夥人的職位。

用這套潔淨科技的標準說法來解釋凱鵬華盈的困境，只能說部分正確。這家曾經在第一波網際網路浪潮時大賺一筆的公司，鼓吹莫非定律與梅特卡夫定律的威力，卻一頭栽進缺乏這類神奇優勢的產業，令人瞠目結舌。而這個故事還有另外一面，呈現出關於創投產業的一個微妙真相。一如Accel的臉書交易所示，還有許多其他個案研究也證實：創投基金打的是團體戰，往往要動用好幾個合夥人才能談定一次成功達陣的交易，而交易完成後，領軍打仗的投資人也並非總是帶領投資組合公司的舵手。創投團隊若要高效作業，合夥企業就必須要有對的文化。而這正是凱鵬華盈處理極為不當的地方[43]。

　　凱鵬華盈創立的早期，這家公司的合夥關係看起來很不平衡。湯姆・柏金斯是耀眼霸氣的造雨人，也是天騰電腦和基因泰克背後的創意天才，光芒蓋過其他3位共同具名的合夥人。但你若深入去看，其他合夥人確實有其重要性，不盡然是因為他們做的投資，而是因為他們對柏金斯的影響力。當這位大人物提出瘋狂的構想時，他們會讓他冷靜下來；當他發脾氣威脅說要砸了某個交易之際，他們知道如何撐過暴風圈。

　　在1983年一次這樣的場合裡，米奇・卡普爾出現在凱鵬辦公室推銷蓮花公司的創業計畫。沒有什麼明顯理由，柏金斯便勃然大怒。「我不知道我為什麼要浪費時間，在這裡聽一些我們顯然不會投資的公司。」他大聲咆哮，怒氣沖沖地回到自己的辦公室[44]。那時進入凱鵬工作第三年的杜爾，看起來像個破了洞的充氣娃娃。他跟卡普爾一起努力準備這份簡報，現在似乎還沒上場便已經被判死刑。不過，故事走到這裡，團隊合作的價值開始發揮作用。公司其中一個默默無名的投資人法蘭克・考菲爾德（Frank Caufield）跟杜爾保證他會跟柏金斯講道理；他知道怎麼逗他笑，架個台階讓他下來。杜爾重振旗鼓，蓮花公司的簡報繼續，從會議室透明玻璃就可以看到柏金斯的陰森身影，但沒有人理會。拜考菲爾德出手斡旋之賜，發脾氣沒有關係，交易也敲定下來。柏金斯的反覆無常原本會讓公司損失幾百萬元，但受到巧妙的控制。

　　從1980年代後期到2000年代初，凱鵬華盈達到一個更為成功的平衡狀態。杜爾和柯斯拉出線成為凱鵬華盈的兩位接班人：兩人同樣霸道、難搞，而且極為成功。檯面上有兩個巨星比只有一個好太多：互相可以為對方做健康有益的知性檢查。不過，就跟凱鵬華盈早期一樣，公司裡也有沒那麼

出名的合夥人，對團隊而言至關重要。其中一位叫做道格・麥肯齊（Doug Mackenzie），便以提出尖銳的問題聞名：在創投界，樂觀者得到榮耀，但悲觀者讓大家感到踏實安心[45]。另一位名叫凱文・康普頓（Kevin Compton）的合夥人則是凱鵬華盈的道德守護者。「凱文是我們的道德羅盤。」一位比較年輕的凱鵬投資人記得。「我崇拜他。不那麼自我，很棒的導師。」另一位這麼表示[46]。

　　不過，在21世紀的頭10年，凱鵬華盈失去了平衡。部分問題出在公司成長了。相較於傳統創投合夥企業譬如標竿創投仍然只有6個一般合夥人，凱鵬現在大約有10個一般合夥人，再加上各種資深顧問與菜鳥投資人。2004年，柯斯拉厭倦了這笨重的架構，掛冠求去，成立自己的創投公司，使得凱鵬華盈頓失知性上的平衡力量。同一年，麥肯齊和康普頓也跟進，開了一家叫做「雷達」（Radar Partners）的公司。杜爾找了一堆知名人物來取代這些經驗老道的同事，2000年，他聘用瑞・雷恩（Ray Lane），此人是矽谷頂尖的軟體銷售大師，曾經推動甲骨文的成功。接著，他在2005年延攬昇陽電腦的共同創辦人比爾・喬伊（Bill Joy），還找了前國務卿鮑爾（Colin Powell）來擔任策略顧問。2007年，他聘請前副總統高爾來擔任兼職資深合夥人的角色，讓他的團隊更加地全面。這些新人沒有投資經驗，而且年齡都在50、60歲之間。Accel的理念是招募企圖心旺盛的後起之秀加以訓練，而凱鵬華盈實際上走的是一條全然相反的路[47]。

　　凱鵬這種文化上的變化，為潔淨科技敗局鋪了路。當杜爾決定把公司的前途都押注在一個充滿挑戰的產業時，沒有人會去質疑他。康普頓和麥肯齊尤其令人懷念：他們公開懷疑潔淨科技，認為它太過資本密集，成熟的太慢，而且過度受制於各種心血來潮的政府管制。康普頓甚至事後諸葛地說，潔淨科技的錯誤違反了湯姆・柏金斯本人傳承下來的教誨。柏金斯向來不會

孤注一擲於高風險的投資，而是運用小額資本來消除某次冒險的主要風險
——他口中的炙熱風險。再者，柏金斯非但不會醉心於新科技，還常常告誡
說，一個重要的創新，必須比之前的東西更徹底的完善才行。「如果不是10
倍的不一樣，那就沒什麼不一樣。」是他的口頭禪[48]。假使凱鵬華盈沒有遭
受人才流失之苦，康普頓和麥肯齊就能在現場提出這些主張。可是，檯面上
少了這些老人，「杜爾變得不可挑戰。」這也許說的稍微誇張了點，但有個
內部人士是這麼回憶的。柏金斯的公司從炙熱風險的消除者，變成了聖上英
明的冒險者。

　　回頭看看這段時期，杜爾辯解說他只是顯眼而已。「我們從來沒有一個
管控合夥人或執行長，我沒有扮演過那個角色。」他說：「只是因為杜爾想
要投資，不表示公司就會投資。」[49]不過，他的前任同事大多不同意這種解
釋，而以杜爾旋風般的魅力，加上他在創投界享有的崇高地位，也讓人懷疑
他的說法。再者，由於凱鵬的根本問題屬於文化面問題，源自公司內部傾斜
的權力結構，所以它的影響處處可見，包括本來可以抵銷潔淨科技損失的那
些方案在內。如我們已經看到的，凱鵬華盈進軍中國時便遇到了麻煩。杜爾
不是一個能讓當地團隊凝聚起來的經理人，而他的美國合夥人又沒有那種地
位來彌補他的不足。同樣的，凱鵬也無法用傳統的資訊科技創投案來抵銷潔
淨科技的損失。也許是因為這些熟齡的明星級人物缺乏跟年輕創辦人交陪的
活力，使得創投團隊的動作太笨重了，以致於錯過那個時代的幾顆好球：
Uber、Dropbox、LinkedIn、WhatsApp、Stripe等等。凱鵬華盈這段時期有一個
出色的成就，關係到瑪麗・米克（Mary Meeker）的任用，她是摩根史坦利的
前分析師，開創了評價數位商業的先河。米克跟這個時期來到公司的其他50
來歲知名人物不同，她是在投資界長大成熟的。她開始經營一系列成長基
金，靠對創投團隊錯過的那些公司進行後期投資而獲利，一定程度上彌補了

凱鵬華盈的績效。

　　凱鵬這幾年最慘痛的失敗，彰顯出它理想主義與管理不善的悲劇性組合。從1990年代後期開始，杜爾啟動了另一場聖戰：他開始逐步消除創投業的性別失衡。他比同世代大多數西岸工程師都更相信聰明的女性：他的妻子曾經在英特爾擔任工程師，他也寵愛自己的兩個女兒。此外，到1990年代尾聲才做這個改變，顯然已經是晚了。科技界的資深從業女性比例偏低，在1970年代一直是件令人尷尬的事，不過那時候女性在各行各業幾乎都很少見。隨著女性在其他職業中有所斬獲，她們缺席於科技部門就變得很顯眼。到1990年代末，女性在投資銀行與管理顧問業的佔比較之創投業高出5到7倍。創投合夥企業的新進人員中，女性只佔9%，而且她們的缺席是一種自我延續的結果。有才能的女性在選擇職涯時，往往會把創投業排除在外。這個行業看起來就像舊時代留下的奇風異俗，像一種只限男士的餐飲俱樂部[50]。此時期一位崛起於麻省理工史隆管理學院的亞裔美籍年輕銀行家李艾琳（Aileen Lee），便打從心底排斥這個行業，認為它是「在康乃狄克州長大、有個商人老爸」的白種男性的天下[51]。

　　1999年，在摩根史坦利待了一段時間，也從哈佛拿到第二個學位後，李艾琳接到某個自稱是招募專員的女人打來的電話。

　　李艾琳會考慮到凱鵬華盈為杜爾工作嗎？

　　「那裡都是男人。」李說：「我會沒有朋友。」

　　這位招募專員把話堵回去。「如果你不來面試，這個世界就永遠不會改變，」她告誡說：「這樣就不會有男人對我說你剛才說過的話。」

「她真的知道怎麼刺激我。」李後來輕笑著說[52]。

李艾琳去見了杜爾，決定測試他一下。她告訴他，她的人生已經規劃好了：28歲結婚，30歲生第一個小孩，32歲生第二個小孩。由於她已經快要30歲了，她的進度落後。「我希望你知道，我的計畫就是趕上我的計畫。」她說，思忖著她的恐懼會不會得到證實，創投業不是適合她的地方。

「全部沒問題。」杜爾回答[53]。

李艾琳接下工作，可是還是覺得緊張。她是凱鵬華盈投資團隊裡最年輕的專業人士，也是唯一的女性。即便已經來此工作幾年——事實上，即便她是凱鵬華盈少數幾個搶先成為合夥人，接著晉升為資深合夥人的投資經理之一，她仍然常常覺得自己被打分數。李艾琳尋方設法解釋這種讓人不安的敵意感，得出一個觀點：當一名男性加入凱鵬華盈，便成為俱樂部的一員。如果他說了什麼蠢話，人們會拍拍他的背，好笑，但是不糗。可是女性的話因為不是俱樂部的會員，便永遠無法享有那樣的同志情誼與寬容放縱。如果她說了什麼蠢話，可是會危及地位的。

李艾琳處理這個問題的方式是謹言慎行。

「你為什麼不多說點？」她的同事們狐疑不解。

李艾琳吸收了這個回饋意見，更加暢所欲言。

「不要太武斷。」同一批同事又這麼告誡她。

李艾琳趕上自己的計畫，請了產假。她不在辦公室的時候，某個合夥人承接她的董事會席次。令人震驚的是，沒有人告訴她這件事。

「讓人覺得他們根本不記得有妳這個人存在。」李艾琳後來說[54]。

何以凱鵬華盈率風氣之先提攜一位女性，卻未能創造出讓她成長茁壯的環境？李艾琳如今自己開了一家公司，身為一個成功的創投家，她回首過往，把一切歸咎於拙劣的管理，而非惡意或偏見。把女性帶進合夥企業裡，

無可避免需要費一番力氣，有意識地重建某些實務作法與規則，就好比建立中國團隊，也是需要一個計畫來管理衛星公司與母公司的關係。可是杜爾太忙了，無暇分神落實這種組織改造，而公司裡其他人又缺乏權威可以代勞。「沒有人在照管這家公司。」李艾琳後來這麼說[55]。

李艾琳不是唯一體驗到杜爾的領導統御好壞兩面的女性。2000年，一個名叫崔伊‧瓦薩洛（Trae Vassallo）的史丹佛MBA學生前去聆聽杜爾在校園發表激勵人心的演說，演講結束後，她趨前向杜爾討教。念商學院以前，她已經拿到2個工程學位，履歷上掛13個專利。杜爾識得瓦薩洛的才能，抓住機會伸出援手，把她引薦給一家新創企業，邀她進來擔任共同創辦人。「若不是杜爾，這件事就不會發生。他覺得維持檯面上的多樣性很重要，」瓦薩洛後來說：「他積極尋找機會，確保女性有出頭天的空間。」[56]

大約1年以後，瓦薩洛離開這家新創公司，但仍持續受益於杜爾的指導。在杜爾的邀請下，她加入凱鵬華盈擔任不支薪的駐點創業家。2002年，當她因為有個9個月大的嬰兒而先生又去念商學院，所以需要有收入時，杜爾給了她一份有薪職，擔任公司的投資經理。2006年，她做了第一個投資案。「我真的覺得杜爾關心我的職涯。」瓦薩洛重申[57]。

可是，當瓦薩洛在凱鵬華盈待得更久，挫折感便開始節節升高。如今，杜爾已經聘用了好幾位女性，全都聰明又才華洋溢：杜爾很懂得發掘人才。可是，除了少數例外，她們全都未能獲得升遷。更糟的是，她們甚至沒有累積資歷的機會，因為公司裡的老人不想給她們發揮的空間。2008年，瓦薩洛的一位年輕同事，名叫鮑康如（Ellen Pao）的投資人，負責跟一家新創公

司RPX洽談交易，可是等到交易敲定，卻是凱鵬的資深合夥人藍迪‧高米沙（Randy Komisar）拿走RPX董事會席次。2010年，瓦薩洛自己協助談定新創公司Nest Labs的交易，這是一家IT輔助恆溫器與煙霧探測器的製造商。高米沙再一次地拿走了董事會席次，又當Nest Labs在2014年以可喜可賀的22倍獲利賣給Google時，大部分功勞也被高米沙收割走了。當時，不管是鮑康如或瓦薩洛都沒有對這些決定有所怨言：高米沙是科技界的老將，而且他跟Nest Labs創辦人的私人關係匪淺[58]。不過，瓦薩洛確實覺得，基於良好管理之故，凱鵬華盈是有意依循Accel的模式培養團隊裡的年輕成員。沒有人應該陷入進退兩難的處境：想要上得了檯面，你必須已經是檯面上的人物[59]。

　　2012年5月，公司一觸即發的緊張關係隨著一樁性別歧視官司而走到危急關頭。原告是鮑康如，曾經參與RPX交易案的投資人，畢業於普林斯頓及哈佛法學院。就跟李艾琳及瓦薩洛一樣，她的職位是杜爾直接任命的。他在2005年找她進來擔任幕僚長，藉以強調凱鵬華盈是矽谷少數關心女性升遷的合夥企業之一。可是，鮑康如也跟李艾琳及瓦薩洛一樣，覺得杜爾的通情達理並沒有獲得他所領導的公司的文化支持。如鮑康如所說的，凱鵬充斥著「加州風格的表面合作藝術，外表看起來很陽光亮麗，可是關起門之後，人們骨子裡會視你的投資為廢物，阻礙你或派你去『撿石頭』——讓你陷入耗時又沒有生產力的工作裡動彈不得，直到你放棄為止」[60]。

　　鮑康如訴訟案的是非曲直仍然有些牽扯不清。別的不說，她聲稱未獲升遷是因為性別歧視的關係。凱鵬提出證據，證明鮑康如從來都不是好相處的同事，而且她沒有被晉升是因為績效不夠好。凱鵬拿出鮑康如的績效考核來支持這項主張，而陪審團也判定凱鵬在所有的指控上均無罪，可是，鮑康如的指控讓凱鵬華盈的聲譽蒙上一層陰影。她指稱一個名叫阿吉特‧納札（Ajit Nazre）的合夥人5年來一直騷擾她並阻撓她的工作，雖然她曾有一度同

意與他發生短暫的不倫戀（納札這方面則發出一份聲明，說他並非本案的被告，而凱鵬華盈也已經否認鮑康如對他的指控[61]）。鮑康如也宣稱有一個更資深的合夥人曾經送她有性暗示的禮物，還邀請她參加一個週六晚宴，說他太太那天晚上出城去了。她堅稱，對公司領導人們的反覆投訴，未能引發為女性改善環境的措施[62]。同時間，瓦薩洛也在審判中出庭作證，說納札有一次要求她參加一場在紐約的商務晚宴。兩人到了城裡，議程中並沒有什麼商務晚宴，而據稱瓦薩洛必須把納札推開，阻止他進去她的旅館房間。最糟的是當瓦薩洛向凱鵬華盈其中一位合夥人報告這起事件時，「你應該覺得受寵若驚。」他這麼告訴她[63]。在那之後，納札才被踢出公司。

凱鵬華盈並非唯一對性別議題處理不當的企業。Accel 沒有因為臉書牆上的畫而卻步，就是在告訴我們，厭女症（misogyny）在科技社群裡被視為常態。在鮑康如案之後，瓦薩洛協助對矽谷超過200位女性進行一項調查，每5人有3人說遭到不受歡迎的性挑逗，其中有三分之一的人會擔心人身安全；每5人也有3人不滿意性騷擾申訴的處理方式[64]。值此同時，哈佛大學的保羅・岡伯斯所領軍的研究顯示，男性創投家無法有效地跟女性同事合作。如果合夥人的紀錄優良的話，男性創投家能創造出更好的投資績效，展現團隊合作的優勢。女性創投家就享受不到這樣的拉抬效果，據推測是因為男性合夥人不會跟她們分享人脈或點子的關係。顯然，在擁有多位女性合夥人及正規人力資源制度的公司裡，就不存在這種女性劣勢。一如李艾琳、瓦薩洛和鮑康如所猜想的，合夥企業仰賴排外的非正式化運作，對女性來說並不是一件好事[65]。

杜爾的理想主義是真誠、令人欽佩的。他熱切地相信由創投驅動的創新是一股向善的力量，使得潔淨科技無堅不摧。他是對的，矽谷幾乎把女性排除在外，既浪費人才也為社會所不容。他將精力投注在潔淨科技和女性進步

議題，推動歷史前進。有少數幾項潔淨科技的投資成功了——比方說，Nest Labs的智慧恆溫器——而早期的失敗也有助於為第二波更成功的投資做準備。同樣的，杜爾聘用女性，即便凱鵬華盈無福享受她們的才華，但最後這些女性也有很好的發展：到2020年時，有4位曾在凱鵬工作過的女性經營自己的創投公司，其中3位名列全球百大創投家[66]。可是，杜爾擁抱改變，卻沒有奮力投入落實理念的辛苦活，以至於幾乎毀了自己的公司。創投業是一種團隊競技，功能失調的團隊會失敗[67]。

　　Accel則在臉書交易後的這些年間持續蓬勃發展。它不靠一、兩個投資人的天縱英才，便能連番拿下幾次大滿貫，證明團隊合作力量大。它的前七大投資案，每一樁都創造出超過5億元獲利，是由7個不同的合夥人領軍——事實上是8個，因為其中一案是兩人合作[68]。相較於凱鵬，Accel聘用的女性人數較少，但卻能做到更好的賦權：有兩位已經升到公司的最高管理階層[69]。Accel訓練與信任年輕投資人的文化，似乎是它成功的秘訣。「比起臉書或任何其他投資案，那樣的文化轉移和公司裡的人的成長茁壯，更令我感到驕傲。」史瓦茲如此反思[70]。

　　Accel的勝利與凱鵬華盈的失敗，清楚呈現出創投業的騷亂。科技泡沫破滅、青年反叛、行動網路平台崛起、潔淨科技的虛妄魅力、令人憂心的業界性別生態、中國的轉機與危機：凡此種種，使創投合夥企業的表現高下立判，證明僅憑著路徑依賴不足以保證績效[71]。知名創投公司面臨如創辦人基金等後起之秀的挑戰，擅長操作金融破壞的公司，本身自然也會被破壞。2008年，當創投業還在努力面對這些震撼的同時，世界金融體系也被1930年

代以來最大的崩盤所壓垮。創投基金將再次發生變化，只是方式超乎人們的
預期。

第十二章
俄國人、老虎和成長股的崛起

2009年初，臉書財務長吉迪恩‧余（Gideon Yu）接到一通來自莫斯科的電話。一個溫柔的俄國口音宣稱想要投資他的公司。臉書已經從彼得‧提爾、Accel和微軟那裡募到資金，不會接受其他人投資。余告訴俄國人不要浪費時間了。「我們怎麼知道你是不是認真的？」他問對方。

來電者堅持不退。他想要親自見面，語調溫和而堅決。

「不要只是為了見我而大老遠跑來。」余直言不諱[1]。

在世界的另一頭，來電者放下電話，望向落地窗外。他的身材瘦小，鼻子彎向右邊，瓜子臉上頂著一個大光頭。他名叫尤里‧米爾納（Yuri Milner），從沒去過矽谷。

不過，這一點即將改變。米爾納不理會余的警告，訂了機票就飛到舊金山去。

抵達加州後，米爾納又打了電話給余。他現在已經不在莫斯科了，余願意見他一面嗎？

余感到驚訝、好奇、甚至有一點感動，提議在帕羅奧圖的星巴克碰面。畢竟幫臉書募資是他的職責所在，這陣子就算是最不可能的投資人也值得一

見。雷曼兄弟破產引發金融危機之後,美國的退休基金與大學基金嚇壞了,投入資金的創投業者不願意做出新的承諾。

余抵達星巴克,發現米爾納已經到了,還跟著一位從倫敦飛過來的商業夥伴[2]。俄國人點了一杯紅茶,開始說明他的提議。他聽一個高盛銀行家說,臉書可能必須以低於上一輪的150億元估值來募資,不過他願意努力出價。他的起始報價是50億元。

這個出價已經強到足以引起余的注意,不過數字背後的邏輯更吸引人。臉書最近剛跨過1億名使用者大關,許多矽谷投資人認為它即將接近飽和點。可是米爾納持不同看法,而且有證據支持。他的團隊已經對多個國家的消費型互聯網企業編纂一張龐大的試算表,追蹤每日用戶數、每月用戶數、平台使用時間等等數據[3]。米爾納自己投資了俄國首屈一指的臉書復刻版平台VKontakte,從內部見證平台的成長。所有這些國際經驗告訴他,飽和理論完全是錯的。臉書還沒有擠進美國前五大網站,而在其他國家,領先的社群媒體公司通常排名前三大。如果美國也依循這個標準模式,那麼臉書還有很大的成長空間。

再者,米爾納接著說,把使用者轉換成營收這方面,臉書的腳步落後國外社群媒體網站。由於身在矽谷,祖克柏發現向投資人募資不難,所以他從顧客身上擠出錢的壓力有限。相比之下,國外社群媒體公司打從一開始就被迫爭取最大的營收。那張多國試算表也同樣呈現出這個現象,使米爾納得以向余指出臉書是其中的異數。在中國,大部分社群媒體營收來自銷售虛擬禮物,這是臉書甚至還沒嘗試過的選項。在俄國,VKontakte的每用戶營收額是臉書的整整5倍[4]。國際經驗顯示,臉書有很大的機會可以把心佔率(mindshare)換成白花花的現金。這個俄國人靠著全球化視野,即便從未涉足矽谷,也比帕羅奧圖的黑手黨更瞭解臉書[5]。

余上鉤了。他邀請米爾納來見祖克柏。米爾納套著一件黑色毛衣，露出裡面的純白襯衫，來到祖克柏的會議室。平實的服裝、平靜的聲音、平滑的光頭，他一點都沒有盛氣凌人的樣子，只是重複他的論點，指出美國以外有很多臉書的使用者。他有全球各地社群媒體的經驗，知道這個領域的樣貌[6]。

接下來幾個禮拜，米爾納用兩個創新之舉來加碼出價。他知道祖克柏謹慎保護他對臉書的控制權，最近才拒絕了某個要求兩席董事的投資人的預付款[7]。因此，他聲明他不會要董事會席次，一席都不拿，而祖克柏想要的話，可以行使米爾納股份的投票權。創業家對於募資的主要疑慮頓時消除。米爾納挹注資金非但不會稀釋創辦人對自己公司的控制權，還能發揮集中的效果。

米爾納用第二個創新之舉來減輕創辦人的憂慮。2008 年 8 月，祖克柏面臨延後上市的成功新創公司會遇到的困擾。臉書的老員工已經成為擁有認股權的百萬富翁，可是他們無從把紙上財富換成一輛車或一間公寓。為了解決這個士氣問題，祖克柏承諾讓他的左右手賣掉大約五分之一已生效股權，想說帶領臉書下一輪融資的投資人會願意向員工買下這些額外股份。可是，全球金融危機來臨，打亂了祖克柏的計畫。暫時不會有新的融資進來——也就別想有新車或新公寓了。

米爾納承諾解決這個問題。除了公司新發行的股份外，他很樂意買下員工的股權。更重要的是，他提出一個聰明的轉折作法：他會用一個價格來買公司發行的股票（或稱「新股」），並用另外一個不同的、較低的價格來買臉書員工售出的「老股」。目前看來，顯然新股的價值應該會更高：它是「特別股」，意味著附帶一些防止虧損的保護機制。可是，米爾納用兩層訂價使他的談判軍械庫多了一項秘密武器。他可以就臉書的新股提出一個令人滿意的估值給祖克柏，同時靠著壓低給員工的價格來抑制收購成本。

米爾納與臉書在2009年前幾個月的談判中，證明這個兩層訂價伎倆很有用。有了復甦中的股市壯膽，開始有其他投資人來找祖克柏，可是米爾納的出價都高於他們。一方面，他的多國試算表給了他信心去付更多錢；其次，兩層訂價法使他在抬高價碼的同時，又能控制收購的混合成本。

1990年代曾經共同創辦網景公司的軟體天才馬克·安德森，在這些競標戰中有近身觀察的機會：因為他是臉書董事會的一員。他眼看著美國的科技業投資人帶著自認為很好的價碼前來：50億、60億，甚至80億元。可是這時候的祖克柏已經決心把估值訂在100億元。只有米爾納出得起這個價。

安德森打電話提醒美國的登門求親者。「你們快要錯失良機了。米爾納出價100億元，你們會輸。」

每次都得到同樣的反映。「瘋狂的俄國人。笨錢……真是瘋了。」[8]

安德森知道並非如此。米爾納非癲或笨，甚至也不是像孫正義那樣衝動行事。相反的，米爾納的傑出之處在於他採取了資料驅動的手法。他已經鉅細靡遺地編纂了全世界社群媒體公司的關鍵指標，他的營收預測告訴他百億元估值是合理的。

2009年5月底，當沈南鵬正在鞏固他在紅衫中國基金的領導地位，而凱鵬華盈正在奮力掙扎於它的潔淨科技投資案時，米爾納與祖克柏完成磋商。米爾納的投資公司DST以2億元買下公司發行的新股，交換1.96%的股權，給了祖克柏想要的交易前估值100億元。值此同時，DST也以較低的估值65億元買下次級員工股票。員工想要套現的慾望超過他們對米爾納出價所感受到的任何疑慮，所以，DST最後買到超過1億元的便宜股票，使得混合估值降到86億元[9]。

不用說，米爾納挖到寶了。18個月後的2010年底，公司市值來到500億元。DST坐收超過15億元獲利，而臉書仍持續向上衝[10]。

對矽谷來說，這是一個分水嶺。13年前，孫正義硬是對雅虎投資1億元，震撼了傳統創投業者；相較之下，米爾納一開始就買下價值3億元的臉書[11]。同樣的，孫正義提供的是一種相當於雅虎在股市初次亮相前的過渡性融資；米爾納挹注的資本則多到實際上推遲了祖克柏首次公開發行的必要。DST的錢滿足臉書對成長資本的需求和員工對流動性的需求，它預示了私人科技公司可以延後上市大約3年時間[12]。如此一來，鉅額財富將會跳脫公開股市被創造出來，成為私人投資人的獨享利潤。

同時，米爾納的臉書投資案宣告了賦權創業家的下一階段來臨。提爾已經推銷他的創投公司是友善創辦人的沙丘路替代選項，但米爾納把這個觀念提升到全新的層次。他在後期才投資，而且注入更多資本；他願意冒險投入數億美金，卻放棄對公司的發話權，是件很了不起的事。提爾尊重創辦人是根植於他對乘冪定律的瞭解，米爾納的讓步則是建立在更簡單的觀念上，他是在投資一家規模與成熟度已經足以上市的公司。所以，他就表現得像個公開股市的投資人：被動[13]。

網景公司在1995年發行股票，已經證明一家炙手可熱的網路新創不必獲利就能掛牌上市，這個啟示掀起後面5年的網路熱潮[14]。2009年，米爾納的投資透露出相反訊息：一家成熟賺錢的公司也可以選擇保持私有化[15]。傳統私人投資人一般會要求董事會席次，而拿了米爾納的錢，科技業創辦人就能逃脫私人投資人的常態監督。同時，科技業創辦人也可以免去約束上市公司的戒律：華爾街分析師的每季電話會議、監管措施揭露、想要做空他們股票的避險基金經理人。正是在科技公司達到逃逸速度（escape velocity）而創辦人又容易太自信的時候，常見的私人或公共監理形式會因此被束之高閣。1970年代，親力親為的創投投資人發展出監管新創公司創辦人的觀念。如今，米爾納反其道而行，保護創辦人不受監管。

　　就跟網景發行股份一樣，米爾納的投資也掀起一股最後將過度發展的熱潮。不是1990年代首次公開募股過熱的那種泡沫，而是科技創辦人的狂妄自大所吹起的泡沫。

－◆－

　　米爾納的臉書出奇制勝之路始於曼哈頓中城一間辦公室，這是小型避險基金「老虎環球」（Tiger Global）的根據地。基金的年輕創辦人蔡斯・科爾曼（Chase Coleman）曾經在華爾街的傳奇公司朱利安・羅伯遜的「老虎管理」（Tiger Management）工作過。後來，他在羅伯遜的支持下設立自己的基金。科爾曼自立門戶時是2001年，距離米爾納出現在矽谷還有8年時間。可是，一連串事件把他這乳臭未乾的基金和輕聲細語的俄國人連結起來。

　　科爾曼成立公司時才20多歲，很怕管理比自己年長的部屬[16]，所以他四處尋找比他還嫩的人才。經過一番尋覓後，他相中一個叫做史考特・施萊弗（Scott Shleifer）的分析師，一個聲音響亮、愛笑、活力十足的人，在一家私募基金公司「黑石集團」（Blackstone）沒日沒夜的工作剛滿3年。令人驚訝的是，施萊弗還笑得出來。

　　2002年夏天，施萊弗到任幾個月後，有個朋友來電。他過得好嗎？

　　「我的工作進展很糟。」施萊弗如此自嘲[17]。他的任務是開拓半導體與硬體投資案，那斯達克科技泡沫破滅後，他找不到什麼令人興奮的標的。

　　施萊弗的朋友狀況更糟，他那聚焦於科技業的投資基金已經崩盤。可是，他還是同意幫幫施萊弗，寄給他一份追蹤清單。

　　電郵來了，施萊弗打開朋友承諾的試算表，裡面列著網際網路基礎設備商、消費性電商，以及提供搜尋引擎或徵才等線上服務的公司。

施萊弗把注意力放在試算表上所列科技泡沫破滅前便已上市的中國入口網站：新浪、搜狐及網易。這3家的業務已經在林夏如和徐新等創投家的幫助下蒸蒸日上，他們看中的是創辦人的特點和市場的潛力。不過現在，施萊弗要應用另一種不同的投資技巧。這3家入口網站已經成熟到有顧客、營收與成本，使一個在黑石集團磨練了1,200小時的分析師，可以建構出它們的公允價值模型。

施萊弗從一個在黑石是標準動作，但對大多數矽谷投資人來說很陌生的技巧開始做起。他沒有看利潤率（profit margins）、也就是扣除成本後所剩下的營收佔比，而是去看增量利潤率（incremental margins），也就是營收成長中，扣除掉成本後可視為利潤的部分所佔比重。任何外行人都可以看的出來這3家中國入口網站的利潤率為負；簡單的說，他們正在虧錢。可是內行人會知道把焦點放在增量的表現上，而這部分看起來好得很。隨著營收成長，成本的增長減少很多，所以大部分多出來的收入都是利潤。由此可知，這3家網站的數字很快就會因為成長而由紅轉黑。從增量的角度思考，施萊弗便能洞察未來。

施萊弗大受鼓舞，開始查找更多關於這些公司的資訊。這就不容易了。科技崩盤後，華爾街的投資公司已經不再出具有關入口網站的報告；因為深陷崩盤後的官司之故，他們甚至常常連舊的報告也沒有發布。不過，施萊弗運氣很好，這3家中國投資標的的執行長及財務長全都能說英文。他預約一連串電話會議，然後整晚待在辦公室，在中國的工作時間打電話過去。

施萊弗在每一通電話裡都會輕鬆地提到，網站的快速成長預期應該會慢下來。他是在邀請對談者承認弱點。

不會，對方這麼回答。中國的網路廣告才剛要開始成長。

「那成本呢？」施萊弗探問。如果營收成長，成本不是也會增加？

　　當然，成本會增加，他得到的答案是這樣。不過比營收成長慢很多。

　　施萊弗確認了這個好消息：增量利潤率還是會這麼持續下去。不過，他也注意到某個出乎意料的事。電話那頭的人一個接著一個說，他是他們這麼久以來第一個交談的西方金融家。

　　在矽谷，投資人會追逐某些交易，是因為其他人也在追的關係。我們已經看到，這種從眾心態是有道理的：當好幾位享有盛名的創投家追求一家新創公司，這家當紅炸子雞就有可能吸引到有才華的員工跟重要顧客。不過，施萊弗的東岸訓練養成他的相反直覺。最近他才讀了一本富達基金經理人彼得·林區（Peter Lynch）寫的投資聖經，談到如何識別有10倍獲利潛能的標的。林區把這個過程叫做「跟蹤十倍股」（Stalking the Tenbagger）[18]。照林區的解釋，如果你喜歡某支其他專業投資人並沒有買的股票，這是個好跡象；等到其他人大夢初醒，他們的熱情會推動你的股票行情走高。基於同樣邏輯，如果你喜歡某支股票，而其他華爾街分析師卻沒有去分析，這也是個好兆頭：當沒有人去詳細審視時，這股票很有可能被錯估價格了。最後，施萊弗從這幾通中國電話裡得到一個不可思議的預感，列出第三個重要的購買信號。當財務長們告訴你，他們很久沒有跟投資人交談時，你可能真的挖到寶了。

　　施萊弗感到興奮不已，把他打電話時記下的資料餵進營收模型裡。當然，目前來看這些入口網站正在虧錢。可是由於營收成長速度快過成本，2003年的利潤將會激增，達到公司市值的將近三分之一。施萊弗計算出來，在2004年，利潤可能會相當於市值三分之二；而到了2005年，他暫估是一比一的比率。換個說法，投資人幾乎可以免費買下這些入口網站。譬如說，假使老虎環球投入1,000萬元，第一年就可以拿回330萬元的利潤，第二年則是670萬元，如此一來便把收購成本全部賺回來了。第三年將會有另外一筆

1,000萬的收益，未來幾年很有希望成為指數型成長的財源。

徹夜未眠的施萊弗走進科爾曼的辦公室。

「找好了！新浪、搜狐、網易。」他宣布。

「我們下手吧！」他又說。

科爾曼比較文靜，也沒那麼衝動，是施萊弗理性繁榮論的絕佳把關者。不過這一次，施萊弗帶著他看過數字，很快便說服了他。施萊弗提議到一個他從沒去過的國家進行投資，這件事一點都不會讓科爾曼感到困擾。老虎管理公司的創辦人羅伯遜曾對他諄諄教誨，海外往往能找到最好的投資標的，因為那裡的華爾街人不多，而在地投資人又還不成熟。「如果我可以去日本或韓國打小聯盟，何必坐在這裡一直等著升上大聯盟？」科爾曼記得羅伯遜這麼說[19]，完全翻轉了矽谷投資人慣有的狹隘觀點。

2009年9月和10月間，老虎環球以略低於該基金2.5億元投資組合的十分之一，適時買入價值2,000萬元的新浪、搜狐和網易。一個由紐約人組成的小小團隊，成為中國數位經濟最大的公開發行股東。

到2003年夏天，老虎環球的中國部位上升到5至10倍之間[20]。不到1年，一個2.5億元的避險基金已經變成3.5億元的規模。科爾曼把施萊弗升為合夥人，讓他從小隔間搬到一間辦公室裡。兩人攜手朝著通往尤里・米爾納的路邁進。

施萊弗認為是時候重新思考一下中國了。創投家沒有選擇，只能被流動性不佳的投資部位卡住；避險基金則不同，隨時可以自由買賣。這些入口網站已經上漲這麼多，老虎環球不確定是不是應該繼續持有。

「我們必須再挖深一點，」施萊弗記得他是這樣想的。「這個成長還能持續多久？投資就是要在不同的價位上提出不同的問題。」[21]

施萊弗現在要落實羅伯遜的另外一個格言：想要評估一家公司的前景，去跟它的顧客聊聊吧！他找到在這些中國入口網站下廣告的人，聯絡這些買家，探問他們是否有可能花更多錢登廣告。好消息，施萊弗發現，佔大部分廣告投放業務的電子商務業者非常滿意廣告成效：對他們來說，廣告越多，銷售量就越大。更重要的是，他們自己的業務也欣欣向榮，表示未來他們肯定會投放更多廣告。因此，新浪、搜狐和網易的股票還是值得持有。不過，這些電子商務公司的蓬勃發展，也意味著他們需要募資。施萊弗嗅到另一批10倍股的味道，決定跑一趟中國。

施萊弗的母親得知兒子的計畫後很不高興。中國還沒有擺脫SARS疫情，施萊弗顧及母親的憂慮，可能自己也有點擔心，所以打包了一些口罩才動身前往亞洲。

2003年6月，施萊弗抵達北京，戴上口罩，攔了一台計程車前往君悅酒店。這座龐大的旅館幾乎空無一人，施萊弗獲得招待以令人開心的折扣入住閒置的總統套房。顯然，其他西方人對於僅僅三層纖維的防護沒有像他那麼有信心。

隔天，施萊弗依舊戴上口罩去參加他的第一個會議，對方是第二大線上旅遊服務商藝龍（eLong）的創辦人。

「您能來這裡真是太好了，」創辦人說：「現在，如果你想要在中國做生意的話，就脫掉口罩吧！」

施萊弗一邊耳朵聽到母親的聲音：「注意安全，戴上口罩。」另一邊的耳朵則聽到不同的聲音：「完成交易！這是畢生難求的機會。」

「我想，好吧！去他的，生命就是冒險。我拿掉口罩，整趟行程中再也

沒有戴過它。」施萊弗後來笑著這麼說[22]。

在中國待了2個星期後，施萊弗找到5家可以投資的公司。拜SARS之賜，每一家都能以划算的價格談定投資條件書。不過還有一個障礙：這些都是私人公司，所以老虎基金會被流動性不足的部位綁死，使避險基金變得很難管理。有限合夥人只要提前1、2個月通知，便有權撤出資金。必須長期持有的非流動性資產，加上可能會短期內逃走的流動資金，形成一種不穩定的組合。如果有限合夥人決定召回他們的資本，老虎環球就有麻煩了。

對大多數傳統避險基金來說，施萊弗提議的中國投資案會因為流動性不足而毫無成案希望。一經提出便可自由拋棄部位，對避險基金型態來說至關重要：索羅斯便是以從椅子上跳起來撤銷他的一項投資，來回應會議中的歧視言論而聞名。做「空」與做「多」的能力——也就是說，在股票下跌和上漲時押注——是避險基金另一個珍貴的自由；如果老虎轉做私人資產，就沒有辦法做空。不過幸運的是，施萊弗的老闆科爾曼打算重新思考標準公式。他替羅伯遜工作時的任務，是在1990年代的網路泡沫中尋找可以做空與做多的點子，而他親身發現長期賭注比較好的理由。一個很棒的空頭部位，可以讓你在一家公司跌到歸零的時候，最多讓你賺到百分之百；而一個很棒的多頭部位，則可以讓你賺到資本的5到10倍。「何苦事倍功半呢？」科爾曼最後這麼想。何況，同時投資公開公司與私人公司所發揮的綜效會很有用。對公開上市公司的瞭解，能幫助老虎環球找到好的私人公司，就像施萊弗在中國的表現。

科爾曼越是考慮施萊弗的提議，就越想做這檔投資生意。不過，他還是要處理流動性風險，即以短時間內便可撤回的資本來持有無法出售的部位的危險。2003年7月，他想到一個解法：他會準備一個單獨的資金池來做私人投資。結合避險基金的投資分析技巧和創投式基金的架構，加上被鎖定長期

投資的有限合夥人。老虎環球會忠於避險基金傳統，依靠它的營收模型工具，而非採取創投的作風來主觀押注在某個創業家的性格特徵或願景上。同樣忠於避險基金傳統，老虎會走全球化路線；它沒有興趣像創投業者那樣，把自己嵌入一個密集的在地網絡裡。不過，老虎會借鏡創投基金的傳統，運用被鎖死的長期資金來投資私人科技公司。它會跳過新創公司的初期階段，以便看出哪個創業家是真的有本領，還是只是在創業簡報會議中說得一口好戲。

科爾曼寫信給老虎環球的投資人，宣布成立新的「私人投資夥伴」（Private Investment Partners）基金，談到自己和施萊弗如何將數位世界分門別類，這裡面有入口網站、線上旅遊服務和電子商務網站，而訣竅就在於一個、一個國家的找出每個類別中正在崛起的贏家。跟創投業者不同的是，老虎基金不會押寶在原創構想上。相反的，它喜歡在特定市場落實某個成熟商業模式的公司，目標是投資南韓的eBay或中國的智遊網（Expedia）。科爾曼和施萊弗稱之為「這個的那個」（The this of the that）。

科爾曼接著解釋，根據老虎基金由上而下的分析，已經選出中國為全世界最有前景的數位市場。具有連網能力的中國公民比重將在5年內增加3倍，而在其他因素的複合影響下，這個躍進還會更大。頻寬改善將使得上網時間增加，中國的經濟成長更是令人驚嘆連連。科爾曼告訴投資人，老虎基金已經造訪中國，找到5個很有希望的投資標的：中國前兩大旅遊網、前兩大電子商務網站，以及一個叫做阿里巴巴的商場。

科爾曼希望為老虎新的私募基金募集7,500萬元，可是他遇到了阻力。「20幾歲的白人講什麼他們在中國發現真的很有趣的投資機會……我們聽起來根本瘋了。」科爾曼後來這麼說[23]。大家都有聽過美國人到中國去被敲竹槓的慘痛故事。許多人對科技泡沫的餘悸猶存，對投資網路公司心存疑慮。

儘管懷疑的聲音四起，科爾曼還是募到了5,000萬元，足以完成幾樁投資案。

不過，資金並不足以負擔全部5家候選的中國投資案。老虎選擇放棄阿里巴巴，證明創投的思維和避險基金的心態大不相同。施萊弗已經商定一份投資條件書，以2,000萬元買下該公司6.7%的股份，這是一個可以讓合夥人賺到幾十億元的賭注。可是，老虎因為馬雲的事業很難歸類而失去興趣：他有一個幫助西方企業尋找中國供應商的網站，可是，他正打算轉到一個不同的領域，去做類似eBay的拍賣網。投資阿里巴巴就不是單純的押寶在「這個的那個」上，而是押寶在一個想要征服新市場的創業家身上。一個創投投資人評估過馬雲的性格特徵和他的團隊品質，也許會接納這場賭局。但是在許多情況下帶給老虎榮耀的方法，這一次卻讓它誤入歧途。它把焦點放在增量利潤率這類指標上，未能掌握創業家的天分所展現的價值[24]。

還有另一個中國投資案差點溜走，之所以能成，適當地展現出了老虎環球的強項。施萊弗投宿君悅酒店這段時間，曾經和紅杉中國基金未來的老闆沈南鵬討論過一樁投資案，他當時是線上旅遊公司攜程旅行網的財務長。兩人就公司的估值達成協議，儘管沈南鵬後來說這個協議是暫定的，但施萊弗心裡上已經這麼認定了[25]。他離開中國幾個禮拜後，沈南鵬在紐約打電話給他。SARS疫情已經結束，攜程旅行網的營收激增，沈南鵬如今要求攜程旅行網的估值得提高50%。

坐在曼哈頓辦公桌前的施萊弗，掛掉電話後爆出一串粗口，引起辦公室同仁側目。他為了丟掉指望的SARS優惠而惱怒，但老虎基金因此陷入尷尬處境更是讓他氣憤不已。在為私募基金籌資的過程中，科爾曼已經把施萊弗對這幾家中國投資案的議定價格告訴有限合夥人，這些人投入金錢所憑恃的承諾現在落空了。

施萊弗放下電話後開始思考。一個創投投資人遇到這樣的狀況，可能

會取消交易。因為在早期階段投資時的私人默契非常重要，給錢的前一刻讓人感覺違背信任，會是一個致命傷——Accel的Skype談判正是因此破局（當然，款項付出後，創投業者被套牢了，就必須支持到底——所以即便UUNET被揭發帳目錯誤，Accel還是願意對它不離不棄）。不過，施萊弗的重點不在於私人關係，而是現金流。儘管火冒三丈，但是冷靜下來後，他也承認沈南鵬講得沒錯。SARS結束確實會提振攜程旅行網的營收。

施萊弗走到科爾曼的辦公室宣布他這通爆氣電話的結果。老虎應該放下自尊，把焦點放在攜程旅行網的數字上。較高的估值搭配較高的營收所計算出來的本益比是不變的。「我們做吧！」施萊弗做了結論。

這個小障礙過去71天後，攜程旅行網掛牌上市，老虎基金發現自己坐擁4,000萬元獲利。施萊弗的家境普通，16年後講到這個故事，他仍然激動不已。「我爸是賣沙發的，而我們賺的錢多達4,000萬元。」他這麼說，聲音沙啞[26]。

———◆———

老虎創立的私募基金標誌著一種新型態科技投資工具的降臨。就跟許多創新一樣，這是臨時起意而非經過規劃的結果。「我們並沒有什麼白板討論說：『嘿！我們來做私募股權投資人吧！』」科爾曼後來說[27]。老虎環球從避險基金選股開出一條岔路走到投資私人科技公司，為米爾納後來的臉書投資案建立範本。老虎工具箱的特色是為全球科技業務板塊製表造冊、為營收與公平價值建立模型，加上因應衝擊快速跨洲臨機應變——以老虎的例子是SARS；以米爾納的情況則是雷曼兄弟破產。然而，米爾納要借鏡老虎的樣板，還必須先得知有這麼回事才行。

2003年底，大約在攜程旅行網掛牌上市那時候，施萊弗飛到莫斯科去。他要再次尋找「這個的那個」：聽說俄國有兩個雅虎和一個Google。他的第一場會議是在某個旅館頂樓的酒吧，東道主是一個文靜低調的人，名叫尤里·米爾納。

讓施萊弗感到驚奇的是米爾納的思維模式和他一樣。這位專研美國企業的蘇聯管理學教授之子，是第一個念華頓商學院的俄國人，而且是個浪漫的資本主義擁護者。1980年代的收購大師亨利·克拉維斯（Henry Kravis）、隆納·佩雷爾曼（Ronald Perelman）、麥可·米爾肯，都是他的英雄[28]。米爾納回到俄國，在1998年金融危機時丟了銀行工作後，閱讀一堆投資銀行研究，想要尋找自己的職業志向。其中，他讀到一份摩根史坦利當紅科技分析師瑪麗·米克寫的網際網路報告。在當時，俄國沒有人在討論網際網路，米爾納自己甚至不用電子郵件。可是米克娓娓道來網際網路如何無所不在地滲透各地，而線上商業模式肯定會像精心設計的衝浪板，趕上這波潮流。如米爾納後來說的，這是「一個神諭」。

米克最喜歡的公司是亞馬遜、雅虎和eBay，因此，米爾納決心選擇其中一種來開辦一家俄國復刻版。接著他又想：「你知道嗎？管他的，我們三種都做吧！」[29]

2003年米爾納和施萊弗見面那時，他已經放棄複製亞馬遜，他的eBay計畫也走岔路了。不過他的山寨版雅虎倒是一片欣欣向榮，叫做Mail，而且他也已經在其他網路資產上取得各式各樣投資股份。現在，他為施萊弗介紹當前形勢。根據其他地方的雅虎復刻版如何創造營收的分析，Mail的價值很快就能達到10億元，一個叫做「漫步者」（Rambler）的競爭對手也將價值10億元。俄國版的Google是一個叫做Yandex的網站，則將價值20億元。

2004年的前半年，老虎適時投資了Mail、漫步者與Yandex。隔年，即便

施萊弗開始追蹤拉丁美洲的「這個的那個」，與米爾納的關係卻是更深化了。老虎成為米爾納的投資工具「數位天空科技」（Digital Sky Technologies）的第一家機構支持者。經由米爾納，老虎得以投資其他俄國網路股票，包括臉書的複製版VKontakte[30]。反過來說，透過老虎，米爾納的眼界大開，看到全球化投資的可能性。「突然之間，整個世界在我面前打開。」米爾納後來說：「老虎激發了我的靈感。」[31]

當美國創投基金強力推動中國的網際網路產業，那是一種從美國往亞洲的簡單單向影響力。隨著「後期」投資或「成長」投資啟動，這影響力的流向變得比較複雜。1996年，一個特立獨行的韓裔日籍局外人已經展現出1億元投資的造王力量。少數幾個學得快的機構譬如紅衫以此為榜樣，開始成立成長基金，可是，2000年那斯達克崩盤削弱了這股風潮的氣勢[32]。接著，在2003年，中國電子商務的誘惑力使得一家紐約避險基金轉做私人投資，而在2004與2005年，這些紐約客與一個俄國人合夥，分享他們的由上至下比較法——他們稱之為「全球套利法」（global arbitrage）。2009年，這個俄國人借用紐約客的工具包，在帕羅奧圖的星巴克讓一個韓裔美籍財務長印象深刻。一個點子在世界各地流轉。從今以後，科技投資將改頭換面。

米爾納的臉書勝舉馬上引來群起效尤，而最快出手的是老虎基金。經過俄國盟友侵門踏戶的短暫不悅後，老虎基金開始自己在矽谷做成長投資。米爾納出手幾個月後，科爾曼和他的團隊對一家美國公司做了第一筆投資，押注2億元在臉書身上。他們的投資邏輯跟米爾納一樣，也就是回到「這個的那個」道理上，只是現在是用海外科技業的經驗來闡釋美國的未來，而非

反其道而行。相較於預計營收，加上交叉核對外國網路公司譬如中國騰訊的價值後，即便老虎必須付出比米爾納更高的估值，臉書依然是一筆明顯划算的買賣[33]。「臉書基本上除了中國之外已經主宰全世界，我們卻能以比在公開市場買入騰訊還要更低的估值來買臉書，」科爾曼事後回想，一副好像在路邊撿到中獎彩券的樣子。「臉書擁有市場優勢的國家的GDP總和是中國的11倍，活躍用戶數是3倍。」[34]買進臉書後，老虎基金接著下注社交網站LinkedIn和遊戲公司Zynga。

米爾納不只是設立榜樣而已。他物色交易，也邀請其他人參與。比方說，當老虎基金買進Zynga時，它是參與米爾納的DST公司所帶領的一輪投資。米爾納已經投資海外的4家遊戲公司，對於Zynga的未來，其他人自然會與他意見一致。在2010年4月與2011年1月，米爾納代表折扣訂購網「酷朋」領導兩輪投資。傳統基金管理公司譬如普徠仕（T. Rowe Price）、富達和資本集團（Capital Group）加入他的聯合投資集團。私募股權集團銀湖（Silver Lake）、一家叫做小牛資本（Maverick Capital）的避險基金和摩根史坦利也是。矽谷創投公司譬如凱鵬華盈也加入了，他們最近才聘用了瑪麗·米克，顯露出對成長型交易的熱情。2011年6月，為了《富比士》全球富豪榜年度特刊拍攝封面不久後，米爾納帶領對音樂串流服務公司Spotify的一輪投資。這一次，才正在關閉一檔8億7,500萬元成長基金的Accel，也在與他共同投資的公司名單中[35]。

在極短的時間內，米爾納便塑造並帶動一種新型態的科技投資。跟Y Combinator在2005年成立後，帶動科技孵化器的點子起飛的情況很類似。米爾納以允諾股份投票權來引誘創辦人，並提供員工出售某些股權的管道，示範如何將資本送進很早便嶄露頭角的公司之後，成長投資也蓬勃發展。2009年，臉書交易的那一年，投入美國私人科技公司的資金總額達110億

元。到了2015年，金額已經跳到750億元，而且大部分的成長來自後期成長投資[36]。李艾琳，如今已經離開凱鵬華盈自立門戶的創投業女性先驅，鑑別出51家公司已經發起超過六輪私募股權投資，每家公司吸引到的資金平均有5億1,600萬元[37]。私人科技公司漂浮在這股資本浪潮上，經常能達到10億元或更高的估值。李艾琳稱這類公司為「獨角獸」。

春風得意的米爾納與爸媽舉家搬遷到帕羅奧圖上方山丘上的一棟大宅邸。這是一個離他年輕時的蘇聯非常遙遠的世界，但對他而言卻是再自然不過的所在。成長於俄國的米爾納，還是孩子的時候便被美國迷住了，未見其影，便先聞其味。這香味從他們家在莫斯科的公寓門口飄過，沒多久，他的商學教授父親便出現在客廳，打開他的手提箱。一條條嶄新包裝的香皂掉在地板上，都是從紐約、波士頓與費城旅館房間拿回來的紀念品。「那是新世界的味道，」米爾納在一場華頓商學院的畢業典禮致詞上這麼說。「突然之間，我們的小公寓變得很美國。」[38]如今，半個世紀後，米爾納坐擁一間富麗堂皇的加州住家，想要多少香皂就有多少香皂。他成為年輕時崇拜的神氣浮誇資本家之一，像克拉維斯或范德比那樣在精神上成為一個美國人。

最能彰顯米爾納影響力的驚人跡象，來自一個出人意表的角落。2009年初，網景創辦人暨臉書董事馬克・安德森，聯手網景的同儕班・霍洛維茲（Ben Horowitz）創辦一家創投公司。如同其他引人注目的新進者——1980年代的Accel、1990年代的標竿創投、2005年的創辦人基金——新成立的安德森・霍洛維茲公司想要與眾不同：它宣稱已經發明出一種新型態的創投基金。儘管它的行銷話術裡隻字不提米爾納，但是米爾納效應明顯可見。

安德森·霍洛維茲的公關宣傳是青年起義的一種延伸。霍洛維茲離開網景後，曾經和安德森一起成立一家新創公司「響雲」（Loudcloud），身為年輕執行長的他，曾被某個標竿創投的合夥人惹毛。當時，他即將被標竿創投的人要求用一個「正牌執行長」來取代他。霍洛維茲起身反抗，他呼應Google的布林與佩吉，堅持大多數成功的科技公司都是由原始創辦人來經營的[39]。蘇特山公司的Qume模式——使發明家屈從於外來的執行長——已經是開倒車的作法。與其用正牌執行長來取代技術出身的創辦人，創投家應該指導這些搞技術的傢伙，使他們成長為管理者。

其他在青年起義期間開辦的創投合夥企業，往往會將這種指導的重要性輕描淡寫地帶過。提爾相信超級明星級的創辦人在創業時，彷彿被什麼神奇的蜘蛛咬過似的，身上的超能力已經足夠；Y Combinator的葛拉罕這邊則宣揚說沒有什麼太多可學的。「做一些用戶愛用的東西，花的錢比賺的錢少。這有什麼難的？」他盤問。但霍洛維茲承認，就算是有才華的創辦人也要歷經一段艱苦的學習期。他自己是在領導響雲從2000年後的科技業衰退中歷劫歸來時發現的。他那引人入勝的回憶錄，書名為《什麼才是經營最難的事？》（*The Hard Thing About Hard Things*），傳神地描繪出這種創業的精神創傷。

成功的在2007年賣掉如今改名為Opsware的公司後，霍洛維茲與安德森組隊從事天使投資。這對友人募集了一組36筆小額資金，下一步自然就是進入創投業。安德森和霍洛維茲意識到頂尖創業家往往只會跟頂尖的創投公司來往，所以他們必須想辦法直上青雲。表現平庸就會失敗，因為在創投領域，大部分利潤掌握在少數幾家菁英合夥公司手上[40]。

為了突顯自己，安德森和霍洛維茲對科技創辦人提出一個全新的作法。他們承諾不會像傳統創投基金經常會做的那樣，把他們換掉。不過，他們也

承諾不會對他們放牛吃草，比較近期的創投業者可能就會如此。反之，他們會在棘手的問題出現時，指導科技創辦人：如何激勵高級主管、如何整備業務團隊、如何勸退一個傾注所有精力在你公司的忠實朋友。同時，安德森和霍洛維茲也會提供科技創辦人相當於那種老練執行長才會有的旋轉名片夾架功能——顧客、供應商、投資人及媒體人脈。Accel以專精於特定領域來做出差異化；標竿創投吹捧自己擁有高收費、小資金的「良好構造」；創辦人基金誓言支持最原創且逆主流的公司；至於安德森和霍洛維茲這邊，則承諾讓想要成為執行長的科學家的學習曲線更平順。

安德森和霍洛維茲欣然承認，他們的策略有很大一部分就是做厚顏大膽的公關。霍洛維茲是個有點像保羅·葛拉罕那樣的人物，只是尺度更大：一個變成創業家的電腦科學家，還會寫有關商業與生活的部落格，吸引大批狂熱粉絲。安德森這邊甚至擁有一個更強的品牌形象，是他和霍洛維茲都急於想要好好利用一番的。安德森以身為網景背後的天才而聞名，將近200公分高的個子和高聳的大光頭十分醒目，他以令人陶醉的速度玩弄創意，連珠炮般的用故事、事實與數字來下定論。大約在他的新創投公司成立那時，安德森登上《財星》雜誌的封面，也接受長達1小時的電視訪問。「『把創業家變企業家』（by entrepreneurs, for entrepreneurs）是我們聲名大噪的原因。」他信心十足地說[41]。

當然，安德森推銷的東西並沒有像他號稱的那麼原創。很多創投家——幾乎所有凱鵬華盈的早期合夥人，更別說提爾、葛拉罕、米爾納和其他人——都有創業經驗。指導創辦人的構想也並不新穎。當莫里茲幫助楊致遠變成一個名人，或當他勸告PayPal的列夫欽不要貿然把公司賣給eBay時，就是在指導科技創辦人如何做一個企業領導人。身為創投家是否最好要有創業背景也見仁見智。一個創業家一般只會做過1、2家公司，而年輕時就入行

的創投家，便能從骨子裡觀察好幾十家新創公司。就在2年前的2007年，連安德森自己都曾若有所思的說：「大概還是沒有人能取代一個做創投20年的人，近距離看過更多新創公司超乎想像的情況與人物。」[42]

2009年6月，米爾納敲定臉書交易的那一個月，安德森·霍洛維茲公司宣布已經向投資人募集3億元。為了兌現指導創辦人的承諾，這家合夥企業保證召募比其他創投公司更多的員額。過去，別的創投公司會聘請專門協助投資組合公司而非做投資的「營運合夥人」，不過，安德森·霍洛維茲的目標是在它的旗下建立一個龐大的顧問諮詢服務，會有一個團隊來協助新創公司尋找辦公空間、另一個團隊提供宣傳建議，還有其他人協助物色重要的新員工或引薦潛在顧客。

就某個程度來看，這種指導的承諾符合現實狀況。經常被簡稱為a16z的安德森·霍洛維茲公司支持了一連串科技創辦人，協助他們學習商業規則。重要的干預手段往往不是來自這些精心配備人力的顧問服務，而是安德森和霍洛維茲本人。比方說，就一個叫做Nicira的次世代網路新創公司來說，霍洛維茲便挽救了該公司免於犯下兩個代價高昂的錯誤。

第一個錯誤發生在a16z成立之前，當時霍洛維茲還是一名天使投資人，曾經資助Nicira的創辦人，一個剛拿到史丹佛學位的電腦科學博士，名叫馬丁·卡薩多（Martin Casado）。有一天，他到帕羅奧圖一間牙科診所改建的辦公室去拜訪團隊，位在安東尼奧堅果屋（Antonio's Nut House）平價酒館後方的一處垃圾場。

卡薩多提到如何為他的網路軟體訂價的問題。他太專注於開發軟體的技術挑戰——計畫以雲端運作的純軟體來取代實體路由器——以至於把價格當成雞毛蒜皮的小事。他會胡亂訂一個數字，如果錯了，再改就是了。

霍洛維茲將雙手指尖相觸成尖塔狀。相較於安德森輕鬆地脫口而出他的

想法，霍洛維茲則會花時間斟酌措辭；他的舉止沈重而謹慎，彷彿創業時打壕溝戰的疲憊歲月仍然在他身上形成重擔。卡薩多在一旁等著凝視窗外的霍洛維茲。「他有重大想法在腦中形成時的那種表情。」卡薩多後來這麼說[43]。

「馬丁，你所做的決策，沒有一個會比訂價更能影響你的公司價值。」霍洛維茲以神諭般的確定口吻如此宣告。當一家軟體公司要賣一個新產品──某種以前沒人看過的新鮮玩意時，它只有一次訂價的機會。不管選擇什麼價位，都會深植於顧客心中，之後就很難再抬高價格。此外，任何既定的價格差異都會對公司的利潤率造成更大的落差。如果某個業務員的年薪20萬元，而且每年簽下6個企業客戶，那麼把產品價格訂在5萬元，就會產生30萬元營收，扣掉薪水後的利潤是10萬元。可是，如果把價格訂在2倍水準的10萬元，那麼利潤就會翻4倍到40萬元。在某種程度上，初次創業的人甚少能意識到，這種利潤差距可以改變公司的價值。

「若沒有霍洛維茲，我會想，我可以把價格訂低一點，然後之後靠著發明新東西來創造更多利潤。」卡薩多承認說：「這是科技創辦人的偏見。」[44]

2010年1月，a16z領導Nicira的A輪投資。霍洛維茲加入董事會，聯手a16z協助公司擴大營運。約有20位Nicira工程師是透過a16z的網路召募來的，而Nicira的第一批顧客──譬如AT&T這種大客戶──也是源自a16z的牽線引薦。這家新創所承諾的雲端網路基礎設施正在贏得信奉者，從此以後，網路將純粹由軟體所構成，就跟鬧鐘是由一連串程式碼所組成，透過智慧型手機運作的道理一樣。

2011年夏天，Nicira的成功引來一個令人驚訝的出價。思科提議以6億元買下公司，整整獲利300倍。卡薩多想要緊抓這個機會，可是此時，霍洛維茲第二次出手干預。這個驚天的優厚出價顯示卡薩多居於比他所認知到更

強的優勢地位，「我曾經在我的新創公司看過這狀況，」霍洛維茲後來說：
「這個高價是一個信號，顯示環境變了。收購者出高價，就表示你不應該接
受！」

「馬丁，思科會出這個價是因為顧客告訴他們，你們做的是最讓人驚奇
的網路技術。」霍洛維茲這麼建議。當強大的客戶開始散播這樣的訊息，其
他收購者很快就會登門拜訪。「不要就這樣賣給思科。走一下程序。」霍洛
維茲堅定地說[45]。

安德森以他那口若懸河的方式強化這個訊息。「不要賣、不要賣、不要
賣，」他告訴卡薩多：「這東西才剛進入狀況。」[46]

當霍洛維茲指出他會用他的董事會席次來反對出售，卡薩多不肯跟他說
話。不過，暴怒2個禮拜之後，卡薩多冷靜下來。霍洛維茲是對的：沒有必
要滿足於第一個送上門來的出價。Nicira適時地聘請一位投資銀行家去徵求
更多人投標，結果最後Nicira以12億6,000萬元、而非6億元出售給一家思科
的競爭對手。

「我把公司價值提高2倍。」霍洛維茲毫不誇張地說[47]。

毫無疑問霍洛維茲是個貢獻良多的董事會成員。2010年2月，完成Nicira
的A輪投資後不久，他帶領另一次a16z雲端軟體投資，對象是一家叫做Okta
的新創公司。Nicira做的是雲端聯網功能，而Okta則是打造公司的雲端軟體
工具和員工間的介面，構想是建造一個安全登入機制保護下的單一閘道，將
能對公司資料形成防護。不過，到2011年秋天，Okta的經營腳步亂了章法。
它沒有達到銷售目標，現金即將告罄，一個能幹的工程師宣稱要辭職不幹。

霍洛維茲和工程師坐下來談，瞭解他為什麼想要走。他發現，整個工程
團隊的士氣低落。Okta的執行長塔德‧麥金農（Todd McKinnon）把銷售績效
不佳怪到他們頭上。

霍洛維茲找來麥金農。「不要再追究工程師的責任了。」他告訴他。

「什麼意思？不要追究責任？」

態度太強硬會導致更多人叛逃，霍洛維茲回答。當務之急是讓工程師留在工作崗位上，同時Okta要解決它真正的問題：銷售策略。這家新創一直想把安全的儀表板賣給小公司，可是小公司通常並不在乎網路安不安全。

Okta聽從霍洛維茲的建議，改組它的銷售團隊，並著手物色一位新的行銷主管，一位有人脈、也有能力找到大企業客戶的人。面試後，麥金農打電話給霍洛維茲討論他的人選。

電話打來時，霍洛維茲正在開車去另外一家新創公司開會的路上。雨滴模糊了擋風玻璃外的視線。他聽著麥金農說他選中了哪一位應徵者。

霍洛維茲靠邊停車。在他來看，麥金農選錯人了。他需要全神貫注地講這通電話。

麥金農說完後，霍洛維茲給了他一記重拳：「如果你用錯人的話，這會是你最後一次請人了。」他直言不諱[48]。

引起麥金農的注意後，霍洛維茲解釋他的理由。a16z的招聘管道已經確定另外一位霍洛維茲也知之甚詳的候選人，毫無疑問他可以勝任這份工作。不管麥金農在面試時有多麼喜歡另一個人，冒險用他是不負責任的作法。新創公司與創投基金都是在擁抱風險，不過當你的處境已經岌岌可危，你不會再去加重不必要的風險[49]。

霍洛維茲的指責顯露出安德森‧霍洛維茲公司的一個獨特強項。雖說a16z是青年起義的產物，但卻不必然會對創辦人友善。它的目標是幫助科技創辦人成功，不過如果他們決定做錯的事的話，它也會起身對抗[50]。彼得‧提爾的基金從來不曾在董事會投票反對某個創辦人，米爾納甚至不要董事會席次。不過霍洛維茲比較事必躬親：他結合了葛拉罕對科學家創辦人的信

心和瓦倫丁的強悍。現在，在Okta行銷主管這個問題上，霍洛維茲壓倒麥金農。公司聘請了那位比較安全的候選人，翻轉了命運。到2015年，它已經成為一隻獨角獸。

不過，不管霍洛維茲的作為多麼有效，他親力親為的貢獻既不是創投史上的新鮮事，也不能充分解釋a16z的傑出績效。協助獵才、找顧客、策略和士氣等等，都是創投公司會給予的標準協助；再者，它們的重要性恐怕不及挑選投資案的技能。以Nicira和Okta的例子來看，只有嫻熟掌握雲端運算趨勢的創投家才能看到這些機會，可以說，使安德森・霍洛維茲公司有別於他人的關鍵之處不是他們的創業經驗，而是電腦科學訓練[51]。同樣的，a16z的成功與時機巧合很有關係。這家公司成立之初，股市正要開始長達10年的榮景，尤其是軟體公司；智慧型手機、雲端運算和無所不在的頻寬問世，為軟體工程師開創了一個黃金時代。兩個擁有電腦科學背景的強大合夥人自是善用此一時機的理想人選，他們也對這個事實毫不掩飾。「軟體正在吃掉世界。」安德森在一篇《華爾街日報》的文章中如此宣稱。這句話為時代做了一個絕妙總結，無疑比對科技創辦人採取新作法的公關炒作，更能說明a16z的成功。

不過，a16z早年確實有個不為人知創新之舉，很大程度被密集公關攻勢給排除在外。安德森・霍洛維茲公司結合了典型的早期階段投資和米爾納的成長投資。

開門營業後不久的2009年9月，安德森・霍洛維茲公司突然砸5,000萬元買下爆冷門的電話公司Skype的股份，後者現在歸eBay所有。這筆資金高達

a16z第一個基金的整整六分之一，但卻跟它指導綠色科技創辦人的承諾沒有太大關係。Skype畢竟已經成軍6年，不乏老練世故的經驗。反之，Skype交易絕對跟安德森最近接觸到米爾納及他在矽谷網絡核心的優勢地位有關。

　　a16z投資的起點從安德森出席eBay董事會開始。自從4年前的2005年買下Skype以來，這家拍賣網巨擘便一直在辛苦的把電話業務納入旗下。經過一連串管理爭奪戰，它已經把Skype的瑞典籍創辦人掃地出門，而這個瑞典人的反應則是針對Skype核心技術所有權控告eBay。當私募股權集團銀湖提議要從eBay手上接下Skype，創辦人也另外告了銀湖。

　　安德森身為eBay的董事，得以近身觀看這場大戲。他熟悉米爾納的臉書投資妙招，從中看到機會。他利用自己身為軟體大師的名聲，聯絡Skype的創辦人。他瞭解他們的願景和高超的技術能力；事實上，Skype正是a16z信奉的那種產品，誓言取代硬體的軟體。安德森強調他相信他們有能力把產品轉換到雲端，並提出一個讓創辦人回到自己公司的交易。銀湖聯合投資集團將買下Skype一半多一點的股份，創辦人會得到14%的股權以交換撤銷告訴。安德森這方面則得到投資5,000萬元的權利。

　　交易繼續進行，安德森也協助新的入主團隊解決管理功能失效問題。30名高階經理有整整29人被換掉，接著，安德森再度運用他的董事會人脈，協助促成Skype與臉書結盟：如此一來，臉書用戶便能透過Skype的視訊連線功能來聊天。一如a16z的預料，Skype的技術團隊證明夠強大到足以將產品成功過渡至雲端服務；Skype的用戶數起飛，從交易前的4億人跳到隔年的6億人。隨著智慧型手機普及，透過網際網路撥號變得幾乎跟用傳統電話撥號一樣簡單；Skype突然間好像瑪麗・米克所譬喻的衝浪板，一個趕上最新科技潮流的精心設計的平台。微軟認為Skype有前途，出奇不意的用85億元買下公司，比銀湖聯合投資集團付出的估值還高出3倍。不到18個月，安德

森・霍洛維茲公司就賺到1億元的利潤。

　　緊接在安德森的Skype勝舉之後是其他米爾納式的成長型交易。a16z也用它的第一個基金的資金，跟著DST一起投資遊戲公司Zynga，並押注2,000萬元在行動應用程式公司Foursquare上[52]。它的第二個基金是有6.5億元的戰爭基金，分別對臉書和推特押注8,000萬元，對酷朋網投資4,000萬元，並且做了兩個3,000萬元的投資在照片分享應用程式Pinterest及房產出租平台Airbnb上。對一個已經宣傳自己是早期階段新創公司的醫生的創投合夥企業來說，把基金裡超過三分之一的資本投入成長型交易，是違背品牌形象之舉。可是，這個令人訝異的轉向證明了一個人的影響力。「我們會看準這個擴張階段的契機已經浮現，」安德森後來說：「有很大部分跟尤里・米爾納有關。」[53]

　　安德森・霍洛維茲公司實現了他們的願望：闖進創投業的一流企業之列。他們的第一個基金在2009年創立的創投基金中排名前百分之五，扣除費用後，每年創造44%的收益，比同一時期的標準普爾500指數還高出3倍[54]。尤其拜米爾納啟發的Skype投資之賜，a16z展現初期成功，使合夥人得以後續募集龐大的資金，延攬更多投資夥伴，並擴大他們的內部顧問業務。當凱鵬華盈拱手讓出矽谷頂尖投資公司的位子時，a16z補上空缺。

　　一開始，a16z的成就被譽為它所謂顛覆性模式的一種明證。其他合夥企業也開始為他們的投資組合公司提供指導與支援服務，採納「把創業家變企業家」模式。可是，有趣的事情發生了。根據2018年底的一項評估，a16z之後的兩個基金很吃力才能超越標準普爾500，所申報的暫定帳面收益在創投

公司中分別位居第三個與第二個四分位數[55]。安德森·霍洛維茲公司似乎接二連三違反了路徑依賴的規則,不是一次、而是兩次。這家公司先是擠進前矛,然後又掉到排行榜的中段班。

發生什麼事?最顯而易見的解釋是隨著安德森和霍洛維茲擴張業務,他們的才幹也被稀釋了。他們覺得「把創業家變企業家」和指導科技創辦人就等同於風險投資的新方法,擴大規模也能成功。結果他們發現,這個成功與他們的願景關係不大,反倒與他們在矽谷的地位更有關係。當a16z聘請更多投資合夥人,照著該公司引以為傲的規則全都必須具備創業背景,它發現有些人就是做不起來:做一個創辦人跟是否有能力挑選值得投資的創辦人,兩者是不一樣的。2018年,a16z破天荒把一個非創業家背景的人晉升為一般合夥人。「尤其對我來說,不得不認錯是非同小可的事情,」霍洛維茲在《富比士》裡這麼承認:「我們恐怕應該更早改變,不過至少我們做出改變了。」[56]

風光成立的創投公司往往有兩個共同點,他們對自己的特殊手法有一套說詞,而且他們都有人脈深廣的知名合夥人。只有在少數例外情況下,特殊手法足以用來解釋大部分成功。譬如尤里·米爾納,他來到誰也不認識的矽谷,直闖上流階層;譬如老虎環球即興發展出避險基金／創投基金的混合模式;而Y Combinator多少也算這樣的例子,他批次進行種子投資的作法真的是很新穎。不過,在絕大多數情況下,新成立的創投公司會成功,是因為創辦人的經驗與地位,不是因為他們宣稱的手法具有原創性。學術研究證實了直覺上顯而易見的事:創投基金的成功大多歸功於人脈[57]。「矽谷籠罩在個人崇拜的氛圍下,」英國創投家馬特·克利福德曾經說過:「而那些個人代表了這個網路的勝利。」

第十三章
眾志成城的紅杉隊

2010年夏天，安德森·霍洛維茲公司開門營業1年後，凱鵬華盈的合夥人喬·拉柯布（Joe Lacob）做了一次與傳統相悖的投資。他在凱鵬華盈待了23年，經手過大約70家企業，包括生命科學公司、能源公司、電子商務賣場。可是這筆投資不一樣。它創立於64年前，並不算是新創公司，團隊士氣低落，也不怎麼有創新精神。然而，拉柯布看中它的潛力。他聯合幾個盟友，花4.5億元買下北加州搖搖欲墜的職業籃球隊金州勇士隊（Golden State Warriors）。

接下來發生的事情，成為更廣泛的繁榮浪潮席捲矽谷的象徵。拉柯布引進科技人和好萊塢咖構成的創意網絡，而勇士隊就像個熱門的社群媒體平台那樣一路起飛，從拉柯布入主前一年輸掉賽季三分之二的比賽，到2015年和接下來4年，年年闖進NBA總決賽，3次贏得冠軍，並且創下單一賽季勝場數的空前紀錄。他們以遠距三分球為基礎所建立的數據驅動式球風而聞名，這個新方法很快就引來眾人模仿。體育館的座位銷售一空，票價也直衝天際，拉柯布把球隊從東奧克蘭的破敗場館搬遷到舊金山的一處豪華體育館。2010年代告終之際，據說勇士隊價值35億元，比拉柯布和凱鵬華盈付出的

錢高出8倍有餘。這是從一支籃球隊身上得到的風險報酬[1]。

　　傑出的籃球隊都有知名超級粉絲，成為賽前鏡頭追逐的對象：洛杉磯湖人隊是傑克・尼克遜（Jack Nicholson），紐約尼克隊是史派克・李（Spike Lee），勇士隊吹噓的當然就是一份《富比士》創投人排行榜名單。它的所有權人裡有曾經投資eBay的標竿創投合夥人鮑伯・凱格爾，還有紅杉集團的元老級忠實成員馬克・史蒂文斯（Mark Stevens）。它的固定粉絲有a16z的創辦人霍洛維茲，還有曾經支持Google的超級天使投資人朗恩・康威。這種運動與科技金融的融合是雙向的：創投家資助勇士隊，勇士隊也變成創投家。球隊的明星級前鋒凱文・杜蘭特（Kevin Durant）集結一個約有40家新創的投資組合，範圍從單車共享企業「萊姆單車」（Limebike）到食物外送應用程式Postmates。身高198公分的防守球員安德烈・伊古達拉（Andre Iquodala）也創建一個類似的帝國，而已退休的大衛・李（David Lee）則被一家創投合夥企業所延攬。金州勇士隊的絕世天才史蒂芬・柯瑞（Steph Curry）擁有照片共享應用程式Pinterest的一部分股權。柯瑞還聯手伊古達拉舉辦一個活動——球員科技高峰會（Players Technology Summit）——把其他運動員也帶進這個新的賽局裡。

　　說實在的，何樂不為呢？2010年之後的這些年，矽谷幾乎人人都被這股科技狂熱給感染了。從聖荷西到舊金山的這一小片土地，是全球五大最有價值公司的其中三大的發源地：蘋果、Google和臉書。它擁有幾個最令人興奮的拓荒者：Airbnb、特斯拉和Uber。它經常被拿來跟文藝復興時期的佛羅倫斯相比：一塊金錢磁鐵，這是肯定的，但它也是跨國大熔爐和創造力的中樞[2]。雲端軟體巨擘Salesforce在舊金山市區豎起一座直達雲際的玻璃帷幕大樓，房產價格飆高到新創公司連眾所周知的車庫都幾乎買不起。這股熱潮所導致的不平等現象十分驚人，尤其要感謝那些龐大的雙層巴士把城裡的軟體

工程師載到帕羅奧圖附近的科技園區，這裡的交通狀況讓人回想起曼谷。中國國家主席習近平在2015年的訪美之旅，認證了這座新佛羅倫斯的地位。他的第一場會面對象是矽谷與西雅圖的科技高層，而非華盛頓特區和紐約市的政治人物及銀行家[3]。

　　就跟之前一樣，創投基金是這波榮景的行動中心。從2009到2019年，也就是金融危機後的這10年間，美國創投投資人的數量翻倍有餘，他們資助的新創公司家數也是如此[4]。這個產業的陣容比以往更為完整，為各種規模與各式各樣的新創公司提供量身訂作的投資方案。有慈祥的天使投資人、批量製造的孵化器、以創業家為中心的早期階段資助人，還有資料驅動的成長型投資人。有專精於各種領域的創投家，從人工智慧、生物科技到加密貨幣等等，更別提農業科技、大數據和雲端軟體。當華爾街費力地從2008年的危機力求復甦時，它的翅膀被管制者剪去，免得需要一再動用納稅人的錢來紓困，西岸的各種金融活動倒是活力十足地沿著三個軸線擴張：進入新的產業，進入新的地理疆域，還有沿著新創公司的生命周期。2013年，當李艾琳發明出「獨角獸」這個名詞時，她只有算到39隻這種神奇生物；不到2年後，已經來到84隻了。

　　最能體現這波繁榮的創投合夥企業，就是紅杉資本。在整個1980年代和1990年代，紅杉和凱鵬華盈向來是矽谷的兩大巨頭，而他們在某些方面也很相似：都是專注於聯網、軟體與網際網路的合夥企業，擁有超強乘冪定律的造雨人。21世紀第一個10年開始時，當約翰・杜爾的盛名達到頂峰，而紅杉在青年起義中站錯邊的時候，凱鵬華盈顯得比較強大。可是，那個10年過了大約一半便風水輪流轉，凱鵬華盈和紅杉開始看起來主客易位。凱鵬華盈一頭闖進潔淨科技領域，紅杉的處理卻小心翼翼。當凱鵬華盈帶頭延攬女性，紅衫可悲的慢了好幾步才跟上，不過在實施變革上就沒有那麼笨手笨

腳[5]。當杜爾和柯斯拉及其他團隊成員分道揚鑣時，莫里茲仍與萊昂內密切合作，後者具備與莫里茲的大戰略相輔相成的工程悟力與識人之明。而當杜爾延聘事業有成的50多歲名人時，紅杉卻沒有興趣召募安逸的高階主管，就像莫里茲說的，這些人「太成功了，已經失去活力，也不夠飢渴、外務太多，而最重要的是，他們沒有再次成為新手的準備」[6]。

　　手法上的差別，造成績效表現的驚人懸殊。2012年，當凱鵬華盈的合夥人幾乎從《富比士》創投人排行榜上消失時，紅杉佔據了狀元與榜眼，前十名當中就有3個來自紅杉，無疑使這家公司成為行業裡的佼佼者。它主宰了美國與中國的業務，支持從Airbnb、WhatsApp，到字節跳動、美團等獨角獸。從創業投資到成長基金，到甚至一個實驗性的避險基金，它似乎做什麼都能成功。整個矽谷上上下下的競爭對手，都在交換是什麼讓紅杉勝出的理論，不曾有其他團隊能維持這種水準的表現。

　　紅杉的獨家秘方從莫里茲和萊昂內的結合開始，展開創投史上最成功的夥伴行動。莫里茲重戰略，萊昂內則是實作派；莫里茲貫徹紀律，萊昂內卻喜歡在飲水機旁閒聊；莫里茲是學過義大利語的英國人，萊昂內則是個愛開玩笑說跟莫里茲工作就像在上英文課的義大利人。私下也有暗潮洶湧：莫里茲在想與萊昂內結盟和想被公認為老大之間搖擺不定，而萊昂內偶爾也會發飆。不過，他們相互支持。從1990年中期瓦倫丁退休後，他們便共同做出每個關於紅杉方向的重大決定。他們建立起沙丘路上最為紀律嚴明、也是最具有實驗性的文化。

　　紅杉的嚴酷紀律，說明了萊昂內和莫里茲是如何的既相異又團結。對萊

昂內這個一路奮力拼搏向上的強悍義大利移民來說，努力工作是一種本能。他的生活就是生意、家庭和保持身體健康。他沒有時間陪那些想要跟名人往來的合夥人、加入華而不實的慈善委員會，或浪費時間到研討會演講。有一次，萊昂內為了測試勇氣，不使用止痛藥便讓人幫他的牙齒鑽洞。他不會容忍不夠投入的半調子同事。而對莫里茲這個受過牛津教育的作家來說，他的競爭決心有不同的表現方式，但同樣堅持不懈。打從早年當商業新聞記者以來，莫里茲便很欣賞「無止境的紀律行軍的果決步調」，一個接著一個前進，以毅力與意志力耐著性子打造成功[7]。莫里茲暗指，出類拔萃幾乎是一種精神課題。你必須執迷——像賈伯斯那樣執迷，對他來說，完美主義不是一種選擇；或者像亞歷克斯・佛格森（Alex Ferguson）那樣執迷，當莫里茲要寫一本關於領導力的書時，選擇了這位傳奇性的英國足球教頭當他的共同作者，也是他的靈感來源。傑森・卡拉卡尼斯（Jason Calacanis）是一個曾經看過許多創投公司內部情況的創業家，他回憶莫里茲和萊昂內如何灌輸一種使公司脫穎而出的文化。「我為了一個約會在早上8點半來到紅杉，看到高階合夥人們在會議室跟新創公司開會。當我下午4點順道去紅杉喝杯咖啡時，看到同一批人還在那裡開會。」[8]

　　毅力只是紅杉秘方的第一道材料。莫里茲和萊昂內毫無妥協餘地的專注於這家公司的文化——外在的投資成功，源自對卓越的內在追求。莫里茲曾經細數這種文化所帶來的挑戰：「用人、團隊建立、設定標準、啟發與激勵的問題、避免自滿、新的競爭者出現，以及自我成長與除去表現不佳者的持續需要。」[9]在這份長長的清單中，團隊建立與培養年輕人才的優先性特別高。照莫里茲的說法，紅杉信奉「培育無名之輩、自家人和下一代」。當然，持平的說，Accel培訓凱文・埃法西，做的也是一樣的事情；不過，紅杉是更有目的性的培育新人。

魯洛夫‧博塔的故事闡釋了莫里茲——萊昂內的人才養成手法。紅杉在2003年把在PayPal擔任財務長的博塔挖角過來,這是一種跟雄心勃勃的PayPal畢業生群建立關係的精明作法,否則這些人恐怕不會對紅杉太友善。出生於南非的博塔除了擁有PayPal的人脈,也是紅杉自然會聘用的那種人:他在史丹佛商學院的表現名列前茅,有移民的積極精神。不過,他還不到30歲,而且沒有做過投資人,因此,公司的資深合夥人們肩負起培養他的任務。當然,如果他失敗了,他們就會跟不帶情感的關閉一家羸弱新創那樣把他掃地出門,用一份無懈可擊的保密協議送他上路。不過,他們有強烈的意圖要幫助他有所表現:把他打造成一個紅杉戰士。

就跟其他紅杉新人一樣,博塔一開始是亦步亦趨地在有經驗的同事身邊。他跟著不同的資深合夥人參加不同類型的公司董事會,廣泛吸收對比鮮明的新創公司文化。他受教於老前輩的教誨:瓦倫丁一開始就告訴他,最好的創辦人最難纏。在辦公室坐了幾個月後,博塔帶來他的第一樁投資案,一個叫做Xoom的匯款服務業者,而一個比較年長的合夥人提議一種雙贏的安排。一開始,這位資深合夥人會進入Xoom的董事會,帶著博塔一起參加,從旁觀察。然後,如果Xoom成功了,兩人便交換角色,如此一來,博塔便能靠著擔任一家熱門新創的董事取得專業地位。「聽著,如果這家公司沒有做起來,這汙點是掛在我頭上,不是你。」這位資深合夥人說,博塔同意。Xoom終於開花結果,博塔也適時完成見習,成為董事[10]。這跟凱鵬華盈的經驗相反,那裡的資深合夥人會把年輕投資人碗裡的好菜拿走;甚至優於Accel的作法,他們是讓管理合夥人吉姆‧布瑞爾坐上臉書的董事席位。

Xoom花了好幾年才見起色,這段期間,博塔的合夥人們幫助他度過無可避免的黑暗期。不成功的新創倒台速度通常快過優秀新創的成功速度,所以,贏家還沒出現,就會先看到令人洩氣的損失。博塔第一次必須報告他經

手的一家公司化為烏有時，在合夥人會議上講到快要哭出來。平常，他是個沉著鎮定的人，對自己的判斷有把握，失敗令他感到痛苦萬分。接著，在任職3年後，博塔一反苦惱的情緒為歡欣鼓舞。2005年，他帶領紅杉對影音平台YouTube的A輪投資，而在2006年、經過一段異常短暫的孕育期之後，這家公司被Google搶購下來，為紅杉帶來大約45倍的報酬率。又過了3年後，博塔再度陷入低潮。他開始折磨自己，不是因為投資錯誤，而是因為讓優秀的公司從手中溜走。他曾經在推特還在做粗糙的訊息技術時，跳過這家公司；他曾經追求過臉書，卻換來一場奇怪的睡衣表演。即便是YouTube的勝果，在博塔嘴裡也變了味道：回想起來，紅杉太早出場了。命運的波動會擾亂判斷力，任何創業投資人都是這樣。黑暗期使你在衡量下一次交易時，被過度謹慎阻礙了腳步；相反的，成功會讓你變得傲慢自大。回首這段期間，博塔歸功於他的合夥人讓他保持專心致志。當他走下坡時，他們鼓勵他放手一搏；當他志得意滿時，他們使他免於對新創公司的前景過度樂觀[11]。

　　儘管紅杉有著理智而嚴格的文化，但這家公司在團隊建立的努力上，卻有著柔軟的一面，出人意表。公司的異地會議從一個叫做「報平安」的活動開始：同事們坦誠相告婚姻中的緊張關係、工作的不安全感或家人的病況。「只要你願意暴露自我，也不會有人拿這個來佔便宜，就能創造出一種信任的氛圍。」萊昂內如此反思[12]。異地會議還有一個特色是舉辦撲克牌錦標賽：合夥人們競奪「瓦倫丁的格紋裝」—— 一件極其豔麗的紅黃黑夾克。有一次研修營，在一場滿身泥濘的美式足球比賽中，博塔發揮南非童年時期對直覺的掌控力，衝向一個健壯的對手，以一記擒抱撲倒他。「那是其中一個開啟友誼的時刻。」博塔事後回想[13]。

　　團隊建立的精神也延伸到紅杉宣揚成就的作法上。當一家投資組合公司可以獲利出場時，報章雜誌上介紹的是參加董事會的指定合夥人，彷彿創投

業是單兵作戰的行業；紅杉則會刻意把勝利歸功於整個團體，成功的投資案幾乎總是集體努力的結果。比方說，當紅杉舉杯慶祝它自己有史以來的第二大意外收穫，出售訊息服務業者WhatsApp時，公司內部的「里程碑備忘錄」先是祝賀帶領這場交易的合夥人吉姆・高茨（Jim Goetz），也是博塔在美式足球賽的受害者。不過，備忘錄很快就話鋒一轉，說WhatsApp是一次「典型的紅杉幫擒抱」。有十幾位合夥人為這場勝利作出貢獻：紅杉內部的人才探子幫助WhatsApp把工程團隊的規模擴大5倍；博塔和莫里茲曾就分銷與全球策略提供建言；紅杉在印度、新加坡和中國的團隊提供在地情報；而公司的傳播主管則讓WhatsApp內向的執行長簡・庫姆（Jan Koum）變成一個公眾人物。這份里程碑備忘錄還特別致敬一位辦公室助理譚雅・西勒奇（Tanya Schillage）。前一天凌晨3點，庫姆在前往簽訂銷售文件的路上車子壞掉了，西勒奇立即採取行動，幫庫姆找到一輛新車。不知怎麼的，她在大半夜拿出超高水準的表現，給了庫姆一台跟他一直在開幾乎同款的保時捷[14]。

為了深化團隊合作，並促進莫里茲所強調的自我更新，紅杉很快便賦予公司新崛起的合夥人管理責任。就這樣，在2009年，這家合夥企業的領導階層悄悄地轉換了[15]。莫里茲和萊昂內仍舊以「管理人」（stewards）的稱謂來主其責，不過，美國創投案的前線管理職責非正式地交棒給高茨和博塔。這個年輕化的二人組出線，帶來了一波新思潮，把紅杉的投資流程做得更嚴謹縝密了。

高茨所推動的主要創新是強調前瞻性思考。他的投資生涯始於Accel，在那裡，他吸收了「做好準備」的觀念，認為這種由上而下、防範未然的方

法在紅杉特別有用。由於紅杉擁有矽谷頂尖創投公司的地位，大部分新創公司創辦人都會急著向它推銷；根據這家合夥企業自己的估算，最後獲得前二十幾大創投公司投資的交易案，約莫三分之二會邀請紅杉考慮投資。不過，這種得天獨厚的案源，既是祝福也是詛咒。合夥人的日常被應訪客要求的會議給塞得滿滿的，很容易就變成被動反應[16]。

　　為了管理這種危險，高茨把Accel的「做好準備」那一套引進紅杉，帶著合夥人們描繪科技趨勢，推測哪種類型的新創公司會發展起來。他很早就勾勒出行動上網的願景圖像，列出電信業者必須建造的基地台、放進手機裡的晶片和會在上面運作的軟體。另外一個做好準備的「願景」顯示數據從顧客的裝置移動到雲端，預期將有新的硬體配置、軟體商業模式和安全漏洞源自於此。而第三個願景著重「開發者的崛起」，全世界只有2,500萬名程式設計師，即全球1%人口的三分之一，正在寫正在改變現代生活的所有軟體。任何東西若能提振這一小群人的生產力，都將變得無比珍貴。早在馬克・安德森宣稱「軟體正在吃掉世界」之前，這最後一個做好準備的練習，便已成為紅杉許多投資案的跳板：Unity，一家3D電影與遊戲的軟體開發平台；MongoDB，一家資料庫公司；還有GitHub，領先群倫的開源碼儲存庫。2020年底，紅杉在這三家公司的股權價值合計90億元。

　　當高茨帶領公司做好準備的時候，博塔則率先把行為科學應用在創投基金上。這是一個激進的想法，博塔的同事們都覺得它改造了紅杉[17]。其他創投合夥企業的投資人經常吹噓自己靠著直覺行事，宣稱擁有「模式識別」能力，一種投資第六感。「我的整個職業生涯中都有這種第六感，我也不知道為什麼。」一位成功的創投家很開心地這麼說[18]。不過博塔指出，在一路回溯至1970年代的知名實驗裡，可看到心理學家已經證明，人類的反射動作會扭曲理性決策，他於是著手將因此得出的洞見應用在紅杉的週一合夥人會

議上。最低限度目標是讓投資流程能每週保持一致。「我們有時候會覺得，如果某家公司是在前一個禮拜一或下一個禮拜一才出現，我們的決定會不一樣。」博塔解釋說：「這感覺不像是永續成功的秘方。」[19]

博塔專注於行為科學，有部分源自過早賣掉YouTube的緣故。創辦人接受Google的收購條件，這個舉動與行為實驗的預測一模一樣：人們為了避免損失，往往願意冒險一搏，可是談到伸手去拿上漲的好處時，卻會不理性地規避風險。博塔檢視紅杉的退場模式，判定儘管莫里茲早先努力延長這家合夥企業的投資持有期間，但過早獲利了結的情況仍然一再發生。行為科學的文獻也提醒人們注意一個博塔觀察到的傾向：創投公司受「確認偏誤」（confirmation bias）所苦，那些挑戰你所持立場的資訊都會被濾除掉。在紅杉，因為合夥人自我感覺良好，所以有時候會忽略有吸引力的B輪投資案。他們討厭承認自己在A輪階段拒絕同一家新創公司的決定是做錯了[20]。

克服認知偏誤的第一步是承認它。博塔安排外面的心理學家來公司演講，他針對同事們曾經不理性地衡量證據的時刻，領著他們對過去的決定進行痛苦的事後剖析。以前，合夥人會從投資組合公司的失敗汲取經驗；如今，博塔則同樣關注紅杉曾經拒絕投資而後來大獲成功的新創公司。為了進行科學化的事後剖析，合夥人保留投資會議的所有投票紀錄。「這不是在找代罪羔羊，」博塔解釋說：「而是要看『我們這個團隊學到了什麼？』只要我們能在做決策上有所長進，就是一種優勢來源。」[21]

除了事後剖析，博塔也開始在即時決策上培養新的習慣。為了克服決策科學所識別出來的風險規避行為，合夥人們在投資備忘錄中增加一個章節「預演勝利」（pre-parade）——假設一切都很順利的話，描述公司將變得如何。藉由在流程中增加這項練習，合夥人們允許自己說出對某樁交易的興奮之情，而且要到說好說滿，否則就不舒服的地步。「我們全都苦於不想落入

尷尬的局面，」高茨如此反省：「可是我們做的就是會尷尬的生意，我們需要自在的大聲說出可能發生的情況。」[22]

紅杉也開始處理「定錨」問題——也就是說，沒有跟證據奮戰並獨立採取立場，而是根據其他人的意見做出判斷。大多數創投公司的合夥人會互相閒聊他們正在評估的新創公司，部分為了徵求意見，部分也是為了在週一會議投票前招募盟友。在紅杉，合夥人們為了盡可能做出理性決策，決心停止這種拉票行為。在做出決定前，每個人都會先不帶成見地閱讀投資備忘錄，他們應該盡最大努力以避免集體思考。接著，他們會來到週一會議上準備表態。「我們不要『你想要就做』的被動反應，」萊昂內說：「發起人需要協助。擔任投資案的領頭人是非常孤單的。」[23]

2010年，博塔根據一個來自莫里茲的想法，開始建立紅杉的「偵察兵計畫」（scouts program），一種受天使投資理念所啟發的變體版本，其見解是大部分天使投資人都曾是過去的領導人。他們已經從自己的新創公司套現了結，手上有很多錢可以玩，可是他們對產業版圖的瞭解已經過時了。同時間，積極創業家的財富都被綁在自己的公司裡，所以沒有現成的現金可以做天使投資。隨著成長型投資出現，這個問題會變得更嚴重，因為創業家們從自己的公司拿到收益的時間被延遲了。「你是2012年的德魯·豪斯頓（Drew Houston），身價1億元，可是你連租金都付不出來，更別奢望投資其他公司了。」博塔以Dropbox的兩位創辦人為例來說明。因此，博塔和他的合夥人們想出一個解方。「我們給你10萬元去投資，我們拿走收益的一半，而剩下的就歸擔任偵察兵的你所有。」[24]當然，這種安排產生的效應是替紅杉找到投資線索。今天的頂尖創業家正在下一批志同道合之士當中，物色最耀眼的明星。

合夥人們除了想出自己版本的天使投資，也對安德森·霍洛維茲公司

的成立做出反應。a16z大肆宣揚其對新創公司提供建設協助之後，紅杉也擴充內部的「營運合夥人」團隊，他們的職責是為投資組合公司提供諮詢服務。在2010年代末期，紅杉開始策劃創辦人工作坊，舉辦一個叫做「基地營」（Base Camp）的活動。在週末把創辦人聚集到山裡，活動中有營火、帳篷屋，以及講授從科技到建築等各式主題的演講人。另外還有一個「企業打造計畫」（Company Design Program），以公司合夥人授課為特色。在2020年新冠病毒大流行期間，這家合夥企業推出一個給創辦人的應用程式，叫做Ampersand。紅杉資助的創辦人會用它來跟其他人保持聯繫，並檢驗管理想法。當員工遠距工作時，他們是否應該調整薪酬？如何協助心理健康惡化的團隊成員？[25]

　　高茨和博塔獲得非正式升遷3年後，2012年初，萊昂內接到來自莫里茲的一則奇怪訊息。他的合夥人想要在下週六到家裡看他。莫里茲一來，便宣布說一個時代將要結束：他們已經不眠不休地一起工作16年，如今，莫里茲因為一個不會明說的健康問題，使他必須從「管理人」的位子上退下來[26]。莫里茲向來是公司的主導人物，主持重要會議、擬定公司的方向。現在，萊昂內必須填補紅杉隊陣容的空缺。

　　對合夥企業來說，領導階層易主是危險的，尤其是錢已經賺到手而合夥人們又有本事退場的時候。萊昂內借用印在勇士隊T恤上的口號「眾志成城」（strength in numbers）來度過轉換期。他沒有用單一個人來頂替莫里茲的位子，反倒加倍重視紅杉的團隊文化。他飛到香港，要沈南鵬擔下一個管理人的位子，然後又馬上飛回國內。他也叫高茨擔任管理人，加上他自己，在層峰形成一個3人領導小組。為了確保隊友有強大的動機，他自砍三分之一薪水，簽字放棄一大塊的保證未來薪酬，還把收益分享出去。這是一次沒有摩擦的轉換，而5年後，紅杉重演同樣的壯舉。2017年，只有51歲的高茨決

定退位，因為43歲的博塔已經準備好可以站出來擔任管理人了，這次洗牌也能創造晉升空間給底下的人才[27]。一個名叫林君叡（Alfred Lin）的44歲明星員工成為美國創投團隊的共同領導人。眾志成城與年輕化的信念兩相結合了[28]。

◆

　　紅杉的緊密團隊與鬆散實驗，讓人把創業投資的謎樣技巧給看明白了。個別來看，每一樁創投案似乎都是一個靠著機緣湊巧而成事的故事。投資人隨機收到轉介、投資人跟有創見的年輕怪咖碰面、投資人用一種隱晦難懂的神秘力量設法跟年輕人連上線。雅虎的楊致遠曾語帶神秘地說莫里茲「有靈魂」，來解釋這種親密連結產生的過程，而另一個紅杉資助的創業家湯尼・辛格爾（Tony Zingale），則說他跟萊昂內處得來，是因為「他也是個火熱的義大利人」[29]。不過，撇開這些瑣碎的解釋不談，紅杉闡釋了看似隨意偶然的背後所用的方法。最好的創投家會有意識地創造自己的好運。他們有系統的工作，提高機緣巧合一再敲門的機率。

　　紅杉在當代大部分的創投勝果，都可以追溯到這種在新世紀的早年便已就位的系統性工作。靠著召募年輕的博塔，並刻意培養他的資歷，紅杉奠定了創造數十億元獲利的基礎。博塔繼YouTube和Xoom的勝利之後，拿下一連串大滿貫：金融科技公司Square、基因檢測業者Natera和23andMe、社交媒體大熱門Instagram，還有資料庫創新廠商MongoDB。《富比士》在2020年4月公布創投人排行榜，博塔名列第三。5個月後，他歡慶3D軟體平台Unity在股票市場初次亮相，為紅杉賺得超過60億元的收益。

　　懷疑者也許會持反對意見，說這個故事聽起來太簡單了。那些大勝利是

因為紅杉指導博塔,還是博塔自己才華出眾的關係?——或只是單純運氣好?如果單獨看博塔的故事,可能很難下定論;可是若你把紅杉培養每一位新進人員的努力考慮進來,那麼系統化基本工作的作用就很明顯。不是只有博塔早早就有機會進入成功新創公司的董事會,這是紅杉的慣例[30];不是只有博塔會跟一個經驗豐富的導師搭配,這也是標準作法。在評定受訓的優先順序時,萊昂內堅持和新人一對一面談。這個新手從最近的合夥人會議中學到什麼,他會這麼問,從裡頭聽到什麼弦外之音?[31]一個後來去Accel的紅杉初級合夥人薩米爾·甘德希(Sameer Gandhi),回想起莫里茲不厭其煩地指導他時間管理。「來看看你去年的行事曆,我看一下你去了哪些地方,」莫里茲說:「你都把時間花在哪裡?嗯,你一定要做這個嗎?有幫助嗎?」[32]總而言之,魯洛夫·博塔的成功無疑反映出他的才能與時運。不過,他也是在一個激勵人才並製造更多好運的文化裡工作,這就難怪他有這麼多隊友也都發展得很好。

　　2010年代上半場,紅杉最成功的美國投資案是後來賣給臉書的通訊服務WhatsApp,大多數報導都強調高茨在這椿投資案上所展現的賣力拼搏。WhatsApp的創辦人簡·庫姆躲在山景城一棟門口沒有標誌的大樓裡,起初拒絕回覆高茨的電子郵件。當高茨終於排到會議,迎接他的是一個帶著圓頂帽、面無笑容的人,用恐怖的眼神盯著他看。「我肯定遇到麻煩了。」[33]高茨記得自己這麼想。他花了2個月時間才說服庫姆造訪紅杉,即便如此,他仍然小心翼翼,沒有讓內向的庫姆站出來對整個公司做簡報,而是領著他跟一小組合夥人進行非正式的問答。最後,高茨克服了庫姆的害羞天性,贏得他的信任。這是個完美的創投童話故事。

　　然而,在這一則狩獵與誘惑的神話背後,還有另外一個故事。高茨側重主動性,構想出一個稱為「早鳥」的系統:紅杉從蘋果應用程式商店的問

世，看到一大堆有用的投資線索，因此寫了一個程式追蹤60個不同國家的消費者下載量。正是這種數位偵查的運用讓高茨注意到WhatsApp：60個市場中，這個傳訊服務應用程式的下載量在大約35個市場裡排名第一或第二。即便這個服務在美國還沒出名，不過看來發生變化只是遲早的事，因此，高茨認為必須在對手相中WhatsApp以前，便先下手拿下這家公司。當然，這個早鳥系統並非高茨投資的直接原因，不過它提高事情發生的機會。如果你粗略估算機率提高了譬如說10%吧，那麼開發這支網路爬蟲程式的價值便高達幾億元，因為紅杉投資WhatsApp為公司帶來35億元的收益[34]。拜這次與其他幾次勝利之賜，高茨連續4年位居創投人排行榜的榜首，直到2018年才拱手讓給他的紅杉中國隊友沈南鵬。

　　表面上靠機運巧合，骨子裡付出系統化努力——其他紅杉贏家都有著同樣的兩面故事。比方說，2009年春天，有個叫做葛雷格・麥卡度（Greg McAdoo）的紅杉合夥人順道探訪Y Combinator大樓，跟保羅・葛拉罕聊了兩句。哪一種新創可以在金融危機後的不景氣中活下來？他很好奇。葛拉罕說了幾家具有「智力韌性」的新創公司，然後朝著擠在長桌上一台筆電前的一組年輕人點點頭。麥卡度即時趨前上去，以他對他們的商業模式瞭解之深，贏得對方讚嘆，結果促成房產租賃平台Airbnb的投資案，最後幫紅杉賺進好幾十億美金的意外之財[35]。用這種方式述說Airbnb的故事，會讓創投業聽起來隨興的很荒謬，報償跟技能離譜的不成比例。不過，更深刻的真相是麥卡度造訪Y Combinator大樓根本不是隨意的舉動。紅杉刻意的成為這家孵化器的主要盟友，投資好幾個Y Combinator畢業生，也提供資金給Y Combinator的種子基金。麥卡度之所以能讓Airbnb創辦人們感到驚艷，是因為他已預見到租賃業出現數位破壞的時機成熟，他也花了時間研究挑戰現任業者的作法。其他創投業者看了看Airbnb便轉頭走開，覺得屋主招待陌生人來住的想法似

乎很古怪[36]。紅杉的投資人則是做好準備才來，高茨鼓勵的習慣正在有所回報。

　　紅杉也資助另一個 Y Combinator 孵化器的門徒 —— 檔案共享公司 Dropbox，而這個兼具機緣巧合與技能的故事更是引人入勝。紅杉的好運始於這家新創公司的創辦人德魯・豪斯頓和阿拉什・菲爾多希（Arash Ferdowsi），他們在 Y Combinator 展示發表會上推銷業務，底下滿滿一屋子投資人。結束報告後，他們發現自己被一個有著花白頭髮、狀似開心的人堵住，此人自我介紹說名叫佩曼・諾扎德（Pejman Nozad）。這位新朋友似乎是出於隨性至極的理由而鎖定他們：他跟菲爾多希的雙親一樣，都是來自伊朗的移民。諾扎德大打離鄉背井的僑民牌，用波斯語跟菲爾多希說話，然後承諾要幫 Dropbox 募資。他邀請創辦人們去他的公司，給了他們地址，那裡是一家賣波斯地毯的商店。

　　菲爾多希和豪斯頓接受邀請——沒有什麼好損失的——可是當豪斯頓到了地毯店，卻有一種毛骨悚然的愚蠢感覺。這位地毯商用波斯音樂招待他們，奉上玻璃杯盛裝的茶，禮貌地遞上方糖：簡直就是一幅好萊塢喜劇片的場景。當諾扎德詢問菲爾多希父母的家鄉，還有他最喜歡的波斯菜餚時，豪斯頓甚至懷疑這整件事是一個陷阱。說不定他會成為某種惡意實境秀裡的笑柄。

　　不過，撇開這些表象不談，諾扎德完全是認真的。他不但是地毯商，也是一名業餘的紅杉偵察兵。1 年前，萊昂內到諾扎德的地毯店對一群創業家演講，也鼓勵諾扎德尋找有意思的案子[37]。那次相遇之後，諾扎德就變成紅杉在矽谷的伊朗僑民大使，對象包含 eBay 的創辦人皮耶・歐米迪亞，以及後來成為 Uber 老闆的達拉・柯霍斯洛夏西（Dara Khosrowshahi）[38]。紅杉之所以看重諾扎德的人脈，是因為它對移民的意志力有信念：莫里茲、萊昂內

和博塔分別出生於英國威爾斯、義大利和南非，而每5家紅杉支持的成功企業，就有3家至少有一位創辦人是移民[39]。換句話說，表面看似機緣巧合，實則相反。諾扎德是紅杉確保得到最好案源的策略之一環。

在諾扎德相中Dropbox的3年後，紅杉的偵察兵計畫正式啟動，這類故事也就變得更稀鬆平常。有時會跟創投業者的力量相抗衡的天使投資，如今搖身一變，成為紅杉強化與下一個世代創辦人的關係的一種機制。有一個例子是對癌症檢測新創Guardant Health的一次偵察投資，導致紅杉繼續跟進A輪投資，為公司帶來超過5億元收益。在另一個例子裡，偵察兵計畫使紅杉成功的押注圖釘網（Thumbtack），一種幫消費者連結到水電工或家教等鄰里服務的應用程式[40]。不過，截至目前為止，偵察兵計畫最大的勝利，是紅杉投資支付服務新創公司Stripe。這是紅杉刻意創造一個環境，讓好運來敲門的終極範例。如果說「製造機緣巧合」存在的話，那麼紅杉就是這一門技藝的大師。

Stripe的創辦人是一對名叫派屈克·科里森（Patrick Collison）與約翰·科里森（John Collison）的愛爾蘭裔兄弟檔，即便以矽谷的標準來看，兩人都年輕的不得了。派屈克身材瘦長，頂著一頭紅髮，年齡稍大一點，16歲就贏得愛爾蘭的國家科學獎。他開發了一個改編版的Lisp，這是Y Combinator的葛拉罕鍾愛的電腦語言。之後，派屈克把最後2年的高中生涯壓縮到幾個月內完成，跑了一場馬拉松來慶祝畢業，然後拿到獎學金前往麻省理工學院就讀[41]。黑髮的弟弟約翰也緊追在後。2007年，他16歲，離開家人居住的愛爾蘭西部村莊，到美國與派屈克會合，兩人一起開辦他們的第一家軟體新創公司。隔年，他們賣掉公司，成為百萬富翁。派屈克回到麻省理工學院，約翰則就讀於哈佛大學。

2009年，當時已經20歲與18歲的派屈克和約翰在帕羅奧圖度過夏天。

他們一直在構思一個新的商業構想，一家將改變需要收款的電子商務網站體驗的公司。派屈克曾經在麻省理工學院求學之餘做了一個案子，開發出一個維基百科的可下載版，也發現要為這個產品收費有多麼困難。處理信用卡轉帳既昂貴又令人沮喪，儘管有PayPal的例子在先，但線上支付仍然處在黑暗期。科里森兄弟動手解決這個痛點，開辦管理現金流的會計平台，驗證付款人的身份，也揪出詐騙行為。電子商務的商家只要把幾行程式碼貼到驅動網站的軟體裡，就可以串接科里森兄弟提供的服務。

幾乎每一個創投金融家都會認為科里森的點子很吸引人。這對兄弟檔已經開辦並賣掉一家公司，而他們發現了數位經濟裡的一個策略利基。一旦線上企業同意放棄所收款項的一小部分，把科里森的程式碼整合到他們的網站，科里森兄弟將能在這個世界的爆炸性電子商務裡佔得一席之地。只要科里森兄弟的程式碼變得普及，就很難移除。一個將數千個供應商連結到數百萬個顧客的支付平台，可不是什麼你能輕易斷開的東西。簡言之，創投家想要的一切，科里森兄弟的專案都具備了：一個有利可圖的目標市場、一道抵抗競爭者入侵的天然屏障，以及一組有輝煌紀錄的團隊。問題在於哪一個投資人能率先出線，贏得這兩位神童的青睞[42]。

兄弟倆一抵達帕羅奧圖，派屈克第一個打電話的人是Y Combinator的葛拉罕，證明此人有其過人之處。Y Combinator成立4年來，葛拉罕充分利用年輕駭客對他的崇拜，形成一個強大的網絡。他最初會認識科里森兄弟，是因為派屈克在愛爾蘭念高中時，曾經寫信問他程式問題。「我沒想到他是高中生，因為他的問題太複雜了。」葛拉罕後來回想。派屈克為了大學面試來到美國時，曾經借宿在葛拉罕的房子；葛拉罕接著把他介紹給兩位Y Combinator創辦人，鼓舞了科里森兄弟創辦第一家新創公司[43]。葛拉罕也介紹派屈克認識Y Combinator社群的其他年輕成員，其中有山姆・奧特曼，Y

Combinator的第一批畢業生之一，在葛拉罕退休後接手領導這家孵化器[44]。

　　就算還沒聽聞科里森兄弟檔，紅杉在搶著認識他們的未來競賽中也已經掌有優勢。一方面，這家合夥企業與 Y Combinator 及葛拉罕的關係密切；另外，這層密切關係還包括紅杉投資奧特曼的第一家新創公司。更重要的是，身為紅杉資助的創辦人，奧特曼很快就成為紅杉首批偵察兵的一員。

　　葛拉罕邀請派屈克來吃頓便飯。他也找了奧特曼，當三人聚在一起的時候，派屈克也還是在發想一些創意：有部分的他想要開辦一家數位銀行，在奧特曼來看，這一步跨得太遠了些。「當時我不認為這是最讚的點子，不過我覺得派屈克很了不起。」奧特曼事後回想[45]。因此，葛拉罕和奧特曼在餐桌上簽下天使支票給派屈克還沒成形的事業，各自以1.5萬元買下公司2%股權[46]。

　　接下來那個夏天，科里森兄弟離開學校，搬到帕羅奧圖長住。他們的支付構想已經有所進展，準備募集更多資本。葛拉罕適時發信給他在紅杉的聯絡人莫里茲和麥卡度。同時間，如今已是紅杉偵察兵的奧特曼也提醒博塔，科里森兄弟被矽谷最鍥而不捨的人才蒐集家給盯上了[47]。

　　接下來就發生了紅杉表面看是湊巧與兩位創辦人建立關係的迷人故事。幾年後，約翰回想起2010年那個夏日，一台黑頭車停在他跟派屈克還有兩位朋友分租的帕羅奧圖狹窄公寓外頭。「這個威嚴、備受敬重的億萬富翁下車走進公寓，嗅了嗅空氣。」他回憶。這個億萬富翁就是莫里茲。

　　「想要喝點什麼嗎？」約翰問。

　　「好啊！」莫里茲回說：「你們有什麼？」

　　「喔！水或牛奶。」約翰回答。

　　「我不確定他在這麼初期的階段看到什麼，」約翰謙虛地笑著說：「我們就像兩隻穿著風衣裝大人的松鼠，假裝是一家公司。」然後他又說了一句

精闢的話：「我想莫里茲有他喜歡的模樣。基本上，就是有勇氣的年輕移民創辦人。」[48]

在這場追求的另一個時間點，派屈克到沙丘路的紅杉辦公室拜訪莫里茲和博塔。身材精瘦的他照著平常去其他地方一樣的作法，騎著一台雅緻的Cervélo公路單車，鐵灰色的車身連著紅色條紋的粗壯下管。莫里茲殷殷詢問派屈克的生命故事：一個在蒂珀雷里郡（County Tipperary）翠綠鄉間長大的男孩，是怎麼來到帕羅奧圖對紅杉推銷創業構想？派屈克描述他成長的村莊卓明尼爾鎮（Dromineer）：兩間酒吧、幾家商店、一座11世紀的城堡──不過還有兩個受科學家訓練的雙親。莫里茲問到未來：如果一切順利的話，派屈克自己想像中的公司會是什麼樣子？兩人的關係親密了幾分，然後莫里茲送派屈克走出大廳，站在門檻邊又聊了一陣子。

莫里茲往外看向馬路，看到某個不尋常的東西：派屈克的Cervélo自行車，栓在紅杉停車場周邊的柵欄上。他瞬間了然於心。派屈克到哪裡都騎腳踏車？他是名賽車手嗎？拉宏達舊徑（Old La Honda）是從波托拉谷的石橋一路延伸到天際線大道（Skyline Boulevard）的出名累人路線，他騎這條路的最佳紀錄是多久？當派屈克說他爬拉宏達舊徑不到20分鐘時，莫里茲覺得他可能過關了。他在艱鉅運動中所展現的競爭力，說明了他在創業上所具備的天資才能[49]。

科里森兄弟不久便把公司命名為Stripe，紅杉會成為該公司的主要投資者，當然原因不只一個。莫里茲對性格有敏銳的判斷力，他問派屈克的問題，都是為了要檢驗此人的韌性與企圖心。他深明數位支付的前景，再怎麼說，他可是資助過PayPal，而且他對挑戰者的前途充滿信心，他看過Google使雅虎黯然失色，所以願意打賭Stripe也會技壓PayPal。不過，除了這些優勢之外，紅杉得到偵察兵網絡早早通風報信之助，加上他跟Y Combinator的關

係匪淺，種種因素綜合起來，使得莫里茲成為 Stripe 早期資助者中最有信心的投資人[50]。紅杉是 Stripe 種子輪的最大參與者，並提供 A 輪投資幾乎所有的資金；莫里茲也是唯一取得 Stripe 一席董事的投資人。

　　拜 Stripe 和許多其他投資案之賜，即便創投業變得更加壅擠，紅杉仍然主宰了這個產業。以這家合夥企業從 2000 到 2014 年間全部的美國創投案來看，它創造出乘數為 11.5 倍「淨收益」的非凡成果，也就是扣掉管理費用和它的投資利潤份額後的收益。相較之下，這個時期創投基金的加權平均是不到 2 倍的淨收益[51]。紅杉的成就也不是靠著兩個稀奇古怪的僥倖案子達成的：如果你把前三大表現最好的案子拿掉，紅杉的美國創投案乘數仍然達到無人能敵的 6.5 倍淨收益。紅杉運用它在 2003、2007 和 2010 年募集到的資金，總共在美國進行了 155 件新創投資案。其中，有 20 案產生 10 倍以上的淨乘數和至少 1 億元利潤，十分出色[52]。這種不分時間、產業與投資合夥人所展現的一致性是驚人的。「自從我 1989 年來到這裡，我們已經請過超過 200 個外部資金經理人，」一個大型的大學基金投資主管驚嘆地說：「紅杉一直是我們目前為止的第一名。」[53]儘管有著美國創投案的輝煌紀錄，但跨出舒適圈才是紅杉的最大成就。2005 年，這家合夥企業前進中國，展現出實驗的慾望，這也是莫里茲—萊昂內公式的核心精神。隔年，紅杉擴張到印度，同時間也往新型態投資推進，經營成長基金、避險基金，以及一個叫做「傳承」（Heritage）的捐贈基金。「你能想像嗎，我加入紅杉時，我們才只有一個 4,500 萬元的創投基金，如今，我們才剛剛募集了一個價值 80 億元的全球成長基金。」莫里茲如此讚嘆[54]。

　　紅杉的勝利得來不易，使它更令人矚目。比方說，紅杉告訴自己，它要在印度複製中國公式，信任當地的合夥人：莫里茲和萊昂內為了專門投資印度／東南亞的基金募集 7 億元，把主控權交給一組從西橋資本（WestBridge

Capital）聘來的4人團隊[55]。可是5年後，彼此的關係破裂了。西橋4人組認為印度還沒成熟到可以做初期階段的創業投資，所以提議轉而投資公開上市股票。紅杉持反對意見，西橋的反應則是在某個紅杉有限合夥人的資助下，把自己拆分出去。經過2011年的這次挫敗後，紅杉有可能選擇放棄南亞市場，確實，有些合夥人想要這麼做。可是莫里茲和萊昂內重啟營運，晉升一個還留在印度團隊裡的年輕成員，套句莫里茲的話，他們是在支持「在地的無名小輩」。紅杉印度的新任領導人是一個喜歡交際的哈佛商學院畢業生，名叫謝蘭德拉・辛格（Shailendra Singh），過去5年大半時間都在公司的加州總部作業，已經把公司的文化給內化了。

辛格著手拯救紅杉在亞洲的實驗性投資，展開進一步的實驗。他承認這個地區幾乎沒有什麼創業傳統，認知到新創公司創辦人需要更多的協助。辛格依循a16z的模式，聘用營運顧問提供新創公司關於銷售、行銷與招募上的諮詢，逐漸打造出一個超過30人的團隊。考慮到紅杉資本的沙丘路總部配置20多人的投資人力，總員額為75人，印度這邊的擴張幅度很是可觀。2019年，辛格將Y Combinator的模式稍作調整，構想出一個他稱為「波濤」（Surge）的計畫，結合種子投資與密集的創業課程。這項培訓需要接受5套課程的洗禮，每套課程為期1週，比Y Combinator輕鬆的週四晚餐會故意做得更密集一些。辛格讓「波濤」創辦人跟數十位事業有成的新創老手碰面，意在讓他們獲得Y Combinator創辦人光是身在矽谷就能自動擁有的信心。「當一個年輕創業家接觸夠多的成功人士，他／她會明白他們也是血肉之軀，」辛格說：「然後年輕創辦人會說，嘿，我也能做到。」[56]

辛格使盡洪荒之力推動印度市場。他遇到的創辦人幾乎不明白自己在做什麼，他必須教育他們。比方說，早先他開始追蹤一個叫做Freecharge的潛在投資對象，這是一個可以讓印度人在手機上儲值的平台。其他投資人看到

這位30幾歲的創辦人庫納爾‧沙阿（Kunal Shah），多少會有點卻步。他既非出身印度知名理工學院，也沒有念完商學院；相反的，他大學讀的是哲學系。可是辛格拋開成見，透過LinkedIn傳訊息給沙阿。大名鼎鼎的紅杉資本，向數位經濟的一灘死水裡某個卑微的創辦人伸出援手。

辛格點擊傳送訊息，卻得到一片轟然的靜默。

「這個打擾我的傢伙是誰啊？」沙阿記得他當初這麼想[57]。他從沒聽過紅杉，也從沒聽過創投基金。

辛格找了一個共同的熟人打電話給沙阿，才打破他的無動於衷。

「就是這些人資助了蘋果電腦和Google啊！」這位熟人給了有幫助的解釋。

過沒多久，沙阿便出現在紅杉的孟買辦公室。他沒有特別準備什麼，也沒有做出一套簡報，辛格提出的問題有些難倒他了。

「你的CAC是多少？」辛格想知道。

沙阿試著猜測「CAC」代表什麼意思，不過給了幾個答案都沒能命中目標後，他放棄裝模作樣。

「什麼是CAC？」他終於開口問。

「客戶獲取成本（customer acquisition cost）。」對方回答。你的行銷預算除以出現在你的網站上的新用戶數。

沙阿想了一會兒。他的行銷預算是零。因此，他的CAC也是零。他為什麼要把重點放在跟業務無關的縮寫字上？

「你的用戶數是多少？」辛格追問。

「每天1.5萬筆交易。」沙阿回答。

「每個月？」辛格說，像是好心的糾正沙阿的口誤。印度的網際網路市場很小，況且Freecharge只有幾個員工，每天1.5萬筆交易令人難以置信。

　　沙阿心想，我一定是真的搞錯數字了。他檢查一下筆記本，然後抬起頭來說：「沒錯，每天。」他回報。

　　辛格簡直不敢相信他所聽到的。「我想投資你的公司！」他高興地說。

　　不過，紅杉的挑戰才剛開始而已。為了做盡職調查，辛格想要知道 Freecharge 的用戶留存率（user reteneion）。沙阿從來沒算過這個數字，所以辛格的團隊必須代勞。紅杉進行種子輪投資後，Freecharge 為了應付流量上升，需要擴大基礎設施。沙阿是沒有技術背景的創辦人，不知道怎麼開始，因此辛格的招募專員幫他聘請一組程式設計師。過了一陣子，紅杉延攬了一位前 Google 員工來擔任執行長，負責工程方面的業務，沙阿則掛名董事長，領導公司其他部門。這條路走得比預期還久。不過，只要沙阿提不起精神，辛格都會幫他打氣。「我會再給你 100 萬元，」他承諾：「我們會解決這件事。」

　　有一次，在某段特別黑暗的時期，沙阿感到洩氣了。最新的用戶指標很糟糕，而 Freecharge 的錢也快燒完了。可是辛格一如往常的不動如山。這個產品契合市場需要，Freecharge 會一戰成名。籌措新的資金不會是問題。

　　「你怎麼回事？」沙阿盤問他的事業贊助者。「你的心情為什麼會好成這樣？」

　　「不要擔心燃料，」辛格愉快的說：「只要專心讓這架飛機起飛就好。」

　　遇到紅杉之前，沙阿曾經模糊地夢想著建立一家價值幾百萬元的公司。最後，Freecharge 在 2015 年以 4.4 億元售出，創下印度科技新創的簡短歷史中的最高收購價。「他們必須什麼都教我。」沙阿後來說。

　　紅杉在印度及東南亞的回收來得比矽谷或中國晚。不過到 2020 年，他們走對路了。辛格的基金已經資助了 12 家獨家獸，從印度教育科技先驅 BYJU's、東南亞的叫車服務巨擘 Gojek，到電商市集 Tokopedia。沙阿自己是

這個地區唯一登上《富比士》創投人排行榜的創投家。2020年夏天，紅杉募集它的第八與第九個印度暨東南亞戰備基金，海撈13.5億元，比它在這個地區旗鼓相當的對手Accel印度基金高出2倍有餘[58]。同時，沙阿則努力開辦他的下一家新創公司，一個介於電子商務與信用卡積分的聰明混合體，叫做CRED。當然，他有紅杉當靠山，不過這一次，他知道自己在做什麼了。

回到本國的傳統市場，紅杉實驗新型態的投資。自從有了孫正義投資雅虎的經驗以來，莫里茲和萊昂內便已經盯上成長股投資，決心避免被口袋很深的造王者給打敗。1999年，他們募集3.5億元戰備基金，對那個時代的網際網路寵兒進行一連串大型投資。2000年，那斯達克崩盤，紅杉的基金那一年掉了8,000萬元，隔年再減少6,500萬元，曾有一度虧損金額高達基金價值的三分之二[59]。雪上加霜的是，紅杉沒有評估成長型投資案的經驗。他們讓現任創投合夥人管理基金，沒有想過聘請成長投資專家來組成專屬團隊。最後，紅杉把合夥人從少數幾個成功案子的收益分紅拿來再投資，才讓績效轉虧為盈[60]。就跟印度基金一樣，紅杉痛苦地開始了它的實驗。

2005年，莫里茲和萊昂內頑強地募集了另一個成長型基金。這一次，他們改進策略，從老字號的成長投資公司挖角5個投資人[61]。新進者大多來自一家受人敬重的波士頓公司薩米特合夥企業（Summit Partners），風格迥異於米爾納或孫正義。他們受的訓練是投資從未接受過創投資金的無名之輩——已經「白手起家」的公司。這些自力更生的新創（bootstrapper）大多不在矽谷，而且有些與科技無關；薩米特跟炫目亮眼的案子保持距離，喜歡不受人青睞的便宜貨。薩米特的人開發案源的作法，充分展現出他們機械式的風

格。他們坐在辦公室裡，未經預約便打電話給符合規格的公司。接著，他們推導營收與成本，以得出盈餘的預測值，最後應用一個標準乘數來計算公司的公平價值。薩米特的人會先要到一個好價格，然後才開始動手投資。他們對每個投資部位的報酬目標是3倍，多付錢會把一樁牢靠的投資變得沒有意義。

這些新進者來到紅杉的前2年，就像部落集會裡的陌生人。他們引進全套的薩米特方法論，但他們那些受紅杉訓練的同事們，還是把創投思維套用在成長型投資上。薩米特投資人坐在階梯下的辦公桌前打陌生電話，把數字輸入試算表裡：他們正在計算現實。紅杉的傢伙則坐在樓上，頭頂上是金字塔型天花板和明亮的天窗：他們正在思索潛能。「過程蠻崎嶇的，」其中一個薩米特員工記得：「我們在搞懂這在紅杉代表什麼意思，而紅杉人也在搞懂這對成長型投資人代表什麼意思。」兩群人選中的是完全不同類型的公司。「我們會提出明顯可行，但沒有那麼令人興奮的投資案，」一位薩米特新兵如此表示：「受創投訓練的紅杉團隊則會提出讓人超級興奮的投資案，不過可能不會成功。」[62] 薩米特式的「不及」加上創投式的「太過」，得到的是平庸的績效，紅杉的有限合夥人開始越來越焦躁不安。有限合夥人被強制要求支持成長型投資團隊和海外實驗，作為能持續參加紅杉旗艦型創投基金的條件，有些人就把紅杉印度基金稱為「懲罰基金」，因為它的績效太糟了。又因為成長型投資案的規模龐大，其暗淡無光的表現，對公司的綜合績效影響尤其嚴重。

投資的創新往往源於兩種傳統的融合：想想老虎環球便混合了避險基金與創投基金的思維[63]。果不其然，大約在2009年，紅杉兩相敵對衝突的成長投資風格合為一體，績效表現也一掃陰霾。從薩米特來的人學會做夢，而紅杉的創投派也內化了薩米特的紀律。這樣的聚合是檢驗過數個投資案的爭論

之後才逐漸發生的。不過，有一個特定事件成為紅杉成長投資手法的大熔
爐。

　　這起事件始於一個叫做派特・格雷迪（Pat Grady）的年輕人。他在2年
前加入紅杉，當時24歲，在薩米特已經以擅長打陌生電話而嶄露鋒芒，任
誰都看得出來他有著驚人的動力。「他手上都是健身造成的坑坑疤疤。」萊
昂內讚賞地說[64]。不過，格雷迪也會很緊張，就一個年輕新人來說，這並不
令人意外。事實上，他緊張到在合夥人會議上幾乎說不出話來；有一次，博
塔以為他的聲帶可能有問題，還把他拉到一旁，建議他找一個語言教練。當
格雷迪真的發表意見了，反映出來的是薩米特的謹慎傳統，故而得到一個綽
號：「不行博士」。不過，先是慢慢的，然後很快的格雷迪便有所改變了。
高茨幫助他克服怯場的毛病，要他對同事發表一場「做好準備」的練習報
告。「我還沒有準備好。」格雷迪說。「你準備好了。」高茨堅持。同時，
博塔也要求格雷迪對潛在投資案的看法不要那麼負面。「聽著，任何聰明人
都可以想出跳過一個投資案的所有理由，可是，我們的工作就是投資。」博
塔提醒他[65]。

　　2009年7月，格雷迪靠著打陌生電話得到一個在聖地牙哥的線索。那是
一家叫做ServiceNow的雲端軟體開發商，幫助企業管理他們的工作流程。應
用程式轉移到雲端，碰巧是格雷迪最近報告「做好準備」的主題，格雷迪曾
經主張，佔領這個市場的公司將創造出大約1兆元的市值。ServiceNow看來
將成為這場比賽的贏家。創辦人弗瑞德・魯迪（Fred Luddy）是一個寫程式
的老手，具備籌建一組堅強團隊的資格。他的軟體好到已經有企業客戶在使
用。

　　格雷迪飛到聖地牙哥，萊昂內也陪著一起去。菜鳥和老手經常聯手出
擊。他們回來時，向公司提出一份提案。紅杉可以投資5,200萬元，買下魯

迪公司的五分之一股權，這表示交易後估值是2億6,000萬元。

　　格雷迪的一個薩米特老同事強力反對，說這價格「瘋了」。上市軟體公司的價值一般是營收的3倍，可是格雷迪和萊昂內提議付出10倍價格。他們真的相信ServiceNow的市值會從這個已經很高的基礎再往上爬得更高？ServiceNow必須把營收擴增3倍，才能達到跟普通軟體公司相同的乘數。然後，它還必須再提高3倍營收，才能得到成長基金想要從這筆投資獲得的3倍乘數[66]。

　　萊昂內和格雷迪堅信不移。格雷迪已經用薩米特的方式，靠著打陌生電話給潛在對象而發現這個機會。現在，是時候用紅杉的方式來評估這個機會、勾勒它的前景。ServiceNow結合了一個很強的創辦人、一個經過驗證的產品，以及一個正在蓬勃發展的行業別，它的營收會一次、兩次的增加3倍，然後再增加一些。此外，對投資ServiceNow持懷疑態度的理由，低估了紅杉主動投入的價值。魯迪和他的團隊已經打造出優異的軟體，可是其他部分的業務是停滯的。只要萊昂內和格雷迪能解決諸如財務與銷售等方面的營運問題，這家公司的潛力無窮。格雷迪對ServiceNow深具信心，以至於把薩米特建構ServiceNow營收模型的神聖程序都放棄掉了。投資流程走到後面，他做出一份試算表，不過這幾乎已是事後諸葛了[67]。

　　2009年11月，紅杉正式入股投資。萊昂內取得董事會席次，由格雷迪擔任他的候補與助手。他耐心地參加過幾次會議後，開始鼓勵魯迪招募新手，也動用人脈引進好的候選人。不到1年，他準備使出他的絕招。

　　2010年秋天，魯迪和萊昂內及格雷迪一起坐車時承認說：「嘿！我不知道自己是不是想做執行長。」[68]

　　兩位投資人一直在為這句話做準備。魯迪只專注寫程式的時候，顯然比較快樂。ServiceNow越是擴張，執行長的角色就越複雜，而魯迪也就越不適

合。

「我們會幫你搞清楚，」萊昂內和格雷迪說：「我們帶你去見見幾個人吧！」這舉動呼應了約翰‧杜爾用在 Google 年輕創辦人身上的手法。

2010 年 10 月 7 日，魯迪在矽谷度過充實的一天。他與一位帶領公司上市的執行長共進早餐，然後跟紅杉透過人脈關係找來的一組全明星級團隊開了 6 次會。每個會議主人都曾經跟魯迪所畏懼的管理難題奮戰，更重要的是，他們似乎都樂在其中。

那天晚上，魯迪和萊昂內及格雷迪在尤比亞吃晚餐，就是 X 公司和 PayPal 的領導人曾經努力敲定合併案的那間希臘餐廳。魯迪一臉容光煥發的模樣。

「真是太棒了，」他說：「現在我知道我想做什麼了。我們找個執行長進來吧！」

萊昂內適時協助魯迪從外面找來一位執行長，ServiceNow 的進步神速。這家公司從蔓草叢生的新創變身成一家運作順暢的企業，《財星》雜誌 500 強企業排隊等著要當它的客戶。開始有人提出收購條件：4 億元、15 億元，最後來到 25 億元；顯然，矽谷對創辦人兼執行長具有優勢的信念，並非總是站得住腳。當最後一個報價在 2011 年末提出時，魯迪欣喜若狂。不過，憑藉著格雷迪對雲端軟體業的市值分析，萊昂內很肯定即便 25 億元的出價還是太低。如今，是根據決策科學的訓誡來採取行動的時候了：控制住趁機賺錢的本能，俯身向前，撐著點，一舉抓住所有的好處。

問題在於如何說服 ServiceNow 的董事會拒絕 25 億元。大部分董事都想要緊緊抓住這次出價，紅杉沒有阻擋的權力。因此，萊昂內運用另一個在薩米特難以置信的實用技巧，想出一套法律戰術。ServiceNow 就跟大部分美國公司一樣在德拉瓦州註冊，萊昂內辯稱，根據德拉瓦州的法律，董事必須徵求

其他人的出價後，才能進行收購案。他在某次 ServiceNow 的董事電話會議上突襲同儕，指稱倉促出售公司是違法的。

萊昂內已經向矽谷的威爾遜・桑西尼（Wilson Sonsini）律師事務所執行長史蒂夫・博赫納（Steve Bochner）徵詢過意見。不過，他的主張牴觸矽谷的普遍認知，而 ServiceNow 的法務長也否決他的說法，堅稱徵求競爭者投標的規定只適用於上市公司[69]。

當時正值聖誕假期，萊昂內和家人在夏威夷度假。家族大部分人都泡在泳池裡，萊昂內卻盯著電話看。他確信還有數億元的上漲空間未見分曉，故而又打了電話給威爾遜・桑西尼律師事務所的博赫納。

「史蒂夫，有人告訴我說這規定只適用於上市公司。」萊昂內說。

「道格，」博赫納回答：「我們才剛把德拉瓦州衡平法院（Court of Chancery）的前任院長比爾・錢德勒（Bill Chandler）法官聘進來。他就是制定這條法律的人。私人公司也必須貨比三家。」

萊昂內咀嚼這道晴天霹靂。威爾遜・桑西尼有的正是切合他需要的律師。

「我們可以讓錢德勒先生聽電話嗎？」萊昂內問。

「可以。」博赫納回答。

萊昂內和錢德勒談過，確認他的意見，並請他隔天待命。接著他開始打電話跟每一位 ServiceNow 董事會成員，爭取再召開一次電話會議。萊昂內的家人坐在泳池邊椅子上，看著他漲紅了臉。

隔天董事會再度正式召開，萊昂內重申他的理由。根據法律，別無選擇。ServiceNow 現在被要求進行公開招標。

「不對，那只適用於上市公司。」法務長又這麼說。

「比爾・錢德勒法官剛好在線上待命，」萊昂內戲劇化的宣布：「他制

定了這條法律，我請他聽電話。」

董事會電話會議上，眾人驚愕地說不出話來。一時間，電影《安妮霍爾》（*Annie Hall*）的一幕景象掠過萊昂內眼前——就是伍迪·艾倫為了解決關於馬歇爾·麥克魯漢（Marshall McLuhan）哲理的爭論，把這位哲學家本尊從廣告看板後面召喚出來那一幕。

萊昂內打電話給錢德勒，向ServiceNow董事會明確解釋他的法律規定，於是法務長順從地讓步了。由於公司裡沒有人想要公開招標——可能最後成案的是不受歡迎的收購者——所以不得不擱置出售的想法。萊昂內出擊成功，保住了ServiceNow的上漲空間[70]。

6個月後，2012年6月，ServiceNow公開上市，首日以30億元的估值收盤。一如萊昂內和格雷迪所承諾的，該公司成長3倍又3倍還有餘。隨著股價繼續上漲，ServiceNow在紅杉的成長投資部位上，實現了有史以來第一個10億元收益。

對年輕的格雷迪來說，這是他獲得平反的證明。2015年，他將成為紅杉成長投資業務的共同領導人。紅杉循著類似模式，晉升自家無名小輩。至於前薩米特一眾人等的結局則相反，誠如莫里茲說過的，創投公司領導人的任務之一是除去表現不佳者：其他前薩米特員工一個接著一個離開公司了。同時，對紅杉來說，ServiceNow證明它終於成功打造出一個與眾不同的成長投資風格，融合了薩米特傳統量化方法與創投家與生俱來的風險偏好及積極行動。截至2021年初，紅杉在2009、2011與2014年募集的成長基金，每年約有30%的報酬率，而2016年發起的基金，則在食物外送公司Doordash、視訊會議供應商Zoom、雲端軟體平台Snowflake等大滿貫投資案的推動下，繳出70%的驚人年報酬率[71]。與印度業務相比更勝一籌，紅杉的毅力獲得豐厚的回報。

2008年，紅杉做了一次與老虎基金相反的轉變：一直以來專注於私募投資的紅杉，前進避險基金領域。這是吉姆‧高茨的點子，計畫是把公司對優秀科技新創的投資延續到他們首次公開發行之後：何必讓其他投資人從這些公司的成熟期賺到好處呢？再怎麼說，專注科技業的避險基金越來越仰賴紅杉的建議，紅杉的見解顯然可以轉化成在公開市場上的獲利[72]。此外，紅杉也能透過成立避險基金獲得一個額外工具，不僅可以支持數位破壞中的贏家，還能透過「做空」輸家來獲利——也就是說，押注它們的股價會下跌。比方說，iPhone問世使這類裝置的前身黑莓機前途黯淡，那麼紅杉就會做空黑莓機製造商行動研究公司（Research in Motion），並且做多即將從行動上網獲利的公司。

就跟紅杉的其他實驗一樣，闖進避險基金業務原來是一件很有挑戰性的事。2008年的金融危機使得募集資金變得不可能，紅杉的有限合夥人已經支持中國、印度與成長型基金，沒有一個有明顯進展；如今，這個被叫做紅杉資本環球證券（Sequoia Capital Global Equities）的避險基金遭到全數50個外部投資人的拒絕。除此之外，紅杉避險基金的其中一名經理人沒多久就叛逃了。

合夥人咬著牙以5,000萬元在2009年成立基金，用的是自己的私人儲蓄，大部分來自莫里茲和萊昂內，可是麻煩接踵而至。就跟從薩米特來的新人一樣，從外部引進紅杉的選股人很難融入公司，他們買的是相對成熟公司的股票，其中有些跟科技沒有關聯，因此無法利用紅杉的天然優勢。2016年，經過7年的慘澹表現後，避險基金團隊有3個比較年輕的成員提了辭職。

紅杉正處艱難時刻，又遭逢離職之事的打擊，同時還因一樁被公諸於世的可怕醜聞而驚魂未定。一名脫衣舞孃控告紅杉的一位合夥人麥可‧高根（Michael Goguen）暴力虐待她（高根大力否認）。公司很快便決定切割高

根，他也辭職了。4年後，高根在控告他的案子中勝訴，不過當時對紅杉來說是一個可怕的時刻[73]。

就跟中國、印度或成長基金一樣，合夥人們面對避險基金的困境，原本可以關閉專案。有好幾位合夥人也想這麼做，這個表現低迷的基金損及紅杉的品牌形象，也造成管理難題。不過，莫里茲出手干預，打破負面情緒。雖然莫里茲已經放下紅杉管理人的責任，但他仍持續在業界活躍，擔任 Stripe 等破壞性企業的投資人。由於他是避險基金最大的個人投資人，自然有資格出面證明堅持不懈有其道理。

莫里茲承認紅杉遭逢避險基金損失三員及高根醜聞的雙重打擊，自承紅杉正處於「耗弱且情緒化時期的刀鋒虎口上」。「最簡單、最便宜行事的選擇就是把業務收起來。」他又說[74]。不過，他堅持經營避險基金的原始前提仍然堅實。紅杉掌握了觀測數位破壞的優越位置，一組更好的經理人團隊將有絕佳機會經營出卓越的業務。莫里茲特別表揚一位運作避險基金空頭部位的投資人傑夫・王（Jeff Wang）的表現，應該要讓這位自家無名小輩發光發熱才對。

紅杉接納莫里茲的建議，而這份堅持得到極為可觀的回報。合夥人炒了現任避險基金主管的魷魚，提拔王來繼續實現最初的願景。紅杉把它對科技騷亂的理解轉化成一種投資優勢，使避險基金變成優勢基金。比方說，紅杉的創投團隊曾經資助護膚與美妝新創公司 Glossier 及 Charlotte Tilbury，注意到這些新創品牌已經找到一種透過數位平台直接觸及顧客的方法。如今，避險基金檢視這些公司使用的工具：客戶獲取用的是臉書或 Instagram、付款用 Stripe、電子店面用的是 Shopify。創投團隊已經投資 Instagram 和 Stripe，賦予他們認識產業樣貌的優勢。不過，紅杉還沒有投資 Shopify，這是提供商家以最簡便的方式經營電子商務的平台。避險基金則適時對 Shopify 股票投資大

量部位，這筆投資到2020年已獲得驚人的35倍報酬[75]。

　　不管任何時候，王和他的團隊都專注於大約五種「題材」——發揮洗牌效果，創造出贏家與輸家的創新浪潮，雲端軟體的迅速發展就是一個成效卓著的例子。2018年，格雷迪初次對合夥人介紹軟體移轉雲端趨勢的9年後，避險基金投資人發現一些奇怪的地方：多數類型的程式已經完成預期的遷移，可是通訊軟體卻落於人後。這種反常現象看來注定會消失。遠距工作的接受度越來越廣，視訊會議與即時通訊系統成為我們日常的一部分。基於硬體的通訊軟體公司亞美亞（Avaya）不久前宣告破產，顯示雲端的時代已經降臨。避險基金經理人趁勢做了3筆雲端通訊投資：Twilio、RingCentral及視訊會議公司Zoom，前兩筆投資在接下來2年創造出4倍與5倍收益。在新冠病毒大流行的助攻下，Zoom成為2020年異軍突起的科技公司，創造出9倍的收益。值此同時，紅杉的避險基金也做空因移轉雲端服務而落敗的傳統電信公司。一個主題投資的深入觀察，便帶來多個獲利部位。

　　到2021年初，紅杉資本環球證券所管理的資金達百億元。短短10多年內，它的資產便已成長200倍，躍升幅度無以倫比。自從更換領導階層的4年以來，該基金的年均報酬率達34.5%，是標普500的績效的2倍，在避險基金產業中名列前茅[76]。實驗太成功了，所以連紅杉中國都發起自己的避險基金。回首看段英勇事蹟，莫里茲假裝絕望地嘆了口氣：「你募不到資金，你一開始的選股一敗塗地，可你還是堅持下來了。」[77]

◆

　　彷彿發起亞洲基金、成長基金和一個避險基金還不夠冒險似的，紅杉開辦了它所謂的「傳承」基金。構想是首先管理紅杉合夥人的財富，其次藉

著管理紅杉資助企業創辦人的財富，將這種不得不為轉變成一門生意。2008年，紅杉聘了兩位史丹佛大學基金的投資人來啟動這項實驗。自從唐・瓦倫丁第一次向大學投資辦公室募資以來，這類機構便已成為財富管理的佼佼者。耶魯基金尤其表現得非常好，以至於各地的私人財富都試圖仿效「耶魯模式」。莫里茲和萊昂內自然也希望他們可觀的財產能以同樣方式管理，但是要做得更好。

從史丹佛挖角來的關鍵人物是31歲的基思・詹森（Keith Johnson）。他的思考不拘一格，天生就很適合紅杉這家公司。甚至，來到紅杉的前幾個月，他便跳脫了在史丹佛學到的框架思維。大學基金的作法是將投資劃分為孤島——股票、債券、房地產、商品、避險基金等等——並且配置一位投資專家負責一個類別。在詹森看來，這麼做沒有道理[78]。孤島背後的理論是他們的報酬會以互無關聯的方式波動，從而讓整體投資組合的績效變得平順。詹森則堅稱，現實中這種關聯性低的主張沒有什麼統計證據。這不是什麼稀奇事，因為每個獨立投資項目彼此間的界線是模糊的。比方說，如果你投資日本公開股票市場指數，你會擁有很大一部分的軟銀股票，進而代表你對既不是日本也非公開上市的全球科技公司下了投資賭注。再者，為了追逐分散投資的海市蜃樓，大學基金付出高額的代價：他們把投資領域切分成各自獨立的區塊，扼殺了組織內部的辯論文化。舉例來說，當負責大宗商品的投資專家提議下注鎳金屬的時候，其他人沒有反駁的能力，他們只會專注在自己的區塊裡。

詹森決心廢止傳統的孤島型投資後，面對的是一張可怕的智力白板。僅僅決定譬如說房地產的投資配置，然後挑選一些交易來補滿配額的作法已經不夠了。從此以後，他的團隊只看有沒有好的投資，而這可能來自四面八方，也是一個沒有範圍的挑戰。傳承基金必須決定這時候是不是應該買巴西

的土地、中國的科技公司，或者正在阿根廷打債務訴訟官司的避險基金股份。每一個潛在投資都得相對於所有其他項目進行評估，所以詹森必須找來多才多藝的人共事——「一組有能力以非常深思熟慮且辯論導向的方式，來拿蘋果跟橘子比較的團隊」。紅杉將需要熱愛學習一切的投資人，以取代舊有投資專家，否則就會像詹森所形容的，「你找了只會八種語言的其中一種的人進來，卻要求他們也要精通其他七種語言。」[79]

詹森找莫里茲解釋他的願景。他被聘進來落實大學基金的模式，可是現在他聲稱這個模式需要徹底更新。莫里茲花了3、4個禮拜的時間跟他談話，消化這則消息。不過最後，他看著詹森說：「不管做什麼事，我都沒有興趣當老二。」[80]

莫里茲和萊昂內分別承諾拿出1.5億元來支持詹森的計畫，並聯手從外部投資人那裡募集更多資金。不過，跟避險基金的情節大致相同，紅杉吃了閉門羹。遍訪世界各地的潛在投資人後，團隊帶著遠低於預期的外部資本回到公司：大約只有2.5億元[81]。

2010年，傳承基金開始投資，既選擇私募股權及避險基金這種明顯標的，也做祕傳的利基市場，譬如直接入股一家連鎖急症動物醫院。由於它信奉主動選擇投資，而非把資本分散於各個投資孤島，所以它下注比其他大學基金更為集中，只保留三分之一的外部投資經理人。同樣的，因為傳承基金已經放棄孤島作法，所以可以靈活地在投資策略之間移轉資金，沒有必須部署在商品或亞洲或其他市場的投資配額。在2013到2015年間，基金大部分收益來自公開市場與房地產。然後，後面3年的主要獲利來源是能源和避險基金。接下來，從2018年開始帶動績效的是對科技業進行後期投資。到2020年，傳承基金管理的資產已經飆升到大約80億元，它的1年期、3年期與5年期紀錄比任何其他美國大學基金都更好。

「有懷疑的話，就動手去做吧！」回顧這段時期，萊昂內如此總結。

「我把我們的業務跟亞馬遜做個比較，」他接著說：「如果你是亞馬遜，你有顧客、倉庫、基礎設施跟一大堆東西。如果你是紅杉，你只有幾個投資人，其他什麼都沒有。」

「所以你最好放手去做。在我看來，活命唯一的路就是不斷帶著大家去冒險。」[82]

莫里茲有另外一個喜歡跟採訪者分享的橋段。他會等待無可避免的問題提出的那一刻：你最喜歡哪一個投資案？接著，他就出手了：雅虎、Google、PayPal或Stripe都不提，他只會說「紅杉」。「大家寫到這家創投公司時，總是會提到我們資助的新創，」他這麼解釋：「卻從來不曾提到我們所做的最重要投資，那就是這家公司。」若沒有向內聚焦於決策科學或指導年輕新人，若沒有建立早鳥系統、培養與Y Combinator的關係並且經營偵察兵網絡，這家公司創造10倍以上獲利的投資盛況就不會發生。若沒有在中國與印度的堅持不懈，沒有紅杉經營成長基金、避險基金與傳承基金所展現出的意志力，紅杉只會是個優秀的企業，但卻無法鶴立雞群。

<hr />

紅杉的成功是這個時期的金融業發生更廣泛轉變的象徵：從東岸轉換到西岸，從公開資本市場轉換到私募資本市場，從金融工程轉換到科技業。隨著2008年發生金融危機之後，管制機構強迫華爾街的知名銀行降低風險，他們獲利豐厚的自營交易櫃檯也就或多或少難以為繼。聯準會的貨幣寬鬆政策使銀行的困境雪上加霜：由於央行壓低長期利率，它們借入短期便宜資金再做長期放款的核心業務，再也賺不到很大的「利差」，其他東岸的金融機構

也受到類似箝制。靠著評估金融風險而欣欣向榮的避險基金，現在進入一段沉悶期：央行正在抑制風險，所以風險分析也就不再有利可圖了。整個信貸基金產業在堆積如山的債務上建築起奇異的衍生性商品的高台，既可恥也為此遭到束縛，有時候，法遵人員似乎成了華爾街唯一蓬勃發展的職業。凡此種種，使得傳統金融部門不再是活躍的舞台中心。截至2020年1月1日的這10年間，摩根史坦利和高盛集團的股價分別上漲77%與36%。同時間，標普500指數上收189%，而科技巨頭更是一路飆升，蘋果的股價上漲928%。

紅杉和其他創投名店是這一場震盪下的贏家。21世紀的第一個10年，投資人面對低利率的反應是走華爾街模式來追求收益，大量購買只比正常利率高幾個百分點的次級房貸債務。當這個策略在2007至2008年間悲慘告終時，投資人改走矽谷模式來追求收益：押注在私人科技公司上。這就跟次貸賭注的概念一樣，承擔更多風險，是為了得到更多報酬。不過，不同於次貸的是，投資科技業有機會產生持久的利潤。在偶然之下，金融危機期間恰逢智慧型手機、雲端運算與行動網路問世，開創出在新平台上做聰明生意的契機：這是個把資本從金融工程切換到科技業的完美時刻。2011年創立的一般創投基金，每年的績效勝過標普500指數7個百分點，而正如我們從紅杉身上看到的，頂尖創投基金的績效表現更勝於此[83]。聯準會堅持低利率的政策越久，大家就有越大的動能去追求科技驅動的收益。銀行、私募股權基金和避險基金趁著尤里·米爾納所帶起的勢頭，紛紛湧入這場賽局。到2020年，老虎環球管理價值400億元的驚人資產，而從朱利安·羅伯遜的「老虎管理」基金分枝出來的孤松（Lone Pine）基金和寇圖（Coatue）基金也競相與之競爭。

對紅杉而言，這種有利於科技業的轉變引發一個策略性問題。這家合夥企業傲然挺立於投資領域中迄今繳出最好報酬的位置，想要募集多少資本

都沒問題。2020年，紅杉在倫敦設立歐洲辦事處，這家橫跨三大洲的創投公司，有望成為一家全球化企業。1972年，紅杉創立的那一年，由於資訊技術本身就是個小眾領域，所以創業投資向來是一門利基生意。不過，到了21世紀，科技已經成為經濟成長的主要驅動力，紅杉是開展這種金融類型的大師。隨著這家合夥企業邁向50歲生日大關，只要它願意，它便有挑戰華爾街的機會。以這家公司求新求變的文化來看，它似乎不太可能安於現狀[84]。

　　同時，對創投業的其他人來說，還有個更黑暗的問題要面對。聯準會的寬鬆貨幣政策，驅使越多沒有經驗的資本進入矽谷，老前輩們就越擔心泡沫化的問題，有太多金錢在追逐數量有限的優秀公司了。有一天，當音樂停止，矽谷將面臨一場清算。

第十四章
獨角獸牌局

2014年夏天,《財星》雜誌宣告一位科技新星的降臨:一個白手起家成為億萬富翁的30歲大學中輟生;一個將改變人類命運的夢想家;令人耳目一新的是,這是一位女性。她的臉孔出現在雜誌封面:有力的藍色眼睛塗著黑色睫毛膏,令人想到賈伯斯的黑色高領毛衣、金髮、亮色口紅。雜誌裡的文章描述一家將透過新型驗血技術徹底改革醫療保健產業的新創獨角獸。《時代》雜誌很快便將這位年輕創辦人列入全球最有影響力的人物、哈佛醫學院邀請她加入地位崇高的院士委員會,歐巴馬總統則任命她為創業大使[1]。

2015年的10月,不過短短1年,這個故事就變得越發黑暗。《華爾街日報》的一份調查率先揭發這家叫做Theranos的獨角獸是一樁騙局,它那本應是革命性的血液檢測機器是騙人的,承諾便宜正確的檢測結果,只是誤導了病患。隨著更多內情被揭露出來,Theranos官司纏身,市值從90億元慘跌至零。Theranos的創辦人伊莉莎白‧霍姆斯(Elizabeth Holmes)等待受審,這個曾被人拿來跟賈伯斯比較的偶像,面臨可能的牢獄之災。

Theranos和霍姆斯的殞落,免不了會被視為一種對矽谷的控訴。不只這名女祭司,整個邪教都已經名譽掃地。霍姆斯最初是矽谷發源地史丹佛大學

的學生，說服了地位舉足輕重的工程學院院長為她背書。她延攬一堆史丹佛胡佛研究所的元老級人物來擔任Theranos董事，為這家虛有其表的公司憑添權威的光環。她利用Google和臉書創下的先例，把對創辦人的友善度推升到極致：她手中的Theranos股份，每股擁有100張票的投票權，使她的行為不受任何檢查。甚至霍姆斯的不誠實也反映出了矽谷的文化。自GO電腦公司慘敗之前和之後，創業家們便以輕描淡寫的態度來看待技術如何發揮效用的挑戰：他們假裝可以，直到他們真的可以。霍姆斯顯然相信她的血液檢測儀器可以做到其所聲稱的一切──總有一天。與其說她騙人，套句矽谷的說法，不如說她是在講一個「尚未成熟的真相」。

　　在大眾的想像裡，霍姆斯的墮入歧途引發社會對新佛羅倫斯的廣泛批評。迄今為止，對富豪的普遍憎恨尚未及於創造出搜尋引擎與iPhone的友善科技宅。可是，正因為矽谷正在繁榮發展中，它的放肆過激必然會引發眾怒。這個地方似乎充滿了年輕到荒謬不已的人，幸運地拿到同樣荒謬的大筆財富，同時卻又漠不關心他們可能傷害到的人民：那些被侵犯隱私的人，因為數位資訊現在是新型態的石油；那些工資可能一蹶不振的人，因為如今軟體取代了他們的工作；還有那些仰賴Theranos來診斷疾病的人。與其說這座新佛羅倫斯是啟蒙中心，不如說它是邪惡的陰謀集團：一小群自以為在塑造社會的菁英分子，即使它的願景中有著以眾人難以忍受的速度進行的創造與破壞[2]。且不管這份起訴狀的是非曲直如何，Theranos震撼必定讓矽谷的創投一族感到背脊發涼。首先，它顯示這個國家對科技創業的熱情可以如何瞬息萬變；其次，它傳達出一個關於創投業本身微妙的雙面訊息：它既是一種開脫，也是一種警告。

　　Theranos之所以對創投業是一種開脫，是因為霍姆斯募到的資金沒有一毛錢來自沙丘路的從業人員。她曾經向一家專長於醫療器材的創投合夥公司

MedVenture 推銷創業計畫。霍姆斯無法回答投資人的問題，會議因為她的唐突離開而告終[3]。霍姆斯也接觸過提姆‧德雷珀，那個曾經嘗試但未能成功入股雅虎的創投家。德雷珀因為家族關係而投入一筆天使資金，不過金額不大。霍姆斯厭煩了這些持懷疑態度的專業人士，所以大部分資金都是從矽谷以外的億萬富翁募得。擁有大名鼎鼎的沃爾瑪的沃爾頓家族投資1.5億元；媒體大亨梅鐸投資1億2,100萬元；狄維士（DeVos）家族（零售）和考克斯（Cox）家族（媒體）各投資1億元；墨西哥的卡羅斯‧史林（Carlos Slim）、希臘裔美籍繼承人安德烈亞斯‧德拉克普洛斯（Andreas Dracopoulos）和南非歐本海默（Oppenheimer）家族總共投資了8,500萬元。這些創投觀光客沒有一個想要仔細盤問霍姆斯，或者要她拿出血液檢測真的有效的證據。從沙丘路的角度來看，這其中令人安心的教訓是業餘愛好者失敗了，而專業人士置身事外。

不過，Theranos 事件也是一記響鐘。儘管創投業躲過這一顆子彈，但該起醜聞顯示獨角獸肆無忌憚起來，也是會讓數十億元的紙上財富化為烏有。老練的創投家可能希望避免類似災難，但這幾乎是沒有指望的事。2014年，安德森‧霍洛維茲公司領導一家線上保險新創業者Zenefits的兩輪投資。這家公司獲得a16z部署最大筆投資部位，而a16z也鼓勵公司追求成長：創辦人後來回想，a16z董事曾厲聲咆哮說：「你們這些傢伙腦袋放清楚一點，開始專心把事業做大。」[4]受到刺激而想盡辦法擴張的Zenefits，在不過1年多的極短時間內，就讓估值達到45億元。可是，到2016年，這家公司偏離軌道，營收目標大幅落後，而且據報導違反了至少7個州的保險法[5]。該公司遭逢困窘與醜聞的夾擊，市值應聲腰折一半以上，從45億掉到20億元。

Zenefits的故事確實有個可取之處。作為一個正牌創投公司，法律問題一浮上檯面，安德森‧霍洛維茲便速速把Zenefits創辦人掃地出門。新的執

行長上任，公司的格言也從「衝了再說」（ready, fire, aim）變成「誠信經營」（operate with integrity）[6]。不過，一個 Zenefits 和 Theranos 的混血版是不難想像的，裡頭有著親力親為的創投公司和被動的金融家並肩投資。被動金融家可能像 Theranos 的例子那樣是個業餘外行人，或者也許是相信應該委任創辦人的專業投資人士。不管怎樣，積極派的創投公司說不定投資了一家公司，發現它正在脫軌演出，但被動消極的投資人卻沒有出手協助解決問題的膽子。初期階段投資也許是判斷精準的聰明之舉，可是後期結果卻可能一團亂，因為後來的投資者太放牛吃草了，沒能負起監管公司的責任。

隔年，這個危險被證明不僅僅是紙上談兵而已。

———◆———

大約就在 Theranos 和 Zenefits 出岔子那時候，標竿創投的布魯斯・鄧利維正在忙著一家叫做 WeWork 的獨角獸。標竿創投是在 2012 年首度投資 WeWork，主要是看上它那令人著迷的共同創辦人，身高 195 公分、留著泰山髮型的前以色列海軍軍官亞當・諾伊曼（Adam Neumann）。WeWork 的業務相當單調，就是出租短期辦公室，附帶提供水果水、免費咖啡和偶爾辦個冰淇淋派對等花絮來增添趣味。不過，諾伊曼很有提升使命的本事，聲稱他是在販售「工作的未來」，或也許是一種「資本主義式的集體聚落」（capitalist kibbutz），又或許是一種「實體社交網路」。標竿投資那時，諾伊曼啟迪人心的行銷術讓他的玻璃辦公隔間擠滿了鬧哄哄的客戶，他那言詞浮誇的野心是讓乘冪定律投資人上癮的貓薄荷。

諾伊曼跟標竿創投談判的過程中，曾有一度提出一個高得離譜的估值。「你只有 3 棟樓。」鄧利維出言反對。

「誰說的？」諾伊曼反擊：「我有100棟樓，只是還沒蓋起來而已。」[7]

標竿的合夥人很喜歡諾伊曼這種尚未成熟的真相，而他們下在他身上的賭注很快就證明是對的[8]。他們在2012年以略低於1億元的估值投資1,700萬元；不到1年後，這估值便達到4億4,000萬元。2015年夏天達到高潮的接下來三輪融資，使WeWork變身為一隻獨角獸，然後再升級為十角獸（deca-unicorn）：估值從15億元跳到50億元，再跳到100億元。諾伊曼以裸磚砌造的都會神殿，似乎從時代精神中挖掘出某些強大的東西：新世代工作者的審美觀——創業、時尚、創意、瞬息萬變。到2016年Theranos和Zenefits內爆那個時候，標竿創投的WeWork持股已經帶來數以億計的帳面利潤。

不過這一路下來，有些基本面的東西已經在發生變化。標竿創投領導WeWork的A輪投資，而一家叫做DAG Ventures的公司領導B輪投資後，接下來三輪融資引進的是共同基金和投資銀行。銀行家與創投公司之間的關係尤其緊張，他們的目標不只是做可以增值的投資，更要建立起有錢可賺的關係。摩根大通集團的老闆傑米・戴蒙（Jamie Dimon）把他的科技投資人比做海豹部隊，任務是跟創業家培養關係，建立財務面的灘頭堡。一旦任務完成，摩根大通就會把整批部隊送進去，提供銀行帳戶、財富管理及上市輔導等服務。承銷首次公開發行業務是他們的終極大獎，因為贏得委任的幸運銀行可以從中收取鉅額費用[9]。

摩根大通跟WeWork的關係說明了戴蒙的策略。這家銀行在2013年底參加諾伊曼的一輪融資。然後在2015年，它幫公司安排一筆6.5億元的信貸額度。2016年，它接著給了諾伊曼1,160萬元個人貸款去買紐約市附近一處7萬多坪的土地。2017年，它再借給諾伊曼2,100萬元買曼哈頓的房產，並且安排一次聯合貸款，提供資金給WeWork去買下羅德與泰勒百貨（Lord & Taylor）在曼哈頓的旗艦店[10]。靠著這麼大手筆的貸款，當WeWork不可避免地走上

首次公開發行之路時,摩根大通便穩居承銷業務的最有利位置。培養關係成為當務之急,以致於當諾伊曼在處理他的私人銀行帳戶時發出怨言,摩根大通還出動副總裁等級的人物來平息這起事件[11]。

創投家和重視關係的銀行之間的緊張情勢,在2014年WeWork發起一輪募資時浮上檯面。在批准融資的董事會電話會議上,WeWork現任投資人被告知,交易的條件之一是諾伊曼在公司的股份將取得超級投票權:每1股創辦人股份現在可以行使10張投票權,使諾伊曼的權力得以壓過原本應監督他的投資人。身為負責任的創投家,鄧利維持反對意見:就像a16z對Zenefits做的那樣,如果創辦人偏離正軌,標竿創投會需要這些投票權來迫使其做出改變。可是,鄧利維也不想阻擋融資,因為WeWork需要資金。權衡這些考慮之下,鄧利維禮貌地表達異議,說超級投票權對投資人跟諾伊曼自己來說都是一個錯誤。「絕對的權力使人絕對的腐化。」他這麼提醒董事會上的同僚們[12]。

電話上沒有人開口覆議鄧利維的疑慮。隨著銀行、避險基金和私募股權投資人想要從熱門私人公司身上賺得收益,創業家便有權予取予求;對於WeWork這樣充滿活力的新創公司,超級投票權已是司空見慣之事[13]。而且,摩根大通這種銀行似乎認為治理只是一個附帶課題,為了跟創辦人維持超級友好的關係,他們很樂意授與他超級投票權[14]。對話進行不到10分鐘,董事會就駁回鄧利維的疑慮。諾伊曼獲得公司的絕對權力。

鄧利維的害怕成真,腐化來得很快。治理變革發生的前1年,在2013年,諾伊曼便已計畫買下一棟正在跟WeWork議定租約的芝加哥大樓5%股份。這很明顯就是一種自肥的交易:藉由買入一棟大樓的股份,諾伊曼就可以讓自己從公司的租金支出中飽私囊[15]。WeWork發揮身為監督者的適當功能,阻擋諾伊曼所提的購入案。不過,治理變革後,諾伊曼擁有否決董事

會的權力,他在別的地方讓芝加哥方案死灰復燃,而現在沒有人能擋得了他[16]。他靠著WeWork租賃空間的5棟大樓累積私利,有時候還賣掉一小部分WeWork所有權來支付這些股份[17]。每一筆交易都能讓諾伊曼有效地把私人財富與公司利潤脫鉤,而去連結到公司的租賃成本上。諾伊曼的私利與股東利益之間的鴻溝正在擴大加深。

　　說來也許不足為奇,WeWork的財務狀況和它的治理同步惡化。在標竿創投起初投資的時候,這家新創公司的營運模式看起來很合理。它簽訂便宜的長期租約,接著往上加成後,把空間短期分租出去,在2012年就轉虧為盈。可是,為了合理化後期投資的銀行與共同基金添加在WeWork身上過度膨脹的估值,這家公司必須以飛快的速度成長,而為了做到這一點,它自砍對租戶收取的租金。結果與老虎環球看重的強勁增量利潤率剛好相反:WeWork的營收每增加100萬元,損失就會成長超過100萬元。比方說在2015年,這家公司的營業額增加了1倍多,同時它的損失增加2倍[18]。

　　為了維繫投資人的信心,諾伊曼搬出一大篇矽谷的陳腔濫調。WeWork不是一家公司,而是一個「平台」。WeWork將受惠於「網絡效應」。WeWork是「先行者」,是「欣欣向榮的生態系」,是「數位強化的」、「規模可擴充的」[19]。對於不打算太過批判性思考的觀察家來說,這聽起來也許很有說服力:再怎麼說,從Google到臉書的這些矽谷巨頭,也是先把自己膨脹到一個可以號令天下的規模,才去煩惱利潤的問題。可是事實是一家出租辦公室的公司沒有什麼特別數位化之處,而所謂的網絡效應充其量也很微弱[20]。多了一個紐約公園大道的租戶,並不會改善WeWork在第五大道附近的租戶體驗。

　　到2016年初,標竿創投面臨了一個難題。它下了一個精明的新創賭注在一個正在轉虧為盈的魅力型創辦人身上。WeWork的估值適時的狂漲100倍,從1億元增加到100億元。可是因為漫不經心的後期階段投資人出現,創辦

人現在正在賠錢，而且還加劇利益衝突，唯一可堪告慰之處是一連串仿科技的誇誇其談。WeWork被高抬的估值將崩跌至它的實際價值，這個風險不是只有標竿創投知道，2014年入股投資的基金管理公司普徠仕（T. Rowe Price）也看得很明白。「我們看到估值上揚而公司治理腐化了。」一位普徠仕的高階主管回憶說[21]。數以百萬計的帳面利潤面臨蒸發的威脅。

　　10年前或更早以前，面臨這種危險的投資人擁有顯而易見的補救措施。如果被高估的公司是上市公司，投資人只要賣掉股票就好。如果是私人公司，投資人可以施展力量去強迫做出改變，使公司策略能迎頭趕上估值。可是由於大量充足的成長型資本使獨角獸們得以維持私有，現在這兩種補救措施都用不上。WeWork不是一家上市公司，所以股份很難轉賣。WeWork的創辦人已經獲得超級投票權，所以股東沒有要求改弦易轍的影響力。2015年末，諾伊曼打開滅火器對某個潛在投資人噴灑白色泡沫滅火，展現出他對金主的尊重。這位投資人就好像被踢一腳還熱切搖尾巴的小狗，隔年便開始挹注資金給WeWork，把公司的估值推升到160億元[22]。

　　面對WeWork號稱的市值與創辦人輕率舉止之間不斷拉大的裂口，標竿創投孤軍奮戰，試圖改變諾伊曼的態度。2017年，5位合夥人組成的代表團飛到曼哈頓拜訪當地的投資組合公司，在跟諾伊曼會面時，團隊語帶不滿地提到公司的虧損和創辦人私人出售股票的事。可是合夥人們知道他們的力道很弱，在當前泡沫化的金融環境下，諾伊曼可以從其他身段柔軟的人那裡募到資金，他沒有義務聽從那些想要他維持高標準的創投業者。事實上，諾伊曼不僅沒有對標竿創投低頭，還打算跟一個終極推手攜手同行。

這個推手就是孫正義，現在正忙著二度在美國科技業牛市中衝鋒陷陣。2016年，孫正義發動一波精彩的推銷術，從阿烏地阿拉伯和阿布達比那裡談到了600億元；隔年，他推出了「願景基金」，出獵獨角獸。孫的戰備基金最終算起來規模達到986億元，是截至目前為止最大創投基金的30多倍，他推測基金的龐大規模會給他一種優勢[23]。回到1990年代，有能力開出一張1億元支票，已經讓他得以強力擠進雅虎的窄門。這些日子以來，他的支票必須更大張才能震懾對手，不過原則還是沒變。此外，只要牛市繼續下去，孫正義光是透過更快地部署資本，就能比創投老將賺到更多錢。他可以不管目標的對著獨角獸大撒幣，又是搬演同樣的劇碼，只是現在他手上的水管更大條了。

孫正義發起巨無霸基金的消息衝擊整個創投業。在紅杉，莫里茲自2012年從掌門人的位子退下來後，這是他第二次強力干預公司的策略。早先堅持紅杉要鍥而不捨的經營避險基金，如今，他敦促他的合夥人募集一個超大成長基金：這家公司必須強化自己，來抵禦莫里茲曾在雅虎體驗過的軟銀霸凌戰術。「金正恩跟孫正義之間至少有一個差異，」莫里茲寫信給他的資深同事們，提到那個拿著飛彈張牙舞爪的獨裁者。「前者只是把洲際彈道飛彈高高地射向天空，後者可是會毫不猶豫地動用他的軍械庫，一舉消滅創投公司跟私募股權公司得來不易的收益。」孫正義手握將近千億元資金，會扭曲科技投資市場，把某些公司的價值推高到隨後可能崩盤的地步，摧毀其他被迫與他的資本競爭的公司價值。由於孫正義正在違反規則行事，紅杉必須改變它的行動計畫。「好比拳王泰森（Mike Tyson）曾經說的：『每個人都有一套作戰策略，要等到臉上中拳了才知道。』」莫里茲這麼寫著。「以牙還牙的時候到了。」他補充[24]。

在莫瑞斯的敦促下，紅杉著手募集一個80億元的成長基金。如果它的A

輪公司成長到需要大筆資金的地步，紅杉會給錢，不讓旗下的公司落入軟銀懷抱。可是，其他傳統創投業者沒有跟著紅杉起舞的本錢。它們避開成長型投資業務，老實地抱著自己的家庭手工業根基：他們沒有立場要求有限合夥人拿出好幾億元的戰備基金。標竿創投作為創業投資小而美風格的優秀擁護者，就是一個很好的例子。它的手法即將面臨考驗。

2017年，孫正義造訪諾伊曼在曼哈頓的其中一棟大樓。他遲到1個半小時，瞄了一眼手錶，知會諾伊曼說他最多只有12分鐘時間跟他談。兩人開始逐站巡視WeWork的營業場所，諾伊曼熱切地展示他所謂的研發中心，其特色是有著跟檯燈及門連線的觸控螢幕，還有刷識別卡就可以因應使用者身高調整的智慧辦公桌[25]。這些裝置的效用不是那麼明顯，可是足以讓孫正義留下印象，甚至在12分鐘時間用完後，還邀請諾伊曼跟他一起坐上車。

兩人爬進一台豪華轎車的後座，孫正義開始在他的iPad上敲敲打打。不多久，他把結果交給諾伊曼：一份軟銀對WeWork投資44億元的提案。這是一筆驚人的金額，比標竿創投22年以來募到的資金還多。

諾伊曼用藍色墨水在孫正義的紅色簽名旁簽下名字。半小時後，孫正義用電子郵件寄了一份投資條件書的照片給他。軟銀根據為時28分鐘的互動，對WeWork做出的估值是200億元[26]。就跟許多金融領域的創新一樣，米爾納的成長投資公式被無限上綱到危險的地步。然而，假使孫正義對WeWork的直覺沒錯，他有可能以龐大非常多倍的規模來重現他的雅虎盛舉。

對早期投資人來說，孫正義的投資使WeWork難題變得清晰起來。如今比起以往都更沒希望約束這個創辦人：隨著孫正義的資金而交付給諾伊曼的明確指示，加倍放大了他的狂妄自大。「他並不是被告知說：『我需要你小心看管這筆資金。』」一位WeWork的高階主管驚訝地說。「而是說，『我要你做得更瘋狂、更快、更大。』」[27]諾伊曼也真的著手進行放肆的全球擴

張，成為紐約最大的房東，豪擲6,300萬元買了一架公務噴射機，並承諾發展WeLive公寓大樓、WeGrow學校、WeBanks、WeSail和WeSleep（一家航空公司）。不過，即便孫正義關閉了懲戒諾伊曼的可能性，倒是為其他股東的逃脫之路開了一扇窗：賣掉WeWork股票。在2017年及之後的一輪募資，孫正義很樂意買下早期投資人的持股，讓沒有流動性的股權動了起來。普徠仕藉機跳船。「我們盡可能把股份賣掉。」一位高階主管記得[28]。標竿創投這邊則減少大約五分之一WeWork持股，根據內部人的說法，收益鎖定在公司原始投資的15倍報酬。

　　這只是一種部分出場；標竿創投仍然持有八成的WeWork股權。不過，這是令人欣然接受的保險措施：拜孫正義提供流動性之賜，標竿創投知道自己至少可以拿到好的投資乘數退場[29]。所有關注此事的創投家的問題，是這種逃脫會不會變成常態。如果他們支持一家有前途的A輪公司，歡慶它的事業起飛，然後眼睜睜看著它的治理因為後期投資人加入而敗壞，該怎麼辦？他們有辦法在清算前獲利了結嗎？

◆

　　2011年2月，投資WeWork的前1年，標竿創投領導一家叫做Uber的叫車新創A輪投資。跟Theranos的情況不一樣，它的魔法很真實：按下按鍵，車子就來，不必耍什麼詭計。不同於WeWork，Uber不偏不倚命中標竿創投的打擊熱區：由一個久經沙場的創業家領導的西岸新創公司，擁有承諾的核心技術。當WeWork聲稱要做一個有「網絡效應」的「平台」時，它是在講矇混他人的空話，不過Uber是貨真價實的。隨著Uber成長，車子越多、等待時間越短，在多個城市叫Uber的車子就更方便。

標竿投資Uber的主要發動者是比爾‧葛雷，在1998年標竿成立3年後加入公司。他一定很適合這家公司的文化，現任標竿人聘用葛雷時，是在找一個跟他們相像的人，而且有過之而無不及。原來的標竿人全都身高超過180公分，葛雷站起來與門框齊眉，身高200公分。原來的標竿人認為自己是芝加哥公牛隊，葛雷曾經拿到一級籃球獎學金。原來的標竿人在智力上與體力上都具有競爭力，而在邀請葛雷加入公司前，談到這個人的時候，他們說在他身上看到相同的特質。「很得人心。」有一個人這麼說。「求知慾強。」另一人呼應。「我們可以跟他一起打籃球。」第三人建議[30]。過沒多久，一個標竿創投的合夥人帶著葛雷去打獵，他沿著陡坡追趕一頭野豬。「他就像一隻動物一樣。」合夥人說。「我喜歡。」另一人崇拜的說[31]。

葛雷入股Uber是聰明A輪投資的完美典範。在加入標竿創投以前，他便已經被一位研究網路企業的史丹佛教授布萊安‧亞瑟（Brian Arthur）的著作深深打動。享有網絡效應的公司翻轉個體經濟學的一個基本法則：它們的邊際報酬非但沒有遞減，反而是遞增的。在多數正常產業裡，生產者的供應量越大，越會看到價格下跌：量多就價廉。網路業剛好相反，隨著網路擴張，消費者的體驗變好，生產者就能對他們的產品收更多錢。此外，由於建立網路帶來經濟規模，消費者體驗改善還會伴隨著生產成本降低[32]。一如標竿創投在支持eBay時所發現的，這可是會帶來鉅額回報。

葛雷加入標竿創投後，將eBay的概念從產品延伸到服務。他的初試啼聲之作是一家叫做OpenTable的新創公司，建立用餐人與餐廳之間的連結。就跟eBay一樣，OpenTable允許用餐人依據價格、地點與食物類型瀏覽餐廳，大幅改善預約體驗，增進買賣雙方的媒合度。讓葛雷對OpenTable感到興奮的，是網路效應證明完全跟理論預測的一樣強大：隨著更多餐廳簽約，便有更多用餐人造訪網站，進而吸引更多餐廳加入。有一天，葛雷在檢視

OpenTable的進展時，注意到一個業務代表正把數量驚人的新用餐點簽進來，數字異於常態，因為這個業務代表負責的是OpenTable已經有很強網絡的舊金山地區。「我的老天，網路效應正在發揮作用。」葛雷記得自己腦海中這麼想著[33]。

　　OpenTable獲得成功後，葛雷開始尋找能在其他產業如法泡製的生意。「我們開始在內部討論這件事，」他回想：「如果我們把這個完美的資訊放到其他產業上，是不是也能發生轉變？」有了OpenTable，用餐人可以在指定價格區間內，尋找南舊金山區下週一晚上7點的亞洲餐廳。這是一種新的力量，以前，你得花上1個小時到處打電話找答案。當葛雷和合夥人們思忖著其他適合類似處方的產業部門時，無意間想到計程車和高級車接送服務。駕駛與乘客之間的配對太沒有效率，提供更好的媒合服務應該是可能的選項。葛雷記得他在西雅圖一棟摩天大樓開完董事會出來後，卻找不到他預約的司機。「我去機場要遲到了。我在街上跑來跑去，西雅圖的街頭可是有點坡度的。」[34]

　　葛雷循著這個思路，想像一家新的新創公司：一家提供派車服務的OpenTable。下一步是找到能將概念付諸實施的創業家，而葛雷在這個階段也是以同樣勤奮的態度努力進行。他聽聞維吉尼亞州有一家叫做「神奇計程車」（Taxi Magic）的新創公司，便數度橫越美洲大陸討論投資可能性。不過，由於他已經仔細思考過，完全知道應該怎麼做這門生意，而「神奇計程車」的作法卻不一樣。創辦人已經推出一個應用程式，供乘客呼叫黃色計程車並以手機付款。可是在葛雷來看，由於計程車費率受到管制，這會是一條死路。為了讓網絡飛快地轉動，新進者必須降價和擴大規模。這家東岸公司執著於受管制的計程車業，看不見最初讓交通運輸值得一試的網絡因素。開會討論幾個月後，葛雷決定放棄維吉尼亞的點子。

　　2009年，葛雷聽說Uber正在找天使投資人。令他高興的是，Uber的策略鎖定不受管制的私家車。「我們一定要馬上跟這些人碰面。」葛雷記得他是這麼想的[35]。不過，他再次展現出控制激動的紀律。他跟Uber的創辦人加瑞特・坎普（Garrett Camp）及特拉維斯・卡拉尼克碰面時留下不好的印象，因為他得知兩人都不打算全職投入這項事業，反而找了一個叫做萊恩・格雷夫斯（Ryan Graves）的年輕執行長，缺乏開創事業的成熟度。不管葛雷有多麼渴望看到網絡思維應用在交通上，他還是放棄了。他可不打算把錢浪費在B咖身上。

　　不過短短1年以後，Uber又引起了葛雷的注意。這一次，這家公司在尋找A輪投資人，而且它有了變化：年輕的格雷夫斯已經換去擔任比較次階的職務，卡拉尼克成為全職執行長。這使得Uber整個換然一新。卡拉尼克曾經成功創辦兩家新創，有著兇猛好鬥、不留活口的風格，最令人生畏的障礙也能剷除。若說有誰膽敢鬆動城市交通，挺身對抗大都會的監管機關和檯面上的豪華轎車車隊，此人非卡拉尼克莫屬。

　　葛雷也覺得跟卡拉尼克氣味相投。一方面，這位創辦人沒有自負到開不起玩笑。有一天，卡拉尼克預定要到標竿創投辦公室做簡報，一位合夥人打開Uber，看到一台黑頭車正等在附近的紅杉總部外頭。早些年，Uber的黑頭車不多，這位合夥人猜測就是這輛車載著卡拉尼克到紅杉簡報，他打算乘坐同一台車從紅杉來到標竿。合夥人決定來個惡作劇，也想要向卡拉尼克證明他瞭解Uber的產品，所以在他的智慧型手機上點了兩下呼叫一台車子，很快他的螢幕上便看到一個小小黑色標記駛離紅杉的停車場。果不其然，卡拉尼克步行來到標竿的辦公室，大汗淋漓而且遲到了。那天晚上，標竿創投送給他一份禮物：一雙跑鞋。

　　在這段追求期間，有個週日晚上，卡拉尼克很晚打電話給葛雷，要求在

舊金山一家旅館酒吧碰面，那裡離葛雷在林邊市（Woodside）的住處有將近50公里，可是，這就是創投家賴以為生的召喚電話。家人已經睡著，葛雷開車到北邊跟卡拉尼克聊到清晨。至少，這個他一直在追求的明星已經跟他立場一致。他找到一家新創公司能進軍他所想像的機會，一家能以對的方式和對的執行長來做這件事的公司。

　　隔天，標竿創投提交一份投資條件書給卡拉尼克，經過幾次往返後，標竿合夥人帶領Uber的A輪投資，支付1,200萬元換取五分之一股權[36]。葛雷落實了他叫車服務版的OpenTable，他的野心是這家新創的成果可能與OpenTable不相上下，在適當時候或許能以20億元估值上市[37]。故事發展到這裡，沒人預料到Uber會有什麼麻煩事。跟伊莉莎白·霍姆斯不一樣，卡拉尼克是個有實戰經驗的成年人，葛雷也打電話給一位曾經資助卡拉尼克之前公司的朋友，做過仔細查證[38]。不同於標竿創投不顧合夥人對房地產有疑慮而仍投資的WeWork，Uber做的是葛雷知之甚深的那種市集生意。更重要的是，當卡拉尼克在標竿的資金支持下開始採取行動時，他並未辜負葛雷的期望。創投家看著卡拉尼克奮力穿越監管紐約黑頭車市場的嚴格法規壁壘，他不完全算是牴觸法律，而是迂迴前進，直到他能成功說服市長發給Uber執照。同時，葛雷也對卡拉尼克實施一個講究卻不討好的點子鼓掌叫好：動態定價。Uber沒有收取可預測的固定費率，而是隨著顧客的需求變動價格：當尖峰時段需求飆升時，Uber就會提高費率，吸引駕駛上街，防止車輛短缺。批評者抱怨說這是在哄抬價格，可是卡拉尼克堅守政策。

　　「卡拉尼克是一個真正的創業家。」亞馬遜的貝佐斯對著葛雷讚不絕口。

　　「為什麼這麼說？」葛雷問。

　　「因為他在這件事情上沒有屈服。」[39]

　　2011年底，卡拉尼克準備發起B輪募資。有了貝佐斯開金口盛讚他的

不屈不撓，此時的他不乏追求者。貝佐斯自己保證投資300萬元，高盛也承諾進場。卡拉尼克四處物色領導這一輪募資的創投公司時，他的首選是安德森‧霍洛維茲。他尤其敬重一位a16z合夥人，名叫傑夫‧喬登（Jeff Jordan），他是OpenTable的前任執行長，也是另一個數位平台Airbnb的董事。喬登瞭解老產品與新資訊的結合是怎麼回事，曾經擔任PayPal總裁的他也知道如何把新創公司做大。如果Uber能有喬登和葛雷常伴左右，它就能得到矽谷最好的創投建言。

儘管卡拉尼克正在跟a16z磋商，但認為款待其他追求者也無傷大雅。最堅持的人是薛文‧皮西瓦（Shervin Pishevar），他是曾經資助UUNET的門洛創投公司剛找進來的新人。皮西瓦跟喬登或葛雷不是同一個等級的人物，這個喜歡跟人拍肩握手的大塊頭有自我推銷的天份，早在3年前便以一篇奇特的文章引人注目，被譽為是一篇「漫談、有時差、半清醒的談論創業精神的美麗電子郵件」[40]。「臉書裡的人一定知道也受到更高使命與理想的驅策，」皮西瓦在其中一段這麼寫：「他們會、也應該肩負起使命，圍繞著祖克柏的天分去創新並發揚光大，使之變得更精緻、相關、個人化且鼓舞人心。」[41] 受這番阿諛廢話奉承的大人物們往往會認為皮西瓦是有洞察力的，甚至是有智慧的，卡拉尼克就很沈浸在他的吹捧之中。不過，安德森‧霍洛維茲不久便示意說a16z可能準備把Uber的市值定在大約3億元左右，這是標竿創投不到1年以前付出的5倍之多[42]。

卡拉尼克很滿意a16z的估值，打電話給皮西瓦說他不會拿門洛創投的錢了。

「嘿，兄弟，」皮西瓦記得卡拉尼克說：「我真的很想跟你做生意，可是為了公司好，我必須找這家公司。」

「我記得那個時候，」皮西瓦後來說：「我本來可以情緒化的反應，像

是：『拜託不要啦！』」相反的，皮西瓦選擇一個不同的口氣。「恭喜了，」他豪氣地跟卡拉尼克說：「絕對要去做。如果盡職調查過程中有什麼問題，我百分之十萬的支持你。所以拿出談判力道來，因為你有後盾。」

「真的很感謝。」卡拉尼克這麼回答[43]。

與a16z同行，卡拉尼克正在走著其他矽谷成功故事的老路。向某個堅強有力的投資人取得A輪資金後，他準備向另一個同樣強大的投資人募集B輪資金。如果他就這麼繼續走下去，那麼後來傷害WeWork的治理真空就不會折磨Uber了。

可是故事突然朝著意外的方向轉彎。安德森放棄卡拉尼克以為已經答應好的3億元估值，他在跟卡拉尼克共進晚餐時，宣稱Uber的客戶數與營收使得這個估值太高了，所以他把出價砍掉四分之一。

卡拉尼克試圖說服安德森各讓一步，但安德森沒有妥協。

幾天後，卡拉尼克接受被砍的價格，動身前往愛爾蘭的一場科技研討會。這個估值還是困擾著他，他又寫信給安德森要求好一點的條件，大約在原來的3億元跟a16z現在提議的2億2,000萬元之間。可是安德森拒絕改變立場。

卡拉尼克怒了，他打電話給皮西瓦。

電話接通人在阿爾及利亞的皮西瓦，他正在參加一場研討會。他瞄了一眼螢幕，惱人的是來電顯示在阿爾及利亞似乎不起作用。

猶豫了一會兒之後，皮西瓦決定還是接電話。

「嘿！兄弟。」一個熟悉的聲音響起。

皮西瓦感受到一股小小的激動。「怎麼了？」他回答。

「記得你跟我說的話，現在還算數嗎？」

「他媽的當然了。」

「你能到都柏林來跟我碰面嗎？」卡拉尼克問。

「我搭下一班飛機。」皮西瓦答應他[44]。

皮西瓦往北飛越歐洲，找到人在愛爾蘭首都的卡拉尼克。兩人沿著鵝卵石街道上散步，在一間酒吧停下來，點了杯健力士啤酒來喝。卡拉尼克發揮魅力，暢談著Uber的無限潛能。「那時我才真的搞懂，」皮西瓦後來說：「他講的是幾兆元的規模。」[45]

皮西瓦回到旅館，寄了一則簡訊給卡拉尼克，對Uber的估值是2億9,000萬元，比a16z縮減的出價高出將近30%。

皮西瓦等待卡拉尼克的回音。然後他開始緊張了。他以前跟這個傢伙交手過，結果發現他把買賣給了一家聲望更高的合夥公司。

不過這一次，卡拉尼克並沒有在跟另一家創投公司談。相反的，他是在討論創投公司：他正在電話上跟一個老朋友解釋他的為難之處。他和他的公司面臨一個棘手的選擇：來自名不見經傳的投資人的慷慨交易，還是來自知名企業的吝嗇出價。他應該選誰？門洛的皮西瓦還是a16z的喬登？高估值還是高價值的顧問輔導？

「你並不需要知名創投家的認可，」朋友說：「你已經過關了。」在卡拉尼克的朋友來看，Uber需要大量的資金才能在全國各地推出服務。「重點在於盡可能拿到便宜的資本。資本就是力量。資本越多，選擇就越多。」他的朋友這麼敦促[46]。

皮西瓦越等越焦慮，又發了簡訊給卡拉尼克，把出價提高到2億9,500萬元。

這一次卡拉尼克馬上有反應了。2億9,000萬元已經很好了，他很樂意接受。「成交。單子拿來吧！」卡拉尼克下指示[47]。

皮西瓦印出一張投資條件書，帶到卡拉尼克的旅館房間，兩人在那裡簽

下名字。盡職調查完成後，門洛創投正式以2億9,000萬元估值投資2,500萬元，取得Uber 8%股權。貝佐斯、高盛及其他幾個投資人則又投入了1,200萬元。

　　雖然事後諸葛亮並不公平，但皮西瓦的投資是Uber未來惹上麻煩的一個預兆。卡拉尼克已經認定金錢才是力量，而創投的專業指導可有可無。儘管皮西瓦的投資規模龐大，他也恰如其分的成為Uber董事會裡無投票權的觀察員，而非取得一個完整的董事席次：他因為不具監督能力而未被選上，所以觀察員的位置看來也是適得其所。皮西瓦在Uber的作用反而是當個啦啦隊長，他把頭髮剃成公司標誌，安排饒舌歌手Jay-Z入股投資，還舉辦派對邀請一個後來變成卡拉尼克女友的音樂家。拜Google、臉書與青年起義之賜，擺出友善創辦人的姿態幾乎已經成為創投業者的義務，不過皮西瓦把這種作風發揮到極致，把自己當成麻吉與隨從。有一次，卡拉尼克飛到洛杉磯，皮西瓦派一輛車去機場接他，後座還放著一套嶄新的西裝讓他換上[48]。

　　不只對創辦人的阿諛奉承反映出這種時代精神，卡拉尼克把便宜資本放在首位的決定，也是這個時代下的一項特徵，因為它點出網路企業裡更有問題的那個面向。網路最讓人興奮之處在於贏者全拿，缺點是失敗者可能幾乎一無所有。此外，網路業的贏家不必然是做出最好產品的人，反而可能是最快實現規模化、讓網洛飛快運轉的那個人。為了在挑戰對手出現前達到規模化，Uber勢必砸下重金補貼乘車；套句後來橫掃矽谷的術語來說，它必須「閃電擴張」（blitzscale）。回到2005年，葛拉罕曾經抱怨創投業者塞給新創公司太多錢，好像農夫為了做鵝肝而拼命塞東西給鵝吃。可是在網路業這一

行，資本真的就等同於力量。PayPal對決X.com；美團對決大眾點評網：科技業的戰爭代價昂貴無比，因為獎賞太龐大了。

果不其然，B輪募資1年後，出現兩個競爭者挑戰Uber。2012年底，一家阿克塞爾投資的公司Hailo，在波士頓和芝加哥推出計程車叫車應用程式，威脅著要在比昂貴的私家車服務龐大更多的市場搶佔先機。Uber不讓Hailo專美於前，也推出自己的計程車叫車服務。接著，一家叫做Zimride的新創公司開始實驗稱為Lyft的降價服務，讓非職業駕駛來載客。一開始，卡拉尼克以為管制機關會禁止Lyft營運：沒有保商業險、未經核證的業餘司機肯定不符合公共安全標準。Uber把它迴避管制機關的正常作法擺在一邊，遊說加州公用事業委員會關閉對手的公司，指出它的黑頭車職業駕駛才是獲得適當許可的[49]。可是，當加州管制機關放行Lyft時，卡拉尼克並未遲疑，他用自己的業餘駕駛服務UberX來反擊。

街頭上的競爭無可避免地演變成金錢上的競爭。2013年前半年，Hailo募得3,100萬元B輪資金，準備在紐約市推出服務[50]。Lyft這邊則在提爾的創辦人基金領導下募得1,500萬元，接著是如今後悔錯過Uber的a16z領導的6,000萬元投資輪。不過，從標竿創投的角度來看，好消息是Uber仍然遙遙領先；如果這是贏者全拿的競爭，放馬過來吧，因為Uber有望成為贏家。2013年8月，卡拉尼克以壓倒性的2億5,800萬元C輪融資大肆宣揚他的主導性，領軍的是Google聲譽卓著的風險投資部門。卡拉尼克像是要強調他的領先地位似的，在這次交易中也安排私募股權巨擘TPG加入。交割文件中有一個條款是提供TPG在未來6個月內的某個時間點再投資8,800萬元的選擇權，這是給對手的一個警告：Uber能以閃電般的擴張速度超越任何人。

到現在為止，葛雷眼中的Uber已經遠遠超越高級車的OpenTable。經濟實惠的UberX服務，顯示這家公司可以搶佔更廣大的市場，從地鐵和公車把顧

客偷過來，甚至挑戰私有車的現況。此外，皮西瓦入股投資後，葛雷對Uber治理的疑慮也已有所緩解。Google創投是一個可敬的玩家，而葛雷也非常尊敬即將進入Uber董事會的TPG創辦人大衛・邦德曼（David Bonderman）[51]。葛雷和他的合夥人們非常看好Uber，甚至在C輪募資中繼續投入1,500萬元。以標竿創投規模中庸的4.5億元基金來看，這是一個重大的承諾，它是在有意識地聲明說，即便從Uber高高在上的新估值35億元算起，標竿創投也有機會達到一向鎖定的10倍收益[52]。

　　接下來的18個月，葛雷依舊心情愉快。來自Hailo的挑戰漸告消失，這家公司沒能把網絡的飛輪轉動起來，另一個叫做Sidecar的挑戰者則一無所獲。只有Lyft在奮勇戰鬥，而Uber仍穩居主導地位。2014年春天，Lyft發起2,500萬元C輪募資。幾個星期後，卡拉尼克回敬以D輪融資，帶進驚人的12億元資金。Lyft和Uber都把收入拿來補貼駕駛，可是葛雷並不擔心。隨著形形色色投資人的資金湧入矽谷，標竿創投在它的投資組合公司之間面臨類似的融資競賽。「燒錢率飆到恨天高，」葛雷回憶說：「不只是叫車服務，整個地球開始到處都動起來了。」[53]

　　何況，不管Uber燒錢的速度有多快，這家公司正在創造驚人的股東價值。2014年6月，D輪融資使Uber的價值攀上170億元不久後，一位名叫亞斯華斯・達摩德仁（Aswath Damodaran）的紐約大學教授寫了一篇批評文章，主張Uber的真實價值遠低於此[54]。他估計全球計程車市場的規模大約1,000億元，並論斷Uber的公平價值可能落在59億元，不到D輪標價的一半。葛雷在他的部落格上寫了一篇短文回擊，認為靠著Uber的低價策略，計程車市場會擴張。「重點不在於既有的市場，而在於我們正在開創的全新市場。」葛雷引用卡拉尼克的話。不過，無論你認同哪一種說法，此事的驚人之處在於，即便是Uber的主要批評者，也認為該公司的價值高達59億元，這可是

比不到1年前的C輪融資所建立的市值高出24億元。

　　然而，即使在價值暴增的時候，發生在WeWork身上令人憂慮的轉變，也同時在Uber身上露出端倪。卡拉尼克緩慢穩步地踩在投資人頭上鞏固自己的權力，除了拒絕給皮西瓦有投票權的董事席次，卡拉尼克也利用B輪融資把一個曾經跟他唱反調的天使投資人踢出董事會[55]。卡拉尼克隨後在2013年的C輪融資裡，替自己、共同創辦人們及早期投資人們取得超級投票權，結果使得C輪和D輪投資人雖然投入龐大的資金，卻沒能轉換成龐大的影響力。標竿創投基於原則之故，並不喜歡這種作法，1年後，他們也同樣不喜歡WeWork擁抱超級投票權。可是標竿創投自己也會因為A輪股份而拿到超級投票權，加上Uber有望成為公司有史以來最大的勝利，所以葛雷並不打算為了後來的投資人而攪亂一池春水。此外，葛雷跟卡拉尼克的關係還是很好，他的建言看來很有份量，他擁有一張進入Uber在舊金山市場街總部的門禁卡。葛雷覺得，不管他的正式投票權如何，他對這家公司還是有著影響力。

　　不過到了2014年底，葛雷開始察覺到他的影響力正在消退。隨著數億元湧入Uber，卡拉尼克成了一個名人；標竿創投身為享有盛名的A輪投資人，其重要性無可避免地被稀釋了。更糟的是，卡拉尼克似乎對葛雷的建議不再感興趣，尤其是當它跟卡拉尼克決心維繫Uber好勇鬥狠的新創文化有所牴觸時。葛雷希望卡拉尼克聘請一位資深財務長，為如今龐大的業務運作建立適當控制措施；葛雷也催促卡拉尼克找一個比較強的法務長，尤其是在Uber領導階層的舉措不符合人們對一家大公司期待的標準之後。2014年10月，一個名叫莎拉·萊西（Sarah Lacy）的矽谷評論家批評卡拉尼克提倡厭女的「兄弟」（bro）文化：這位創辦人曾經戲稱他的公司應該叫做「優乳」（Boober）（譯註：Boob在英文俚語裡有乳房之意，本譯名取自《切莫為惡：科技巨頭

如何背叛創建初衷和人民》，時報出版），因為它成功的讓很多女人對他投懷送抱[56]。萊西發出具有破壞性的猛烈抨擊言詞不久後，卡拉尼克的副手替公司挖了個更大的坑，提議挖出萊西私人生活的骯髒事來恐嚇她[57]。葛雷很愛卡拉尼克的創業進取心，可是有些界線是不能逾越的，而Uber並沒有能明辨是非的機制。然而，每當葛雷向卡拉尼克指出這一點時，創辦人都置之不理，還幫這位高個子的創投家取了一個綽號：小小雞（Chicken Little）[58]。

葛雷開始感到坐困愁城，就跟鄧利維發現自己被WeWork困住一樣。他構想出了一個聰明投資，耐心等待對的騎師出現，也幫合夥人們賺進超過10億元。可是所有這些利潤都只是紙上黃金，Uber不是公開發行公司，所以葛雷不能賣掉股票。Uber已經給予卡拉尼克超級投票權，所以葛雷無法強迫他聽話[59]。假使Uber找了一個很強的B輪投資人，葛雷可能還有一個志同道合的盟友，可是卡拉尼克選擇一個啦啦隊長。主要的C輪投資人幫不上什麼忙：卡拉尼克冷凍了Google董事，因為Google打算發展可能跟Uber競爭的無人車。這使得TPG的邦德曼成為葛雷的主要支持者，可是兩票不足以撼動董事會，無法對執行長進行有效的審查。2015年初，葛雷開始表達他的不滿。他在自己的部落格裡寫了一篇字斟句酌的長文，把獨角獸延遲公開上市的問題攤開來。儘管葛雷沒有指名道姓，但讀者都知道主角就是Uber[60]。

葛雷的文章指出三個問題。首先，獨角獸的價值高估了，跟其他矽谷投資人不一樣，葛雷是有備而來才這麼說的。科技公司後期投資已經變成「最競爭、最擁擠、最泡沫化」的融資輪，他直白地如此宣稱[61]。原因出在新的資金湧入矽谷，五花八門的科技菜鳥——銀行、共同基金、私募股權公司和避險基金——可沒有什麼興趣花個1,000萬元在一家新創身上；相反的，他們想要開出億元支票來推動他們的數十億元投資組合。沒有經驗的資金因此蜂擁而入高價的後期融資，使估值飆高。

　　第二個問題與金融工程有關。非矽谷的投資人經常堅持要有保護條款，進一步扭曲了獨角獸的整體估值。舉個例來說，投資人可能會要求「優先清償權」（liquidation preference）：遇到公司清算時，他們有權先於其他股東拿到特定回報。顯然，得到這層保證的投資人會支付額外的錢來取得股份，而這個溢價將抬高公司的表面估值。由於早期投資人並未取得優先清償權，所以照道理他們的股權價值會比較低：比方說，後期投入資金乃基於100億元的估值，並不表示一家新創基金會給這隻獨角獸這麼高的評價。事實上，某隻獨角獸的股份可能對擁有超級投票權的A輪投資人價值一筆金額；對較少發言權的C輪投資人價值另一筆較低的金額；而對磋商到優先清償權的E輪投資人又是一筆更高的數字。在這種種錯綜複雜的情況下，幾乎不可能判定一隻獨角獸的真實價值。

　　前兩個問題導致第三個問題。後期總估值不合理的膨脹，助長了科技創辦人的傲慢自大，拜超級投票權股份和崇尚友善創辦人的風氣之賜，這些人已經有加速失控之虞了。結果，創業家們的行為越來越肆無忌憚，他們很少披露業務的真實情況，而且經常故意誤導投資人。千奇百怪的會計花招盛行[62]，要矇騙這些大批湧入矽谷、缺乏經驗的投資人實在太容易了。獨角獸的治理遭到破壞。

　　葛雷發布文章那時，對Uber的擔憂主要是在中國。卡拉尼克決心在亞馬遜、Google及幾乎其他美國科技巨擘都失敗的地方獲得成功，所以一心想要打入中國市場。從2014年開始，他便投入數百萬元，跟中國本地的叫車服務龍頭，後來叫「滴滴出行」的「滴滴快的」進行希望渺茫的對抗。這般大膽魯莽的賭博行為之所以可能，是因為Uber可以用泡沫般膨脹的估值募到數億元資金，也因為乖順的董事會阻止不了卡拉尼克。葛雷除了發怒之外別無他法。他一再地告訴卡拉尼克，砸下銀彈進入中國和花大錢跟Lyft進行商戰基

本上不可同日而語。在網絡的產業裡，唯有可能勝出時，昂貴的競爭才有道理。如果你不會贏，那就是有勇無謀。

在邦德曼的支持下，葛雷逼迫卡拉尼克考慮讓Uber中國跟滴滴合併，這是創投業者處理毀滅性價格戰的典型反應[63]。2015年1月，卡拉尼克同意與滴滴的領導人開啟對話，提議讓出中國市場以交換滴滴的部分股權。可是，他的要價難以置信的高：卡拉尼克要求中國對手整整四成的股份。滴滴對卡拉尼克的友好表示嗤之以鼻，而且不只在中國，還在世界各地發起攻勢。它投入1億元資金到Uber的敵營Lyft，宣布與Uber在其他區域的對手成立技術共享聯盟，如印度和東南亞。閃電擴張戰已經席捲全球。

葛雷和邦德曼勃然大怒。卡拉尼克的任務是鞏固他在核心市場的霸權，不是到敵對陣營去燒錢。這個執行長的拿破崙式中國冒險，正是傳統上會遭到董事會遏止的那種過度擴張，可是Uber的董事會已經被閹割了。如葛雷在自己的文章中所預見的，Uber挾著如此充沛的財務條件，即使卡拉尼克砸大錢去打一場不會贏的仗，它的價值仍然持續上漲。2015年底，Uber以驚人的625億元估值發起G輪募資，比標竿創投在C輪加倍投資時的價值還高出將近18倍。

2016年春天，葛雷針對獨角獸發表第二篇轟動一時的評論。這一次，他瞄準一個特定的威脅：優先清償權給了後期獨角獸投資人具有破壞性的誘因[64]。有了下跌保護機制，他們沒有理由不逼迫獨角獸們不顧一切的成長。比方說，面對是否在中國大撒幣的選擇，後期投資人可能會鼓勵獨角獸放手一搏：不管事態如何發展，有了優先清償權，他們都能拿回資本，所以他們有充分的理由為了追求上漲空間而賭一把。葛雷借用他很喜歡的一種遊戲來類比，總結這樣的危險。他認為，典型的後期投資人「就像撲克牌桌上的寬鬆攻擊型玩家（loose-aggressive player）」[65]。

　　接下來那個月,卡拉尼克實現了葛雷最糟糕的噩夢。他指派一位負責募資的副手去向其中一個最寬鬆的玩家簡報:沙烏地阿拉伯的3,000億元主權財富基金。葛雷只能痛苦呻吟。來自沙烏地阿拉伯人的大筆資金只會稀釋標竿創投的股權,而這些錢將在與滴滴的較量中消失殆盡[66]。如今,與滴滴的爭鬥比起以往似乎更像是個糟糕的賭注。2016年5月,這家中國公司在自家市場遙遙領先,同時還步履輕快地進入矽谷,向蘋果公司募到10億元。Uber這邊則醉醺醺地花錢在從紐約到孟買遍地烽火的補貼戰,它需要的不是資金,而是清醒。

　　即便葛雷不抱指望,也沒能讓他準備好面對接下來發生的事。沙烏地阿拉伯的公共投資基金(Public Investment Fund)提出以極為可觀的35億元投資Uber,交易條件之一,是要求將董事會席次從8席擴大到11席,並有權將多出來的3席董事判給卡拉尼克。這個要求的始作俑者,想必就是卡拉尼克和他的團隊,他們顯然想要摧毀葛雷對公司的薄弱影響力。

　　就跟WeWork的鄧利維一樣,葛雷現在面臨一個無解的困境。他無法在不危及35億元資金挹注之下,反對卡拉尼克增加3席董事。儘管他懷疑這筆錢是否能被明智地使用,而他當然有可能是錯的。這筆巨大無比的新戰備資金使Uber得以買下更多市場份額,而在全球閃電擴張戰裡,花錢最多的人便有可能贏得價值超乎想像的獎賞。兩相權衡公司治理的信念與網絡效應,葛雷動搖了——說不定卡拉尼克叫他小小雞是對的?「我們全都相信網絡效應,可是有誰願意輸掉20、30億元來留在牌桌上?」葛雷陷入沈思。「就算你找巴菲特或傑克・威爾許來加入董事會,他們也不知道該怎麼做。」[67]

　　葛雷認定他沒辦法使卡拉尼克改弦易轍,所以同意沙烏地的投資案,吞下增加3席董事的毒藥丸(poison pill)。不過,當他回顧這場Uber傳奇時,

他承認後悔這個決定。「回頭想想,它恐怕是我會採取不同玩法的重要事情之一,」他說:「我原本可以反對這筆交易,告訴他們必須有所改變。」[68]

◆

那年夏天發生一件好事。看到報表數字的卡拉尼克,決定在中國求和。2016年8月,沙烏地注入資金的2個月後,他接受以滴滴18%股權作為回報,讓出中國市場。相較於卡拉尼克18個月前要求的40%,這是個適度的和解數字,同時,Uber在中國產生大約20億元損失。儘管如此,18%的滴滴卻價值將近60億元[69]。之所以能成功談判出一個獲利出場條件,大部分要歸功於Uber的沙烏地金錢大砲所隱含的威脅。

雖然鬆了口氣,葛雷仍然感到被一家股票既不能賣、創辦人也不太聽他話的公司困住[70]。他能做的事情就是催促卡拉尼克成熟起來,尤其要擺脫好勇鬥狠的新創文化。葛雷力勸卡拉尼克,在某些業務裡,沈悶無聊是可取的。「更創新的財務方案不會讓你贏,更創新的法律方案不會讓你贏,重新發明人資制度也不會讓你贏。這些都是很看重經驗的領域。」葛雷記得自己這麼說[71]。卡拉尼克不理不睬那時,葛雷受邀到MBA課堂上演講,利用這些場合來對他的困境引發辯論。假使這些熱切的商學院學生身為一家不聽話獨角獸的董事,他們會怎麼做?葛雷發現沒人說得出來。「我們想得到的唯一答案,就是公開市場更能發揮效果,讓公司負起責任。」他感嘆[72]。

2017年2月,卡拉尼克的行為導致的代價突然爆發出來。一位名叫蘇珊·福勒(Susan Fowler)的前員工詳述Uber反覆發生性騷擾事件的情節,她的投訴在網路上瘋傳。卡拉尼克試圖道歉並重新編組,聘請兩家知名律師事務所進行調查。可是那個月還沒結束,又冒出兩個新的危機。Google的一名

重要科學家被Uber挖角，故而在盛怒之下控告Uber竊取它的無人車技術。接著，一段卡拉尼克咒罵人的影片曝光，顯然證實了許多人的臆測：執行長是個混蛋，而Uber是一家混蛋公司。

這段影片是被一台Uber車儀表板上的攝影鏡頭錄下的，顯示卡拉尼克坐在後座跟著音樂笨拙地扭動，左右兩側坐著兩名女性。

駕駛認出乘客，開始抱怨Uber有砍低費率來提高載客率的傾向。

「因為你，我虧損了9萬7千塊，」駕駛說：「你害我破產。」

「鬼扯，」卡拉尼克反擊：「你知道嗎？有人就是不想為自己的狗屎負起責任，生活中什麼事都怪到別人頭上。」

性騷擾控訴再加上卡拉尼克的影片，使Uber的名聲慘不忍睹。Google、Airbnb、臉書，甚至Lyft開始挖走士氣低落的員工。2017年3月，壞消息接踵而至，《紐約時報》披露一個叫做「灰球」（Greyball）的激進反管制戰術。在未核准叫車服務的城市，Uber的工程師秘密建造一個影子版應用程式推送給執法官員。然後，當該名官員想要透過叫車扣押一台Uber車時，便不會有車來接他們[73]。一個叫做「資訊」（The Information）的矽谷新聞網站也爆料卡拉尼克到南韓去的事，卡拉尼克跟幾個南韓Uber主管去一間陪侍酒吧，儘管卡拉尼克沒有挑小姐陪他，但他的一些同事有。葛雷身處於這些令人反感的爆料中，又發現Uber的租車部門有鉅額財務虧損。如他曾經一再表明的，Uber缺乏財務管控機制是一場災難。

這種事情葛雷看多了，但這沒能讓他感到寬心。「在創投業，正確而無效不值什麼錢。」他後來說[74]。反之，壓力開始產生負面效應：沿著斜坡往下追逐一頭野豬是負擔很重的、不開心的，而且沒辦法好好睡覺。他在凌晨時分輾轉反側，感受到創投史上最大一筆未實現寶礦的重擔壓在肩頭上：13%的Uber股權如今價值85億元。這紙上收益與可能的實際收益之間的鴻

溝，正在將他生吞活剝：萬一Uber踏上Zenefits或Theranos的後塵怎麼辦？很多標竿創投的有限合夥人已經在帳上反應這個假定是大滿貫的利潤了：大學基金的投資官員已經拿了獎金買車買房；他們也已經將收益分配給他們的大學和基金會。如果葛雷的Uber勝仗變成一種失敗，後果將波及仰賴標竿創投績效的演講廳和實驗室。然後大家又會怎麼看待葛雷？他縱容卡拉尼克的激進妄為、他沒能對抗悄然發生的治理變化、他讓一項完美的投資淪為一場災難。

最後一個Uber震撼給了葛雷逃離險境的出口。2017年6月，兩家律師事務所結束他們對Uber有毒文化的調查，其中的發現比董事會想像的更糟：數百頁報告詳實陳列了包括性侵犯和其他暴力在內的種種事件。律師事務所建議解聘一名卡拉尼克的重要副手，提議董事會新增一名獨立董事，也說應該要求卡拉尼克請個假。

葛雷和盟友邦德曼看到有機可乘，直到這一刻以前，卡拉尼克的權力強大到向來不會任人擺布。如今，律師事務所的報告改變了他們的影響力。他們可以讓卡拉尼克休假，幸運的話，他永遠都不會回來。

「卡拉尼克，老實說，我無法想像沒有你的公司，我也無法想像有你的公司。」邦德曼告訴卡拉尼克[75]。

蹲下是為了下一次的躍起，卡拉尼克同意律師建議的休假。他把他的離開講成是一種自願選擇的短暫休息：他的母親最近在一次划船事故中去世，他需要暫時離開一下。同時，誠如他寫給員工的信上所說的，他還是可以參與「最具有策略性的決策」。「很快就會見面！」他開心地道別。

葛雷聽懂了。卡拉尼克不久就會回到Uber，除非葛雷採取行動來阻止。當律師事務所的建言在一次全員大會上公布時，格雷起身對聽眾發表談話。

「這家公司無疑是矽谷歷史上最成功的新創公司。」他熱情的開場。可

是，他接著話鋒一轉，談到今後的挑戰——已經等同Uber黑暗面的問題負責人不在了，才能處理的挑戰。「我們被認為是世上最大、最重要的公司，」葛雷演說時講到：「我們的行為、我們的公司作為必須開始匹配那樣的期望，否則我們會繼續出問題。」

「我們的風評很差，」他堅持：「你可以讀到一些報導然後說這不公平，可是這不重要。」[76]

卡拉尼克以一句開心的「很快就會見面！」，暗示說他不打算辭去掌門人的位子；葛雷則以他關於Uber名聲危機的演說，暗示他已經準備攤牌了。

－◆－

葛雷對卡拉尼克的進攻計策有3個，每個都很出色。整體說來，這是一場令人大感驚奇的戲碼。打從上一個世代以來，驅逐思科這類公司的創辦人一直存有爭議。如今，葛雷面對的是一種矽谷崇拜風氣：對創辦人的崇拜。

葛雷的第一步是集結盟友。兩個Uber的天使投資人已經開始相信卡拉尼克威脅到他們的股票價值，因此願意與葛雷聯手阻止他從流放回歸。門洛創投也加入葛雷的團隊。到目前為止，皮西瓦已經另有發展，取代他的是一個不那麼諂媚的投資人。接下來，葛雷為他的團隊招募專家，他與專精於公司治理與白領犯罪的教授們腦力激盪；他請了律師，也雇用一家處理危機的公關公司。

沒多久，葛雷就有了一個作戰計畫。他的股東聯盟沒有投票權可以強迫卡拉尼克永久辭職，不過，它會對卡拉尼克提出要求，如果卡拉尼克不肯安靜走人，那麼它就會威脅說要把最後通諜洩露給媒體。大多數創投公司都會執著於不讓人事鬥爭的家醜外揚，標竿創投則威脅說要把這次攤牌公諸於

世，估計洩密給媒體能左右更多Uber的投資人反對卡拉尼克。

即使違反了矽谷的常規，葛雷還是召集隊友。「我認為我們是站在歷史正確的一方。」他這麼告訴他們。

2017年6月20日，葛雷發起攻擊。他的兩個合夥人飛到芝加哥，卡拉尼克正準備在當地面試一位候選人，來當他回歸Uber後的第二把交椅。同時間，葛雷則坐在標竿創投的會議室裡，透過電話會議集結他的盟友。這一次，他沒有預測歷史的裁決，而是訴諸好萊塢電影。

「你們有沒有看過電影《異星智慧》（Life）？」葛雷依據《紐約時報》作家麥克・艾薩克（Mike Isaac）的一篇精彩報導，這麼問盟友們：「萊恩・雷諾斯（Ryan Reynolds）在太空中，抓到一隻黑色黏液異形那一部？」

「異形逃走了。它以某種方式逃出箱子，最後殺死太空船上的每一個人，也前往地球殺死那裡的所有人。這些全都是因為它逃了出來。」

電話擴音器裡傳來幾聲笑聲。

「卡拉尼克就像那隻異形，」葛雷說：「如果今天我們讓他逃出箱子，他會毀掉整個世界。」[77]

在芝加哥，葛雷的合夥人麥特・柯勒和彼得・芬頓踏進麗思卡爾頓酒店的一台金色電梯。在大樓頂頭，卡拉尼克恭候大駕。

柯勒和芬頓抓緊時間傳達訊息。他們告訴卡拉尼克他們希望他走人，然後交給他一封葛雷團隊的信。

信中舉出這糟糕的一年裡發生的災難事件：性騷擾調查、與Google的官司、灰球騙局。「大眾的觀感是Uber從根本上缺乏倫理與道德價值。」信中寫道。公司必須「從根本上改變」，因此，它需要換掉執行長。

卡拉尼克開始在房間裡踱步。「如果你們打算這麼做，事情會變得很難看。」他對著訪客咆哮。

柯勒和芬頓告知卡拉尼克他要在下午6點以前做出決定。之後，他們就會把事情公開。這件事會登上《紐約時報》的頭版，其他投資人將站在標竿創投這邊，就看卡拉尼克要不要有尊嚴地離開。

卡拉尼克要求獨處，柯勒和芬頓便離開並向葛雷回報。葛雷從標竿創投的總部發簡訊給盟友門：「他在拖延時間。」

卡拉尼克開始打電話給董事及投資人，希望把葛雷聯盟打出一個缺口。葛雷信上的簽名代表大約40%的Uber投票權股份，只要卡拉尼克能策反1、2個人，並且阻止進一步的崩盤，他就能把公司牢牢抓在手裡。

「我不敢相信事情演變成這樣！」卡拉尼克苦苦懇求一個投資人。「我可以改！拜託讓我改！」

這些懇求遭到充耳不聞的下場。Uber的治理水準已經掉到谷底，以至於有相當多董事會成員對他們放牛吃草的消極態度感到後悔。那天晚上，卡拉尼克放棄掙扎，簽下辭職信。

葛雷三大計策中的第一個完美勝出。

◆

戲還沒演完，因為卡拉尼克並未徹底離開。他仍然是董事會成員跟大股東，擁有16%的投票權；就跟賈伯斯被逐出蘋果一樣，他也可能策劃回歸自己的公司。確實如此，在給自己放個短暫假期後，卡拉尼克開始聯絡Uber的主管們，彷彿他從未離開似的。Uber的14人領導委員會威脅說如果允許卡拉尼克回來，他們就要集體請辭。葛雷必須阻止他。

2017年7月，標竿創投開始準備第二個計謀。幾個月前，孫正義曾經資助標竿創投的另一隻麻煩獨角獸WeWork。如今，合夥人們覺得孫正義可

能會對Uber提供他個人獨到的協助。當然，他是一門鬆散的大砲，可是在
WeWork，他曾經幫了標竿創投一個忙，買下公司的股份；說不定孫正義對
Uber的投資，可以成為重啟治理的契機。孫正義和其他後期投資人素以提供
友善創辦人的條件而聞名，不過，以Uber的例子來看，創辦人已經被掃地出
門，孫正義可能反而會對繼任者友善。柯勒和芬頓飛到愛達荷州太陽谷測試
這個關於孫正義的點子。他們湧現樂觀的感覺[78]。

　　隔一個月，標竿創投推出他的第三個、也是最侵略性的牌局。這家合夥
企業把對創辦人的殘餘尊重拋諸腦後，按鈴控告卡拉尼克，目的在於打破
他對Uber董事會結構的掌控。依據這場訴訟，標竿創投若早知道偷竊Google
商業秘密這種濫行的話，它就不會同意卡拉尼克擁有3名董事的任命權。因
此，卡拉尼克是用欺騙的方式取得這3席董事會席次[79]，而打官司的目的就
是要取消這些席次，並且禁止卡拉尼克擔任董事[80]。

　　接下來幾個星期，標竿創投的孫氏計謀和訴訟雙軌並行。孫正義似乎願
意以400億到450億元之間的估值買下現有股東的股票，比上次的價格打了
約三分之一折扣，不過仍然是一條受歡迎的逃生路線。孫正義走米爾納風
格，提議再以Uber最近一次的680億元估值投資一小筆金額，藉以挽回公司
的顏面。同時間，儘管遭到Uber高階主管及董事會的責難，標竿創投仍然堅
持繼續打官司。從標竿的角度來看，訴訟是一把用來恫嚇卡拉尼克的榔頭。

　　9月下旬，繼卡拉尼克之後新上任的執行長達拉·柯霍斯洛夏西接受孫
正義投資的想法。就跟標竿設想的一樣，此舉與其說是募集新的資本，不如
說是為了調整公司的治理。交易條件之一是取消超級投票權，使得卡拉尼克
的票數佔比從16%減少到10%。柯霍斯洛夏西將有權任命新的董事，抵銷卡
拉尼克的影響力。柯霍斯洛夏西和標竿創投利用孫正義，逆轉了沙烏地投資
那時卡拉尼克對標竿創投所做的事[81]。

　　卡拉尼克奮力抵抗。取消超級投票權牽涉到一個未經檢驗的法律機制，卡拉尼克試圖抗爭[82]。可是，標竿創投的雙軌策略已經讓他走投無路。孫正義提供的流動性是讓更多股東站在葛雷這邊的蘿蔔，訴訟則是讓卡拉尼克有動機與對手談和的棍子。到了最後，卡拉尼克同意孫正義投資和治理變革，條件是標竿創投放棄它的法律攻勢。2018年1月，孫正義的交易案正式完成。卡拉尼克失去他在董事會的力量，而標竿也撤回告訴。

　　對葛雷和標竿創投來說，這是一次痛苦的經驗。他們已經驅逐卡拉尼克，也挽救了這家公司，可是卻是用破壞創投業正常規則的方式做到的。芝加哥最後通牒、拿孫正義當破城槌、訴訟：所有這些都是即興發揮的手段，因為在前獨角獸的時代，沒有一個手段需要被動用。

◆

　　回頭看WeWork和Uber的放肆行為，很容易就會把創投業者描繪成罪魁禍首。「創投家如何讓資本主義變畸形」是《紐約客》一篇回顧文章的標題[83]。就跟Theranos醜聞後所引起的反彈一樣，這種批評太籠統了，把科技投資人有不同類型的狀況掩蓋掉。WeWork的資本有壓倒性多數來自非標準玩家：銀行、共同基金，然後是孫正義，以及波斯灣阿拉伯國家的金錢管道[84]。WeWork故事中唯一叫得出名號的創投家是標竿的鄧利維，在孫正義於2017年開出巨額支票之前，他的資金只佔所募集17億元的1%，說他是一名重要推手，是言過其實了。再者，鄧利維已經就他的影響力所及範圍內，反對諾伊曼要求的超級投票權，警告說絕對的權力使人絕對的腐化。同樣的，以Uber的例子來看，在2016年龐大的沙烏地投資案發生以前，標竿創投只提供所募資金的1%的再大約三分之一，而正因為葛雷試圖遏止至少卡拉尼克的

某些過分行為，所以才跟他漸行漸遠。葛雷之後曾入股投資的啦啦隊長裡面，是有一個乖順的創投家，不過，Uber最重要的推手仍來自矽谷以外。

事實是標準創投家並非大惡棍：在WeWork不是，在Uber不是，更概括的說，在過度強大的獨角獸裡也不是。從2014到2016年間，美國後期創投資金有超過四分之三來自非傳統投資人，譬如共同基金、避險基金和主權財富基金[85]。可是，創投業所面臨的挑戰：獨角獸的治理遭到破壞，此一事實並沒有改變。葛雷在他2015年的沉痛文章裡便曾指出明確至極的解決之道：獨角獸應該公開發行。一家公開上市公司將能擺脫那些鼓勵獨角獸魯莽妄為的扭曲優先清償權，它會迫使傲慢的創辦人聽稽核、銀行家、管制機關及律師的話，以彌補他們拒絕聽風險投資人意見的事實。

2019年，葛雷文章中的論點獲得證實，Uber和WeWork的首次公開發行準備引發一場健康的清算活動。在Uber，柯霍斯洛夏西接受葛雷曾經敦促的控制措施：財務長的空缺已經補足，而新任法務長也表示Uber將認真看待道德規範。拜這場大掃除之賜，Uber的首次公開發行進行得很順利：這家公司在2019年5月以690億元估值結束首日交易。這個數字低於私募時的最高估值760億元，不過仍然是一個龐大的數字，使得標竿創投享有270倍的投資報酬[86]。

相較之下，在WeWork，狂妄自大的諾伊曼鄙視柯霍斯洛夏西的改革作風，所以在首次公開發行過程中也得到適當的懲罰。WeWork在巡迴路演（road show）前準備階段被要求公布財務狀況，該公司製作了一份文件，其中的文字讓人很難不與邪教做聯想。「諾伊曼是一個獨特的領導人，他已經證明能兼容遠見家、執行家和創意家於一身，同時還能茁壯成長為一個社區與文化創造者。」它如此喃喃念咒。諾伊曼作為私募資本市場的名人創業家，觀眾群裡都是急著想要擠進他的下一輪融資的後期馬屁精，他可以擺脫

這種自吹自擂的廢話。可是現在，他志在對公共投資人售出股權，面對的是更強悍的一群人、財經記者嘲笑 WeWork 揭露的訊息，股票分析師戳穿數據的漏洞，而哈佛商學院教授諾里‧傑拉多‧列茲（Nori Gerardo Lietz）更譴責 WeWork「拜占庭式錯綜複雜的公司結構、持續的預測損失、過多的衝突、任何公司治理的完全付之闕如，以及不常見的『新時代』措辭」。公開市場投資人拒絕買 WeWork 的股票，董事會取消首次公開發行，也給了諾伊曼遲來的開除信。

葛雷一直都是對的。首次公開發行過程做了敗壞的私人治理做不到的事情：讓這兩家獨角獸清醒過來。可是，問題在於大家是否能學到更大的教訓，而科技界是否能獲得轉機。在 WeWork 恥辱之後，獨角獸治理的最大敗壞者孫正義承認他的作法有錯。「我的投資判斷很糟糕。」他說[87]。為了贖罪，孫正義承諾敦促企業要能獲利，而非「更瘋狂、更快、更大」。他誓言，從今以後不再允許創辦人握有那些邪惡至極的超級投票權；而軟銀本身也會放棄不要董事會席次的被動作法[88]。同時間，有一個跡象顯示葛雷的批評可能已經獲得廣泛認同，長時間推遲公開上市的獨角獸們紛紛浮上檯面。2020年，由創投業支持的首次公開發行募集了380億元，是有史以來最大的一筆金額[89]。

不過，這些只是些許的改變，Theranos-Zenefits 仍尾隨在創投業身後虎視眈眈。孫正義是否能堅守他的新標準不得而知，而包括米爾納在內的其他成長階段投資專家，仍然不肯取得董事會席次。首次公開發行熱潮是個令人振奮的跡象，可是，它卻被一種叫做 SPAC 的手段給破壞了，這是一種公開上市的形式，能迴避傳統首次公開發行過程中的審查與揭露要求。與此同時，金融環境助長了不負責任的風氣：只要聯準會維持低利率，大量便宜的資金就會造成資本被漫不經心地使用。有太多的錢在追逐太少的交易，給錢的人

為了擠進熱門公司，幾乎是不得不把監督的職責拋到腦後。創投基金已經成為年輕創新企業的最佳融資形式，可是這個產業無法避免莽撞的後期投資人加入獨角獸牌局。

結語
運氣、技能與國家競爭

　　《尋找甜秘客》（*Searching for Sugar Man*）對任何曾經創作過一部電影、一本書、一集有聲節目或一首歌的人來說，都是一部縈繞心頭的紀錄片。它講述出身底特律的天才創作歌手西斯托・羅德里葛斯（Sixto Rodriguez）的故事，此人被拿來和巴布・狄倫（Bob Dylan）及凱特・史蒂文斯（Cat Stevens）相提並論。身為1970年代初期的年輕藝術家，羅德里葛斯發行過2張唱片，但乏人問津，銷量奇慘無比。唱片公司放棄了他，他淪為拆除工人，改行從事破壞而非創造的工作。接下來這30年，羅德里葛斯在一棟他用50元買來的破敗法拍屋裡年華老去。

　　同時，在世界的另一頭發生一件了不起的事情。澳洲人和南非人發現他的唱片，而且為之瘋狂，一家澳洲唱片公司製作了他的歌曲精選集，一張盜版唱片在南非衝上銷量排行榜。他的一首歌曲成為反種族隔離的聖歌，而羅德里葛斯本人卻對自己的明星地位渾然不知。當我初次觀賞《尋找甜秘客》、記述這位歌手既默默無聞又家喻戶曉的故事時，打了電話給我在南非的一位友人，問他有沒有聽過羅德里葛斯。當然了，對方這麼回答。他對所有的歌曲如數家珍，這些歌曲在他的成長過程中如影隨形。

　　在21世紀的頭10年，正在攻讀博士的社會學家馬修‧薩爾甘尼克（Matthew Salganik）詳細檢視《尋找甜秘客》現象。畢竟，創意領域裡一再冒出各種版本的羅德里葛斯故事：雖然一開始被出版商拒絕，但《哈利波特》（Harry Potter）還是成為風靡一時的暢銷書。很多書籍、歌曲及電影好到足以聲名大噪，然而，其中卻只有極少數收割絕大部分戰果。薩爾甘尼克想要了解是什麼因素決定了這種偏頗的結果，因此，他找了幾個共同研究人一起設計一項實驗，他的實驗結果是評斷創業投資的一個很好的起點。

　　薩爾甘尼克建立一個網站供人們上網聆聽不知名藝術家的歌曲，然後可以選擇想要下載哪一首歌曲到音樂庫裡。參加者被隨機指派至不同的虛擬空間——有如1970年代的美國與南非那樣的平行世界。果不其然，參與者更有可能挑選其他人已經下載過的歌曲，他們會做出受到社會影響的反應。隨著最初的人氣滾雪球般上漲，每個虛擬世界都會發展出自己的熱門金曲，遠比其他歌曲更受歡迎，以致於大獲全勝看來勢不可免。可是，這種與眾不同是誤導人的表象。在薩爾甘尼克不同的實驗世界裡，領先群倫的是不同的歌曲。比方說，一首叫做〈封鎖〉（Lockdown）的歌在某個世界是第一名，但在另一個世界的48首歌中卻只排名40，即使這是同一首歌、競爭對手也完全相同。薩爾甘尼克的結論是，賣座熱銷是一種隨機現象！[1]

　　對創投家來說，這個結論鼓勵人們保持謙卑。在一個依循乘冪定律的產業裡，由於反饋作用的關係，有些創投家主宰了這一行，募集到絕大部分資金，擁有熱門交易的接觸管道，並且創造出最好的績效，其他人卻只是在掙扎求生。把1979到2018年間的創投基金算進來看，位於中位數的基金績效表現略遜於股票指數，而前5%的基金則狠狠打敗大盤[2]。不過，至少從理論上來看，這場競賽的贏家充其量只是運氣好：起初的成功也許是隨機發生的，可是卻能讓網絡巨輪飛快轉動起來。如果我們能用一再重演歷史的方式

來模仿薩爾甘尼克的實驗，說不定《哈利波特》在某些平行世界裡將沒沒無聞，說不定凱鵬華盈投資的是臉書而非 Friendster，又說不定高盛的老闆們會繼續持有阿里巴巴股份，剝奪了孫正義東山再起的跳板。不管哪一種版本的歷史，乘冪定律都會確保少數贏家成為超級巨星。不過，誰會成為明星就有運氣的成分在內了[3]。

2018年，美國國家經濟研究局（National Bureau of Economic Research；NBER）發布一份工作報告，直接針對創投業檢驗這個邏輯[4]。果不其然，作者確認反饋作用存在。創投公司的早期成功提高了後期成功的機率：一家創投公司的前10個投資案中，每多1家IPO的公司，就會使後續投資案的公開發行比率提高1.6個百分點。作者測試各種假設後，得出的結論是因為聲譽效果的關係，成功會帶來成功。據作者的說法，拜最初1、2個案子成功之賜，創投公司的品牌已經夠強大了，所以能接觸到有吸引力的交易，尤其是後期投資案，此時的新創公司已經做得很好，進場投資的風險較低。而且，那1、2個最初成功的案子似乎並未反映出技能；相反的，它們是「在對的時機出現在對的地方」的結果——換句話說，純屬好運。就跟薩爾甘尼克的歌曲實驗一樣，運氣和路徑依賴看來能解釋是誰在創業投資中勝出。

本書已經對隨機論做出反擊，反而強調創業投資需要技能，這麼做乃出於四個理由。首先，路徑依賴存在，實際上並不能證明技能就不存在。創投家需要進入競技場的技能：誠如NBER報告的作者們所說的，只有在眾多技藝精湛的玩家之間決定由誰勝出時，路徑依賴才會發揮作用，路徑依賴也無法清楚解釋為什麼是某些熟練的操作者打敗其他人。一家創投公司未來的公開發行比率提高1.6個百分點，這發現也不是特別顯著，而報告中字裡行間所描述的歷史，顯示路徑依賴經常被打斷[5]。亞瑟·洛克儘管聲譽崇隆，但投資完蘋果之後便再也沒有成功過；梅菲爾德基金是1980年代的主力部隊，

它也漸漸失色了；凱鵬華盈證明你可以主宰矽谷長達四分之一世紀，然後便驟然殞落；紅杉資本為了努力維持它的多疑感與警覺性，曾經製作過一張投影片，列出許多家昌盛一時卻繁華落盡、被稱為「已逝者」的創投合夥企業。

　　第二個相信技能的理由，就落在某些合夥企業的起源故事裡。有時候，一家新公司顯然靠著技能發揮關鍵作用，才能闖進創投菁英圈。凱鵬華盈因為天騰電腦和基因泰克而成為這一行的領導者，兩家公司都是在凱鵬華盈的辦公室裡孵化，由湯姆・柏金斯親手積極塑造出來的，跟運氣一點關係都沒有。老虎環球及尤里・米爾納發明出後期創業投資的技藝，他們有一種真正新穎的科技投資方法，提供的不僅僅是另一個與他人競爭的通俗老調。保羅・葛拉罕在 Y Combinator 的批次養成法，同樣是種子階段投資的原創作法。是聰明的創新而非偶然的好運，可用來說明葛拉罕在創投史上的地位。

　　第三，創投家靠著品牌優勢而得以參與交易的說法被誇大了。紅杉某個合夥人看到的交易，也會被其他公司的對手看到：一個分散型的家庭手工業是不乏競爭的。往往，仰賴技能贏得交易的程度不亞於仰賴品牌：它跟足夠瞭解商業模式到取信於創業家有關，也跟判斷多少估值才合理有關。有一個仔細的統計得出的結論是，名列前茅的交易案中，有大約半數收益被新的或正在崛起中的創投公司拿走，還有無數個例子是知名創投公司拿到投資機會然後又搞砸它[6]。安德森・霍洛維茲公司錯過 Uber，它的品牌救不了它；彼得・提爾是 Stripe 的早期投資人，他沒有那個信念投入跟紅杉一樣多的錢。至於知名創投品牌有「特權」參與據說風險較低的後期投資輪的說法，則視個案而定。一隻獨角獸的氣勢經常會轉化為極高的股價，在 Uber 和尤其是 WeWork 的例子裡，有些後期投資人虧損了好幾百萬美元。

　　第四，反技能論點低估了創投家對投資組合公司的貢獻。無可否認，

這些貢獻可能很難被說清楚講明白。從擔任英特爾董事長33年的亞瑟・洛克開始，大部分創投家一向避免引人注目，他們是教練，不是運動員。不過，這本書已經挖掘出多個案例，可看到創投業者的指導在其中發揮重要作用。唐・瓦倫丁拯救陷入混亂的雅達利，然後還有思科。恩頤投資的彼得・巴里斯洞悉UUNET如何才能成為新的奇異資訊服務公司。約翰・杜爾說服Google跟艾瑞克・史密特合作。班・霍洛維茲引導Nicira和Okta走過轉型期。的確，創投家指導投資組合公司的例子也許誇大了創投的重要性：至少在這裡的某些例子裡，創辦人可能不需要投資人的建議，便已經自行解決問題。不過，量化研究顯示創投家確實產生正面的影響：研究一再地發現，有優質創投業者支持的新創公司比其他公司更有可能成功[7]。有一個對這份文獻的古怪貢獻，是去檢視當航班讓創投家更容易造訪新創公司時，會發生什麼事情。出差變得比較簡單，這家新創的表現就會比較好[8]。

　　誠如羅德里葛斯的故事告訴我們的，早期運氣和路徑依賴在乘冪定律產業裡發揮作用。當然，創投業也不例外，有時候運氣好比人聰明來得更好：想想那個拿著牙刷、吃到一口蘋果的英國人安東尼・蒙塔古。不過，聰明仍然是驅動成果的主要因子，創投業者為工作帶來的其他品質也是：奮鬥，以便率先跟冷漠的創辦人搭上線；剛毅，以便在你的投資化為烏有時，度過不可避免的黑暗期；情緒智商，以便鼓舞並帶領才華洋溢但不守規矩的創辦人。偉大的創投家能讓自己化身為調節創業情緒波動的儀器。當一家投資組合公司的發展順利時，他們會提出尖銳的問題，以避免滋生自滿；當事情出岔時，他們凝聚團隊，重振其對使命的承諾。

　　本書也提出第二個主張。無論特定創投公司或個別創投家的技能如何，創投家整體來說對經濟與社會都發揮了正面的影響。舉例來說，蘋果電腦的融資顯然就不能拿來做創投技能的個案研究：即使成立一家獨當一面的個人電腦製造商的時機成熟，但仍有好幾個創投家拒絕投資。不過，無論個人犯下怎樣的錯誤，整體而言，創投家最終還是資助了賈伯斯。結果成就了一家取悅無數消費者的公司，為員工創造就業機會、為投資人創造財富。

　　就跟本書關於個別創投家技能的主張一樣，創投家集體影響性的論點也遭到正當反對。這些疑慮可歸結於三種說法：比起發展有益社會的事業，創投業更擅長於自肥；創投業由一小群白人男性所主導；創投業鼓勵不受控的破壞者，而不關心那些遭到破壞的人。

　　這些控訴中，創投支持的企業對社會沒有益處這一點最沒有說服力。當然，科技巨頭有其黑暗面。像亞馬遜、蘋果、臉書和Google這樣的大公司造成各式各樣的社會影響，其中有好有壞，而政府自是有權壓制壞事發生。侵犯隱私、傳播假新聞，以及私人行為者擁有絕對權力來決定誰在何時能跟何人溝通，這些都是監管機關的合法目標，但卻不能拿來控訴創投業。創投業者起初資助這些科技巨頭，是在協助創造對消費者有益的產品，沒有人想要回到沒有電子商務、個人電腦、社群媒體或網路搜尋的世界裡。如果這些巨擘從此變得具有威脅性，那是因為他們變得如此龐大的關係，在他們的發展軌跡中，創投／新創階段已經被遠遠拋到腦後。也不能說是這些公司還在搖籃裡的時候，創投家們以某種方式把不負責任的因子種在他們身上。真要說的話，情況也是相反：絕大部分創投業者往往會去敦促創辦人更留意法律與社會約束，而非輕忽。在臉書，Accel在西恩・帕克敗壞公司文化之前就把他掃地出門；在Uber，標竿創投最後迫使卡拉尼克辭去職位。值此同時，創投家已經資助了數十項顯然很有用的技術：數位地圖、線上教育、生物科技

等等。創投家創造出來的公司更多是進步的力量，而非退步的來源。

　　創投業也因為犯下遺漏的錯誤，為那些它沒能創建的企業而受到攻擊。這種控訴最常見的說法是，創投基金讓更充裕的資金流向瑣碎無聊的應用程式，而非對社會有用的項目，尤其是對抗氣候變遷的重要技術領域。不過，如我們所見，這不是因為創投家缺乏熱情。在2006到2008年間，創投家注入數十億美元在風力發電、太陽能板和生物燃料，使流入潔淨科技的資本增至3倍。這些綠色基金的表現太差，反而凸顯了創投家對環保的熱情：可以說，他們讓自己的社會使命感凌駕於對有限合夥人的責任之上，又順帶一提，這些有限合夥人很多是大學與慈善機構。再者，自2018年以來，創投家已經再次展現他們對潔淨科技的熱忱，投入資金於電動車計畫、促進農作永續性的技術，以及從回收到運輸等各式各樣能提高能源效率的軟體上。

　　說不定創業投資人的心地不差，只是他們的融資風格不適合諸如潔淨科技這種資本密集的領域？這個猜測猜對了一部分，但同時也言過其實。沒錯，高研發成本的技術使創投業者承擔額外風險，而需要多年時間開發的產品，也會降低創投業的年化投資報酬率。根據一份研究，1991至2019年間，投入潔淨科技交易的資本每年帶來的收益是少得可憐的2%；相較之下，軟體投資的收益是每年24%[9]。可是，綠色項目「不是創投資助得起」的定論太過籠統了。首先，有些綠色科技既不需大筆資金，也不用很長的開發時程，譬如說，決定家電何時從電網取得電力的軟體。其次，潔淨科技在2010年以前的重挫，被認為是政府失靈的程度不亞於創投資金。政客們大放厥詞於碳定價和碳排放的管制，創投業者便根據這些信號採取行動；當政客們無法兌現承諾時，創投業當然會蒙受損失。2010年以後已經沒有同等的政策衝擊，潔淨科技也就表現得比較好。在2014到2018年間，綠色創業投資賺得的年度總報酬率略高於21%，其中智慧電網和儲能新創的報酬率約

在30%[10]。最後，創投家無法應付一定程度的資本密集度的說法不受歷史支持。本書談到的早年故事顯示，創投家過去已經在昂貴的硬體專案上獲得成功：想想快捷半導體、英特爾、天騰電腦、3Com、思科和UUNET。

在創投業的前面幾十年間，創投家提出妥適的投資條件書來資助資本密集型項目，為了所付出的耐心與大把現金，他們會要求投資組合公司的大額股份。在1960年代，戴維斯及洛克對任何它所支持的新創公司，都會要求大約45%的股權。在1970與1980年代，A輪投資人一般要求約莫三分之一股權。然後到了1990年代後期，這個比例進一步下跌：紅杉和凱鵬華盈投資一大筆錢到Google身上，可是兩邊只有拿下公司四分之一股份。最後，最低點是Accel在2005年支持祖克柏的時候，只拿到臉書八分之一股權[11]。如我們所看到的，股權佔比的每況愈下是新創公司年輕創辦人的自信導致的。不過，它也反映出一個事實，即Google和臉書這樣的軟體新創所需資金有限，也有望給出快速且天文數字般的報價：難怪創投家擁有一小部分股權就心滿意足了。今天，如果創投業者要資助資本密集型的項目，他們便需回憶過往。他們可以提供大筆資金，只要因此開花結果的公司能讓他們擁有大部分股份即可[12]。

過去25年來，網際網路、智慧型手機與雲端運算的非凡普及，已經形成一種迷思，認為創業投資只關乎軟體。由於許多因此產生的公司都是家喻戶曉的企業，在公眾意識中佔有的份量如此之重，以至於看不見比較低下的技術，這迷思也就變得益發強大。可是，創投業「只能」支持軟體的暗示犯了雙重錯誤。首先，幾乎各行各業都會用到軟體，就算只做軟體的迷思是對的，也很難證明創業投資被侷限在一個狹隘的領域裡。不過，更大的重點是，跟普遍看法相反，網際網路出現前的資本密集項目傳統仍然可行。

2007年，一家名叫樂仕資本（Lux Capital）的合夥企業募集它的第一個

基金，身負一個明確任務是避開顯而易見的題材。「不做網際網路、社群媒體、手機、視訊遊戲這些大家都會繼續做下去的東西。」一如它的共同創辦人喬許・沃夫（Josh Wolfe）如此解釋[13]，樂仕資本反而去投資醫療用機器人、衛星和核廢料處理等領域，結果證明這些資本密集型的投資並非創投業者能力所不能及的挑戰。截至2020年，樂仕資本自豪地擁有強勁的回報，並管理高達25億元的投資項目[14]。在2021年的前半年，有9家樂仕的投資組合公司成功退場，而這家合夥企業又多募集到了15億元資金。

　　何以創投可以支持資本密集技術的另一個實例是旗艦先鋒（Flagship Pioneering），一家總部設於波士頓的創投公司，專注於野心勃勃的醫療突破技術。這家公司證明了只要創投業擁有足夠的上漲空間，那麼高風險、高成本的登月計畫也能值回票價。呼應凱鵬華盈對基因泰克的作法，旗艦也是在內部孵育新創公司，並消除炙熱風險，才向其他公司尋求資金挹注。因此，旗艦的成功專案在上市時，通常會保留大約半數股份，結果讓公司的有限合夥人得到可觀的利潤[15]。生技公司莫德納（Moderna）是旗艦先鋒旗下的一家新創企業，成功研發出COVID-19疫苗，幾乎沒有其他更強而有力的證據，能更好地證明創投的效用了。

　　創業投資當然犯了遺漏的錯誤：沒有一個金融專家能無所不知。講到基礎科學時，永遠少不了政府支持的實驗室；講到估值超過50億元左右的公司時，股票市場能實現卓越的公司治理機制；講到高度資本密集的投資時——舉個極端例子，一個最先進的半導體工廠——口袋深的公司會更適合。可是，創業投資的觸角之廣更是令人眼睛一亮：把種子投資與成長投資算進來，它是價值數百萬到數十億元不等、具創新性且雄心萬丈的新創公司的首選融資來源。只要這家新創瞄準的是利潤豐厚的市場，而且有望帶給投資人10倍以上收益，那麼它屬於那一行根本無關緊要。它可以是發明一

種新型態的漢堡（Impossible Foods）、一種賣眼鏡的新方法（Warby Parker）、一個時尚概念（Stitch Fix、伸展台租衣網Rent the Runway）、一種虛擬實境頭盔（Oculus）、一種健身追蹤器（Fitbit）、一支平價智慧型手機（小米）、一種摩托車和自行車租賃服務（Lime）、一項基因檢測服務（23andMe）、醫療機器人（Auris Health）、一種心理健康服務（Lyra Health）、一種針對商家的支付服務（Stripe、Square）或一家消費者銀行（Revolut、Monzo）。不可避免地，總是會有批評者反對說創投家可以更好地分配社會資源。不過，這些批評者主觀的優先順序也可能遭到質疑，而且好像不是所有非創投資助的企業做都是道德高尚的事業。創投業者把資金投入可銷售獲利的產品，至少是尊重了數百萬消費者的選擇。

◆

　　第二個範圍廣泛的控訴：說創投業由來自少數精英大學的白人男性所主宰又如何呢？這一點的說服力就強得多了。截至2020年2月，在創投公司的投資合夥人中，女性所佔比例是低的驚人的16%，比2016年的11%高[16]。相較之下，有38%的律師和35%的醫生是女性[17]。不可否認，創投業在努力改善中。在2019年間，美國創投公司任命的新合夥人當中有42%是女性，而這一行的性別歧視也有一些減少的跡象[18]。好幾位創投家已經因性騷擾事件為人所知而丟盡了臉，男性也更有可能因為發表可憎的言論而遭受批評。在2020年的一篇論文裡，研究人員為了測試厭女症，對2萬8,000名創業投資人寄出8萬封投售的電子郵件，介紹大有可為但卻是虛構的新創公司。表面上由女性創業家所寄出的創業提案，收到有興趣的回覆比男性寄出同樣簡報高出9%[19]。不過令人失望的是，態度上有望轉變對資金的最終流向影響不大。

2020年，只有6.5%的創投交易案給了純女性創辦人的新創公司；至少有一位女性創辦人的新創所佔比例略高一點，17.3%[20]。

種族議題上的進展甚至更慢。持平地說，創投企業是開放給亞裔投資人的，約有15%的創投合夥人是亞裔，比亞裔在勞動力中所佔比例高出2倍有餘[21]。不過，不利的一面是即便美國黑人佔勞動力的13%，卻只有3%的創投合夥人是黑人，而黑人創業家所募集到的創業資金則不到1%[22]。這種黑人代表性的不足反映出普遍存在於其他精英職業的樣態，不過狀況更糟。引用一個合理的基準來看，黑人佔財務經理的比例是8.5%，比在創投業的佔比高出將近3倍[23]。同時，西班牙裔美國人的代表性更差。即便他們在勞動力所佔比例是17%而在財務經理上是11.4%，但在創投業卻只有4%[24]。這不僅不公平，更限制了經濟進步。有才華的人被拒於門外，沒有機會對創新有所貢獻。曾有人推算說，這個缺點如果獲得處理，美國的GDP將高出2個百分點[25]。

緊接在2020年「黑人的命也是命」（Black Lives Matter）抗議之後，有少數創投領導人承諾會做得更好。安德森‧霍洛維茲啟動一項計畫，培訓並資助少數非典型背景的創辦人。「法律之前人人平等，可是執法時卻不平等是殘酷的。」這家合夥企業堅定的說[26]。其中一個資助Uber的種子投資人「首輪資本公司」（First Round Capital）聲稱它的下一個合夥人會是黑人。Google創投宣布任命一位黑人合夥人泰瑞‧伯恩斯（Terri Burns），此人之前曾任職於推特。不過，這些行動頂多只是一個開端，目前來看，創投業被控的罪名仍然成立。它過於白人男性的天下了，而且來自少數精英大學：擁有MBA學位的創投家中，有三分之一不是念史丹佛、不然就是念哈佛[27]。創投業在一定程度上是「任人唯才」（meritocracy），但它也是批評者口中的「鏡像統治」（mirror-tocracy）。

最後，還有第三個範圍廣泛的控訴：創投鼓勵不受控的破壞者，這種批評往往出於對 Uber 等公司「閃電擴張」的反抗。這個名詞是前為 LinkedIn 創辦人的格雷洛克創投家雷德‧霍夫曼創造的，原本意指一種義務，而非選擇：在網路產業裡，贏家通吃的邏輯迫使新創與競爭者進行規模競賽，以防止對方捷足先登[28]。可是，到了思慮不周的投資人手上，「閃電擴張」只不過是「快速致富」的意思，一個與其他惡名昭彰的口號齊名的名詞，從孫正義「更瘋狂、更快、更大」的訓令，到馬克‧祖克柏「快速行動、打破陳規」的號召皆然。即便是閃電擴張戰備基金的接收者，也已經開始大喊犯規。2019 年，創業家傑森‧福萊德（Jason Fried）指稱創投基金「扼殺的企業比幫助的還多」，因為在經理人還不知道如何明智的花錢以前，龐大的創投戰備基金便已經製造出花錢的壓力。「你種下一顆種子，它需要一點水，可是如果你不管三七二十一就他媽的倒了一大桶水，只會殺死它。」福萊德直白地說[29]。創業家提姆‧歐萊禮（Tim O'Reilly）注意到大量創投資助的公司失敗了，提出一個挑釁的想法。「閃電擴張並不真的是成功的秘方，而是偽裝成策略的倖存者偏誤（survivorship bias）。」[30]

然而，歐萊禮的批評與其說是對創投業者的控訴，毋寧說是給創辦人的警告。如果創業的目標是追求個人自主，那麼創辦人必須明白，創投基金給錢是有條件的。如果創業家想要按部就班地發展他們的公司，那麼創業投資可能會帶來不必要的壓力。可是，儘管需要有人來告訴缺乏經驗的創辦人這些現實，創投家自己最清楚不過了：他們率先表明小心謹慎的創辦人應該去別的地方找錢。「絕大部分創業家不應該拿創投的錢。」標竿創投的比爾‧葛雷在 2019 年 1 月發出這樣的推文：「我賣的是噴射機燃料。」首輪資本公

司的喬許・柯普曼（Josh Kopelman）贊同說：「但有的人不想造噴射機。」[31]
如這些評論所指出的，創投業者也許有能力支持行業範圍廣泛的公司，可是
從另一個意義來看，他們的能力卻很狹窄。創業投資只適合想要承擔快速成
長風險的少數野心家，而所有人當中，唯有創投家有興趣尊重這樣的限制。
如果他們強行灌注資本給不適合的公司，他們會虧錢。

　　不過，歐萊禮的評論以一種微妙的方式，指出一個關於創業投資的棘手
問題。它跟想要快速成長然後失敗的創辦人無關：這些人自願接受創投的
錢，想必清楚其中的危險。反之，它跟快速成長而且成功的創辦人有關，因
為這些創辦人將顛覆既有企業裡人們的生活。當然，企業的更迭通常是追求
科技進步所要付出的公平代價：破壞也可以是富有創造性的。可是，假使這
些更迭並非源自科技，而是源自科技融資，這判斷可能就不同了。當創投家
挹注資本進行閃電擴張，結果產生一群以低於成本的售價販賣產品的獨角獸
企業擾亂既有企業，但不必然是因為他們在技術上比較優越，而是因為他們
拿創投業者的錢來補貼。比方說，在叫車服務領域，創投家幫乘客買單人為
製造的便宜費率，迫使既有計程車業者在扭曲的環境中競爭。激烈的市場競
爭之所以在道德與政治上站得住腳，是因為它應該是公平的。如果市場被操
縱，就失去了合法性。

　　沒有一個經濟體系能完全免於扭曲，所以問題在於閃電擴張是否讓扭曲
到了一個有害的程度。如果能證明獲得補貼的獨角獸企業正在排擠更有效率
的既有企業，那麼閃電擴張可能正在傷害經濟的整體效率。在閃電擴張狂熱
飆到最高點的2018年，有兩位學者試圖提出此一主張：「虧錢的公司可以繼
續營運並與既有企業削價競爭的時間，較之以往來得更久。」「可以說，這
些公司正在摧毀經濟價值。」[32]可是，儘管這個論點在某些時候和某些產業
上是對的，但在絕大多數情況下，它幾乎可以肯定是錯的。

　　理由要從市場競爭的本質說起。重申一次：沒有一個經濟體系能完全免於扭曲，而既有企業通常擁有強大的優勢。他們享有經濟規模、強大的品牌、協助制定的政府法規，以及與分銷商、供應商的穩固關係。有鑒於這些現任者優勢，幫助造反分子的閃電擴張也許能發揮平衡作用，而非扭曲。比方說在叫車服務領域，既有的計程車業者往往能左右政府監管機關，便宜的創投資金能平衡這種不公平的優勢[33]。「你有理由說，如果 Uber、Lyfy 和 Airbnb 沒有閃電擴張，他們會被官僚機構的繁文縟節給綁死，那麼他們想要打造的未來就不會只是延遲發生，而是永遠不會發生。」歐萊禮自己下了這樣的註解。理論上來說，一筆非常龐大的創投資金也許代表一種過度修正：當孫正義這樣的海盜帶頭作亂時，反閃電擴張的批評也許有其價值存在。可是通常被實現出來的海盜式閃電擴張並非創投的錯：回想一下，葛雷被 Uber 的燒錢速度給嚇壞了；經過 WeWork 的屈辱後，連孫正義都說要有所節制。

　　關於閃電擴張的最後一點值得注意。閃電擴張的目標是建立市場力量——某種接近獨佔的東西，這會從三個方面傷害社會：太過強大的公司會付較少的錢給供應商及勞工、超收消費者費用，並且扼殺創新。可是，這個問題的正確解答，是在獨佔企業興起時加以管制，而非懲罰創投產業。畢竟，創業投資就是要破壞根深蒂固的企業權力，它是獨佔企業的敵人。亞馬遜的挑戰來自創投資助的年輕公司：新興消費品牌如 Glossier 在另一個新發跡的公司 Stripe 幫助下收款。同樣的，臉書的挑戰來自下一代社群媒體平台：紅杉資助的抖音或 a16z 的門生 Clubhouse。臉書併吞了過去兩個表現突出的挑戰者 Instagram 和 WhatsApp，並不會削弱這一點。其一，競爭管制當局為了回應對科技巨頭日益高漲的懷疑態度，可能會阻止臉書收購未來的挑戰者；其二，臉書為 Instagram 和 WhatsApp 所付出的高昂價格，已經給了創投業強大的誘因去資助下一輪的競爭者。

　　任何集團變得跟沙丘路居民一樣強大富有之際，都值得嚴格審查。可是這裡談到的三種控訴中，只有一個有價值。創投業確實是一個小圈圈：太白人、太男性、太哈佛／史丹佛了，一個對於塑造未來擁有如此強大影響力的行業，應該更重視多樣性。可是，創業投資不適合潔淨科技這類對社會有益的產業，並不是真的。「要做就要做大」（go big or go home）的閃電擴張心態，通常也不會極端到傷害經濟效率。隨著科技滲透到生活中每一個角落，民主社會有權擔心它帶來的負面效應，從獨佔的興起、假新聞的傳播到隱私權受到波及。可是，這些威脅來自成熟的大型科技公司。創業投資不僅不會鞏固這些巨擘，可能還會帶來破壞。

　　同時間，對創投家作為一個整體進行評價時，必須在記帳本的另一邊承認有利於他們的強項。

　　商學院和金融科系已有定論，證明創投資助的企業對財富創造及創新發揮不成比例的影響力。在美國，只有少少的1%公司獲得創投的資助[34]。可是在一份從1995到2019年涵蓋四分之一世紀的研究裡，喬許・勒納（Josh Lerner）和拉曼納・南達（Ramana Nanda）發現，創投資助的企業佔了美國非金融部門首次公開發行的整整47%；換句話說，創投支持的公司上市的可能性要比非創投支持的公司高出千百倍。再者，公開上市的創投資助企業，往往比非創投資助的同業表現得更好，也帶來更多創新。因此，即使創投資助企業佔了公開上市的47%，在研究結束時，他們佔市值的比重是76%，還佔研發支出的整整89%[35]。其他研究則證實，更多的創業投資會帶來更多的專利申請，更進一步地說，創投資助下的專利意義重大性高於平均水準：在前

10%被引用次數最多的專利當中，有22%是創投資助的專利[36]。這些智力成就為經濟體其他部分帶來豐饒的外溢效應，某家公司開發的技術可以被其他公司使用，創新性的產品能提振全球的個人與企業效率。

　　創投資助的公司取得毫無疑問的成功，經常會被問到一個問題：是創投家們創造了成功，亦或他們只是剛好出現在那裡？不過，如我們已經看到的，另外一個研究路線證明，受益於創投指導的新創公司如何發展得比同業更好，而本書也舉出多個例子顯示創投家帶給投資組合公司正面的影響。此外，即便創投業者完全只有選擇交易而非指導新創的技能，這樣的技能還是很有價值。明智的交易選擇提高了最值得幫助的新創公司取得所需資金的機會，確保社會資源獲得有效配置。

　　此外，創投業這種以金融為中心的論據，應該用一個社會學的論據來加以補充。歸功於安娜莉・薩克瑟尼安的研究，自1990年代以來，人們已經了解到矽谷憑藉著網絡品質超越波士頓，成為創新的樞紐：和麻薩諸塞州密不透風的企業比起來，人才與創意更能在加州小型新創公司之間流動。本書更進一步強調一點：薩克瑟尼安所彰顯的肥沃網絡，是由創投家所培養出來的。在啟動加州的創新飛輪時，亞瑟・洛克的重要性不亞於史丹佛大學的存在或國防合約的大量湧入。在超車波士頓時，矽谷靠的是創投家，比如3Com背後的團隊，這家乙太網公司到東岸尋找資金，可是最後認為西岸的創投基金無人能取代。值得注意的是，矽谷的主要挑戰者——中國——的崛起，也能追溯到創投。中國網際網路公司重演矽谷自己的發展史，在美國或美國培訓的創投家幫助下起步。再者，創投對應用科學商業化的貢獻是明確無誤的。

　　這樣的貢獻已經有所成長，而且將持續下去。1980至2000年間，創投資助的公司在美國公開上市的佔比已達可觀的35%；接下來20年，這個比例

躍升至49%[37]。展望未來，有鑒於經濟發生根本性轉變，創業投資將百尺竿頭，更進一步。在過去，大多數企業都是做有形的投資，資本被拿來買實體貨物、機器、建築、工具等等；如今，大多數企業的投資都是無形的，資本流向了研發、設計、市場研究、商業流程與軟體[38]。新型態的無形投資正好命中創投家的熱區：回到1962年洛克在解釋何謂創業投資時，他說他是在資助「智力的帳面價值」。相較之下，無形資產對其他類型的金融家造成壓力。銀行與債券投資人會以取得「擔保品」的方式來保護自己免於虧損——如果借款人違約的話，他們就可以提出索賠，沒收並出售借款人的資產。可是無形資產具有沉沒成本的特性：一旦投入，就沒有實體目標可以拿來兜售，以便回收資本[39]。同樣的，傳統的股票投資人評價公司的方式，有部分是靠著計算他們的實體資產，這些已經在財務報表中被明確地揭露。可是無形資產比較難衡量，難倒了標準會計準則，而且他們的價值是不明確的：比方說，如果想要評價一個軟體開發專案，你必須接近這些技術才行。在這個令人困惑的世界裡、一個有形資產取代無形資產的世界裡，有實務經驗的創投家更有能力做資本配置。

　　由於創投基金特別適合資助無形資產，無怪乎它已經在地理上散布各處。矽谷仍然是創投業的中心：在美國，矽谷是三分之二美國創投合夥人的大本營，而在2004至2019年間，美國募集的創投基金中，加州的佔比從44%躍升到62%[40]。不過同時間，加州投資人越來越願意支持其他州的公司，而資金如泉湧般地流入創投基金，也導致大量金錢想方設法找到矽谷以外的創投合夥企業，最大的受益者是傳統金融中心波士頓及紐約。不過，資金也流向產業重鎮，譬如洛杉磯和西雅圖，甚至流向令人意外的地方：由兩個紅杉校友所領導的「驅馳資本」（Drive Capital）總部位於俄亥俄州，便管理價值12億美元的創投基金。隨著2020至2021年新冠病毒大流行期間遠距工作的

出現，有大批科技新貴已經放棄矽谷的交通堵塞，追尋更低的稅率與租金，德州奧斯汀和佛羅里達州邁阿密是其中兩個熱門目的地。一家叫做8VC的創投合夥企業領導人喬・隆斯戴爾（Joe Lonsdale）便把搬到奧斯汀當成創新無處不在的一種賭注。「有才華的人在全國各地開發頂尖科技，」他這麼寫道：「我們相信，美國的未來將在這個國家的中部、在有著良好政府與合理生活成本的地方被打造出來。」[41]

創投樞紐已經在美國以外的地方成長茁壯，凸顯出創投在支持明日產業上的優勢。2009至2018年間，創業投資的前十大城市中，有4個是在其他地方：北京、上海、深圳及倫敦[42]。以色列、東南亞與印度已經出現前景看好的創投聚落；即便一般認為數位化落居人後的歐洲，至2019年的5年內也看到創業投資翻了1倍[43]。2021年，有3位拉丁美洲人登上《富比士》最佳創投人排行榜，這是該地區首次有人上榜。總而言之，美國佔全球創業融資的比重，已經從2006至2007年的大約80%，下跌至2016至2019年的不到50%[44]。一個世代以前，在科學家與工程師眼中，美國是唯一可以創業的地方。今天，他們認為遍地有機會。

全球敞臂歡迎創業投資，證實了本書向來的主張：這個產業的吸引力遠超過它被控訴的缺點。作為個人，創投家展現技能；作為群體，他們資助最有活力的公司，創造出不成比例的財富與研發成果，並且編織起驅動知識經濟的肥沃網絡。未來，隨著無形資產越來越壓過有形資產，創投家親力親為的作風，將對我們的繁榮持續做出更多貢獻。當然，還有無數社會問題是創投業無法解決的，而且有些恐怕還會加劇，譬如不平等的問題[45]。不過，面對不平等的正確反應，不是質疑創投的重要性或刻意阻撓它，而是對上一代興旺發達的幸運兒課稅，包括那些身為創投家而致富的人。

然而，自相矛盾的是，創業投資的成功也為這個產業帶來一個新挑戰。

隨著它散播到世界各地，它也越來越被捲入大國競爭之中。

◆

　　創業投資的地緣政治歷經兩個階段。第一個階段大致從資助快捷半導體到資助阿里巴巴之間，當時美國以外地區幾乎沒有創業投資，所以國家競爭的問題無關緊要。第二個階段約莫始於世紀之交，創業投資開始開枝散葉，可是就跟全球化的大多數面向一樣，這通常會被認為是一種雙贏的過程。當美國創投家推波助瀾中國數位經濟時，中國是贏家，可是從中國投資收割絕佳報酬的美國顯然也是，只有少數觀察家擔心中國日益精密的科技可能會威脅美國的利益。畢竟，矽谷遙遙領先，中國趕上一點點距離幾乎改變不了大局。

　　約在2017年間，創投的地緣政治進入第三個階段。美國跟中國都一樣，領導人們比較不會認為全球化是一種雙贏，而更傾向於從競爭的角度來看待世界。同時，隨著大國競爭的態勢加劇，美國在數位經濟的領先優勢不再。中國自豪地擁有與美國一樣多的獨角獸，而且在某些技術上領先美國，例如無人機、行動支付、次世代5G網路設備。中國消費者透過智慧型手機處理生活大小事的習慣，製造出非比尋常的資料密度，低成本的中國勞工又使得費力的資料處理變得可行。這兩個因素加起來，讓中國在訓練人工智慧系統的競賽中佔得優勢。2017年，儘管加密貨幣的效用令人懷疑，但矽谷大多數人仍為此興奮不已。同時間，中國新創公司在人工智慧領域搶先一步，發展各種應用，從經由智慧手機提供即時貸款，到推薦演算法再到臉部辨識[46]。同一年，中國超越美國成為創投報酬的最大來源[47]。這感覺不像是巧合。

　　隨著美國與中國處在競爭的態勢中，而科技差距正在縮小，舊的雙贏假

設需要重新被檢視。由於創業投資對經濟成長與創新有著不成比例的貢獻，它已經成為國家力量的支柱，不能被排除在地緣政治的計算之外。帶著後見之明回頭想想，在建設中國科技業上，美國創投家所發揮的作用使中國得利的程度更勝於美國：美國投資人賺到錢，但中國賺到策略性產業。在美國創投基金協助具有軍事潛能的中國技術上，這種優勢最為明顯。領先全球的商用無人機製造商是總部設於深圳的大疆創新（DJI Technology），它的支持者裡面有Accel和紅杉資本[48]。美軍已經基於安全理由禁止內部使用大疆的硬體，而2020年美國司法部也禁止使用聯邦基金來購買大疆的產品。同樣的，世界頂尖的AI公司是曾向老虎環球募資的商湯科技（SenseTime）。該公司因為與中國監控機構合作，尤其是在穆斯林佔大多數的新疆省，而遭到美國商務部的制裁。

由於戰事即將發生轉變，美國對中國高超科技本領的這些貢獻就更顯得意義重大。直到最近，美國靠著它在隱形戰機、航空母艦與精準武器等領域的優越性來確保軍事優勢。可是，中國軍事領導人的目標是透過建立AI武器的領先地位來超越這些技術：大量便宜、可消耗的自主無人機可以淘汰航空母艦[49]。美國的指揮官們同樣理解AI的潛能，可是他們似乎陷入過去帶給他們主導地位的武器採購習慣：一種軍事版的創新者兩難。美國海軍計畫在2030年代開始建造它的下一代艦載戰鬥機F/A-XX，並將搭配一名人類飛行員。同時間，未來的戰場將由智慧無人機所主宰，軟體將吃掉硬體。

為了贏得AI武器競賽，中國國防部已經在國防科技大學集合超過200名AI研究員，創建世界上最大的政府AI計畫。不過，中國的策略核心不是這個曼哈頓計畫。經歷過美式創業投資打造阿里巴巴和騰訊等世界級公司的威力後，中國明白建立AI武器主導地位的途徑是主宰民間AI企業。莫忘了，人工智慧是規模的競賽：科學團隊若要完善演算法，需要大數據、強大的

運算力和大筆資金，唯有蓬勃發展的全球化企業才有可能三者皆備。商湯科技的AI研究人員已經是國防科技大學的3倍之多，其所建設的運算基礎設施，運算力超越田納西州橡樹嶺國家實驗室（Oak Ridge National Laboratory）居於全球首位的超級電腦。商湯的科學家與西方的AI研究人員有著深厚的關係：截至2018年，麻省理工學院與商湯科技人工智慧聯盟（MIT-SenseTime Alliance on Artificial Intelligence）資助橫跨該學院多個科系的27項專案[50]。目前來看，美國企業譬如Google的AI團隊規模更加龐大，可是Google對美國當權者抱持懷疑態度，所以很難把該公司的科技強項轉化成軍事主導優勢。2018年，Google在自己的自由派及來自多國的科學家團隊的壓力下，停止參與一項五角大廈發起的行動「專家計畫」（Project Maven）。同時，與軟體巨擘比起來，傳統的美國國防主力企業——波音、雷神公司、洛克希德——所投入的研究經費顯得微不足道[51]。他們沒有能力提供具突破性的AI武器。

總而言之，商湯科技、大疆和中國創投生態系的其他產物為美國帶來挑戰，創業投資正在改變商業與軍事力量的平衡。問題是面對這種轉變，政府應該做什麼。他們要如何最大化自己的機會，既能擁有一個欣欣向榮的創業部門，也能享有因此帶來的所有地緣政治利益？尤其美國又應該如何回應中國的各項行動？

政府努力推動創投支持的創新，往往會引發毫無助益的兩極化爭辯。一方面，科技自由派人士假裝國家干預毫無貢獻是錯的。我們已經看到，網際網路始於一個五角大廈計畫；而馬克・安德森則是在一間政府資助的大學實驗室工作時，打造出第一個網路瀏覽器。1980年左右，兩項政府政策變

革——取消退休基金做創業投資的限制和降低資本利得稅——對資金流入美國創投基金做出強力貢獻。另一方面,政府產業政策的信奉者掩蓋國家干預一再失敗的事實,也是錯的。在1960年代,美國政府對小型企業投資公司(SBIC)的資助大多付諸東流;結果證明,SBIC的效果遠不如私人創投合夥企業。1980年代,美國半導體產業的復甦跟納稅人補貼沒有關聯,私人部門從晶片製造轉移到創新晶片設計才是更重要的轉振點。同樣的,在中國,政府對科學教育與研究的投資助長了這個國家的成功,可是其他政府干預就失敗了。自2014年以來,中國國家主席習近平呼籲國內的技術人「努力超越」,中國已經傾注資金於一連串令人眼花撩亂的政府「引導基金」(guidance fund)。光是2016年就成立了566個這種基金,不過這筆錢似乎大多被浪費掉了[52]。

其他國家則切中要害,認為政府的舉措本身沒有好壞:端視設計細節而定。1993年,以色列領導人發動有史以來最成功的一次政府干預:成立一個1億元的政府基金,叫做優茲瑪集團(Yozma Group)。這筆錢用來補貼願意在以色列成立的外國創投公司:私人投資人撥出大約1,200萬元給一個基金,優茲瑪就會以慷慨的條件加碼投入800萬元,分攤先期投資風險,也對索取未來獲利做出限制。這筆優惠的資金還會搭配監管調整:外國投資人獲准使用類似的美國式有限合夥架構,使其享有最大的自由度與最低的稅負。靠著技能精湛的創投業者「蜂擁而入」,其中大多是美國人,以色列把它厚實的科學人才庫轉化為一片欣欣向榮的創業場景。優茲瑪推出以前,以色列只有1家活躍的創投資金;10年後政府已經停止補貼,但該國已經有著60家私人集團,管理大約100億元資產。到2007年,以色列創業投資的GDP佔比比任何其他國家都還高[53]。

看看歐盟的創投干預措施,以作為對比研究。2001年,歐盟執委會撥出

超過20億歐元用於創投補貼，可是卻未能提出以色列賴以成功的設計特色來搭配這筆資金。歐洲不承認有限合夥制，沒有處理累贅繁重的勞動市場法規，也未能建立友善新創公司的股票市場，以協助創投業者退場。結果，私人創投業者非但沒有蜂擁而入，歐洲的措施反倒把他們拒於門外：考慮到歐洲的創業機會有限，商業化的創投合夥企業沒有興趣跟受補貼的公共投資人競爭[54]。更糟的是，比起私人投資人，政府贊助的投資人技能較差，動機也比較弱，這種取而代之降低了歐洲創業投資的品質：交易選擇與投資後的指導都惡化了。從產業萌芽之初到2007年結束時，普通歐洲創投基金產生的報酬率是負百分之四[55]。

　　總結來看，在提倡創業投資時，這種混搭式的政策實驗給了我們一個警告與四個心得。警告是說以色列是不尋常的。新加坡與紐西蘭是少數幾個成功仿效的國家，不幸的是，大多數情況下，把納稅人的錢拿來投資創投基金的成效不彰，當公家資本使私人創投業者滅頂的時候尤其更是如此[56]。原則上，用補貼資金成本的方式提振創業精神是有道理的：它能讓政府在幫助創業家的同時，也能認清私人投資人更擅長挑選新創；而更重要的是，更擅長關掉新創。可是，當政府補貼的是創投營運機構時，這些營運機構往往會表現出政府的模樣：官僚主義、動機不良、任用親信。2009年，哈佛商學院的喬許‧勒納（Josh Lerner）出版了一本書，對政府推動創業投資的嘗試提出一個權威性描述，他稱之為《夢碎大道》（*Boulevard of Broken Dreams*）[57]。

　　從振奮人心的一面來看，關於推動創投的第一個心得是減稅比補貼更有效。用補貼的方式邀請創投投資人拿政府資金來投機，由於虧損將由納稅人部分承擔，會助長草率下注的風氣。相較之下，稅負減免同樣能以降低新創公司的資金成本來達到目標，但創造出比較健康的誘因。投資人最初下注的每一毛錢，都必須從自己口袋裡掏出來，他們便有理由在蒙受風險時深思熟

慮。同時，如果投資進行順利，減稅可以確保創投家留住更多上漲利潤。這能增強創投家的動機去盡可能做出最聰明的投資，並且盡心盡力幫助投資組合公司。

提供創投稅負減免的最成功機制就是有限合夥制。除了其他優點之外，這種架構能避免對企業重複課稅。普通公司的利潤會先從公司層次被課一次稅，然後，等到利潤以股息撥付時，又會在股東這一層被課稅。相較之下，有限合夥企業被歸類為「穿透實體」（pass-through entities）：他們把投資成功的免稅收益傳遞下去；如此一來，當合夥人收到分配款時，只要繳一次稅就好。自從戴維斯及洛克的時代以來，有限合夥制一直主導著美國的創投業，而其他司法管轄區域——英國、中國與以色列——也相繼擁抱這個制度。然而，有些國家不同意此類型的合夥企業，因為他們不希望有錢的投資人逃稅。這一點可以理解，但也是一種錯誤：總是有辦法在不損及創業誘因的情況下，讓有錢人付出公平的稅額。舉例來說，創業投資的稅收優惠可以搭配較高的遺產稅。

第二個政策心得是：對創投投資人的稅收減免，應該搭配給新創公司員工的激勵措施。替新創公司工作是很殘酷的：一項研究發現，有將近四分之三創投資助的創業家，在公司結束時沒有收到任何一毛錢[58]。有才華的人傾注精力於這些事業，他們其實有別的選擇：到大公司謀職賺穩定薪水。為了吸引人才離開舒適安全的環境，獎勵必須很大，而看在這些生氣勃勃的新創流出正面外溢效應的份上，社會也應該希望如此。因此，政府應竭盡全力地鼓勵員工股票選擇權，這已經是現金窘迫的新創公司吸引世界級幹才的最好武器。然而，儘管有些國家如英國、加拿大、中國、以色列及波羅的海國家，已經接受能使員工選擇權有效運作的法律與稅收規定，其他國家卻還在抗拒。在某些歐洲國家，法律上不承認沒有投票權的股票贈與；因此，他們

便不可能使用員工選擇權卻不讓你的新創落入治理惡夢中。在其他地方，課稅的時間點是在股票選擇權贈與的時候。比方說，比利時會在員工收到給予的選擇權時，課徵18%的稅，即便這些選擇權最後可能一文不值。2020年，法國姍姍來遲地修改規定，使員工認股權可以實施，而德國財政部長也答應跟進。可是，這個區域還有很大的進步空間。跟歐洲同行比起來，美國新創員工擁有自己公司的股份是前者2倍之多[59]。

　　除了促成低成本的資金和員工股票選擇權外，政府也可以藉由投入資金提倡創新來鼓勵科技新創公司。因此，第三個政策心得是：政府必須投資於科學領域——既培訓年輕科學家，也要包括那些離商業化太遠而吸引不到創投資金的基礎研究。在美國，1980年的「拜杜法案」（Bayh-Dole Act）允許大學為聯邦研究補助下的發明申請專利，並且將這些專利授權給新創公司。結果，許多美國大學建立起尖端的技術移轉辦公室，將發明人與創投家連結起來。如同產業聚落仰賴資本與人員的快速流通，智慧財產權也必須能自由尋找最有生產力的用途。

　　最後一個廣泛的政策心得是：政府應該有全球化的思考。他們必須慷慨發放簽證來吸引外國科學家與創業家，他們應該接納國際公認的課稅規定，以及能讓外國創投家感到安心的法律形式。如果國內的股市發展不全，應該鼓勵年輕企業到國外掛牌上市，不應該犧牲開放的全球競爭來獨厚自己公司。一個國家與其他經濟體的聯繫越多，創投家就越有動機去尋找新創公司：越大的潛在消費者市場，便能製造出越多的投資機會。以色列之所以繁榮發展，有部分原因是它的新創企業打從一開始就把目標放在做出美國人會買的東西；歐洲出色的成功之作，譬如Skype及Spotify之所以能壯大，是靠著取得美國創投業的資金並把產品推銷給美國消費者。

　　擔心科技的地緣政治影響的政客，很容易便要政府直接補貼創業投資。

可是這是錯誤的作法。在大多數時候，四個簡單步驟便更能奏效：鼓勵有限合夥制、鼓勵股票選擇權、投資科學教育與研究、全球化思考。

———◆———

美國尤其應該如何回應中國的挑戰？這裡要考慮三個政策槓桿。美國可以進一步約束其在中國的科技投資，阻止中國的投資進入美國。中國籍科學家容易屈從於從事產業間諜活動的中國特務壓力，美國可以限制這些人流入境內，以保護自己的智慧財產權。這三種措施將與美國傳統的經濟與智力開放性相悖，也傷害了適才提到的「全球化思考」訓諭。儘管如此，有鑒於來自中國的挑戰之巨大，每一項政策都應該加以慎重考慮。

約束美國在中國的創業投資，是最沒有吸引力的選項。即便美國對外投資的早期浪潮對中國有利，但自此之後的算計已經改變。中國的創投業已經本土化，像啟明這樣的合夥企業能向矽谷金融家學習的地方所剩無幾。因此，把這些金融家排除在中國之外也同樣沒有什麼策略優勢。在未來，美國創投家帶給中國的實務技能，或多或少會被他們賺到的利潤或蒐集到的洞見所抵銷。弔詭的是，就在大多數觀察家不相信這個全球化面向的雙贏說法時，它卻已經成真。

從美國的角度來看，限制中國的創投資金進入美國比較有道理。這些資金流入已經變得很值得關注：從2017到2019年間的3年內，總計達到92億元[60]。可是，美國並沒有因為中國資金出現在科技部門而得到什麼好處：它既不需要錢，也不需要隨之而來的商業頭腦。偏好外國風險投資人的正常觀點，通常不適用於中國投資人：中國市場實際上廣泛地將美國科技公司拒於門外，所以，中國創投家在本國的人脈恐怕毫無用武之地。同時，允許中國

創投資金流入美國國內所帶來的一點好處，還必須拿來跟風險加以權衡：允許中國投資人登堂入室，表示他們將能得到新興科技的情報。誠然，很多美國新創公司沒有國安面向需要考量，中國在這裡的參與也許看似無害。可是，就像我們看到商湯科技的例子，技術通常有雙重用途，看似民用的技術也能變形成為軍事用途。

第三個反制中國的政策槓桿，即阻擋想要來美國大學或企業工作的中國科學家呢？這一點呈現出的困境最是鮮明。對美國來說，對中國移民開放的好處是真實的：美國受益於中國科學家的程度遠超過中國創投家。不過，開放的風險也是真實的：中國範圍廣泛的商業間諜活動，也包括招募美國的中國科學家來當線民。為了平衡開放與限制的正反觀點，美國必須兩邊下注：它應該保持對中國科學人才的普遍開放，同時採取強力的反間諜舉措來打擊中國商業間諜活動。如果美國科學家洩密給外國勢力，應該逮捕並懲罰他們。情報圈子必須有足夠的資源來逮住這些人。

中國是一心想從其他先進經濟體竊取智慧財產的軍事競爭對手。美國別無選擇，只能捍衛自己的商業與戰略利益：限制境內的中國創投業者並大力保護美國智慧財產權，是合法的解決途徑。可是，除了試圖拖慢中國的腳步外，美國更須加緊努力趕過它[61]。政府應該加大力道投資科學教育與研究，為創投資助的創新播下種子；它應該抵抗提高創投業稅負的民粹壓力；它應該在矽谷與五角大廈之間建立更好的協同合作關係，如此一來，創投資助的公司才能拿到大型國防合約。這些措施不能保證美國維繫住科技優越性，因為創新競賽取決於異數，今天，如果亞馬遜或英特爾不存在，美國的國力就有不同的面貌；就好像沒有了網路巨擘華為，中國的國力也會有所不同。不過，只要美國繼續保護並頌揚自己的創投體系，機會就會站在它這邊。

這個主張是基於一個判斷，亦即中國的強硬心態與其說是強項，毋寧說

是一種弱項。不可否認中國有其強項存在：中國已經表現出對科學令人敬佩的決心，在2000到2018年間，它的研發支出佔快速增長的GDP的比重，從0.9%提高到2.1%。相較之下，美國讓自己的國家研發支出盤旋在GDP的2.5%到2.8%之間[62]。不過，從負面來看，中國的威權政治文化終究與自由思想的創業精神背道而馳：一個在現狀中享有既得利益的政府，不會解放破壞性創新來讓自己處於計畫被擾亂的風險中。這種緊張局勢的活生生實例在2020年秋天浮現。9月時，阿里巴巴發表第一顆遠勝過西方競爭者的機器學習晶片「含光800」，標誌著中國取得非凡的技術進步。有鑑於半導體設計至今為止向來是中國的弱項，這個聲明為美國晶片製造商敲下一記警鐘。然而，就在響起勝利號角的時刻，阿里巴巴的創辦人馬雲卻發現自己站錯邊了。就在馬雲批評國家的金融管制之後，政府擋下了他的支付公司螞蟻集團的首次公開發行。它對阿里巴巴提起反壟斷訴訟，罰款28億元。在這場出於政治動機的鎮壓中，馬雲從公開場合消失好幾個月，阿里巴巴的股價跌了四分之一。隔年春天，顯然害怕自己不久便成為下一個目標，這位和數位商場「拼多多」競爭的億萬富翁下台了。「位居高位不安全。」一位同事嚴肅地解釋[63]。到2021年夏天，這個評論看來頗有先見之明。騰訊、滴滴和整個教育科技產業成為一場政治打壓的對象，共產黨的監管機關身兼檢察官、法官與陪審團的角色。

　　儘管美國的制度有種種缺陷，但它不會這樣苛刻對待企業家。與馬雲最接近的類似人物可能是亞馬遜的貝佐斯，他因為擁有極具批判性的《華盛頓郵報》而惹怒川普。可是，這種類比所凸顯的是兩國間的差異，而非相似之處：在中國，一個網際網路大亨可以天天出版反政府的批判性報導，是想都不敢想的事情。和中國創投投資人相處時，你會察覺他們感受到的壓力。林夏如在不引起政治關注的情況下資助阿里巴巴的日子已經遠去；如今，數位

科技就是力量，創投家便應該在政府的委員會任職，並且在注意政府的優先性之下進行投資。我在2019年前往中國訪談一位北京的創投家，他禮貌地談到政府的建設性領導；接著，當訪談結束，我關掉錄音機之後，同一個創投家卻嚴厲譴責政府干預。雖然很難確定，不過自此之後不斷升高的打壓動作有可能迫使人才出走中國。同時間，在亞瑟・洛克全盛期的半個世紀之後，矽谷仍然散發著驚人的自由思想與隨心所欲的創業精神。

　　想要品嚐這樣的精神，並體會它的地緣政治意義，想想彼得・提爾的創辦人基金。提爾主要以身為PayPal的創辦人、臉書的種子投資人及保守派事業的捐贈人而聞名，包括捐助川普爭取總統候選資格，這一點足以讓他成為矽谷的大反派。不過，不管人們怎麼看待這三件事，提爾最出人意料的成就不在這裡。他的創辦人基金資助了冷戰後所創建的兩大主要國防承包商：SpaceX，幫五角大廈發射衛星；帕蘭泰爾，供應包括戰場情報系統在內的各種軟體。這件事情本身就很了不起。建立兼具規模與信譽的公司來打動軍方絕非易事，事實上，這就是創投家據說沒有能力處理的那種資本密集的長期挑戰。可是在2017年，創辦人基金不願安於現狀，指派一位名叫特雷・史蒂芬斯（Trae Stephens）的合夥人，去物色第三個可能打進大聯盟的國防新創公司。當史蒂芬斯遍尋矽谷結果一無所獲時，他的同志們給了一個簡單的提示：如果沒有這種公司，那就開一家吧！[64]

　　4年後，由此產生的獨角獸Anduril，正在打造一套次世代國防系統。它的Lattice平台結合電腦視覺、機器學習和網狀網路技術來建構戰場上的圖像。它的Ghost 4 sUAS是一款軍用偵查無人機、它的太陽能崗哨塔（Sentry Tower）已經部署在美墨邊境。在一個人工智慧將征服昔日戰爭機器的時代，Anduril的抱負是將Google的精湛編碼技術與洛克希德的國安焦點兩相結合起來。

　　對美國的國家安全來說，Anduril 是具有變革性的企業，不過這家公司也
提醒了我們某些更重要的事情。它體現了矽谷的膽大妄為，以一種特殊方式
來到這個點燃創業投資的世界。如果其他人被某個問題難倒了，去矽谷吧！
嘗試，然後失敗，但是不要放棄嘗試。不要忘了，乘冪定律的邏輯勝過一
切，成功的報酬將遠遠大於光榮的挫敗所付出的代價。這套振奮人心的定
理，已經將美國的創投機器變成國家實力的中流砥柱。在戴維斯及洛克的 60
年後，和乘冪定律唱反調仍然並非明智之舉。

附錄

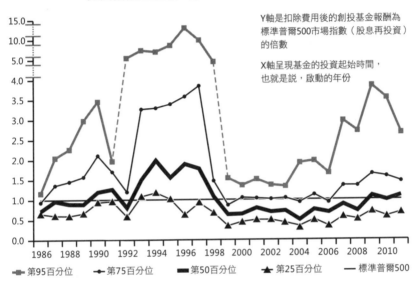

贏者通吃

美國創投業績效,第95、75、50及25百分位

Y軸是扣除費用後的創投基金報酬為
標準普爾500市場指數(股息再投資)
的倍數

X軸呈現基金的投資起始時間,
也就是說,啟動的年份

- ■- 第95百分位　- ●- 第75百分位　■ 第50百分位　- ▲- 第25百分位　— 標準普爾500

資料來源:Steven N. Kaplan; Burgiss data.

排除2011年以後的投資起始年份是因為基金
尚未成熟

創投贏家贏更多

投資策略的內部報酬率,投資起始年份2004至2016年

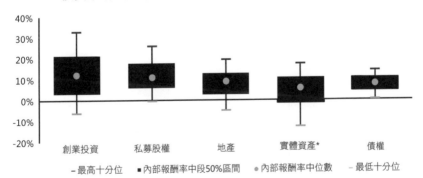

－最高十分位　■內部報酬率中段50%區間　●內部報酬率中位數　－最低十分位

資料來源:PitchBook

* 實體資產包括天然資源、基礎設施、木材、
金屬等等

加州優越性

美國以州別計創投募資金額，
2004年，總募資額：170億元

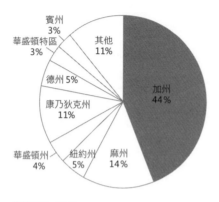

賓州 3%
華盛頓特區 3%
德州 5%
康乃狄克州 11%
華盛頓州 4%
紐約州 5%
麻州 14%
加州 44%
其他 11%

資料來源：NVCA Yearbook; Data Provided by PitchBook.

美國以州別計創投募資金額，
2019年，總募資額：505億元

康乃狄克州 2%
紐約州 9%
麻州 15%
加州 62%
其他 12%

以創投基金或創投公司的所在位置計算州別

多樣性赤字

創投投資合夥人，以種族計

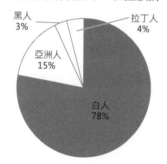

黑人 3%
拉丁人 4%
亞洲人 15%
白人 78%

創投投資合夥人，以性別計

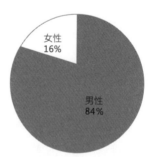

女性 16%
男性 84%

創投家取得MBA的商學院

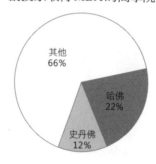

其他 66%
哈佛 22%
史丹佛 12%

資料來源：VC Human Capital Survey, Deloitte, NVCA, Venture Forward, 2021; Gompers and Wang, "Diversity in Innovation," 2017.

財富的變化

頂尖創投公司，依時期分

1970年	1980年	1990年	1995年
蘇特山 文洛克 查爾斯河 梅菲爾德 資產管理	凱鵬華盈 紅衫 TA Associates 巴契可夫（Patricof Co） 蘇特山 文洛克	凱鵬華盈 紅衫 TVI 賽文・羅森（Sevin Rosen） 梅菲爾德 門洛 橡樹（OAK）	凱鵬華盈 紅衫 經緯 查爾斯河 梅菲爾德 恩頤 阿克塞爾

2000年	2005年	2010-2013年	2014年
凱鵬華盈 紅衫 經緯 標竿創投 查爾斯河 北橋（Northbridge） 梅菲爾德	凱鵬華盈 紅衫 經緯 標竿創投 基礎（Foundation） 八月（August） 北橋 III	Accel 紅衫 聯合廣場（Union Square） 格雷洛克 標竿創投 小寫資本（Lowercase） 基線（Baseline） 首輪	紅衫 標竿創投 Accel 格雷洛克 聯合廣場 安德森 首輪 基線

資料來源：Joe Dowling, Brown University Investment Office; Trusted Insight.

中國的崛起

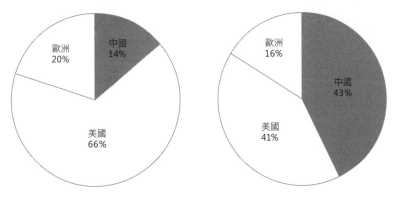

以地區別計創投募資金額，
2006-2009年，總額：1,667億元

- 歐洲 20%
- 中國 14%
- 美國 66%

以地區別計創投募資金額，
2016-2019年，總額：4,306億元

- 歐洲 16%
- 中國 43%
- 美國 41%

資料來源：U.S.—NVCA, Statista; China—Zero2IPO; Europe—PitchBook.　　　歐洲資料以年率換為美元

軟體吃掉創投

創投支持公司的價值

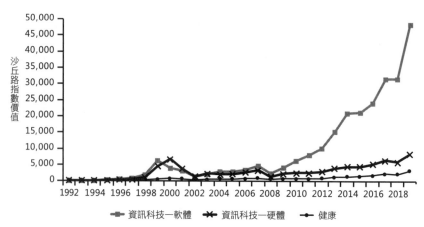

資料來源：Steven N. Kaplan; Burgiss data.　　指數價值是以33,000家創投支持的企業的融資輪來計算

獨角獸泡沫

以投資階段別的投資前估值中位數，單位：百萬元

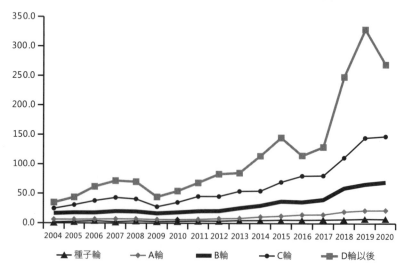

資料來源：Cambridge Associates; PitchBook Data.

國家圖書館出版品預行編目 (CIP) 資料

矽谷創投啟示錄：一場由離經叛道的金融家所發起的瘋狂投資遊
戲，如何徹底顛覆你我的生活、工作與娛樂方式/塞巴斯蒂安‧馬拉
比（Sebastian Mallaby）著；林怡婷、曹嬿恆譯. -- 初版. -- 臺北市：
商周出版：英屬蓋曼群島商家庭傳媒股份有限公司城邦分公司發行，
民 111.08
　　面；　公分 -- (BA8032)
譯自：The Power Law: Venture capital and the making of the new future
ISBN　978-626-318-376-6（平裝）

1. CST：創業投資

563.5　　　　　　　　　　　　　　　　　111011152

莫若以明　BA8032

矽谷創投啟示錄

一場由離經叛道的金融家所發起的瘋狂投資遊戲，如何徹底顛覆你
我的生活、工作與娛樂方式

原 文 書 名／The Power Law
作　　　　者／塞巴斯蒂安‧馬拉比（Sebastian Mallaby）
譯　　　　者／林怡婷、曹嬿恆
責 任 編 輯／陳冠豪
版　　　　權／吳亭儀、林易萱、江欣瑜、顏慧儀
行 銷 業 務／周佑潔、華華、黃崇華、賴正祐、郭盈君

總　編　輯／陳美靜
總　經　理／彭之琬
事業群總經理／黃淑貞
發　行　人／何飛鵬
法 律 顧 問／台英國際商務法律事務所
出　　　　版／商周出版
　　　　　　台北市中山區民生東路二段141號9樓
　　　　　　電話：(02)2500-7008　傳真：(02)2500-7759
　　　　　　E-mail：bwp.service@cite.com.tw
　　　　　　Blog：http://bwp25007008.pixnet.net/blog
發　　　　行／英屬蓋曼群島商家庭傳媒股份有限公司城邦分公司
　　　　　　台北市中山區民生東路二段141號2樓
　　　　　　書虫客服服務專線：(02)2500-7718‧(02)2500-7719
　　　　　　24小時傳真服務：(02)2500-1990‧(02)2500-1991
　　　　　　服務時間：週一至週五09:30-12:00‧13:30-17L00
　　　　　　郵撥帳號：19863813　戶名：書虫股份有限公司
　　　　　　讀者服務信箱：service@readingclub.com.tw
　　　　　　歡迎光臨城邦讀書花園　網址：www.cite.com.tw
香港發行所／城邦（香港）出版集團有限公司
　　　　　　香港灣仔駱克道193號東超商業中心1樓
　　　　　　電話：(825)2508-6231　傳真：(852)2578-9337
　　　　　　E-mail：hkcite@biznetvigator.com
馬新發行所／城邦（馬新）出版集團【Cite (M) Sdn. Bhd.】
　　　　　　41, Jalan Radin Anum, Bandar Baru Sri Petaling,
　　　　　　57000 Kuala Lumpur, Malaysia.
　　　　　　電話：(603)9057-8822　傳真：(603)9057-6622
　　　　　　E-mail：cite@cite.com.my

封 面 設 計／兒日設計　　　　　內文排版／林婕瀅
印　　　　刷／韋懋實業有限公司
經　銷　商／聯合發行股份有限公司　電話：(02)2917-8022　傳真：(02) 2911-0053
　　　　　　地址：新北市新店區寶橋路235巷6弄6號2樓

■ 2022年（民111年）8月初版

Printed in Taiwan
城邦讀書花園
www.cite.com.tw

定價／ 590元（紙本）　410元（EPUB）
ISBN：978-626-318-376-6（紙本）
ISBN：978-626-318-382-7（EPUB）